2024
스티마 면접
군무원

스티마 편저

박영사

공무원 면접은 꿈을 이루는 마지막 관문입니다.

힘든 경쟁률을 뚫고 밤잠을 설쳐가며 한 수험준비를 통해서 이제 면접이라는 최종 관문이 남았습니다. 성적이 1배수 안이나 1배수 커트라인이건, 성적이 필기 커트라인이건 '면접은 또 하나의 시험이다.'라는 간절함을 가지고 최선을 다하는 것이 정말 중요합니다.

공무원 면접은 누군가에게는 인생이 걸려 있는 문제입니다. 스티마쌤은 24년째 공무원 면접강의를 하였습니다. 이러한 노하우를 바탕으로 하여 공무원 수험생들이 올바른 면접준비를 하는 데 도움을 드리고자 교재를 집필하였으니 꼭 도움이 되었으면 좋겠습니다.

강의가 필요하시면 공단기(공무원 단기학원)에서 오프라인 및 온라인 강의를 통해 접하실 수 있습니다.

[공무원 면접에 대한 소개 및 학습전략]

1. 오직 한길, 벌써 24년째 7·9급 공무원 면접강의를 하고 있습니다. 스티마 면접강의를 듣고 현직에서 일하시는 분들이 대략 16만 명 전후가 되지 않을까 생각합니다. 오랜 기간 동안 면접강의를 하면서 느낀 점 한 가지는 공직사회에서 원하는 인재상입니다. 공무원 면접은 말 잘하고 스펙 좋은 사람을 뽑는 시험이 아니라 "함께 일하고 싶은 사람을 뽑는 시험"이라는 것입니다. 즉, 국민을 내 가족같이 생각하는 사람을 뽑는 시험이고, 최근에는 조직생활을 잘할 것 같은 인재상을 원하는 것도 꼭 기억했으면 좋겠습니다. 참고로 면접평가는 말 잘하는 사람 기준으로 평가하는 것이 아니라 합격생 그 자체로서 평가를 합니다.

2. 특히 공무원 면접에서 가장 중요한 포인트는 '면접에서 자신의 개성을 드러내는 것입니다. 즉, 자신의 이야기를 하는 것입니다.' 이 말을 반드시 기억하고 면접준비를 하셔야 합니다. 필기시험을 준비할 때의 기출문제 풀이하고는 완전히 다를 것입니다. 수험생 여러분은 필기시험 위주로 오랜 기간 동안 공부를 해 왔기 때문에 기출문제에 익숙해서 면접도 '기출문제만 보면 되지 않을까?'하는 착각을 하실 수 있습니다. 그건 바른 면접준비가 아님을 꼭 기억해야 할 것입니다.

안타깝게도 일부 학원에서는 면접후기를 모은 다음 해당 후기를 돈을 받고 제공함으로써 수험생들의 불안심리를 조장하여 강의하는 곳도 있다고 합니다. 필기시험이 아닌 면접준비가 단순히 면접후기만 보아 끝난다면 한 달 이상의 면접준비 기간을 주어야 할 이유가 없고, 결코 자신의 이야기를 할 수 없게 됩니다. 결국 실제 면접장에서는 앵무새처럼 대부분 비슷한 답변을 하게 되고, 자신의 개성을 전혀 발휘하지 못해 최종합격자 발표일까지 불안하게 결과를 기다려야 합니다.

3. 공무원 면접은 미리 결과를 예측하지 않고, 최선을 다해야 합니다. 분명한 것은 면접결과에 있어서 우수와 미흡은 있습니다. 그 대상이 바로 자신이 될 수 있다는 마음가짐을 가지고, 성적이 좋지 않다고 생각하면 우수를 받기 위해 노력을 해야 하고, 성적이 좋다고 생각하는 사람 또한 미흡을 받지 않기 위해 최선의 마무리를 해야 할 것입니다. 노력은 결코 결과를 배신하지 않는다는 점을 기억해야 합니다.

마지막으로 인생에서 오는 3번의 기회 중 한 번이라고 생각하고 끝까지 최선을 다해 좋은 결과를 얻어서 공시생활을 끝내겠다는 마음으로 면접준비를 했으면 합니다.

2024년 8월
스티마

CONTENTS
차례

CONTENTS
차례

2024
스티마 면접
군무원

PART

01

군무원 면접 일반

CHAPTER

01 면접진행 절차 및 평가방식에 대한 이해

1 군무원 면접진행방식

1. 국방부

(1) 면접 진행절차

① 응시자 교육 및 각종 서식 작성: 09:00/13:00부터
  ㉠ 출석 확인 및 세부 응시요령 교육
  ㉡ 개인발표 작성문 1부 작성(7급 공채 응시자만 해당)
    ➡ 개인발표문은 응시순서에 따라 작성장으로 이동하여 15~20분간 작성
② 면접관: 3명

(2) 면접 실시절차

① 해당 시험실 앞 대기장소에서 시험관리관에게 응시표와 신분증을 제시하여 본인 확인
② 시험실에 입실하면 면접위원에게 인사 후 응시자 좌석에 착석
  ➡ 개인발표 대상자는 발표문 사본 4부를 중앙에 있는 면접위원에게 제출하고 착석(발표문 원본은 본인이 소지하여 발표에 활용한 후 면접 종료 후 면접위원에게 제출)
③ 면접은 개인별 10~15분 내외로 진행
  ㉠ 면접 평정요소, 합격자 결정방법은 「군무원인사법 시행규칙」 제21조 참조
  ㉡ 개인발표(7급 공채 응시자만 해당) ⇨ 본인 발표 및 면접위원 질의/응답
④ 면접 종료 후 퇴실 ⇨ 퇴실시 대기 중인 응시자와 접촉은 절대 불가함

2. 육군

(1) 면접 시험계획

① 면접방식: 개별면접(대략 10~15분)
② 면접관: 3명

(2) 최종합격자 결정

① 필기시험과 면접시험 점수를 더하여 높은 점수를 받은 사람 순으로 결정
  ➡ 필기시험과 면접시험 점수는 각각 50점으로 환산하여 합산
② 최종 합격자 결정시 동점자로 인하여 선발예정인원이 초과할 경우에는 면접시험 점수 순으로 결정하며, 면접시험이 동점일 경우에는 인사위원회에서 결정
  ㉠ 최종 합격자 결정방법 등 시험에 관한 구체적인 내용은 군무원인사법 및 관계법령을 참고하기 바라며, 적격자가 없는 경우 선발하지 않을 수 있음

ⓛ 최종합격자 공고 후라도 "신원조사(국방보안업무훈령)" 및 "채용신체검사(공무원채용 신체검사 규정)" 등을 통하여 공무원임용 결격사유가 확인될 경우 임용될 수 없으며, 경채의 경우 최초 공고된 임용예정일 전일(前日)까지 가산복무 등의 사유로 전역퇴직이 불가한 것으로 확인될 경우 임용이 불가함

3. 해 군

(1) 면접 시험계획

면접방식 ⇨ 개별면접(10분 이내)

(2) 면접 진행절차

① 대기장소 도착
② 응시자 출석 확인
③ 대기실 입실
④ 신분확인 및 채점표 배부(1인 4매)
⑤ 면접실 입실
⑥ 개별면접(10분 이내)

4. 해병대

① 면접방식: 개별면접
② 면접관: 3명

5. 공 군

(1) 면접 시험계획

면접관 ⇨ 3명

(2) 면접시험 합격결정기준

① 상기 면접평가요소 5개항에 수(5점), 우(4점), 미(3점), 양(2점), 가(1점)로 평가하여 각 면접위원이 평가한 평균점수가 "미(15점)" 이상인 자
② 단, 면접위원의 과반수가 2개 이상의 평정요소에 대하여 "가"로 평정한 경우 또는 어느 하나의 평정 요소에 대하여 면접위원의 과반수가 "가"로 평정한 경우에는 불합격

MEMO

제21조【면접시험 등의 기준】① 면접시험은 다음 각 호의 평정요소마다 각각 수(5점), 우(4점), 미(3점), 양(2점), 가(1점)로 평정하되, 25점을 만점으로 한다.
1. 군무원으로서의 정신자세
2. 전문지식과 그 응용능력
3. 의사표현의 정확성과 논리성
4. 창의력, 의지력 및 발전 가능성
5. 예의, 품행, 준법성, 도덕성 및 성실성
② 면접시험의 합격결정에서는 각 면접시험위원이 채점한 평점의 평균이 미(15점) 이상인 사람을 합격자로 결정한다. 다만, 면접시험위원의 과반수가 2개 이상의 평정요소에 대하여 "가"로 평정한 경우 또는 어느 하나의 평정요소에 대하여 면접시험위원의 과반수가 "가"로 평정한 경우에는 불합격으로 한다.

제21조의2【시험위원의 임명등】② 제1항에 따른 시험위원 중 면접위원은 2명 이상(5급 이상 또는 이에 상당하는 일반군무원의 경우에는 3명 이상으로 한다)으로 하되, 2분의 1 이상을 시험 실시기관의 장을 달리하는 부대의 소속 군인·공무원·일반군무원, 다른 행정기관 소속 공무원 또는 민간전문가로 하여야 한다.

◆ 평정요소

평정요소	위원평정				
	수	우	미	양	가
가. 군무원으로서의 정신자세					
나. 전문지식과 그 응용능력					
다. 의사표현의 정확성과 논리성					
라. 예의·품행 및 성실성					
마. 창의력·의지력 및 발전가능성					

3 군무원 면접의 중요성과 육·해·공군 및 국방부 면접포인트

(1) 군무원 면접의 중요성

군무원 면접은 중요하다. 주변에 현직들을 통해 이야기만 들어도 쉽게 알 수 있는 부분이다. 오히려 지방직·교육행정직 9급보다 면접이 중요하다는 사실을 기억하고 성적의 높고 낮음에 상관없이 최선을 다한다는 마음자세를 가져야 한다.

(2) 군무원 면접의 평가방식

① 군무원은 상·중·하 평가가 아닌 수·우·미·양·가 평가방식이다.
② 면접평가요소 5개 항목에 수(5점), 우(4점), 미(3점), 양(2점), 가(1점)로 평가하여 각 면접위원이 평가한 <u>평균점수</u>가 "미(15점)" 이상이어야 한다. 15점 이하이면 성적에 상관없이 탈락이다.

③ 단, 면접위원의 과반수가 2개 이상의 평정요소에 대하여 "가"로 평정한 경우 또는 어느 하나의 평정요소에 대하여 면접위원의 과반수가 "가"로 평정한 경우에도 성적에 상관없이 면접탈락이다.

(3) 최종 합격자 결정방법

① 면접시험 합격자가 선발예정인원을 초과할 때에는 <u>필기시험 점수와 면접시험 점수를 더하여 높은 점수를 받은 사람 순으로 최종합격자를 결정한다.</u>

② 필기시험과 면접시험 점수는 각각 50점으로 환산하여 합산하는데 9급 기준 필기 3문제가 면접 1점과 맞먹고, 7급 기준 필기 4문제가 면접 1점과 맞먹는다고 이해하면 된다. 그러므로 면접을 결코 소홀히 해서는 안 된다.

  ➡ 9급 기준 필기 300점 만점을 나누기 6을 해서 50점으로 환산하고, 면접은 25점 만점으로 곱하기 2를 해서 50점으로 환산할 것이라고 생각하면 된다.

③ 즉, 성적이 좋은 사람도 절대로 안일하게 준비를 해서는 안 되며 성적이 커트라인 근처이면 열심히 하면 최종합격의 기회가 많이 오는 것이 사실이다.

  ➡ 반면 지방직은 우수·보통·미흡제도로 실시하며 지자체마다 약간의 차이는 있지만 대부분 보통 평정을 주는 경우가 많기 때문에 성적이 좋은 응시생들이 확실히 유리하다.

⊘ PLUS

[스티마쌤의 조언] 면접은 절대로 미래를 미리 예측하지 말고 현재 주어진 시간에 최선을 다하여야 한다. 단 한명만이 미흡이 발생되더라도 그것이 자신이 될 수 있다고 생각하고 면접도 또 하나의 필기시험이라고 생각하며 열심히 준비해야 한다. 필기 커트라인 최종합격도 결코 노력하지 않는 사람에겐 그 행운이 따라오지 않는다. 이미 2021년, 2022년, 2023년에도 스티마쌤 제자들이 면접에서 필기 커트라인인데도 합격한 사례가 많았다. ➪ 면접후기 커트라인 우수사례 추가 제공예정

MEMO

CHAPTER
02 면접질문 비중도

TIP 기출질문 등은 스티마쌤 2024년 군무원 카카오톡 오픈채팅방에서 충분히 제공을 해 줄 예정이니 참고하길 바란다.

1 공 군

(1) 면접질문 비중

구 분	인성(+조직생활)	공직관	전 공	군이슈 및 관심도	기 타
행정직	50%	10%	20%	10%	10%
기술직	40~50%	10%	20~30%	10%	10%

(2) 행정 9급

1. 자기소개와 지원동기는 무엇인가?
2. 지원자의 어떤 점이 군무원에 도움이 되는가?
3. 신공공관리론이란?
   ㄴ[추가질문] 신공공관리론을 군대에 어떻게 적용하는가?
4. 이해충돌방지법에 대해 설명해보라.
5. 임금피크제에 대해 설명해보라.
6. 어떤 리더십을 발휘해 보고 싶은가?
   ㄴ[추가질문] 그 리더십을 어떤 식으로 발휘할지 설명해보라.
7. 본인의 성과에 대해 알아주지 않는다면 어떻게 할 것인가?
8. 마지막으로 하고 싶은 말

(3) 수사 9급

1. 자기소개를 1분에서 2분 사이로 해보라.
2. 전공은 무엇인가?
3. 수사직에 지원한 특별한 이유가 있다면 말해보라.
4. 하고 있는 일이 있다면 현재 직업은?
5. 일반공무원 아닌 왜 군무원에 지원했는지 말해보라.
6. 다른 군이 아닌 왜 공군에 지원했는지 말해보라.
7. 군사법원법 개정 내용을 아는 대로 설명해보라.
8. 갈등상황을 어떻게 해결할지 말해보라.
9. (전공) 형사소송법의 기본이념을 말해보라.

10. (전공) 위법수집증거에 대해 설명해보라.
11. 리더유형 중 가장 바람직한 리더유형은 무엇이라고 생각하는가?
12. 공군으로서 가장 중요한 공직가치는 무엇인가?
     └[추가질문] 그 중 무엇이 가장 중요하다고 생각하는지 말해보라.
13. 마지막으로 하고 싶은 말

MEMO

2 국방부

(1) 면접질문 비중

구 분	인성(+조직생활)	공직관	전 공	군이슈 및 관심도	기 타
행정직	50~60%	20%	10~20%	10%	10%
기술직	40~50%	10%	20~30%	10%	10%

(2) 행정 9급

1. 지원동기는 무엇인가?
2. 군무원의 역할은 무엇인가?
3. 일반직 공무원과 군무원을 비교했을 때 군무원의 장점은?
4. 군부대 시설 이전 문제에 대한 생각은?
5. 살면서 겪었던 경험 중 가장 잘했던 경험과 가장 후회되는 경험은?
6. 건강관리나 스트레스관리는 어떻게 하는가?
7. 격오지에 근무하게 된다면?
8. 마지막으로 하고 싶은 말

(3) 차량 9급

1. 자신의 단점은?
2. 혐오시설에 관해 주민들 설득방안은?
3. 파벌형성시 대처방안은?
4. 릴레이핀번호란?
5. 파워윈도고장시 조치는?

6. 직장 경험은?
  └[추가질문] 구체적으로 무슨 일을 했는가?
  └[추가질문] 직렬과 어떤 연관성이 있는가?
7. 급한 업무 때문에 출근하고 있는데 앞에 긴급사고 현장을 목격했다면?
8. 마지막으로 하고 싶은 말

(4) 건축 9급

1. 자기소개를 해보라.
2. 철골구조의 장단점은?
3. 피복두께의 역할은?
4. 공무원 종류가 다양한데 그 중에 군무원이 되길 희망하는 이유는?
  └[추가질문] 군무원을 희망하는 좀 더 현실적인 이유가 무엇인가? 격오지에서 근무하게 된다면? 급여가
      적을 수도 있는데 괜찮은가?
5. 군부대가 들어서는 것에 대해 주민들이 반대할 경우 대응 방안은?
6. 다른 사람들과 협업을 잘 하기 위한 본인의 방법이 있다면?
7. 갈등상황 경험은?
8. 마지막으로 하고 싶은 말

MEMO

3 육 군

(1) 면접질문 비중

구 분	인성(+조직생활)	공직관	전 공	군이슈 및 관심도	기 타
행정직	30%	20%	20~30%	10~20%	10%
기술직	30%	10~20%	30%	10~20%	10%

(2) 환경직

1. (아이스 브레이킹) 어디서 왔는가? 점심은 먹었는가?
2. 자기소개 및 지원동기를 1분간 해보라.
3. (전공) 토양오염물질의 종류는?
4. (전공) 검댕처리법 3가지는?

5. 상사의 부당한 지시에 대한 대응방법은?
6. 큰 범죄는 아니지만 상사가 사소하게 사무실 물건들을 가져간다든지 할 때 어떻게 할 것인가?
7. 자격증은 몇 개 취득했는가?
8. 자기계발은 무엇을 했는가?
9. 면접 스터디를 했는가? 면접 준비는 어떻게 했는가?
10. 면접을 준비하면서 이야기하고 싶었던 말은?

(3) 육군 사이버직

TIP 기술직에 대해서는 전공질문이 3개 전후는 항상 이루어진다.

1. 자기소개와 지원동기를 함께 말해보라.
2. 군인과 군무원의 차이는?
3. 군대에서 군무원이 맡는 역할은?
4. 본인의 장점과 단점은?
5. 근무 중 갈등발생시 어떻게 행동하는가?
6. 자기개발을 위해 어떤 노력을 하는가?
7. (전공) 정보보호의 3요소와 그것을 위해 어떤 조치가 필요한가?
8. (전공) Nac에 관련된 기술 질문
9. 마지막으로 하고 싶은 말

➡ 위 응시생의 경우, 사이버 직렬은 당시 처음 생긴 것이라서 기존의 전산직렬 면접질문에서 정보보호와 네트워크 관련된 질문들을 추려서 정리하여 학습하였다고 한다. 또한 자기소개에서 관련 업무경력과 다뤄본 보안장비들을 어필해서 전공질문은 그것과 관련해서만 받은 경우이다.

(4) 육군 행정직

TIP 행정학보다는 행정법을 많이 물어본다.

1. (아이스 브레이킹) 아침은 먹었는가?
2. 지원동기와 함께 자기소개를 해보라.
3. 본인의 단점은 무엇이고 군무원이 되면 어떻게 극복할 것인가?
4. 상사가 부대차량으로 과속을 했는데 3개월 동안 과태료를 체납했고 그게 걸렸을 때 어떻게 처리할 것인가?
   ∟[꼬리질문] 근데 작전중이었다. 그래서 본인한테 공문을 작성하라고 하는데 어떻게 할 것인가?
5. 내가 지원자에게 했던 첫마디가 무엇인지 기억하는가?
6. (전공) 행정상 강제집행은 무엇이고 종류는?
   ∟[추가질문] 대집행을 설명해보라.
7. (전공) 취소소송의 기속력을 설명해보라.
8. 가장 힘들었던 경험은?
9. 마지막으로 하고 싶은 말

(1) 면접질문 비중

구 분	인성(+조직생활)	공직관	전 공	군이슈 및 관심도	기 타
행정직	20~30%	30~40%	10~20%	20%	10%
기술직	20~30%	20%	30%	10%	10%

(2) 전기 9급

1. (아이스 브레이킹) 어디서 왔는가?
2. 바람직한 공무원상이란?
3. 개발과 자연보호는 상충하는데 어떻게 생각하는가?
4. 군조직 문제점과 해결방안은?
5. 회사생활 하면서 기억에 남는 칭찬을 들었던 경험은?
6. (전공) 유접점회로와 무접점회로를 설명해보라.
7. (전공) 3상농형유도전동기 기동법을 설명해보라.

(3) 행정 9급

TIP 해군은 행정학 비중이 높다.

1. 자기소개를 해보라.
2. (전공) 정책 오류에 대한 질문
3. 현행 복지제도에 대한 견해는 무엇이며 자신은 복지를 확대해야 한다는 의견인가?
4. 군에서 실시하고 있는 양성평등 정책과 개선 방안은?
5. 상사의 비리를 목격한다면 어떻게 할 것인가?
6. 동료가 본인에게 자기 할 일을 떠넘긴다면?
7. 회식 자리에서 술을 못 마시는데 강요한다면?
8. 마지막으로 하고 싶은 말

➡ 올해는 해군 내에서 공유하지 말라고 신신당부 했습니다.

(4) 군수 9급

1. 군수란? 군수 8대 기능 중 맡고 싶은 업무는?
2. 군대는? 해병대를 지원한 이유는?
3. 군수직에 합당한 자신의 역량은?
4. MZ세대인데 일 잘할 수 있겠는가?
5. 군수품 10종 중 중요한 3가지는?
6. 군수직 관련 법령을 알고 있는가?
7. 사기업에서 군수 관련하여 맡은 업무는?
8. 군무원이 되면 할 것은?

MEMO

2024
스티마 면접
군무원

PART

02

군무원의 역할과 위상 등

CHAPTER
01 군무원의 역할과 위상

1 군무원의 역할과 위상 ★★★

(1) 군무원이란 군부대에서 군인과 함께 근무하면서 군의 관리 사무나 후방 지원 업무를 수행하는 공무원을 말한다. 국정원 직원, 경찰처럼 국가공무원법상 특정직 공무원으로 분류되며 국방부 및 국방부 직할부대인 정보사·기무사·통신사·의무사나 육·해·공군본부 및 예하부대에서 근무한다.

(2) 군무원은 국가공무원으로서 국방조직에서 기술, 연구, 교육, 행정 및 지원 업무를 효율적으로 수행함으로써 국방목표 달성에 기여함을 그 임무로 한다.

(3) 군 관련 업무를 하지만 공무원 신분이기 때문에 급여는 일반직 공무원과 같은 봉급체계를 따른다.

> **⊘ PLUS**
>
> **특정직 공무원과 일반직 공무원**
> **1. 특정직 공무원**
>   ① 담당업무가 특수하여 자격·신분보장·복무 등에서 특별법이 우선 적용되는 공무원이다.
>   ② ㉠ 법관·검사, ㉡ 외무공무원, ㉢ 경찰공무원, ㉣ 소방공무원, ㉤ 교육공무원, ㉥ 군인·군무원, ㉦ 헌법재판소 헌법연구관, ㉧ 국가정보원의 직원·경호공무원 등 특수 분야의 업무를 담당하는 공무원으로서 다른 법률이 특정직 공무원으로 지정하는 공무원을 말한다.
> **2. 일반직 공무원(참고)**
>   ① 기술·연구 또는 행정일반에 대한 업무를 담당하는 공무원이다.
>   ② ㉠ 행정·기술직, ㉡ 우정직, ㉢ 연구·지도직 등 일반직공무원 중 특수 업무 분야에 종사하는 공무원을 말한다.
>   ③ 전문경력관도 해당된다.

2 군무원의 분류(일반군무원)

(1) 행정 및 기술분야 업무담당

(2) 행정, 정보 등 61개 직렬

(3) 직급구조 ⇨ 1급~9급

3 군무원의 분야별 업무

(1) 행 정

① 국방정책, 군사전략, 체계분석, 평가, 제도, 계획, 연구업무
② 일반행정, 정훈, 심리업무
③ 법제, 송무, 행정소송업무
④ 물품청구, 획득, 관리, 분배, 결산, 구매판단, 계약 등 군수조달 계획업무
⑤ 국유재산, 부동산 관리유지, 처분에 관한 업무

(2) 전 산

① 소프트웨어 개발, 프로그램작성 업무
② 시스템구조 설계, 전산통신분석, 체계개발 업무

(3) 기 술

해당 전문 기술 분야별 업무

4 군무원과 공무원의 공통점 및 차이점 ★★★

(1) 공통점

① 국가와 국민을 위해 봉사한다.
② 군무원도 공무원으로 분류되며 공무원 신분으로 정년보장과 일반 공무원과 같은 봉급체계를 적용한다.

(2) 차이점

① 특정직 공무원으로 분류되어 군 관련 업무를 수행한다.
② 일반 공무원은 행정안전부나 지자체가 뽑지만 군무원은 국방부 및 육해공군본부에서 선발한다.
③ 군무원은 공무원이면서 군 관련 업무를 수행하기 때문에 주 근무지가 군대이다.

5 군무원과 군인의 차이 ★★★

군인 신분이 아니기 때문에 부대근무를 한다고 해도 훈련을 받지 않으며 병사, 부사관, 장교들과 같이 일반적인 군생활은 하지 않는다.

◆ 군무원과 군인의 관리특성 비교

비교기준	군무원	군 인
관련법규	군무원인사법	군인사법
권한부여	직무에 직급 부여	사람에 계급 부여
인력획득	결원시 보충	장기활용계획에 의한 획득
개인훈련	직책 관련 직능교육	군사·리더십 단계별 교육훈련
배치/전개	자발적 이동·지원	의무적 이동·강제적 전개
인력개발	분산관리	중앙선발 및 관리
퇴 직	개인적 선택, 장기간 재직	계약의무, 강제 전역
법적 구속성	법규에 규정한 군무원 직위	법규에 규정한 군인 직위
업무 전문성	민간전문성이 요구되는 직위 (민간고용 관련성, 민간지식·기술 등)	군사 전문성이 요구되는 직위 (전투 관련성, 군사지식·기술 등)
활용 경제성	군무원 활용이 경제적인 직위	군인 활용이 효과적인 직위
보직 연속성	보직 지속성이 요구되는 직위	경력 관리상 순환 직위
예외의 원칙	군사지식·기술 불요구 한시 직위 등	희소성으로 민간인 불가용 직위

⟨⟩ PLUS

군인과 군무원의 상하관계(법제처 법령해석 및 국방관계법령해석질의응답집)

1. 「군무원인사법」제4조는 '군무원은 군인에 준하는 대우를 하며 그 계급별 기준은 대통령령으로 정한다'고 규정하고 있고, 「동법 시행령」제4조 별표 3에서는 군무원의 각 계급별 대우기준이 되는 군인의 계급을 구체적으로 명시하고 있으나 동 별표에 의하여 동등한 계급으로 대우받는 군무원과 군인 사이의 서열 혹은 상하 관계에 대하여는 「군인사법」제4조, 「동법 시행령」제2조와 같은 명의 규정이 없다.

2. 한편, 군무원과 군인은 임용·승진·퇴직 등이 각각 상이한 법률에 의하여 규율되는 별개의 공무원 체계이고, 동등한 계급으로 대우받는 군무원과 군인 간의 서열을 정함에 있어서 동일한 계급의 군인 간의 서열을 정한 「군인사법」의 규정을 준용할 명의 근거가 없으므로 동등한 계급으로 대우받는 군무원과 군인 간에는 원칙적으로 서열 혹은 상하관계를 인정할 수 없다.

3. 다만, 2016년 당시 「군무원인사법」제57조에서는 군무원의 복무에 관련하여 「군인복무규율」제5조 내지 제27조를 준용하고 있고, 「군인복무규율」제23조 제1항에서는 '부하는 상관의 명령에 복종하여야 한다'라고 규정하고 있으며 동 규정의 '상관'은 명령복종관계에 있는 자 간에서 명령권을 가진 자를 의미하므로 조직 내에서의 보직에 의하여 명령권을 가진 자(부서의 장의 부서원에 대한 명령권 등)가 있는 경우에 동등한 계급으로 대우받는 군무원과 군인사이에서 상하관계를 인정할 수 있다고 사료된다라고 하였다.

4. 2016년 군인복무규율은 폐지되었으며, 현재는 군인과 군무원의 상하관계에 대한 명의 규정은 없다. 또한 국방관계법령해석질의응답집 제20집에 따르면 군무원과 군인은 임용, 승진, 퇴직 등이 각각 상이한 법률에 의하여 규율되는 별개의 공무원 체계이고, 동등한 계급으로 대우받는 군무원과 군인 간의 서열을 정함에 있어서 동일한 계급의 군인 간의 서열을 정한 군인사법의 규정을 적용할 명의 근거가 없으므로 동등한 계급으로 대우받는 군무원과 군인 간에는 원칙적으로 서열 혹은 상하관계를 인정할 수 없다고 하였다.

5. 다만, 직무상 명령복종관계가 인정된다면 부서관이나 지휘관이 상관이 될 수 있다. 즉, 직무에 따라 군인이 상관이 될 수 있으며 군무원도 상관이 될 수 있다.

군무원의 필요성(★★★ 공통)

1. 대내외 안보환경 변화에 능동적으로 대처할 수 있는 효율적인 국방체제를 위해 오직 전투임무에 전념할 수 있는 군인과 부대를 만들어야 한다. 이를 위해 군 운영에 필요한 비 전투적인 요소, 특히 근무지원분야에는 과감히 민간자원의 활용이 필요하며 군무원이 필요한 이유이다.

2. 민간 전문 자원인 군무원을 활용하는 것이 출산율 감소로 인한 현역자원의 충원문제도 해결할 수 있는 방안이다.

3. 특히 전문성을 지향하는 현대 조직관리의 추세를 고려하면 국방민간인력의 핵심인 군무원의 필요성은 더욱 중요하다. 과학기술의 발달, 정보·통신기술의 혁신적인 변화에 대응하려면 국방분야 전문인력의 활용이 필수적이다.

MEMO

CHAPTER 02 군인사법 및 군무원인사법

1 군인사법

제1조【목적】이 법은 군인의 책임 및 직무의 중요성과 신분 및 근무조건의 특수성을 고려하여 그 임용, 복무, 교육훈련, 사기 및 신분보장 등에 관하여 「국가공무원법」에 대한 특례를 규정함을 목적으로 한다.

제2조【적용 범위】이 법은 다음 각 호의 사람에게 적용한다.
1. 현역에 복무하는 장교, 준사관(準士官), 부사관(副士官) 및 병(兵)
2. 사관생도(士官生徒), 사관후보생, 준사관후보생 및 부사관후보생
3. 소집되어 군에 복무하는 예비역 및 보충역

2 군무원인사법

1. 해당 법조문

제1조【목적】이 법은 군무원(軍務員)의 책임·직무·신분 및 근무조건의 특수성을 고려하여 그 자격·임용·복무·보수 및 신분보장 등에 관하여 「국가공무원법」에 대한 특례를 규정함을 목적으로 한다.

제2조【군무원의 구분】삭제 〈2016.12.20.〉

제3조【일반군무원의 계급 및 분류 등】① 기술·연구·예비전력관리 또는 행정관리 분야에 대한 업무를 수행하는 군무원(이하 "일반군무원"이라 한다)의 계급은 1급부터 9급까지로 한다.
② 일반군무원은 직군과 직렬별로 분류한다.
③ 특수업무 분야에 종사하는 일반군무원에 대해서는 제1항에 따른 계급 구분이나 제2항에 따른 직군 및 직렬의 분류를 적용하지 아니할 수 있다. 이 경우 계급 구분이나 직군 및 직렬의 분류는 대통령령으로 정한다.
④ 제1항부터 제3항까지의 규정에 따른 각 계급의 직군 및 직렬별 명칭은 대통령령으로 정한다.

제4조【대우】군무원은 군인에 준하는 대우를 하며 그 계급별 기준은 대통령령으로 정한다.

제5조【군무원인사위원회】① 군무원인사제도의 개선과 공정한 인사관리 등 인사에 관한 사항을 심의하기 위하여 다음 각 호의 기관 또는 부대에 군무원인사위원회(이하 "인사위원회"라 한다)를 둔다.
1. 국방부
2. 제6조 제2항 각 호 외의 부분 단서 또는 제13조 제1항 단서에 따라 임용권이나 보직권이 위임된 경우에는 그 위임받은 사람을 장으로 하는 기관 또는 부대
② 인사위원회의 구성·운영과 그 밖에 필요한 사항은 대통령령으로 정한다.

2. 군무원 계급 및 직급 명칭(행정)

계급	명칭
1급	군무 관리관
2급	행정군무 이사관
3급	행정군무 부이사관
4급	행정군무 서기관
5급	행정군무 사무관
6급	행정군무 주사
7급	행정군무 주사보
8급	행정군무 서기
9급	행정군무 서기보

3. 보도자료

(1) 「군무원 인사관리 훈령」 일부개정(국방부 보도자료 2022.6.3.)

1. 국방부는 격오지 및 접적지역 군무원 가점 확대, 성폭력 및 금품수수로 징계 등 발생시 임기제군무원 계약해지, 가해자 및 피해자 분리 등의 개정 내용을 담은 「군무원 인사관리 훈령」을 6월 3일부로 개정 완료하였습니다.
2. 이번 개정된 훈령의 주요 내용은 다음과 같습니다.
   - 첫째, 군무원 격오지 가점을 접적지역까지 확대함으로써 격오지 및 접적지역 근무 군무원에 대한 혜택을 강화하였습니다.

   📦 군무원 격오지 및 접적지역 가점 개선

구 분		가 점	가점 계산	최소근무기간	비 고
현재	격오지	최대 2.5점	1개월당 0.05점	6개월 이상	만점까지 50개월
	접적사단		없음		
개선	격오지	최대 5.0점	1개월당 0.2점	6개월 이상	만점까지 25개월
	접적사단		1개월당 0.1점	6개월 이상	만점까지 50개월

   - 둘째, 격오지 및 접적지역에 일정기간 이상 근무*하면 도심지역 등 희망지역으로 우선 전보 및 인사교류할 수 있도록 제도를 개선하였으며, 도심지역 근무자 강제 인사교류 없이 인사교류 직위를 확대하기 위한 제도 개선방안도 시범운영** 중에 있습니다.
   * 우선 전보 및 인사교류 근무기간: 격오지(2년 이상), 접적지역(3년 이상)
   ** 시범운영: 부대별 충원 공석 중 승진공석을 제외한 공석의 30%를 인사교류로 충원('22년 전반기 101개 직위를 강제 인사교류 없이 공석직위로 충원)

- 셋째, 임기제군무원이 복무 중 성폭력 및 금품수수 등으로 직위해제 및 징계를 받은 경우 계약해지 할 수 있도록 제도를 개선하였습니다.
- 넷째, 성폭력, 구타 가혹행위 등으로 가해자와 피해자를 분리할 필요가 있는 경우 처리방안을 명시하는 등 현행 제도를 운용하면서 나타난 일부 미비점을 보완하였습니다.

(2) 「군무원인사법 시행령」 개정 입법예고(국방부 보도자료 2022.6.23.)

1. 국방부는 신체장애와 관계없이 전투 및 작전 관련 훈련 중 타인의 모범이 된 행위를 한 군인을 군무원으로 채용할 수 있도록 「군무원인사법 시행령」 개정안을 마련하여 6월 24일부터 입법예고를 실시한다.
2. 「군무원인사법」 개정에 따라 당초 전투 및 작전 관련 훈련 중 타인의 모범이 된 행위로 신체장애인이 된 군인뿐만 아니라 신체장애가 없는 군인까지 채용범위를 확대하려는 취지로 국가를 위해 헌신한 장병에 대한 예우를 강화한다는 의미이다.
3. 전투 및 작전 관련 훈련 중 타인의 모범이 된 행위 여부는 지원자에게 군 경력 증명서(전투 및 명예로운 경력, 포상 경력 등 기재)와 관련 자료를 제출받아 위원회에서 종합적으로 고려하여 판단할 예정이다.
4. 시행령 개정 후 빠르면 올 하반기 경력경쟁채용을 통해 타의 모범이 되는 행위를 한 군인(예비역 포함)을 군무원으로 채용할 예정이며, 활용 직위 등을 고려, 타의 모범이 되는 행위를 한 군인을 구분하여 별도로 모집할 예정이다.

MEMO

CHAPTER

03 헌법에 명시된 군무원

1 헌법 제27조

(1) 모든 국민은 헌법과 법률이 정한 법관에 의하여 법률에 의한 재판을 받을 권리를 가진다.

(2) 군인 또는 군무원이 아닌 국민은 대한민국의 영역 안에서는 중대한 군사상 기밀·초병·초소·유독음식물공급·포로·군용물에 관한 죄중 법률이 정한 경우와 비상계엄이 선포된 경우를 제외하고는 군사법원의 재판을 받지 아니한다.

(3) 모든 국민은 신속한 재판을 받을 권리를 가진다. 형사피고인은 상당한 이유가 없는 한 지체없이 공개재판을 받을 권리를 가진다.

(4) 형사피고인은 유죄의 판결이 확정될 때까지는 무죄로 추정된다.

(5) 형사피해자는 법률이 정하는 바에 의하여 당해 사건의 재판절차에서 진술할 수 있다.

2 헌법 제29조

(1) 공무원의 직무상 불법행위로 손해를 받은 국민은 법률이 정하는 바에 의하여 국가 또는 공공단체에 정당한 배상을 청구할 수 있다. 이 경우 공무원 자신의 책임은 면제되지 아니한다.

(2) 군인·군무원·경찰공무원 기타 법률이 정하는 자가 전투·훈련 등 직무집행과 관련하여 받은 손해에 대하여는 법률이 정하는 보상 외에 국가 또는 공공단체에 공무원의 직무상 불법행위로 인한 배상은 청구할 수 없다.

3 헌법 제110조

(1) 군사재판을 관할하기 위하여 특별법원으로서 군사법원을 둘 수 있다.

(2) 군사법원의 상고심은 대법원에서 관할한다.

(3) 군사법원의 조직·권한 및 재판관의 자격은 법률로 정한다.

(4) 비상계엄하의 군사재판은 군인·군무원의 범죄나 군사에 관한 간첩죄의 경우와 초병·초소·유독음식물공급·포로에 관한 죄중 법률이 정한 경우에 한하여 단심으로 할 수 있다. 다만, 사형을 선고한 경우에는 그러하지 아니하다.

MEMO

CHAPTER
04 군무원의 장·단점

✔ POINT 군무원의 장·단점은 공무원의 장·단점과 비슷하다.

1 장 점

(1) 군무원이므로 기본적으로 정년보장과 안정성이 있다.

(2) 공적인 일을 통한 보람과 자긍심, 전문성 확보 등이 해당된다.

(3) 4차 산업혁명 기술의 발전과 더불어 군대에서의 전문가로서의 위상이 높아질 가능성이 있다.

2 단 점

(1) 군대에 소속되어 있어 군대조직의 특성과 관련된 경직된 의사결정이 발생한다.

(2) 법규 및 절차를 준수해야 하는 경직성이 있다(융통성 부족 상황 발생).

(3) 지나친 공정성과 형평성 요구 민원 등의 제약이 있다.

(4) 품위유지에 따른 행동의 제약이 있다.

(5) 국민의 공무원에 대한 도덕성 요구 수준이 높은 점이 해당된다.

(6) 잦은 지역 이동과 오지근무 가능성이 있다.

(7) 국민들에게 낮은 인지도와 열악한 생활 인프라가 해당된다.

MEMO

CHAPTER
05 군대조직의 특성

✔ **POINT** 군무원은 군에서 일을 하기 때문에 군의 특성을 알아야 한다.

1 개 요

군대는 국가 조직의 하나로서 국가를 보위하고 국민의 생명과 재산 보호를 기본사명으로 한다. 평시에는 전쟁을 억제하고, 전쟁이 일어나면 승리를 위해 무력을 사용하는 국가 존립의 최후 보루이다.

2 군대 조직의 특성

(1) 첫째, 군대는 임무완수를 최우선으로 하는 조직이다. 군대의 임무는 강력한 군사력을 건설하여 적의 도발의지를 사전에 억제함은 물론 전쟁이 일어나면 반드시 적을 격멸하여 평화를 지켜내는 것이다.

(2) 둘째, 군대는 명령에 대한 복종을 강조하는 조직이다. 민주주의 국가에서는 개인이 자유로운 의사를 제기하고 토론하는 절차를 중요시한다. 그러나 군대는 참모의 연구와 건의를 바탕으로 지휘관이 명령을 내리고, 부하는 지휘관의 지휘결심을 엄격하게 따르는 상명하복의 명령체계를 강조한다. 만일 전장에서 지휘관의 명령을 즉각 따르지 않는다면 적을 격멸할 수 없을 뿐만 아니라 자신은 물론 국민의 생명과 국가의 존립까지 위태로워질 수 있기 때문이다.

(3) 셋째, 군대는 무한한 희생과 헌신을 요구한다. 우리나라는 세계 유일의 분단국가로 북한의 재래식 군사적 위협뿐만 아니라 핵, 미사일, 생화학무기 등의 대량살상 무기의 위협에 상시 노출되어 있다. 이러한 위협에 완벽히 대응하기 위해서는 군복무 중 장병들의 생활을 엄격하게 통제하는 병영을 24시간 유지할 수밖에 없다. 장병들은 숭고한 국방의 의무를 다하기 위해 일정기간 엄격한 통제에 따르는 희생을 감내해야 한다.

(4) 넷째, 군대는 단결과 협동이 중시되는 조직이다. 현대전에서 전투는 고도로 분화되어 있는 임무를 체계적으로 수행하는 방식으로 진행된다. 따라서 작전의 성공 여부나 부대의 생존능력은 부대원들의 단결과 팀워크가 가장 중요한 요소이며, 장병들의 적극적이고 자발적인 임무수행이 요구된다.

(5) 다섯째, 군대는 엄격한 규율로 전투력을 유지하는 조직이다. 군기는 군대의 생명이다. 군기가 중요한 이유는 엄격히 통제된 생활을 통해 개개인의 전투력을 집중시켜 효과적으로 임무를 수행해야 하기 때문이다. 특히 생명의 위험과 육체적 고통이 수반되는 극한의 전투상황에서는 엄격한 수준의 규율과 강한 통제가 요구된다.

(6) 마지막으로 군 조직의 특성은 정치적 중립 의무를 준수해야 한다는 것이다. 개인 또는 집단으로 정치에 개입하거나 정치활동을 하여서는 안 되며 특정 정당을 지원하거나 후원할 수 없다. 이러한 사항은 헌법과 군형법에서도 명시되어 있다.

　　➡ 공직관 질문유형에 응용을 잘해야 한다. 실제 본인이 공무원이 되었을 때를 가정하고 답변을 준비해야 한다.

MEMO

2024
스티마 면접
군무원

03

군 관련 이슈 및 핵심 정책

PART

03 군 관련 이슈 및 핵심 정책

---

01 | **국방부 주요정책 추진계획(2024년)** ★★★ 공통

> **POINT** 외울 필요는 없으며 밑줄 친 키워드와 지원직렬의 상관관계를 생각하면서 가볍게 흐름만 파악해 둘 필요가 있다.

1. 국방부 국정과제

(1) 제2창군 수준의 「국방혁신 4.0」 추진으로 AI 과학기술강군 육성

① 과제목표
- ㉠ 제2창군 수준으로 국방 태세 전반 재설계, AI 과학기술강군 육성
- ㉡ AI 기반의 유·무인 복합 전투체계 발전, 국방 R&D 체계 전반 개혁

② 주요내용
- ㉠ 「국방혁신 4.0 민·관 합동위원회」 설치
- ㉡ AI 기반의 유·무인 복합 전투체계로 단계별 전환
- ㉢ 새로운 한국형 전력증강 프로세스 정립
- ㉣ 첨단과학기술 기반 군 구조 발전
- ㉤ 과학적 훈련체계 구축
- ㉥ 혁신, 개방, 융합의 국방 R&D 체계 구축

③ 기대효과: 「국방혁신 4.0」 추진으로 AI 과학기술강군을 육성하여 병역자원 부족으로 인한 문제 해소 및 인명 손실 최소화

(2) 북 핵·미사일 위협 대응 능력의 획기적 보강

① 과제목표: 북 핵·미사일 및 수도권 위협 장사정포에 대한 우리 군의 대응능력을 획기적으로 보강하여 실질적인 대응 및 억제 능력을 구비

② 주요내용
- ㉠ 한국형 3축체계 능력 확보 ⇨ Kill Chain, 다층 미사일 방어체계, 압도적 대량 응징보복 능력 확충
- ㉡ 전략사령부 창설
- ㉢ 장사정포요격체계(한국형 아이언 돔)의 조기 전력화
- ㉣ 독자적 정보감시정찰 능력 구비

③ 기대효과: 북한의 핵·미사일 위협에 대한 실질적인 대응 능력을 획기적으로 보강함으로써 북한의 핵·미사일 사용을 억제

(3) 한·미 군사동맹 강화 및 국방과학기술 협력 확대

① 과제목표

㉠ 한·미 확장억제 실행력 강화 및 확고한 연합방위태세 구축

㉡ 한미 동맹의 신뢰를 제고하고 한·미·일 안보협력 강화로 동맹의 결속력 강화

㉢ 한국군의 핵심군사능력 조기 확보, '조건에 기초한 전시작전통제권 전환' 추진

② 주요내용

㉠ 한·미 확장억제 실행력 강화

㉡ 확고한 한·미 연합방위태세 구축

㉢ 한·미·일 안보협력 확대

㉣ 한·미 국방과학기술협력 강화

㉤ 조건에 기초한 전시작전통제권 전환 추진

③ 기대효과: 한·미 군사동맹의 결속력을 강화하고, 글로벌 동맹으로의 발전기반 구축

(4) 첨단전력 건설과 방산수출 확대의 선순환 구조 마련

① 과제목표

㉠ 4차 산업혁명 시대 방위산업을 경제성장을 선도하는 첨단전략산업으로 육성하여 경제안보와 국가안보 간 선순환 관계 유도

㉡ 도전적 국방 R&D ⇨ 첨단무기체계 전력화 ⇨ 방산수출로 이어지는 방위산업 생태계를 구축하여 국가 먹거리 산업화를 추진

② 주요내용

㉠ 범정부 방산수출 협력체계 구축

㉡ 맞춤형 기업지원을 통한 수출 경쟁력 강화

㉢ 방산수출 방식 다변화

㉣ 한미 국방상호조달협정 체결을 통한 방산협력 확대

③ 기대효과: 방산수출 확대를 통한 규모의 경제로 무기체계 가격인하, 운영유지비용 절감과 기술력에 대한 국제 신뢰도 제고로 'Made in Korea' 브랜드 가치 향상

(5) 미래세대 병영체계 조성 및 장병 정신전력 강화

① 과제목표

㉠ 의·식·주 등 병사 개인 생활여건 개선, 군 특성을 반영한 의료시스템 구축

㉡ 장병들의 학업 연속성 보장 및 자기계발 기회 확대, 생산적 복무여건 조성 등을 통해 군 복무기간을 생산적 활동기로 전환

㉢ 산재해 있는 군사시설을 통·폐합하고 군사시설 보호구역을 최소화하여 지역 주민과 군이 상생할 수 있는 환경 조성

② 주요내용

㉠ 장병 만족도를 획기적으로 향상할 수 있도록 의·식·주 개선

㉡ 군 특성에 맞는 의료체계 구축

       ⓒ 병영생활 개선 및 입영체계 효율화 ⇨ 휴대전화 소지시간 확대, 휴가 산정방법 개선, 입영대상자의 선호가 고려된 입영계획 수립

       ⓔ 비전투 분야 업무의 민간 아웃소싱 확대

       ⓜ 장병 정신전력 강화

       ⓗ 산재한 군사시설을 통합, 필수지역을 제외한 군사시설보호구역 해제

  ③ **기대효과**: 기성세대에 만들어진 군 복무 환경을 디지털 환경에 익숙하고 개성이 강한 미래세대에 맞게 전반적으로 개선하여 병역이행 만족도 제고

(6) 군 복무가 자랑스러운 나라 실현

  ① **과제목표**

       ㉠ 병역의무 이행에 대한 합당한 예우와 사회적 보상을 통하여 군복무에 대한 상실감 해소를 위해 노력

       ㉡ 군인의 처우 및 복무여건 개선, 인권보장 등을 통한 복무 만족도 제고

  ② **주요내용**

       ㉠ 병역의무 이행에 대한 국가지원을 강화 ⇨ 「병사봉급＋자산형성프로그램」으로 月 200만원 실현

       ㉡ 추서 진급된 계급에 상응하는 급여와 예우 보장

       ㉢ 군인 수당 개선, 주거 지원, 군 인권보장 등 직업군인의 처우와 초급간부 복무여건 개선

       ㉣ 군인권보호관 권한의 실효적 보장 및 군 인권보장 강화를 위한 신고·보호체계 강화

  ③ **기대효과**: 병역의무 이행 및 국가를 위한 희생과 헌신에 대한 합당한 예우와 보상체계 마련을 통하여 군 복무가 자랑스러운 나라 실현

2. 2024년 업무추진 여건 및 방향

(1) 세계 및 주변국 정세

  ① **세계**: 미중 전략적 경쟁, 자유주의 對 권위주의 진영 간 대립 구도심화 등 국제정세의 불확실성 증대

      ➡ 이스라엘－하마스 무력분쟁 및 우크라이나 전쟁 장기화, 대만해협 긴장

  ② **미국**: 동맹·우방국 연대를 통한 對中 전략적 우위 확보 노력지속과 중동·유럽 지역의 안정적 상황 관리 주력

  ③ **중국**: 美와 전략적 경쟁 지속 下 핵심이익 관련 대외 강경기조 유지

  ④ **러시아**: 국제적 고립 극복을 위해 북한, 중국 등과 협력 강화

      ➡ 미중 전략적 경쟁, 러북 군사협력 등은 주요 안보불안 요인으로 작용

(2) 북한정세

  ① **대외**: 중·러·북 구도를 공고히하며 신냉전 체제를 호기로 활용하여 유리한 전략환경 조성 노력

      ➡ 우크라戰 형세를 주시하며 러시아와 협력 확대/중북수교 75주년을 계기로 중국과 협력 강화/핵·미사일 개발의 '자위권적 당위성', '이중기준'을 언급, 국제사회의 공조 무력화

  ② **대내**: '지방발전 20×10 정책'을 추진하여 경제난·식량난 해소 노력, 김정은의 애민정신 부각, 김주애의 잦은 공식 석상 등장, 전쟁분위기 조성을 통해 체제결속과 4대 세습 공고화

③ **국방력**: 핵 및 미사일 고도화 기조를 유지하며 국방력 발전 5대 중점 목표의 미진한 과업을 추진함과 동시에 재래식 전력 강화

    ↪ 군사정찰위성 발사/고체IRBM·SLBM 발사/핵탄두 증산/해군 현대화/무인장비 개발 등

    ↪ 우리를 '주적', '적대국가'로 간주하며 우리 총선과 美대선 등 정치일정 계기 전략적·전술적 도발 감행 및 대미 레버리지 확보를 위한 다양한 시도 가능

3. 2024년 국방정책 추진방향

(1) '글로벌 중추국가'를 지향하는 국방정책

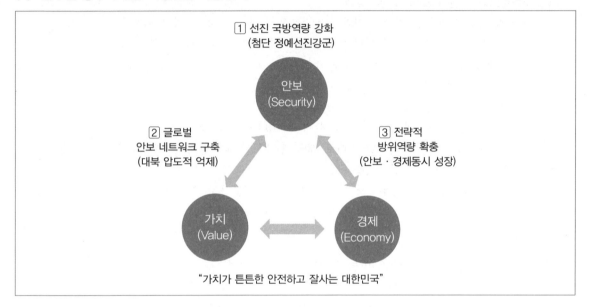

(2) 목표 ⇨ 자유·평화·번영에 기여하는 정예선진강군

(3) 국방운영중점

    ① 장병들의 국가관·대적관·군인정신 확립

    ② 적을 압도하는 국방태세 구축

    ③ 한미동맹 및 국방협력 확대

    ④ 「국방혁신 4.0」추진

    ⑤ 선진 국방문화 조성

4. 2024년 핵심 추진과제

(1) 장병들의 국가관·대적관·군인정신 확립

    ① 지휘관 중심 장병 정신전력 교육체계 정착

       ㉠ 지휘관 先신념화 교육(중·대대장 등) 정신전력교육 강화

          ↪ 지휘관 맞춤형 콘텐츠 제공, 안보 전문가 초빙강연 활성화

ⓛ 「정신전력교육 기본교재」 개편 및 활용, 全장병 교육 강화

② **국방정신전력원 기능 및 위상 강화**

　　㉠ 軍 정신전력 교육 및 연구 전문기관으로서 업무여건 개선 – 전문인력 보강 ⇨ 콘텐츠 제작, 연구 기능 강화 위한 편제 보강

　　㉡ 院 기능 강화를 위한 역할 재정립

　　　　ⓐ 교관 전문화과정 신설 등 간부 보수교육 강화

　　　　ⓑ 콘텐츠 제작, 정훈교리 연구 등 전문기관으로서 위상 정립

③ **국방홍보와 정신전력교육 통합, 효율**

　　㉠ 국방TV를 장병 정신전력 강화와 국방정책을 위한 군사전문채널로 변혁

　　　　ⓐ 장병 정신전력 강화를 위한 맞춤형 콘텐츠와 軍 전문 콘텐츠 신규 제작

　　　　ⓑ 채널·명칭 변경, 플랫폼 다양화, 정책콘텐츠 확대 등 국민접근성 개선과 정책홍보 노력 집중

　　㉡ 국방정신전력원과 협업으로 정신전력 교육용 콘텐츠 제공

　　　　⇨ 국방TV·신문·SNS 등 全 국방홍보 매체 적극 활용

　　㉢ MZ세대 선호 軍콘텐츠 제작·방송 확대, 뉴미디어 활용 적극 홍보

　　　　⇨ 유튜브 '쇼츠' 등 다양한 형태로 개발·탑재하여 국방정책에 대한 국민 접근성 제고

　　㉣ 민·관·군 협력, 정신전력 강화 Think – Tank 구축

　　　　⇨ 민간 연구기관 및 정부부처 산하 연구기관 내 전문가 中 안보교육 및 정책연구 전문가 Pool (네트워크) 구성, 정신전력 강화를 위한 협력 활성화

(2) 적을 압도하는 국방태세 구축

① **우리 軍 자체 정보감시정찰(ISR) 능력 확충**

　　㉠ 우주기반 위성전력 고도화로 북한 全 지역 감시정찰 능력 확보

　　　　⇨ 군정찰위성 2·3호기(SAR 위성) 발사, 군정찰위성 – Ⅱ 소요 확정 등 한국군 주도의 감시정 찰능력 확보 가속화 및 핵심표적 감시주기 단축

　　㉡ 유·무인 정찰전력 확보를 통한 즉응성 있는 정보감시정찰 능력 강화

　　　　⇨ 영상·신호정보 수집자산 증강, 무인정찰기 적기 전력화 추진을 통한 감시 공백없는 정찰능 력 확보 기반 마련

② **한국형 3축체계 능력·태세 강화**

　　㉠ 한국형 3축체계 '전력보강 로드맵'에 의한 능력 보강

　　　　ⓐ Kill Chain: 위성재방문주기 단축 등 감시정찰 전력 강화 및 고정·이동·갱도표적에 대한 타격능력 확보

　　　　　❷ F – 15K 성능개량 착수, 전술지대지유도무기 초도 전력화 등

　　　　ⓑ KAMD: 수도권 및 핵심시설에 대한 복합다층방어능력 구축

　　　　　❷ 장거리지대공유도무기(L – SAM) 개발 완료 예정, 장거리지대공유도무기(L – SAM – Ⅱ)/중거리지대 공유도무기(M – SAM Block – Ⅲ) 성능개량 착수 예정

　　　　ⓒ KMPR: 북한 全지역 전쟁지도부 및 핵심시설에 대한 압도적 대량응징보복능력 강화

  ⓛ 운용개념·계획발전, 연습·훈련 등을 통한 실행력 제고

    ⓐ 작전계획 발전 및 연합·합동 미사일 타격훈련 강화

    ⓑ 미사일 '발사 前 단계(Left of Launch)' 교란·파괴 개념 발전

 ③ **전략사령부 창설**

  ㉠ 합참 핵·WMD대응본부 모체 후반기 창설

  ㉡ 전반기 연합연습 간 임무수행능력을 최초 평가, 평가결과를 토대로 전략사의 임무·과업 보완

   ➔ 후반기 연합연습시 전략사 임무수행능력 최종 평가

  ㉢ 국군조직법 시행령, 합참 직제, 전략사령부령 등 법령 제·개정 추진

  ㉣ 전략사 지휘·부대시설 리모델링, 부대계획 확정 및 인원 충원

  ㉤ 핵협의그룹(NCG) 지침 이행을 위한 전략사 과업 추진(지속)

 ④ **北 핵사용 시나리오를 반영한 연합연습·훈련 강화**

  ㉠ 北 핵사용 시나리오를 반영한 한미 범정부 TTS, 국방·군사 TTX 체계적 시행

  ㉡ 특히 '24 UFS 연습 계기 北 핵사용 시나리오를 반영한 한미 연습 추가 시행

  ㉢ 北 핵 상황을 반영한 제대별 연합훈련 시행 및 강화

 ⑤ **전투임무 위주의 실전적 교육훈련 강화**

  ㉠ 과학화훈련체계를 활용하여 실전적 전투능력 배양

    ⓐ **가상훈련**: AR·VR·MR·AI 등 첨단과학기술을 접목하여 다양한 임무 및 작전환경 구현이 가능한 가상훈련체계 구축

    ⓑ **마일즈훈련**: 편제 장비를 활용한 실전적·실기동 쌍방훈련을 위해 다양한 병과 및 부대에 마일즈 장비 확대 보급

    ⓒ **합성훈련환경**: 개별 운용 중인 과학화훈련체계를 단일 플랫폼으로 통합하여 훈련할 수 있는 미래형 훈련체계 기반 구축

     ➔ 국민 안보의식 함양, 국가산업 활성화와 연계하여 확대 추진

     ➔ 과학화훈련 장비 전시·체험, 서바이벌 민간 경연대회, 민간기술 적극 활용 등

  ㉡ 첨단과학기술 발전 등 미래 안보환경 고려 사관학교 교육체계 개선 추진

   ➔ 첨단 무기체계, 국내외 전쟁사, 영어교육(연합작전 주도 등) 등 확대

  ㉢ 현장부대 '즉응 전투력' 발휘를 위한 전투현장에서의 교육훈련 강화

(3) 한미동맹 및 국방협력 확대

 ① **美 확장억제 실행력 강화**

  ㉠ 3차 NCG에서 북핵 위기시 핵운용 원칙 및 시행방안, 협의절차 등이 반영된 한미 공동의 핵운용 지침 마련

  ㉡ 한반도에 맞춤화된 美 핵전력과 韓 첨단 재래식 전력의 통합(CNI) 추진개념 정립 및 핵 대응계획 수립

  ㉢ 범정부 TTS, 국방·군사 TTX 등을 통해 핵운용 지침, 핵·재래식 통합작전 개념(CNI), 핵위기 협의체계 보완

  ㉣ 민감정보 공유를 위한 보안절차 정립 및 통신체계 구축

　　　　　⑩ 美 전략자산의 효율적 전개 보장을 위한 협의·시행절차 발전

　② 한·일, 한·미·일 안보협력 강화

　　　㉠ 고도화되는 北 핵·미사일 위협 고려, 한일·한미일 공조 지속 강화

　　　　　ⓐ 다년간의 한·미·일 훈련계획 시행 및 다양한 영역으로 3자훈련 확대

　　　　　　　● 해상위주의 3자훈련을 수상·수중·공중 등 다영역으로 확대 추진

　　　　　ⓑ 한미일 각군 참모총장회의 정례화를 통해 고위급 소통 활성화

　　　㉡ 한일 간 고위급 교류, 부대교류 등 한일 국방교류협력 정상 시행

　③ 글로벌 안보네트워크 구축으로 압도적 억제력 확보

　　　㉠ 한·유엔사·유엔사회원국들과의 미래지향적 협력체계 구축

　　　　　ⓐ 한·유엔사회원국 국방장관회의 정례화

　　　　　ⓑ 유엔사회원국들과의 연합연습·훈련 활성화, 상호교류와 협력 증대

　　　　　ⓒ 유엔사회원국들과 강력한 대북억제 공조체계 강화를 통해 결속력 현시 및 억제력 강화

　　　　　ⓓ 우리 군의 유엔사 참모부 참여 추진('24년)

　　　㉡ 가치공유국(美·日·濠·NATO 등)과 인태·글로벌 안보협력 확대

　　　　　● 연합 및 다국적 연습·훈련 활성화, 상호교류와 협력 증대

　④ 방산수출 확대 공고화

　　　㉠ 범정부 차원의 지원을 지속 강화하여 방산수출 확대와 과학기술강군 육성의 선순환 구조 구축

　　　　　ⓐ 범부처 참여 '방위산업발전협의회'의 내실 있는 운영

　　　　　ⓑ 수출 현안 협의, 제도 개선, 他 산업 협력사안 발굴 강화

　　　㉡ 주요국과 방산·안보협력체계 구축, 전략적 국방협력관계로 진화 노력

　　　　　ⓐ 정부 고위급 외교시 방산협력을 필수 의제화하는 등 협력 강화

　　　　　　　● 각종 방산전시회 계기 우리 무기체계 홍보, 고위급 국방외교 통한 방산협력 추진

　　　　　ⓑ 수출거점국가와 기술협력·공동연구개발, 현지생산 등을 통한 제3국 공동진출

　　　　　　　● 수출국에 우리 무기 생산거점 확보로 유사시 우리 군의 군수지원 역량 증대

　　　㉢ 현지화, 공동연구개발 등 구매국의 다변화된 요구에 적시 대응

　　　　　● 구매국 맞춤형 무기체계 개발 및 현지생산, 공동연구개발 등을 통한 수출확대 추진

　　　㉣ 수출 이후 구매국 만족도 향상을 위한 교육·훈련, 노하우 전수, 유저클럽(User Club)

　　　　　ⓐ 운영 등 다양한 지원활동을 통하여 수출경쟁력 강화

　　　　　ⓑ 무기 도입 국가들 간 교류의 장으로, 각국의 실전 운영 경험과 교육, 정비 등 노하우 공유

　　　㉤ 한미 간 상호보완적 방산협력 발전 및 방산물자 공급망 공고화

　　　　　ⓐ 국방상호조달협정(RDP-A) 체결 추진

　　　　　ⓑ 공급안보약정(SOSA) 이행 관리로 한미 상호 방산물자 우선공급 추진

　　　　　　　● 공급안보약정(SOSA)에 참여할 국내업체 확정을 위해 방사청-방진회 간 업무협약 체결 추진

　⑤ 조건에 기초한 전작권 전환추진

　　　㉠ 「조건에 기초한 전작권 전환계획」에 따라 체계적·안정적으로 추진

　　　　　● '24년 능력 및 체계 공동평가 시행 등

ⓛ 조건#1(한국군의 핵심군사능력)과 조건#2(북한 핵·미사일 위협 대응능력) 확보 가속화

   ➡ 한미가 합의한 조건#1·2 능력 확충에 집중 및 국방혁신과 연계 추진

ⓒ 한미 상호 합의하「한반도 및 역내 안보환경 평가」의 객관성 제고

(4) 국방혁신 4.0 추진

① AI 기반 유·무인복합전투체계 구축

   ⓐ 유·무인복합전투체계의 신속한 전력화와 원활한 유지보수 등을 위한 '국방무인체계 계열화·모듈화(K–MOSA)' 추진 가속화

      ⓐ 제도개선: 정부 차원의 강력한 추진동력 확보를 위해 관련 법령 정비

         ➡ 방위사업법·국방과학기술혁신촉진법 개정, K–MOSA 가이드라인 제정 등

      ⓑ 기반체계 구축: 임무장비별 모듈화 방안 수립 추진

      ⓒ TF 운영: 국과연, 기품원, 방사청 산하 전문가로 구성된 TF 운영

         ➡ 정책/제도 분과(국방부 주도), 기술개발 분과(국과연 주도), 시험/인증 분과(기품원 주도)

   ⓛ 국방부 주도의 인공지능 기반 유·무인복합전투체계 구축을 위하여 합참, 각 군, 연구소 등이 참여한 실무협의체 운영

   ⓒ 범부처 협력을 통한 민간 첨단기술의 신속한 도입

② 국방AI센터 창설 추진

   ⓐ 국방AI센터 창설(상반기 개소 목표)

      ⓐ 개념: 민·관·군 협업 下 첨단 AI 기술 도입 및 적용을 위한 전담조직으로서 AI 정책·전략 수립 지원, AI 기술개발 등 수행

      ⓑ 구성: 민간연구원 및 현역

         ➡ 인공지능 기술의 체계 적용을 위한 제도개발 지원, 각 군의 인공지능 소요기획 및 기술검토 지원, 무기체계 등에 적용 가능한 민간 인공지능 기술발굴 등 기술기획 지원

   ⓛ 거버넌스 확보를 위한「국방인공지능·데이터위원회」설치·운영

      ⓐ 개념: 국방 인공지능 분야 최고 심의·의결기구

         ➡ 국방부 차관(위원장), 방사청, 합참, 각군, 국과연 및 관련기관

      ⓑ 기능: 국방 인공지능 발전 관련 주요 현안, 정책, 제도 등 심의·의결

③ 현존전력 극대화 노력

   ⓐ 現 전력의 신속한 성능개선과 효율성 향상을 위한 제도개선, 예산확대

   ⓛ 부대·병력구조와 연계 전투력 완전성 발휘를 위한 전력증강 방안 제시

④ 우주·사이버·전자기스펙트럼 작전수행체계 구축

   ⓐ 우주: 첨단 우주전력 적기 확충 및 국제 국방우주협력 강화

      ⓐ 군정찰위성 2, 3호기 발사, 우주기상 예·경보체계 전력화

      ⓑ 美 조기경보위성 정보공유체계 구축 추진 등

   ⓛ 사이버: 사이버작전 수행체계 발전을 위한 전략·인력·전력 고도화

      ⓐ 국방사이버전략서 발간, 사이버 작전개념 발전

      ⓑ 군 계약학과 확대 등 사이버전문인력 제도 개선

ⓒ 전군 통합보안관제체계 등 사이버전력체계 고도화

ⓒ **전자기**: 전자기스펙트럼작전 수행역량 강화

ⓐ 국방전자기스펙트럼 종합발전계획 수립

ⓑ 무인고정형 스펙트럼 탐지체계 구축, 전자전기 체계개발 추진 등

(5) 선진 국방문화 조성

① 미래세대에 부합하는 병영문화 및 초급·중견간부 복무여건

㉠ 병 기본권 신장과 더불어 책임 강화로 선진 병영문화 조성 ⇨ 병 진급심사제도 확대 등 추진

　➡ 현재 육군에서 시행 중인 제도를 해·공군까지 확대 시행

㉡ 간부지원시 장려금(300만원 인상) 및 학군생활지원금(연간 64만원 ⇨ 180만원) 인상, 장기복무 선발률 향상 등으로 초급간부 지원율 제고

　➡ 학군생활지원금은 후보생이 재학 중에 생활, 품위유지를 위한 지출 등으로 사용

㉢ 중견지휘관들이 전투임무에만 전념할 수 있도록 전투지휘 여건 보장 추진

　➡ 군의 특수성을 고려한 수당 지급, 24시간 지휘여건 보장을 위한 안보폰 지급 등

② 국격에 맞는 장병 의식주 개선

㉠ **피복·장구류 개선**: 전투임무에 전념할 수 있도록 피복·장구류 개선

ⓐ 피복류 간 기능 중복을 줄이고 활동성과 보온력을 향상시켜 전투력을 극대화할 수 있는 전투 피복체계로 개선

　➡ 피복 착용 체계 ⇨ 現 9종의 피복류를 4종으로 통합 개선

ⓑ 쾌적한 수면여건 보장을 위해 전군 상용이불 이용중, 지속적인 관리대책 강구

㉡ **급식운영 다양화**: 급식방식 다양화로 장병 선택형 급식체계 구축

ⓐ 다양한 메뉴를 제공하는 뷔페식 급식 시범사업 추진

　➡ '24년 육·해군 사관학교를 비롯한 전군 10여 개 부대에서 추진

ⓑ 선호 외식메뉴를 지역 민간업체를 통해 제공하는 '지역상생 장병특식' 전면시행

　➡ 연 14회 ⇨ 월 1회를 기준으로 하되 국군의 날, 호국보훈의 달 등에 추가 시행 추진

㉢ **병영생활관 개선**: 장병의 생활수준, 병력감축 및 감염병 예방 등에 대응할 수 있도록 1인당 생활 면적을 확대, 생활실 內 화장실·샤워실을 갖춘 2~4인실 생활관으로 개선 추진

　➡ 1인당 생활면적 확대[$6.3m^2$ ⇨ $10.78m^2$(4인실 기준, 생활실 內 위생시설 포함)]

③ 군 특성에 최적화된 의료체계

㉠ 장병들의 진료 접근성 보장을 위한 원격진료 활용 확대

ⓐ 격오지·함정 등 군의관 미보직 부대 대상으로 원격진료체계 확대

ⓑ 스마트폰 모바일 앱을 활용한 비대면 진료 시범사업 추진

㉡ 최신 정보통신기술(ICT)을 활용한 '스마트 헬스케어 시스템' 구축

ⓐ 스마트 생체징후 인식장비를 활용한 환자관리 추진

ⓑ 국방의료정보체계를 고도화(인터넷 기반)하여 민·군 의료정보 통합

㉢ 응급환자 발생시 골든타임 확보를 위한 후송역량 강화

ⓐ 의무후송전용헬기를 추가 도입하여 서북도서·영동지역에 대한 후송능력을 보강

ⓑ 통합관제시스템을 구축하여 최적의 후송경로 확인, 적절한 응급조치 실시, 후송병원과 정보 공유 등 신속한 대응을 지원
ⓔ 장병 진료여건 개선을 위해 사단급 의무대 진료기능 강화
⇨ 군의관 재배치를 통해 사단급 의무대 진료과목을 확대 운영
④ 병역의무 이행에 대한 보상 강화
㉠ '24년 병장 기준 병 봉급은 125만원, 자산형성프로그램(장병내일준비적금) 정부지원금은 월 최대 40만원으로 월 165만원 수준 지원
ⓐ 병 봉급은 병장 기준 '23년 100만원 보다 25만원 인상
⟳ 계급별 봉급액 ⇨ 병장 125만원, 상병 100만원, 일병 80만원, 이병 64만원
ⓑ 자산형성프로그램은 '23년 월 최대 30만원 보다 10만원 인상
⟳ '22년 14.1만원 ⇨ '23년 30만원 ⇨ '24년 40만원
㉡ '25년 병 봉급 및 자산형성프로그램의 정부지원금 연차적 인상으로 월 200만원 수준 지원 달성
⟳ '25년 병장 기준＝봉급 150만원＋자산형성프로그램(월 최대 지원금) 55만원

5. 2024년 국방부의 변화

(1) 2024년 병 봉급 병장 기준 월 125만원으로 인상

① 명역의무 이행에 대한 합당한 예우와 보상을 위해 병 봉급이 '24년 1월부터 병장 기준 월 125만원으로 인상된다.

⟳ 계급별 봉급은 숙련도, 임무 난이도 등을 고려하여 계급이 상향될수록 인상금액이 커지도록 책정하였다.

구 분	이 병	일 병	상 병	병 장
2023년	600,000	680,000	800,000	1,000,000
2024년	640,000	800,000	1,000,000	1,250,000
전년대비	+40,000	+120,000	+200,000	+250,000

② 병 봉급은 '25년까지 병장 기준 150만원으로 단계적으로 인상된다.

(2) 장병내일준비적금 재정지원금 인상

① 병 봉급 인상과 연계하여 합리적 저축습관 형성 후 전역 후 목돈 마련을 위한 장병내일준비적금의 정부 재정지원금을 '24년부터 월 최대 30만원에서 40만원으로 인상한다.

> [예시]
> [복무기간 18개월, 월 40만원 납입 시] 약 1,469만원(①＋②＝14,685,000원)
> ① 원금＋은행 기본금리(5% 내외)＝748.5만원(720만원＋28.5만원)
> ② 재정지원금＝720만원(18개월×40만원, 원금의 100%)

② 인상된 재정지원금은 '24년 1월 납입분부터 적용되며 이전, 납입액은 기존 지원금액이 적용된다.

(3) 초급간부 복무여건 개선을 위한 단기복무 장려금(수당) 인상 및 주택수당 대상 확대

① 초급간부에 대한 합당한 예우와 보상을 위하여 '24년 1월부터 단기복무간부의 장려금(장려수당)이 인상되고 주택수당 지급대상이 확대된다.

② 단기복무장교·부사관 지원율 향상에 실질적인 유인이 될 수 있도록 단기복무(장교)장려금 및 단기복무(부사관)장려수당이 전년대비 33% 인상된다.

구 분	2023년	2024년
단기복무(장교) 장려금	9,000,000	12,000,000
단기복무(부사관) 장려수당	7,500,000	10,000,000

③ 또한 관사나 간부숙소를 지원받지 못하는 간부에게 지급되는 주택수당이 임관 3년 미만 초급간부들에게도 지급될 수 있도록 대상을 확대하였다.

(4) 군 장병 「맞춤형 경제교육」 지원

① 군 장병의 경제교육 활성화를 위해 '24년 상반기(2월~3월)부터 「맞춤형 경제교육」을 운영한다.

② 병 봉급 증가 등 군 장병의 소득증가에 따라 경제교육의 필요성이 확대되어 장병에 적합한 경제교육 콘텐츠를 개발·보급하고, 지역별 경제교육 전문기관에서는 교육프로그램 및 강사를 지원한다.

③ 또한 장병들이 필요할 경우는 자산관리 등 경제생활 관련 상담도 지원할 예정이다.

(5) 「병사 등 민간병원 진료비 지원 사업」 직접청구 앱 구축

① 「병사 등 민간병원 진료비 지원 사업」 신청 방식이 국민건강보험공단을 통한 간접청구 방식에서 병사들이 모바일 앱을 통해 직접청구하는 방식으로 변경된다.
   ● '24년 2월 이후 민간병원 진료 건에 대하여 직접청구 가능

② 모바일 앱(나라사랑포털 앱)을 통해 병사들이 민간병원 진료비를 직접 청구하여 지급기간이 5~6개월에서 2~3개월로 단축되므로 신속한 진료비 지원이 가능하다.

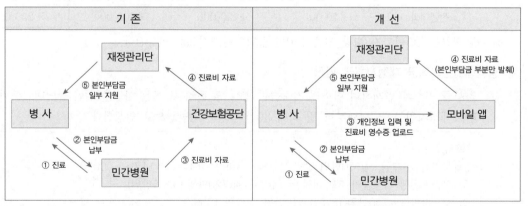

(6) 병사들에게 플리스형 스웨터 보급

① 기존 간부에게만 보급하던 플리스형 스웨터를 동계 생활여건 향상을 위해 '24년 1월부터 전군 입대 병사들까지 보급한다.

② 병사들에게 '플리스형 스웨터'를 보급하여 동절기 생활여건을 보장하고 장병 만족도를 향상시킬 예정이다.

02 정예선진강군 5대 국방운영중점 ★★★ 공통

(1) 장병들의 국가관·대적관·군인정신 확립

① 지켜내야 할 조국에 관한 '국가관', 맞서 싸워야 할 적에 관한 '대적관', 어떻게 적과 싸워 이길 것인가에 관한 '군인정신'을 올바르게 확립

② 핵심 추진과제
  ㉠ 지휘관 중심의 정신전력 교육체계 정착
  ㉡ 정신전력교육 담당조직 강화(병과명칭 변경, 국방정신전력원 기능 강화 등)
  ㉢ 국방홍보/안보교육 통합·효율화

(2) 적을 압도하는 국방태세 구축

① 對北군사대비태세를 확고히 유지하는 가운데, 북한 등 전방위 위협을 압도하는 능력과 태세를 강화

② 핵심 추진과제
  ㉠ 독자적 정보감시정찰(ISR) 능력 구비
  ㉡ 한국형 3축 체계 능력·태세 강화
  ㉢ 전략사령부 창설
  ㉣ 핵전하 연합연습·훈련 강화
  ㉤ 전투임무 위주의 실전적 교육훈련 강화

(3) 한미동맹 및 연합방위태세 발전

① 한미 군사동맹의 결속력을 강화하고, 우방국과의 국방협력을 심화·확대하여 국가안전보장, 나아가 역내 평화증진에 기여

② 핵심 추진과제
  ㉠ 美 확장억제 실행력 강화(NCG 등)
  ㉡ 한일/한미일 안보협력 강화
  ㉢ 유엔사와의 협력체계 강화
  ㉣ 방산수출 확대 지원
  ㉤ 조건에 기초한 전작권 전환 추진

(4) 「국방혁신 4.0」 추진

① 미래전 패러다임의 변화와 병역자원 감소 등을 고려, 4차 산업혁명 첨단과학기술을 국방 숲 분야에 접목하여 과학기술 강군 육성

② 추진과제
  ㉠ AI 기반 유·무인복합전투체계 구축
  ㉡ 국방AI센터 창설 추진
  ㉢ 국방R&D 체계 개편
  ㉣ 우주·사이버·전자기 영역 작전수행체계 구축

(5) 선진 국방문화 조성

① 국격에 맞게 군 복무환경 개선, 엄정한 지휘체계와 장병 인권의 조화로운 개선, 국가를 위한 희생·헌신이 존중받고 예우받는 문화 정착
② 핵심 추진과제
  ㉠ 국격에 맞는 병영환경 및 장병 의식주 개선
  ㉡ 엄정한 지휘체계 확립
  ㉢ 군 특성에 최적화된 의료체계 구축
  ㉣ 핵병역의무 이행에 대한 보상 강화

03 국방혁신 4.0 ★★★ 공통

1. 국방혁신 4.0의 필요성

(1) 미래 우리 국방은 유례없는 도전에 직면할 것으로 예상

(2) 기존의 개혁방식으로는 이러한 도전에 대응하기에는 한계

(3) 이에 따라 국방의 혁신적 변화를 위한 새로운 접근이 필요하며 이를 위해 우리 군은 지금 당장 준비해야 함

2. 도전요인

(1) 북한 핵·미사일, 비대칭 위협의 현실화와 고도화

① 소형화, 회피 기술, 고체연료 등 기술적 발전 지속, 다종·다량화
② 핵 독트린 선언, 핵무력정책 법제화
③ 무인기 침투, 사이버 해킹 시도, 오물풍선

(2) 미중패권 경쟁에 따른 동북아 불안정성 증가

바이든 대통령·국가국방전략, 최대안보위협으로 중국 지목

(3) 전쟁 패러다임의 변화와 기술패권 경쟁 심화

① 우·러전쟁: 4차 산업혁명 기반 민간 첨단기술의 적극 활용
② 전쟁 패러다임: 정보화전에서 지능화전으로 변화, 군사선진국 간 기술패권 경쟁 심화

(4) 인구절벽에 따른 병역자원의 감소

① 20세 남성인구 25만명(2023년) ⇨ 21만명(2035년) ⇨ 13만명(2040년)으로 감소

② 2023년 합계출산율 0.72명

3. 기회요인

(1) 우리의 강점인 "첨단과학기술 발전"

(2) 한국형 3축체계 능력 획기적 강화

AI 기술을 접목하여 감시·정찰능력 향상, 결심·대응시간 단축

(3) 전 영역 통합작전 구현

핵심 첨단전력을 초연결, 합동 전 영역 지휘통제 체계 구축

(4) 병역자원의 감소 해결, 전시 인명손실 최소화

유·무인 복합전투체계, 과학화경계시스템 등

4. 국방혁신 4.0의 개념 ★★★

AI·무인·로봇 등 4차 산업혁명 과학기술 기반으로 북핵·미사일 대응, 군사전략 및 작전개념, 핵심 첨단전력, 군구조 및 교육훈련, 국방 R&D·전력증강체계 분야를 혁신하여 경쟁우위의 AI과학기술강군을 육성하는 것

➡ 4.0이란 4차 산업혁명 첨단과학기술의 적용이라는 상징적 의미와 국방의 획기적 변화를 위한 4번째 계획이라는 뜻이다.

5. 국방혁신 4.0의 중점별 과제

(1) 국방 R&D·전력증강 체계 재설계

① 전력증강 프로세스 재정립

② 혁신·개방·융합의 국방 R&D 체계 구축

③ 국방 AI기반 구축

④ 국방과학기술 혁신을 위한 조직개편

(2) 군구조 및 교육훈련 혁신

① 첨단과학기술 기반 군구조 발전

② 과학화 훈련체계 구축

③ 예비전력 능력 확충

④ 과학기술 인재 육성

(3) AI기반 핵심 첨단전력 확보

① 유·무인 복합전투체계 구축

② 우주, 사이버, 전자기스펙트럼 영역 작전수행능력 강화

③ 합동 전 영역 지휘통제(JADC2)체계 구축

(4) 군사전략·작전개념 선도적 발전
① 미래안보환경에 부합하는 군사전략 발전
② 과학기술기반의 작전개념 발전

(5) 북 핵·미사일 대응능력 획기적 강화
① 한국형 3축체계 운영태세 강화
② 한국형 3축체계 능력 획기적 강화
③ 전략사령부 창설 및 발전

6. 국방혁신 4.0의 기대효과

(1) 국방차원
① **위협대응**: 북핵·미사일 위협 대응·억제능력과 미래 전장에서의 작전수행 능력을 획기적으로 보강
② **병역자원**: 첨단과학기술 기반 유·무인체계 중심의 병력 절감형 군구조로 전환하여 병역자원 감소 문제 해결
③ **작전효율**: AI 기반의 무인·로봇전투체계를 통하여 전투능력은 극대화하되 전시 인명피해는 최소화

(2) 국가차원
① **국가 인적자원**: 국방과학기술 전문인력이 사회로 환원되어 민간의 과학기술 역량을 제고
② **국가산업**: 국방과학기술을 새로운 국가산업 성장동력으로 확장

> ◈ PLUS
>
> Q. 국방혁신 4.0의 핵심내용은? [2022년 육군 차량직]

MEMO

1. 개 요

(1) 4차 산업혁명 첨단과학기술의 국방 全 분야 적용을 통한 국방운영 혁신, 기술 기반 혁신, 전력체계 혁신으로 스마트하고 강한 군대 건설

(2) 빅데이터, 인공지능(AI), 클라우드, 사물인터넷(IoT), AR·VR, Mobile, 초연결·초융합 등

2. 세부내용 및 이행계획

(1) 국방운영 기술기반 혁신 ⇨ **고효율의 선진 국방운영 실현과 초연결·초융합·초지능의 국방 인프라 조성 추진**

　① 빅데이터, AI 등 첨단기술을 교육훈련, 안전, 급식, 의료 등에 적용하여 실전형 워리어 육성 및 장병 삶의 질 개선 추진

　　㉠ **교육훈련**: VR·AR 기반 가상모의훈련 체계 및 과학화 예비군훈련 체계 구축

　　㉡ **안전**: 사건·사고 예측 및 선제적 예방을 위한 스마트 안전관리체계 구축

　　㉢ **급식**: 메뉴별 배식량, 섭취량, 잔반량 등 빅데이터를 기초로 최적의 급식 수요 예측

　　㉣ **의료**: 이동 원격진료체계 구축, 軍 의료정보 빅데이터 분석체계 구축

　　㉤ **시스템**: 국방운영 전반 빅데이터 구축으로 실시간 투명·합리적 정책 추진

　② 과학적 총수명주기관리를 통한 국방자원의 관리 효율 극대화

　　㉠ **장비**: 빅데이터 기반 수리부속의 수요예측 정확도 향상

　　㉡ **군수시설**: 로봇과 자동화 정비 설비를 갖춘 스마트 팩토리 구축

　③ 국가 AI 전략과 연계한 국방 AI 세부 전략 수립

　　㉠ **국가 AI 전략에 국방부 과제 반영**: 국방 지능형 플랫폼 구축 및 핵심업무 지능화, 국방 지능데이터 센터 구축 및 지휘체계 지원 지능 개발

　　㉡ **국방 AI 전략 발전계획 수립**: 국방 특성을 반영한 비전 및 목표 제시, 추진전략 및 세부이행계획, 추진조직 등 반영

(2) 전력체계 혁신 ⇨ **4차 산업혁명 기술 적용 무기체계 확보를 통한 군사력 건설 가속화, 미래 국가안전 보장**

　① 미래 8대 국방핵심기술−10대 군사능력−30개 핵심전력 선정 완료

　　㉠ **미래 8대 국방핵심기술**: 첨단센터, 인공지능, 무인로봇, 신추진, 신소재, 가상현실, 고출력/신재생에너지, 사이버

　　㉡ **10대 군사능력**: 고위력, 초정밀, 무인/유·무인 복합, 소형·경량화, (극)초음속, 스텔스, 비살상·전자전체계, 초연결·네트워크, M&S·사이버, 장사정·신추진

　　㉢ **30개 핵심전력**: 휴머노이드로봇, 인공지능지휘통제체계, AI기반 초연결전투체계, 초소형곤충형정찰로봇, 초고속 지능형 어뢰체계 등

② 기술혁신 시대에 걸맞은 신속하고 유연한 무기체계 획득제도 구축
  ㉠ 4차 산업혁명기술 등 민간첨단기술을 즉각 활용하여 전력화하는 신속획득시범사업의 효율적 추진으로 신속획득체계 정착
  ㉡ 신속획득체계를 기반으로 무기체계 특성에 따른 모듈형 전력화 및 S/W중심형 전력화 등 유연하고 다양한 획득방식 제도화 검토

(3) 제도개선 ⇨ 무선 암호정책 개선 및 규제완화 적극 추진

① 4차 산업혁명 기술 적기 적용을 위한 무선 암호정책 개선
  ㉠ 국방자료 세부 분류기준을 재정립하고 SW형 암호, 초소형 암호칩의 軍 자체 개발·제작 및 사용여건 마련
  ㉡ SW형 암호 안전성 검증을 위한 전투실험 추진
② 신기술 신속 적용을 위한 방위사업 분야의 규제완화 적극 추진

(4) 민군협력 ⇨ Spin-On/Off를 통한 국방 R&D 역량 강화 및 민군상생 기여

① 미래도전기술개발 활성화를 통한 창의 도전적 기술 발전과 무기체계 적용
  ⇨ AI기반 위성영상분석 등 미래도전기술개발 과제 17건 선정 완료
② 우리 軍이 테스트 베드를 제공하여 안정적 기술개발 보장과 혁신적 연구개발 지원
  ⇨ 지능형 스마트 비행단(20전투비행단) 구축, 이동 원격진료체계 구축 시범사업 등

---

05 북한의 핵개발 문제   ★★★ 공통

1. 핵실험 일지(북한 1-6차 핵실험 비교) ➲ 참고만 해두면 된다.

구 분	1차	2차	3차	4차	5차	6차
실험 일시	2006년 10월 9일	2009년 5월 25일	2013년 2월 12일	2016년 1월 6일	2016년 9월 9일	2017년 9월 3일
지 역	함경북도 길주군 풍계리 부근	함경북도 김책시 인근 화대군 일원	함경북도 길주군 풍계리 부근	함경북도 길주군 풍계리 부근	함경북도 길주군 풍계리 부근	함경북도 길주군 풍계리 부근
지진규모 (mb)	3.9	4.4 (美 4.7, 日 5.3)	4.9	4.8	5.0	5.7
폭발 에너지	1kt (TNT 1000t 규모)	15~20kt (기상청 추정치) (美 9kt, 日 50kt)	6~7kt	6kt	10kt	TNT 약 100~300kt 규모

* 킬로톤·1kt은 TNT 1,000t의 폭발력

2. 북한이 핵무기 개발에 매달리는 이유

(1) 체제안보용

주변 강대국에 둘러싸인 지정학적 위치를 감안, 체제안보를 위해 필요하다고 주장

(2) 대미협상용

미국의 최대 관심사인 WMD(대량살상무기) 비확산을 역이용하여 대미협상 카드로 활용

(3) 대남압박용

대남 군사적 열세 만회, 비대칭전력에서 우위확보

3. 북핵문제에 관한 각국 대응전략

(1) 미 국

자국안보 위협으로 심각하게 인식, 한미&미일동맹 강화, 사드 한반도 조기 배치, 강력한 대북 제재 요구(중국과 협상 중)

(2) 일 본

북핵문제를 자국의 군사력 강화의 수단으로 활용(군사대국화 기회로 활용)

(3) 중 국

북한을 완충지대로 유지하려는 전략, 대북제재에 소극적, 미국과 협상카드로 활용, 한반도 사드배치에 반대(한국에 대한 경제보복, 롯데 사드보복, 한국관광금지)

(4) 러시아

북핵문제를 아시아에 대한 영향력 확대의 기회로 활용, 대미협상카드

4. 한국정부의 북핵 접근 전략

(1) 북핵 동결 및 폐기를 기본 목표로 설정, 북한의 개혁·개방 유도, 남북관계 안정적 관리

(2) 포용 & 압박·봉쇄 전략

(3) 북핵과 경제협력의 분리 & 연계 전략 ⇨ 개성공단 폐쇄, 금강산/개성 관광중지, 비료/쌀 지원중지 등

(4) 보수정부에서는 대한민국 자체 핵무장론 대두

5. 북핵문제 영향

◉ 북핵이 어떤 영향을 미치는지 핵심을 정리해 둘 필요가 있다.

(1) 안보문제

　① 한·미·일 안보위협

　② 사드배치 논란

③ 한반도 전술핵 배치 및 대한민국 자체 핵무장론 논란

④ 선제타격 논란

(2) 경제문제

① 중국의 사드보복논란(재중 한국기업보복, 한류영향, 한국관광금지, 롯데 사드보복)

② 한반도 긴장 고조로 외국인 투자 감소(코리아 디스카운트), 환율상승, 외국인 관광객 감소, 대중 수출 영향

③ 미중간 경제 협상 카드로 활용(미국의 중국에 대한 환율조작국 지정보류, 미국의 대중 무역적자를 북핵−무역 빅딜로 활용 대신 중국이 북한에 대한 북핵 해결 역할 기대)

④ 북중간 경제제재 확대 ⇨ 북한의 주 수입원인 석탄에 대한 수입 제한, 석유 공급 중지논의, 중국내 북한 기업·은행에 대한 금융거래 차단, 국경무역 통제 등

6. 북핵문제 예상질문

Q. 북핵문제에 대해 어떻게 생각하는가?

Q. 개성공단폐쇄에 대해 어떻게 생각하는가? 개성공단 폐쇄는 정당했다고 생각하는가?

Q. 북핵문제가 우리나라에 미치는 영향은?

Q. 북핵문제가 우리나라 경제에 미치는 영향은?

Q. 북핵문제 해결을 위해 군무원으로서 어떤 역할을 할 수 있는가?

Q. 북한은 지금까지 몇 차례 핵실험을 실시했는가?

> Q. 북핵실험 문제에 대한 본인의 의견은 무엇인가? 북핵문제 해결 방안에 대한 생각은?
> A. 예를 들어 북핵실험은 북한을 더욱 고립시킬 것이고 강도 높은 대북제재는 결국 북한이 자초한 것이다. 이란 핵해결 과정에서 보듯 개혁개방이 최상의 방법이다. 이를 위해 국제사회의 철저한 대북제재 이행이 중요하다. 이를 통해 북한 스스로 핵 및 장거리 로켓 개발을 중단하도록 해야 하며 북한이 북핵 해결의 대화 무대로 복귀하도록 유도해야 한다고 생각한다.

➡ 예를 든 것으로 정답이 아니다. 개인적인 생각을 정리하여 3~4줄 정도로 답변을 만들어 보길 바란다. 또 다른 예는 '북핵문제 해결에서 중국의 역할이 중요하다고 생각한다. 중국이 북한에 핵포기 압박을 가하도록 중국과의 긴밀한 협력관계 유지가 중요하다고 생각한다.' 등 정답은 없으니 생각을 정리해볼 바란다.

06 북한의 무력도발 외 다른 도발

1. 사이버 테러 공격

2009년 7월 디도스 대란으로 청와대, 국방부, 금융기관 등 국내 20여개 주요 인터넷 사이트가 마비되며 대형 해킹 사고 위험성에 대한 불안감이 높아졌다. 그 후 2013년 3월 국내 주요 방송사 금융기관의 전산망이 마비되고, 6월 청와대 홈페이지를 비롯해 정부기관, 언론사 등 대규모 해킹 사건이 재발하였으며 민관군 정부 합동 대응팀 조사결과 북한 정찰총국에서 해킹을 주도한 것으로 결론이 났다.

2. 핵위협

지난 2005년 핵무기 보유를 선언했던 북한은 이후 핵무기 포기와 핵확산금지조약(NPT) 복귀, 한반도 평화협정 등을 약속했지만, 6차에 걸친 핵실험을 실시했다.

3. 개성공단폐쇄

2013년 들어 북한이 개성공단폐쇄 위협 발언에 이어 4월 3일 개성공단 출입 제한조치를 감행하면서 남북 간 긴장이 고조되고 있다. 이후 정부는 4월 25일 북한에 실무회담 제의를 하였으나 북한이 이를 거부함에 따라 정부 성명을 통해 우리 기업의 개성공단 체류 인원에게 전원 철수를 권고하였다. 2013년 5월 3일 개성공단 사업은 개소 10년 만에 잠정 폐쇄 상태에 들어가게 됐다.

4. NLL 무력화

조선인민공화국은 제1연평해전 직후인 1999년 9월에 NLL로부터 훨씬 남쪽을 경계로 하는 조선 서해 해상 군사분계선을 일방적으로 선포하여 서해안에서 긴장을 고조시켰다.

5. 장거리 미사일 시험 발사

(1) 북한은 1998년부터 지속해서 장거리 미사일을 발사하고 있다. 1998년 장거리 탄도미사일 '대포동 1호'를 발사, 2006년 대포동 2호 발사, 2009년 4월 광명성 2호 발사 등 유엔 안전보장이사회는 거듭되는 국제사회의 경고에도 불구하고 북한이 미사일 발사를 강행하자 이를 규탄하는 안보리 의장 성명을 채택하였다.

(2) 최근까지 지속적으로 장거리 탄도미사일을 발사하였다. 탄도미사일은 비행거리를 기준으로 단거리 미사일(SRBM·300~1,000km), 준중거리 미사일(MRBM·1,000~3,000km), 중거리 미사일(IRBM·3,000~5,500km), 대륙 간 탄도미사일(ICBM·5,500km 이상)로 나뉜다.

(3) 2023년 4월 13일 신형 고체연료 ICBM 화성−18형을 발사하였다.

6. 오물풍선

(1) 2024년 탈북자 민간단체들이 대북전단을 지속적으로 북한에 보내고 있고 그에 대한 대응으로 북한에서 오물풍선을 대한민국으로 보내고 있다. 2024년 6월 26일 기준으로 7차에 거쳐 오물풍선을 살포하였으며 풍선 내용물은 대부분 생활쓰레기, 분뇨 등이 포함되었다.

(2) 오물풍선은 대한민국 전역에 살포되었으며 이로 인해 차량이 파손되는 등 다수의 재산상의 피해가 발생하였다. 다행히 생화학 무기는 살포되지 않아 이로 인한 피해는 없다.

(3) 대한민국 정부는 이를 9·19 군사합의 위반이라고 비판하는 성명을 내었으며 이에 대응하기 위해 대북 확성기 방송을 재개하기로 결정하였다.

07 사이버 안보 전략

✅ POINT 사이버직 및 전산직은 관심을 갖고 알아두어야 한다.

1. 개 요

(1) 개인이나 해커그룹이 주도하던 사이버 공격이 범죄·테러 단체로 확산되고 나아가 국가가 개입·지원하는 등 조직화·대규모화 되는 상황

(2) 사이버 공격의 양상도 기밀절취·금전취득에서 정치적 목적의 사회혼란 야기, 기반시설을 마비·파괴하는 사이버테러 등으로 다양화

(3) 최근에는 사이버공격을 통해 전통적인 무력공격 수준의 피해를 발생시키는 사이버전쟁 발생 가능성도 점차 증대하고 있는 실정

(4) 국가 간 정치·경제·군사적 분쟁이 사이버상에서 충돌로 이어지고 있으며 실제 물리적 공격 전후에 사이버 공격을 감행하는 사례도 발생

(5) 각국은 사이버 역량을 국가안보에 중요한 영향을 미치는 비대칭 전력으로 인식하여 오랜 기간 전문 인력을 집중 육성하고 국가 조직을 확대하고 있는 상황

(6) 또한 인공지능(AI)·빅데이터 기반의 첨단 사이버기술 개발과 아울러 사이버 첩보수집, 인터넷망 교란, 주요시설 마비 등을 위한 역량확충에 대규모 예산을 투입

(7) 첨단기술과 개인정보 등을 가로채거나 암호화하여 금전을 요구하는 사이버범죄가 증가하여 기업과 국민의 피해가 커지고 일상화되는 양상

(8) 국가·테러단체 등의 개입으로 인해 사이버범죄 피해의 규모와 심각성이 확대되어 국가안보에 대한 위협으로 대두되는 사례도 증가

2. 국가 정보통신망 보안 강화

(1) 국가 정보통신망의 구축·운영·폐기에 이르기까지 사이버위협으로부터 안전하게 운영될 수 있도록 단계별 보안조치를 시행

(2) 다양한 사이버 공격에도 국가 정보통신망 서비스를 지속하기 위한 시스템 성능 고도화, 백업설비 확충 등 생존성 강화 대책을 추진

(3) 모바일, 클라우드 등 최신 정보통신기술 기반 업무환경이 사이버 위협의 표적이 되지 않도록 보안 기술·시스템을 적시 개발·적용

(4) 국가기밀이 유출·훼손되지 않고 안전하게 보호될 수 있도록 암호체계 및 기밀보호 시스템을 고도화

3. 주요 기반시설 보안환경 개선

(1) 국민 이용이 많고 사이버 공격시 피해가 큰 시설에 대해 국가가 주요 기반시설로 신속히 지정·보호할 수 있도록 관련 제도를 개선

(2) 기관이 주요 기반시설을 구축하는 단계에서부터 보안을 고려할 수 있도록 가이드라인을 마련하고 관련 점검체계를 구축

4. 차세대 보안 인프라 개발

(1) 기술융합 및 신기술 등장으로 발생되는 새로운 보안위협에 대응하기 위한 기술적·제도적 방안을 마련

(2) 사이버위협을 원천 차단할 수 있도록 高신뢰 네트워크를 개발·보급

(3) 초연결, 인공지능 환경에서 국민들이 온라인 서비스를 편리하고 안전하게 이용할 수 있도록 차세대 보안인증 인프라를 구축

5. 사이버공격 대응역량 고도화

(1) 국가안보와 국익을 침해하는 모든 사이버공격에 대해 국가적 역량을 결집하여 적극 대응

(2) 사이버공간의 취약점을 효율적으로 수집·관리·제거할 수 있는 체계구축을 통해 예방능력을 강화

(3) 사이버공격 원인 분석과 공격자 규명을 위한 실질적 역량을 확보

(4) 대규모 사이버공격으로 인한 사이버위기 상황의 판단과 전파, 유관기관 합동 조사·대응 체계를 종합적으로 점검·보완

(5) 사이버공격에 대해 실시간으로 탐지·차단할 수 있도록 공격탐지 범위를 확대하고 인공지능기술 기반의 대응기술을 개발

(6) 민·관·군 합동 훈련을 실시하고 을지연습 등 국가 위기관리 훈련과 연계하여 범국가적 사이버위기 대응능력을 제고

(7) 사이버위기경보 발령, 위협정보 공유, 합동 조사·수사 등의 민·관·군 협업기반의 임무·기능을 활성화

(8) 사이버전에서 국가안보와 국익을 보호할 수 있도록 다양한 전략·전술 개발, 전력체계 보강 및 핵심기술을 확보

(9) 사이버전의 효율적 수행을 위해 사이버전 수행 인력을 전문화·정예화하고 대응조직을 증강

(10) 사이버범죄에 악용되는 시설·서비스에 대한 관리를 강화하고 유관기관·기업·단체·국민 등이 참여하는 사이버안전망을 구축

(11) 사이버범죄 수사 전문성 및 국내외 유관기관 간 협력을 확대하여 사이버범죄 주체에 대한 식별 및 검거·기소 역량을 제고

6. 민·관·군 협력체계 구축

(1) 정부를 비롯한 모든 이해당사자가 사이버안보에 대한 역할과 책임을 분담하고 상호 협력하는 거버넌스 체계를 정립

(2) 사이버안보 전략·정책 및 관련 주요 이슈를 심층 연구하기 위한 국내외 전문가 협력 네트워크를 구축

(3) 민간분야 사이버안보 사각지대 해소를 위해 대응체계 개선, 유관기관 간 공조체계 강화 및 지원기관의 인력·예산 확충을 추진

(4) 공공분야의 자체 보안관리 체계 구축을 위해 전담조직 및 전문인력을 확대하고 민간분야와 협력체계를 활성화

(5) 국방분야 정보통신망에 대한 사이버위협에 능동적으로 대응하기 위하여 국방 사이버안보 수행체계를 개선

7. 사이버보안 산업 성장기반 구축

(1) 고도화되는 사이버안보 위협에 대응할 수 있도록 세계 최고 수준의 전문성과 경쟁력을 갖춘 사이버보안 인재를 집중 육성

(2) 사이버보안 업무 전문성을 향상시키고 우수 인재를 유치하기 위한 사기 진작방안을 마련

(3) 혁신적인 기술 및 아이디어가 사업화될 수 있도록 정보보호 클러스터 구축 등 산·학·연 협업기반 창업 환경을 마련

(4) 사이버보안 스타트업·중소기업들이 경쟁력 있는 기업으로 성장할 수 있도록 정부지원 강화 및 관련제도를 지속 개선

08 국방의 의무 ★★★ 공통

1. 개 요

(1) 국방의무란 모든 국민이 법률이 정하는 바에 의하여 외적의 공격에 대해 국가를 방어할 의무를 지는 것을 말한다.

(2) 우리 헌법도 국방의무에 관해 규정하고 있다(헌법 제39조).
① 모든 국민은 법률이 정하는 바에 의하여 국방의 의무를 진다.
② 누구든지 병역의무의 이행으로 인하여 불이익한 처우를 받지 아니한다.

(3) 현대전은 총력전이기 때문에 국방의 의무는 단지 병역의 의무에 그치지 않고 방공·방첩의 의무, 군작전에 협조할 의무, 국가안전보장에 기여할 군노무동원에 응할 의무 등을 포함한다. 실제에 있어서도 병역법에 의하여 병역의 의무뿐만 아니라 향토예비군설치법에 의한 예비군복무의 의무, 민방위기본법에 의한 징발·징용에 응할 의무 등을 부과하고 있다.

(4) 국방의무자는 원칙적으로 남자에 한하고 여성은 지원에 의하여 군·민방위대·향토예비군에 편성될 수 있다. 한편, 모든 국민은 헌법상 신체의 자유를 보장받고 있기 때문에 국가는 자의로 병역·동원 등을 강요할 수 없으며 반드시 법률에 의해서만 국방의무를 부과할 수 있다.

2. 성 격

법적으로 국방의 의무는 두 가지 성격을 가진다. 소극적으로는 법률에 의하지 않고는 국방의 의무를 부과하지 못하게 함으로써 국민의 신체의 자유를 보장하는 것이며 적극적으로는 주권자인 국민이 적의 외침으로부터 국토를 보전하는 의무이다. 이 의무는 납세의 의무와 달리 타인이 대신하여 할 수 없다.

3. 헌법재판소 판례(국방의 의무 관련)

(1) 국방의 의무는 단지 병역법 등에 의하여 군복무에 임하는 등의 직접적인 병력형성의무만이 아니라 병역법, 향토예비군설치법, 민방위기본법, 비상대비자원관리법 등에 의한 간접적인 병력형성의무 및 병력형성 이후 군작전명령에 복종하고 협력하여야 할 의무도 포함한다.

(2) 군인은 군무 외에 집단행위를 하여서는 안 된다고 규정한 군인복무규율 제13조는 헌법, 국군조직법, 군인사법에 근거하여 군인의 기본권을 제한하고 있는 규정으로 이는 특수한 신분관계에 있는 군인에 대하여 국방목적 수행상 필요한 군복무에 관한 규율로서 그 규제가 합리성을 결여하였다거나 기본권의 본질적인 내용을 침해하고 있다고 볼 수 없다.

(3) 경찰대학의 입학 연령을 17세 이상 21세 미만으로 한정하여 병역의무이행 후 그 상한연령을 초과하면 입학하지 못하게 하는 것은 병역의무의 이행을 이유로 불이익을 주는 것이 아니다.

---

09 대체복무제도 개선방안(2019.11.21. 국방부 보도자료)

1. 개 요

(1) 정부는 국무총리 주재로 11월 21일 정부세종청사에서 「병역 대체복무제도 개선방안」을 심의·확정

(2) 대체복무제도는 잉여 병역자원의 효율적 활용을 위해 병력충원에 지장이 없는 범위 내에서 운영하는 것으로, 향후 인구절벽에 의한 병역자원 부족이 예상됨에 따라 대체복무 배정인원 감축을 추진

(3) 또한 현역에 비해 상대적으로 특혜를 받지만 공익적 역할이 미흡하여 지속적으로 제기되었던 공정성·형평성 논란과 병역 의무 이행자로서 권익을 보호받지 못하고 인권을 침해당하던 문제를 함께 해소하기 위해 제도개선도 검토

(4) 편입신청 대상은 현역병 입영 대상자, 사회복무요원 소집 대상자 및 복무를 마친 사람이며 현역병 등으로 복무중인 사람은 제외됨

2. 산업지원분야 대체복무

(1) 산업지원분야 대체복무는 소관부처의 병역지정업체 추천 역할을 강화하여 국가산업발전에 전략적으로 기여할 수 있도록 하겠으며 대체복무요원들의 근무여건이 개선되도록 하고 배정인원은 필요, 최소한으로 감축

(2) 박사과정 전문연구요원은 최근 일본의 수출규제에 따라 소재·부품·장비 분야 지원책을 마련하는 과정 등에서 고급 이공계 연구인력 양성이 今 국가적 과제라는 공감대가 형성되었으며 이를 반영하여 현 지원규모(1,000명)를 유지하되 복무를 강화

(3) 석사 전문연구요원은 현행 1,500명에서 1,200명으로 300명 감축하여 전체 배정인원은 줄어들지만 시급성이 요구되는 소재·부품·장비 관련 분야 중소·중견기업에 배정되는 인원은 오히려 확대

(4) 산업기능요원은 현행 4,000명에서 3,200명으로 800명 감축하되 특성화고 등 직업계 고등학생의 조기 취업지원 취지를 고려하여 일반계 고등학교 졸업생 및 대학생의 편입을 제한

3. 예술·체육분야 대체복무

(1) 예술·체육분야 대체복무요원은 편입인원이 연간 45명 내외로 편입인원 감축을 통한 병역자원 확보 효과는 크지 않아 병역의무 이행의 공정성 제고를 중심으로 제도를 개선

(2) 예술·체육요원제도 전면폐지 여부까지 검토하였으나 제도유지가 필요한 것으로 판단

> **◇ PLUS**
>
> **예술·체육요원제도 유지 판단 근거**
> 1. 세계 최상위 수준의 극소수 인재들이 엄격한 선발기준에 따라 편입되어 해당분야에서의 다양한 활동으로 국민사기를 진작하고 국가 품격을 제고할 뿐 아니라 국민들의 예술 및 체육활동에도 기여하는 바가 크다는 것을 고려할 때 제도의 지속 운영이 필요한 것으로 판단
> 2. 다른 대체복무제도를 유지하면서 예술·체육요원제도만 폐지할 경우 형평성 논란이 있을 수 있어 제도를 유지해야 한다는 여론을 고려
> 3. 다만, BTS 등 대중문화예술인이 국위선양에 많은 기여를 했다는 국민적 공감대를 바탕으로 대중문화예술 분야로 예술요원 편입범위 확대가 필요하다는 일부 요구에 대해서는 전반적인 대체복무 감축기조, 병역의무 이행의 공정성·형평성을 제고하려는 정부 기본 입장과 맞지 않아 검토에서 제외

(3) 체육요원 편입인정대회는 현재 올림픽과 아시안게임으로 최소화되어 있다는 점을 고려하여 현행대로 유지하되 단체종목 등의 선수 선발의 공정성·투명성을 제고
 ① 아시안게임은 일부 단체종목 선수선발에서 형평성 논란이 발생하였으나 국민들의 관심도가 높아 우수성적을 낼 경우 국민 사기 진작에 미치는 효과가 크고 비인기 종목의 존립이 어려워질 수 있다는 점을 고려하여 편입인정대회로 유지
 ② 다만 '대한체육회 국가대표 선발규정'에 선발방식, 절차, 요건 등 선발관련 핵심 사항을 명시하고 국가대표 선발의 구체적 기준·과정 및 관련 자료를 대외 공개하는 등 선발과정의 공정성·투명성을 대폭 강화

(4) 병역의무 이행자로서의 성실 복무를 유도하기 위해 예술·체육요원의 복무 방식을 개선
 ① 예술·체육요원의 특기활용 '봉사활동'은 복무가 아닌 재능기부 정도로 인식되는 문제가 있어 병역의무임을 명확히 알 수 있도록 '공익복무'로 명칭을 변경
 ② 또한 예술·체육요원이 직접 봉사기관을 섭외하여 수행하던 방식에서 문체부가 사전에 지정하는 도서·벽지소재 학교, 특수학교, 소년원, 지역아동센터 등 공익성 있는 복무기관에서 복무하는 방식으로 개선
 ③ 복무관리를 강화하고 특히 복무불이행 및 허위실적 제출자에 대한 제재가 강화

4. 종교적 신앙 등에 따른 병역거부자 대체복무제도(2020.1.2. 병무청 보도자료)

(1) 이번에 도입된 대체복무제도는 병역의 종류를 규정하고 있는 병역법 제5조에 대해 헌법재판소가 헌법불합치 결정함에 따른 것이다.

(2) 종교적 신앙 등을 이유로 현역, 보충역, 예비역 복무를 할 수 없는 사람이 병역을 이행할 수 있도록 대체역을 신설하고 대체역에 편입된 사람은 교정시설에서 36개월 동안 합숙 복무하게 된다.

(3) 대체역의 편입 및 복무 등에 관한 법률에 따르면 대체역은 병무청장 소속의 대체역 심사위원회의 심사를 거쳐 편입된다.

(4) 편입신청 대상은 현역병 입영 대상자, 사회복무요원 소집 대상자 및 복무를 마친 사람이며 현역병 등으로 복무중인 사람은 제외된다.

🖉 **Check point**

양심적 병역거부자 헌법소원(2023.5.1 기사자료)

1. 대체복무요원은 36개월 동안 교정시설에서 합숙 형태로 복무한다. 이런 방식이 양심적 병역거부자의 기본권을 침해한다는 게 헌법소원의 청구 취지이다.
2. 양심의 자유를 인정했는데도 불구하고 36개월이라는 장시간 동안 복무와 교도소라는 고도의 긴장도가 높은 곳에서 근무하는 것은 과거처럼 처벌받는 것과 다름없다고 느끼기 때문에 현행 제도가 자신들의 기본권을 심각하게 침해한다고 주장한다.
3. 현재 복무 중인 대체복무요원은 1,141명이다.

✅ **PLUS**

Q. BTS 병역특례에 대한 생각은? [해군 행정]
Q. 대체복무제도에 대한 비리, 일탈, 현역과의 형평성 등 다양한 문제제기가 있었다. 대체복무제도 폐지에 대해 어떻게 생각하는가?
Q. BTS(방탄소년단) 등 대중문화예술인은 대체복무 대상에서 제외되었는데 어떻게 생각하는가? 예술, 체육인은 포함되고 대중문화예술인은 포함이 안 되는 것에 대해 형평성에 문제가 있다고 생각하지는 않는가?

---

10 | 징병제 폐지 및 모병제 도입에 대한 생각

1. 개 요

➡ 노무현 대통령의 참여정부 '국방개혁 2020'에서 검토된 내용이다.

(1) 현재 38% 수준의 모집병력을 '국방개혁 2020'이 완성되는 2020년에는 80%까지 대폭 확대한다는 것이었다.

(2) 징집병을 축소하는 대신 모집병 규모를 2010년까지 50%, 2015년까지 65%로 단계적으로 확대해 2020년경에는 현재의 징병제 중심의 병역제도를 80% 모병제로 전환한다는 것이었다.

2. 2024년 군 병력 구성

➡ 현재는 징병제를 유지하되 국방인력 구조를 정예화 하는 방향으로 진행되고 있다.

(1) 2022년까지 50만명으로의 상비병력 감축과 이후 국방인력 구조 정예화

(2) 2019년부터 2024년까지 간부는 19.9만명에서 20.2만명으로 증원, 병은 38.1만명에서 29.8만명으로 감소

(3) 군무원은 3.2만명 수준에서 4.4만명까지 증원 예정

3. 모병제에 대한 논란

(1) 반대의견

① 여러 논란에도 불구하고 현재의 남북대치 상황이 이어지는 한 모병제로의 전환은 현실적으로 쉽지 않을 것으로 본다. 설사 통일이 된다고 하더라도 러시아, 중국, 일본 등 강대국과 국경을 맞대고 있는 상황하에서는 금새 병력 수를 삭감하는 것은 어려울 수 있고 따라서 통일 후에도 당분간 징병제는 지속될 수도 있을 것으로 예상된다. 실제 독일의 경우 통일 후에도 징병제를 그대로 유지시키고 있는 상황이다.

② 실제 모병제를 채택한다 하더라도 우선 당장은 국가 재정이 이를 감당하기가 어렵다. 거의 인건비 제로에 가까운 징병제에서 수십만 명의 사병에게까지 정상적인 임금을 지급해야 하는 모병제로 바꿀 경우 국방예산은 현재 수준보다 현저히 커져야 하는 것은 쉽게 예상이 가능하다. 물론 모병제를 기본으로 하더라도 단기간의 군사훈련과 병영생활만을 전제로 한 징병제를 병행함으로써 예산을 부분적으로 나마 절감할 수 있는 방법은 있을 수 있다. 그러나 이 또한 전체 군 병력 수를 현재 보다는 훨씬 줄여도 된다는 가정하에서나 생각할 수 있는 대안이다.

③ 모병제를 채택할 경우 군인의 질적 문제가 발생할 수 있다. 군장병에 대한 복지와 그들을 예우하는 환경을 가진 미국에서도 최근 군의 질적 문제로 인한 고민을 하고 있으며, 징병제로 전환해야 한다는 목소리가 일부 나온다. 대한민국에서 모병제를 하게 된다면, 경제적 상황이 어려운 사람들만 군 입대를 하게 되는 등 경제적 불평등에 대한 우려가 존재한다.

(2) 찬성의견

① 40여만 명의 사병에게 연간 1,000만원씩의 임금을 지급하더라도 연간 예산은 4조원 밖에는 소요되지 않고 이는 한국 전체의 1년 예산 규모가 513조원(2020년 기준)임을 감안하면 충분히 감내할 수 있는 수준이다.

② 징병제가 폐지되면 군의 전문화, 합리화로 현재와 같은 불합리한 경비구조를 대폭 개선함으로써 상당한 예산 절감이 가능하다.

③ 최근 저출생으로 인한 병력자원 감소로 인해 징병제를 통해 병력 숫자를 유지하는 것이 현실적으로 불가능해졌다. 따라서 모병제를 통해 군인의 전문성을 키우는 방향으로 나아갈 필요가 있다.

4. 기 타

병력자원 확보가 어려운 상황에서 정치권 일부에서는 여성 희망복무제를 그 대안으로 제시하였다. 경찰, 해양경찰, 소방, 교정 직렬에서 신규공무원이 되려는 자는 남성과 여성에 관계없이 병역을 수행할 것을 의무화하겠다는 내용이다.

5. 향후 대책 및 방향

(1) 현재 대부분의 선진국들은 징집제와 모병제를 병행하고 있고 최근의 추세는 모병 비율이 점차 높아지고 있다. 미국은 베트남 전 이후 모병제가 중심이 되고 있고 서유럽의 경우도 구소련 붕괴이후 징집병의 비율이 절반 이하인 나라들도 차츰 늘고 있다.

(2) 현실적으로 보면 현재의 병력 수는 앞으로 군의 정보화, 기계화가 진전되어 실질적 국방력이 강화될 경우 대폭 줄여도 별 문제가 없을 수 있다는 주장도 설득력을 가질 수 있을 것으로 본다.

(3) 또한 지원제도로 운영되고 있는 여군의 숫자가 지속적으로 늘고 있고 국내외 논문에서도 국민소득 향상과 여군 지원자 수는 비례한다는 결과도 나오고 있는 만큼 여성 군 지원자 증가 추세도 모병제로의 전환 가능성에 작게나마 하나의 변수로 영향을 미칠 수도 있을 것으로 본다.

11 한미동맹(한미상호방위조약)

1. 개 요

(1) 1953년 주한 미군은 한국이 침략을 받을 경우 미국이 자동적으로 개입한다는 '한미상호방위조약'을 체결한다. 이것이 한미동맹의 첫걸음이었다. 한미동맹은 군사적으로 뿐만 아니라 경제적으로도 영향을 끼치게 되었다. 전쟁 직후 대한민국은 황폐해진 국토를 일으켜 세우는데 많은 노력을 기울였다. 모든 국민이 힘을 합쳐 경제적인 성장을 이루었는데 그 성장의 배경에는 한미동맹이 있었다.

(2) 한미상호방위조약에 따라 한국과 미국 간의 공식적인 군사동맹관계가 수립되었고, 한·미 양국은 외부로부터의 무력공격을 공동방위하고 미국은 한국방위를 위해 한국 내에 미군을 주둔시키게 되었다.

2. 한미동맹 70주년 의미

2023년 한미동맹이 70주년을 맞이했다. 그 동안 한반도 및 동북아의 평화와 번영의 근간으로서 성공적으로 발전해 왔으며 동맹 뒤에는 이름 없는 용사들의 희생과 우리 민족 간에 아픔이 내포되어 있다. 70년 전 전쟁의 아픔에서 생긴 동맹과 동시에 70년 간 대한민국 역사의 동반자인 셈이다.

3. 한미동맹의 미래 발전 방향

(1) 21세기 안보, 경제 환경의 변화 및 세계화의 진전과 우리의 국력신장, 국제적 진출 증대 및 이에 따른 국익의 글로벌화, 한미 양국 간 다양한 분야에서의 협력관계 및 역량 발전 등에 따라 새로운 환경과 수요를 반영한 미래 동맹 발전 방향 정립의 필요성이 대두되었다.

(2) 이에 따라 2009년 한미동맹을 위한 공동비전을 채택함으로써 한미동맹의 미래지향적 발전의 청사진을 담은 전략적 마스터플랜을 제시하였다. 한미 군사당국은 향후 긴밀한 협의를 통해 동맹 미래 비전의 국방분야를 구체화하여 개념적·선언적 차원의 '미래비전'을 행동으로 실천하기 위한 기존과 시스템을 구축해 나갈 것이다.

MEMO

---

12 우리나라의 대북정책

1. 진보 정부의 대북정책

(1) 김대중, 노무현, 문재인 정부 시기 추진되었던 대북정책은 이른바 '기능주의(functionalism)' 접근법 이었다. 경제와 사회·문화 부문의 남북한 협력을 통해 정치·군사 부문에서도 협력을 유도하는 '확산효 과(spill-over)'를 통해 종국적으로는 북한의 변화를 이끌고 남북관계를 발전시키겠다는 전략이다.

(2) 남북관계의 발전을 '하위 정치(low politics)' 영역에서 시작해서 단계적으로 확대하고 종국적으로 이 를 '상위 정치(high politics)'의 협상에서도 실현하는 것이다.

(3) 진보 정부의 대북정책은 당시 남북관계를 개선시킴으로써 북한의 협력을 일정부분 유도한 긍정적인 측 면이 있었다. 대북포용정책을 통해 북한의 대외적 위협 인식을 개선시켜 주었고 한반도에서 긴장완화의 효과도 일부 존재했었다. 이는 실제 남북정상회담을 가능하게 했고 북미관계도 개선되던 상황이었다.

(4) 하지만 남북관계에서 경제·사회·문화 부문과 정치·군사 부문의 연계는 쉽지 않았으며 경제적 협력은 정치·군사적 협력으로 확산되지 못했다.

2. 보수 정부의 대북정책

(1) 보수 정부들은 기능주의적 대북정책을 '퍼주기 정책'으로 비판하였고 북한의 핵무기 프로그램에 도움이 되었다고 주장하였다.

(2) 보수 정부들은 진보 정부들이 북한의 변화와 남북관계 개선에 대한 낙관론을 가졌기 때문에 북한의 핵 실험이나 도발행위에도 불구하고 포용정책에 집중하였다고 반발하였다.

(3) 이명박 정부 등 보수정부에서는 북한 비핵화를 남북한 관계에서 가장 우선적인 조건으로 설정한 대북정 책을 추진하였다. 남북관계를 북핵문제와 연계하여 보다 큰 틀에서 접근하려는 통합적 접근방식을 제시 하였다.

(4) 포용정책이 덜 민감한 부분부터 단계적으로 합의하여 점진적으로 다른 부문으로 확대해 나가자는 접근 법이었다면 보수 정부의 대북정책은 남북관계에서 가장 중요한 핵문제부터 해결하여 다른 부분으로 합 의를 확산시키겠다는 전략이다.

(5) 북한이 핵무기 프로그램을 먼저 자발적으로 포기할 경우 남북관계에 커다란 발전이 가능하겠지만 북한 이 포기하지 않을 경우 남북관계에서 아무런 진전도 없이 북한을 제재만 하게 되는 사실상의 대북압박 정책이다. 현실적으로 북한체제의 근본적인 변화를 기대할 수 없는 상황에서 이러한 접근은 남북관계에 서는 거의 아무것도 기대할 수 없는 전략이다.

3. 대북정책을 어렵게 만드는 변수

(1) 북한의 핵무기 국가전략과 체제 경직성

우리의 기대와는 달리 북한의 핵무기 보유 의지는 워낙 강해 비핵화를 이끌어낼 수 없었다. 북한이 핵무 기 프로그램을 포기할 의도가 없는 상황에서 어떠한 대북정책이든 효과를 발휘하기가 어려웠고 남북관 계가 발전될 여지는 거의 없었다.

(2) 합의 이행의 문제

대북정책을 어렵게 만든 또 다른 변수는 합의 이행이 제대로 되지 않았다는 점이다. 향후 대북정책을 시행하는 과정에서도 남북한 사이에서 어떤 합의를 이루느냐는 문제뿐만 아니라 어떻게 합의를 지속시키고 이행할 것인지를 담보하는 데도 관심을 기울여야 할 것이다. 특히 남북한 사이의 신뢰부족이 합의의 이행을 어렵게 해왔기 때문에 남북한 신뢰구축의 메커니즘을 어떻게 만들어 나갈 것인지를 고민해야 한다.

(3) 북한 비핵화와 한반도 평화체제 사이의 딜레마

북한은 한반도에서의 핵문제를 북한만의 문제로 보지 않고 한국, 미국을 포함한 한반도 전체의 문제로 인식하고 있다. 북한의 입장에서는 핵무기가 한반도 평화를 보장해 주고 있는 반면, 한국의 입장에서는 핵무기가 한반도 평화를 위협하는 모습이다. 따라서 북한은 평화협정이 이루어져야 핵무기가 필요 없게 될 것이라 주장하고 한국은 북한의 핵무기가 없어져야 한반도 평화가 이루어질 수 있다는 상반된 주장을 제시하고 있다.

(4) 남북한 관계의 국제정치화

① 남북관계는 국제정치와 밀접하게 연결되어 있다. 남북관계는 어쩔 수 없이 주변강대국들의 권력정치에 커다란 영향을 받기 때문이다. 따라서 한국 정부의 대북정책은 진보 정부, 보수 정부를 막론하고 대외적 변수에 큰 영향을 받는 정책적 제약을 안고 있다.

② 특히나 최근 러·우전쟁으로 인해 북한과 러시아는 상호방위조약을 체결하였다. 이 조약은 군사동맹의 성격을 지니며 유사시 자동군사개입 조항이 포함되어 있어 남북한 관계가 국제정치화 되었다.

4. 대북정책방향

(1) 새로운 대북정책을 고민하며 미중관계의 새로운 전개방향을 주시해야 한다. 미국과 중국이 서로 충돌하는 경우와 협력하는 경우가 각각 북핵문제 해결 및 남북한 관계 발전에 어떤 영향을 미칠 것인지를 인식하는 것이 필요하다.

(2) 한국은 다른 국가들의 한반도 전략에 대응하는 '비핵화 평화통일 프레임'의 기본 방향을 제시해서 국제사회를 설득해야 한다.

(3) 북한의 대남전략은 핵전략 및 평화협정 전략과 연계되어 있기 때문에 한국 역시 대북정책을 모색하는 과정에서 이를 상대하는 언어와 접근법으로 대응해야 한다. 단순한 제재-비핵화 프레임을 넘어 비핵화-평화-통일의 연결고리를 통해 북한의 평화협정-군축 프레임이나 중국의 비핵화-평화협정 프레임에 대응해야 할 것이다. 국제사회의 대북제재가 지속되는 상황에서는 제재-비핵화 프레임이 큰 문제가 없었지만 미중 간의 이견이 노출되고 북한 관련 상황이 변화하면 불안정해질 수밖에 없다. 평화협정을 통해 군축을 요구하는 북한의 프레임이 비현실적이고 비평화적임을 지적하고, 비핵화에 의한 평화를 통일과 연결시킴으로써 보다 설득력 있는 대안을 제시해야 할 필요가 있다.

(4) 한국 정부의 대북정책은 북한의 사회경제적 구조 변화와 주민들의 인식 변화에 초점을 두어야 할 것이다. 사회경제적 구조 변화를 위해서는 우선 북한 내부에서 진행 중인 시장화 과정과 정보화 유입에 집중할 필요가 있다. 북한에는 최근 주민들이 이용하는 장마당이 크게 확대되면서 정부도 이를 상당부분 용인해 주는 것으로 알려져 있다. 북한 정부가 이를 용인해 주는 것은 경제적 수취를 통한 정권의 이익을 늘리면서 통제하려는 의도이겠지만 사경제가 확대되면 수취를 통한 통제가 불가능한 시점이 올 수밖에 없다. 따라서 북한의 시장화를 확대하고 북한 주민들의 시장경제 인식을 촉진하고자 하는 정책이 필요하다.

(5) 다른 한편 북한의 정보 유입 과정을 촉진시킬 필요가 있다. 이는 북한 주민들이 외부 정보에 노출되어 탈북을 한다거나 '아래로부터의 혁명'을 꾀할 것을 의도하는 것은 아니다. 오히려 그러한 가능성은 북한의 통제체제 내에서 가능성이 낮은 것으로 알려져 있다. 하지만 북한 내부로의 정보 유입은 북한 주민들의 인식 변화를 통해 사회경제적 구조 변화에 일조할 수 있다. 시장화와 정보화로 북한 주민들의 인식이 변화될 경우 북한 지도부의 인식도 어느 정도 변화하지 않을 수 없다. 이는 북한 지도부의 국가전략에서 비핵화의 우선순위를 낮추는 정책이다. 북한의 시장화와 정보화가 더욱 활성화되도록 하는 정책이 장기적으로는 남북한 관계 발전에 더 효율적인 정책이 될 것이다.

MEMO

---

13 남북통일에 대한 견해

1. 남북통일 찬성의견

(1) 민족 정체성의 회복

단순히 민족적 통일만을 말하는 것이 아닌 지리적·정치적·경제적·사회적 측면에서의 통일이 복합적으로 이뤄져야 한다. 지리적으로 한반도와 그 부속도서를 우리 영토로 규정한 헌법가치의 실현이며 정치적으로는 체제 단일화로 같은 정치 시스템을 구축하는 것이다. 경제적으로는 '경제의 통합'을 의미하며 시장경제체제와 계획경제체제의 구분에서 벗어나 같은 경제체제 속에서 경제 성장을 이룩해 한민족이 잘 사는 것이며 사회적 측면에서의 통일은 한민족으로서의 동질성을 회복하는 것이다.

(2) 통일이 가져다 줄 편익이 비용보다 큼

통일은 무한한 잠재적 가치를 지니고 있다. 현재 대부분의 대한민국 국민들은 통일 비용에 대해서 많은 걱정과 우려를 나타내고 있다. 통일 비용의 규모가 매우 크다는 건 틀림없는 사실이다. 그러나 통일 이후에 오는 편익이 그 비용보다 훨씬 크다. 한반도의 평화, 군비 감소, 내수 시장의 확대, 남북 갈등에서 오는 여러가지 비용제거 이들이 바로 그 편익에 해당된다.

2. 남북통일 반대의견

(1) 엄청난 재정부담 가중

① 남북한이 갑자기 통일될 경우 현격한 소득격차로 남측의 재정 부담이 충격적인 수준일 것으로 예상된다. 1990년대 초반 남북한의 소득격차가 6~8배였으나 2007년에는 남북한 소득격차가 17배로 확대돼 남측이 이를 해소하려면 막대한 재정지출이 불가피하며 전경련 조사에 따르면 통일비용으로 최소 '3,500조원' 이상이 들어간다고 한다. 현재 우리나라 1년 예산이 300조원임을 감안하면 10%씩 북한에 투자하더라도 100년 이상을 투자해야 한다.

② 독일의 통일 때 동독주민들이 자본주의에 적응하지 못해 실업자가 폭증하고 서독은 통일 독일을 위해 엄청난 돈을 쏟아부어야 했다. 결과적으로 독일의 경제력은 세계 2위에서 단숨에 10위로 몰락했었다.

(2) 문화 충격

남북이 서로가 너무나 다른 체제와 이념 문화적 상황 속에서 갑작스럽게 통일이 된다면 문화충격 현상이 발생할 수 있다.

(3) 사회 갈등

남북한이 갑자기 통일될 경우 사회갈등이 발생할 수 있다. 실제로 동독과 서독이 통일된 이후 동독의 주민과 서독의 주민들 간 갈등이 있었으며 그것이 지역갈등으로도 번지게 되었다. 따라서 통일이 된다면 기존의 지역갈등, 세대갈등, 남녀갈등에 더하여 남북갈등이 발생할 수 있다.

3. 결 론

(1) 통일은 단기적 관점에서 바라볼 것이 아니라 인내심을 갖고 장기적 관점에서 바라봐야할 것이다. 통일이 가져다주는 편익과 안정은 순식간에 찾아오는 것이 아니라 서서히 찾아온다.

(2) 그러므로 온 국민이 통일 한반도에 대한 긍정적인 미래를 생각하며 통일에 대한 염원을 키워나가는 것이 통일을 이끄는 가장 빠른 지름길이다.

14 동북공정

1. 개 요

중국은 2002년부터 중국 동북 변경지방의 역사와 현황에 대한 5개년 연구 프로젝트 이른바 '동북공정'이라는 역사 재해석 프로젝트를 시작해 2007년 4월 끝마쳤다. 중국 중앙정부의 지원 속에 중국 사회과학원 소속 변강사지연구중심(邊疆史地硏究中心)이 주도했던 이 프로젝트는 고대 한국사의 무대이자 현대 조선족의 거주지인 중국 동북 3성의 역사를 중국사에 편입시키려는 정치적 프로젝트라는 지적을 받은 바 있다. 중국의 대표적 역사왜곡 사례인 동북공정에 대해 알아본다.

2. 동북공정의 문제점

(1) 동북공정이 다루고 있는 내용 중 고조선, 고구려, 발해 등 한국 고대사 관련 연구들이 한국사를 왜곡하고 있다는 것이 문제가 되고 있다. 중국은 고구려를 중국의 소수민족이 세운 지방정권이라고 보고 고구려사를 중국사의 일부라고 주장해왔다. 동북공정은 이런 주장을 학문적으로 뒷받침하기 위해 중앙정부의 체계적 지원하에 추진되는 프로젝트라는 데 심각성이 있다.

(2) 중국은 고구려사뿐 아니라 고조선사와 발해사도 한국사의 영역에서 제외시키고 있다. 중국의 의도대로라면 한국사는 시간적으로는 5,000년 이상에서 2,000년으로, 공간적으로는 중국 동북3성과 한반도에서 한강 이남으로 국한되게 된다. 이는 한국사의 근간을 무시하는 것이며 중국의 중화주의적 역사왜곡의 횡포라 할 수 있다.

(3) 동서양의 대다수 전문가들은 중국의 이런 역사 재해석을 역사적 실체와 사료, 학문적 양심을 무시하는 오만한 행동이며 정치적 의도를 숨기고 있는 것이라고 지적하고 있다.

3. 동북공정의 추진 배경

(1) 중국이 막대한 예산을 들여 동북공정을 추진하고 있는 이유는 여러 가지로 분석되고 있다. 우선 동북지역의 전략적 가치가 증대함에 따라 중국이 이 지역에 대한 역사적 연고권을 주장하려는 것으로 볼 수 있다. 이 지역 역사를 중국사로 기정사실화함으로써 북한의 붕괴나 남북통일 등 상황 변화에 대응하고 중국에 유리하게 상황을 끌고 가려는 것이다. 동북공정이 학술 사업이 아니라 국제정치적, 안보적 전략에 따른 치밀한 계산이 깔려 있다는 뜻이다.

(2) 특히 중국은 통일 한국의 만주지역에 대한 영향력 확대를 미리 차단하려는 의도를 깔고 있다고 할 수 있다. 만주지역은 오랫동안 한국인의 활동무대였고 지금도 조선족 수십만 명이 동북 3성 지역에 거주하고 있다. 한반도 통일 후 만주지역은 동요할 수밖에 없고, 지역분쟁 또는 지역 불안정의 원인이자 무대가 될 수 있는 것이다.

(3) 또한 중국은 과도기 한반도에 대한 개입 여지를 확보해 두려는 사전 포석을 동북공정을 통해 두고 있다는 분석도 있다. 향후 중국 중심의 동아시아, 아시아공동체를 구성하기 위한 전 단계의 정지작업이라는 것이다.

(4) 중국은 블록화 추세가 가속화되고 있는 현 국제 정세 속에서 미래에 누가 동북아, 동아시아의 맹주 자리를 차지할 것인가를 염두에 두면서 동북공정을 무리하게 추진하고 있는 것으로 보인다. 한국은 물론 일본 나아가 미국 등 서구국가들도 동북공정을 주시하는 것은 이 때문이다.

15 국방홍보 방안

1. 국방홍보의 개념

(1) 현대국가에서 개인·조직·국가라는 모든 조직은 생존과 번영을 위해 홍보활동을 하고 있다. 홍보활동은 조직에 대한 심리적 이해와 행동적 호감을 높이고 궁극적으로 조직의 목표 달성에 유리하게 작용하도록 유도하기 때문에 심리전을 떠나서 논하기 어렵다.

(2) 특히 국방홍보는 국방정책·군사전략·군사작전 수행에서 공통의 이익을 추구하는 국민 및 조직들과 쌍방향 커뮤니케이션의 관계는 더욱 중요하다.

(3) 이 같은 내용을 종합하면 국방홍보란 국방을 담당하는 조직체와 공통의 이익을 추구하는 공중(민·관·군) 간의 쌍방향 커뮤니케이션을 통하여 군에 관한 이해, 호의적 여론, 우호적 태도를 촉진하는 심리적 이해와 행동적 협력을 유도하는 확장적 활동이라고 정의할 수 있다.

2. 국방홍보 방안

(1) 부단히 의제를 발굴해 국방 이슈에 관한 여론을 선도하고 다방면에 걸친 사회 공헌활동을 소개하기 위해 지역 커뮤니티와의 유대를 강화해야 한다.

(2) 국방홍보의 영역을 넓히기 위해서는 정책에 대한 지지를 얻을 수 있는 환경을 조성하고 지지를 얻을 수 있는 절차를 거치는 작업이 중요하다. 이를 위해서는 국민의 여론을 수렴하여 정책에 반영해야 한다.

(3) 국민의 정보 접근이 용이하도록 정보 공개 범위를 확대·보완해야 하며 안정적인 대언론관계를 구축할 필요가 있다.

MEMO

16 우리나라 안보의식 제고 방안

1. 국가안보 개요

(1) 한 국가의 안전은 그 구성원인 국민들의 복지의 기초가 된다. 이러한 국가의 안전을 보장해 주는 제반활동을 국가안보라고 한다.

(2) 이러한 국가의 안전을 보장하는 일은 과거에서부터 오늘날에 이르기까지 끊임없이 국가의 중요한 관심사였다. 따라서 국가의 안전보장이 학교교육에서 어떻게 구현되어야 하는 문제는 매우 중요한 일 중의 하나이다. 왜냐하면 학생들은 차후 그 나라를 이끌어갈 중요한 인적 자산이기 때문이다. 그럼에도 불구하고 현재 우리나라 국가교육과정의 기본철학과 도덕교육에서 국가안보가 차지하는 비중과 중요도는 그 필요성에 비해 상당히 낮게 편성되고 운영되어 매우 우려스럽다.

2. 안보의식을 높이기 위한 방안

(1) 국민안보교육의 강화

초·중·고등학교 교과과정에서도 안보 관련 내용은 다루어야 한다. 그리고 이에 그칠 것이 아니라 다양한 교육자료를 활용함은 물론 안보관련 현장답사, 외부 안보 관련 전문가 특강 실시 등 안보교육훈련 방법의 변화를 추구할 필요성이 있다.

(2) 군에 대한 신뢰성 향상

군은 언론과 긍정적 관계를 유지할 필요성이 있다. 경찰에서도 과거 언론과의 관계에 있어서 폐쇄적 태도를 견지하였으나 최근 언론보도 대응 및 언론과의 관계 개선을 위한 매뉴얼 등을 발간하고 경찰공무원에게 인터뷰 요령 등을 교육하는 것은 군에 시사하는 바가 크다 할 것이다. 이외에도 군은 실추된 이미지 개선을 위하여 자성노력에 기울여 국민들의 신뢰에 부응할 수 있어야 한다.

(3) 안보에 대한 관심의 유도

① 정부는 자유민주주의와 북한 사회주의 체제에 관한 비교를 객관적인 시각에서 북한의 실상에 관한 바로알기 홍보 교육을 통하여 국민에게 현실을 올바르게 알려줘야 한다.

② 또한 현장체험학습으로서의 답사 및 기행은 범국민적인 안보의식을 확산시키는데 큰 효과를 발휘하며 청소년과 일반 시민들의 관심과 참여를 이끌어내기에 용이하고 지역주민들의 관심과 참여를 이끌어내기에 용이하고 지역주민들 내에서 안보의식 확산 분위기 조성의 효과를 얻을 수 있다. 답사기행장소는 교육대상에 따라 선정하여야 하며 제3땅굴 및 DMZ, 6·25전쟁 전적비, 전쟁기념관 등과 같이 분단의 상처와 전쟁의 아픔을 담고 있는 곳이나 도라산역, 통일전망대 등과 같이 평화통일을 기념할 수 있는 곳으로 선정하면 될 것이다.

③ 또한 군부대에서는 일반 국민을 대상으로 해병대 극기훈련 등 군 부대별 실정에 부합하는 다양한 안보체험 프로그램을 확대 운용할 필요성이 있다. 그리고 이와 같이 현장체험과 관련된 군부대 및 행정기관은 시설명칭을 안보의식을 고취시킬 수 있는 의사나 열사의 기념관 등으로 변경하거나 적절한 공간을 활용하여 독립유공자, 전쟁영웅, 6·25전사자, 지역을 빛낸 얼굴 등의 사진을 게재하는 것도 검토의 필요성이 있다.

(4) 보훈문화의 확산

미국 뿐만 아니라 영국, 프랑스, 캐나다, 호주 등 부국강병의 선진국들은 대부분 잘 정비되고 발전된 보훈제도를 가지고 있으며 사회 전반에 나라를 위한 희생과 공헌을 예우하는 보훈의식과 보훈문화가 잘 정착되어 있다. 우리도 6.25전쟁 과정에서 이름 없이 죽어간 수많은 젊은이들이 있었기에 오늘의 젊은이들이 자유와 풍족을 누릴 수 있는 것이다. 그 분들에 대한 감사를 제대로 가르쳐야 한다. 국가를 위한 희생과 공헌을 예우하는 보훈의식과 보훈문화 확산이 안보의식을 강화할 수 있는 방안이 될 수 있다.

(5) 전 국민 민방위 훈련의 강화

안보의식 제고 방안으로 전 국민 민방위 훈련의 질적 강화가 필요하다. 전 국민 민방위 훈련을 정례화하고 형식적인 훈련이 아닌 국민들의 안보의식을 높일 수 있도록 국가적 훈련에 걸 맞는 훈련내용의 강화가 필요하다.

3. 결 론

(1) 남북이 대치되어 있는 상황에서 우리나라는 어떤 나라보다도 국가의 안보를 튼튼히 할 필요성이 있다. 안보의식 조사결과 우리나라의 전반적 안보상황이 불안정하다고 인식하고 있었으며 국민들의 안보관심 정도는 보통 이상인 것으로 파악되었다. 그리고 안보교육의 필요성을 높이 인식하고 있음을 알 수 있었다. 반면 국민들은 정부나 군에 대해서 신뢰를 하지 못하고 있었으며 국방정책에 대해서도 잘 운영되고 있지 않다고 생각하는 것을 알 수 있었다. 그러나 안보보도에 대해서는 관심을 가지고 청취를 하고 있었으며 민주주의 역시 지켜져야 한다고 인식하였다. 또한 남북의 평화에 있어서 국제협력이 중요함을 인식하였고, 미국 역시 중요한 영향력을 가지고 있다고 인식하였다.

(2) 따라서 국민들의 안보의식을 높이기 위해서는 국민안보교육을 강화할 필요성이 있다. 이를 위해서 다양한 교육자료를 활용하고 안보관련 현장답사를 계획하는 등 안보교육 방법과 관련한 변화를 추구하여야 한다. 또한 군과 정부에 대한 신뢰성을 향상시키기 위해서 군은 언론과 적극적인 커뮤니케이션 전략을 구사하여야 할 것이며 스스로 자성 노력을 기울여야 할 것이다. 또한 안보에 대한 관심을 유도하기 위해서 군은 다양한 채널을 통하여 국민들과 소통하는 것도 중요하다.

17 국가와 국민, 군대의 연관성

1. 개 요

국가는 영토·국민·주권 등 세 가지 요소로 구성되며, 이 중 어느 한 가지만 없어도 국가는 형성될 수 없다. 한 나라의 영토는 국민들의 생활터전인 동시에 역사와 미래가 구현되는 공간이다. 국민은 국가를 이끌어가는 주체이자 모든 활동의 기본 동력이 된다. 또한 주권은 국가를 다른 나라와 구분 짓는 단위로 외부의 어떠한 간섭 없이 스스로 결정할 수 있는 힘과 권리를 의미한다.

2. 국가와 국민, 군대의 관계

(1) 국가의 1차적인 기능은 바로 그 세 가지 요소인 영토·국민·주권을 보호하는 것이다. 2차적 기능은 정책과 공공사업 등을 통해 경제·사회·문화 등 모든 분야에서 국민의 생활수준을 향상시키는 것이다. 그런데 국가가 1차적 기능을 다 하지 못하면 행정적인 기능은 물론 국민들이 기본적인 인권조차 보장받지 못하는 지경에 이르게 된다.

(2) 결국 국가가 제 기능을 하기 위해서는 안보를 책임지는 조직인 군대를 필요로 하게 된다. 국가가 강한 군사력을 건설해야 하는 당위성이 바로 여기에 있다. 역사를 살펴보면 국가가 스스로를 지킬 수 있는 힘, 즉 국력에 국가의 흥망성쇠가 달려있음을 알 수 있다.

(3) 선열들의 숭고한 희생 덕분에 지금 대한민국은 정치·경제·문화 등 모든 면에서 세계 일류국가의 반열에 올라있다. 그러나 우리에게 스스로를 지킬 힘과 의지가 없다면 또다시 치욕의 역사가 반복될 수밖에 없다. 그러한 역사가 되풀이되는 것을 막으려면 확고한 국가관을 바탕으로 국군의 사명을 완수하는 데 최선을 다해야 함을 명심하자. "대한민국의 자유와 독립을 보전하고 국토를 방위하며 국민의 생명과 재산을 보호하는 것"이 바로 국군의 사명이기 때문이다.

18   국가시설에 대한 지역 이기주의

1. 특수전사령부 이천 이전사업 사례

(1) 기피시설로 인식한 지자체와 지역주민들의 입지 반대로 갈등 표면화

① 정부는 위례 신도시 건설로 인해 송파구 거여동에 있는 특수전사령부를 경기도 이천으로 이전하는 사업을 추진

② 국방부는 유치를 희망한 지자체(이천·삼척·괴산·예산)를 대상으로 지역 여건, 시설 설치 가능성, 서울과의 거리 등을 고려하여 이천시를 최적의 이전부지로 선정 발표

③ 특수전사령부 부대의 이천 이전계획 발표 후 이를 반대하는 지역주민들은 '특수전사 이전 반대 투쟁위원회'를 구성하고 1인 시위 등 반대활동을 전개하였고, 이천시와 지자체장도 반대 운동에 동참하였음

(2) 적정수준의 보상과 지역개발사업 병행추진으로 군사시설 입지갈등 해결

① 이천시 주민들은 초기에 사업을 반대하는 입장을 보였으나 적정 수준의 보상과 지역개발 협의로 갈등 수준과 정도가 완화됨

② 국방부는 부대 이전과 함께 군인아파트 800세대를 해당지역에 건설하고 이천시와 경기도는 해당지역을 도시계획상 '계획관리지역'으로 변경하는 등 주민요구를 수용함에 따라 반대 활동의 강도도 완화됨

③ 부대 이전과 함께 이천시 해당지역의 택지개발사업이 본격화되면서 갈등이 해결되는 경로로 진입함

④ 아울러 이전사업비 1조 2천억원의 투입으로 지역경제의 활성화와 관내 건설 관련 자재 및 인력 등을 활용하여 건설업계 활성화를 가져올 것으로 기대

⑤ 또한 이천시는 군부대 관련시설이 주민들에게 '혐오시설'로 인식되어 온 것을 감안하여 이전하는 특전사령부 시설을 친환경적이고 주민친화적으로 조성하도록 요구하는 등 주민친화시설을 높이는 데 주력하였음

2. 제주 강정마을 해군기지 갈등

(1) 입지선정에 있어서 주민과 정부·지자체 간의 갈등

① 정부는 해군기지를 통해 중요한 수출입 길목인 제주 남방해역 지역의 안전을 확보하여야 한다는 입장
② 처음 예정지는 화순항이었으나 화순 주민들과 환경단체의 반발로 인하여 무산되었고 이후 논의 끝에 강정항으로 최종 결정됨

(2) 환경파괴 논란으로 환경단체와 정부·지자체 간의 갈등

① 서귀포 일대에 연산호 군락지가 일부 선정되어 있어 해군기지가 건설된다면 환경파괴가 발생할 것이라는 일부 환경단체의 주장이 제기됨
② 해군은 일부 연산호가 있기는 하나 연산호 군락지는 존재하지 않아 생태학적 가치가 상대적으로 낮다는 입장
③ 환경단체의 시위로 인해 시위자 일부가 구속되는 등 정부와 환경단체 간의 갈등 지속

3. 국가시설에 대한 지역 이기주의 해결방안

(1) 성공적인 입지 갈등 해결사례 공통점

① 주민이 참여하는 사업추진방식
② 갈등행위자 간 협력적 상호작용 과정 도입
③ 대안적 갈등관리방식 활용
④ 갈등을 조정할 수 있는 중립적 갈등관리기구의 구성과 운영

(2) 해결방향

① 갈등유발 가능성이 있는 사업의 사전 갈등조정협의회 구성
② 갈등영향분석 실시(신속하고 약식으로 진행할 수 있는 갈등영향분석표 도입)
③ 갈등조정관(소통담당) 신설
④ 국가시설 기획단계에서부터 기피시설과 선호시설 결합을 통해 갈등요소 사전제거(편익시설이나 문화관광복지시설을 결합함으로써 주민의 반발 원천적 제거 또는 완화)
⑤ 기피시설 입지 주민들에게 직접적 보상 방식보다는 지속성을 유지할 수 있는 보상방안 모색
⑥ 해당 지자체 및 상급기관과 적극적인 협조체제 구축

19 │ 비행기 소음에 대한 민원 및 해결방안

1. 군 공항 이전 및 지원에 관한 특별법 주요 내용

(1) 2013년 '군 공항 이전 및 지원에 관한 특별법'이 국회본회의를 통과했다. 지난 10년간 지지부진하게 끌었던 전국의 군 공항 이전이 현실화됐다. 군 공항 이전의 법적 근거를 마련했다는 점에서 주민들은 일단 반기는 분위기이지만 이전 후보지 선정과 막대한 예산 마련 등 풀어야 할 과제가 산적해 갈 길이 멀다는 지적이다.

(2) 이전대상 자치단체는 다음과 같다.
① 광주광역시, 대구광역시, 수원시 등 3곳이다.
② 이 법안은 재정부담 등을 고려해 이전 대상을 모든 전술항공작전기지로 하지 않고, 대통령령으로 정하는 기지로 한정했다.

(3) 지원대상지역도 '이전 부지 주변지역'으로 제한하고 사업추진방식은 '기부 대 양여(맞바꾸기)' 방식으로 명문화했다.

(4) 또 이전부지 선정 과정에서 중앙정부(국방부)와 종전부지 지방자치단체의 장 등이 합리적으로 역할부담을 하도록 하고 종전부지 지방자치단체의 장은 군 공항 이전 및 지원에 소요되는 재정 부담을 감안해 종전부지의 가치를 최대화하도록 했다.

2. 군 공항 이전 및 지원에 따른 문제점

(1) 대체부지 선정 관건
① 군공항 이전의 가장 큰 걸림돌은 대체 부지를 선정하는 것이다. 군공항 이전을 원하는 자치단체장이 국방부장관에게 이전을 건의하면 국방부장관은 군사 작전과 입지의 적합성 등을 따져 이전 부지를 선정하게 된다. 이전 대상 후보지는 해당 지역 주민들의 투표를 거쳐 최종 확정되는데 군공항의 전투기 소음피해가 이미 공론화된 상황에서 주민투표를 쉽게 통과할 수 있을지 의문이다. 오히려 군 공항 이전 후보지 선정을 놓고 자치단체 간의 갈등만 부추길 가능성이 높다.
② 수원은 기존 비행장이 너무 많아 공역(비행 중인 항공기가 충돌하는 것을 막기 위해 필요한 공간) 확보가 가장 큰 난제다.

(2) 지원 비용 문제
① 막대한 이전 비용 마련도 큰 숙제다. 자치단체장이 자체 예산으로 이전 부지를 사들여 군 공항을 조성한 뒤 국방부에 기부하는 '기부 대 양여방식'으로 진행된다. 국방부는 기존 공항의 땅값을 감정 평가해 이전공항 부지에 쓴 예산과 차액을 정산해 남으면 돌려받는다.
② 신규 군 공항 건설비용은 대략 3조원으로 보고 있다. 기부 대 양여방식으로 추진될 경우 광주시는 2012년 기준 군 공항 토지 매각 비용이 7,100억원 밖에 되지 않아 2조 2,900원의 예산을 추가로 들여야 한다. 반면 대구와 수원은 상대적으로 군 공항 부지의 땅값이 높아 건설비용 3조원을 제하고도 각각 7조 7,000억원과 9조 3,000억원이 남는다. 하지만 대구와 수원시는 정산으로 남은 이 예산을 국방부에 돌려줘야 해 결국 지자체는 빈손이 된다.

3. 군 공항 이전 및 지원 대책

(1) 이전지역에 대한 인센티브 제공

(2) 특별법 제정을 통해 항만 개발 등에 18조원을 투입한 평택 미군기지, 방폐장을 건립하는 대신 한국수력원자력 본사 이전과 특별지원금 3,000억원 등을 제공한 경주의 사례 참조

4. 군 공항 이전 및 지원에 관한 특별법 시행령 제정(안) 입법 예고 주요 내용

(1) 군 공항 및 이전부지 주변 지역의 정의

이전부지 주변 지역 범위를 이전부지가 소재한 시·군·구 전체 및 이와 연접한 소음피해지역 시·군·구 중 소음 영향도가 80웨클 이상은 지역을 고려하여 정한다.

➔ 웨클(WECPNL, Weighted Equivalent Continuous Perceived Noise Level)

(2) 이는 국제민간항공기구(ICAO)에서 항공기 소음의 평가단위로 권장하는 단위이다.

(3) 항공기가 이착륙 할 때 발생하는 소음도에 운항 횟수, 시간대, 소음의 최대치 등에 가산점을 주어 종합 평가하는 것으로 단순히 소리 크기만을 나타내는 단위인 데시벨(dB)과 다르다.

(4) 예를 들어 같은 크기의 소리를 내더라도 오후 10시부터 다음 날 오전 7시까지의 비행기 운행은 한낮(오전 7시~오후 7시)에 비해 10배의 소음 피해를 끼치는 것으로 평가된다.

(5) 산출방법은 항공기 통과시 최고 소음도의 dB평균치에 항공기가 통과한 시간대별 가중치를 더한다. 즉, 저녁시간(오후 7~10시)은 3배, 심야(오후 10시~익일 오전 7시)는 10배의 가중치를 부여한다.

(6) 현행 항공법상 80웨클을 넘으면 소음피해 예상지역, 90웨클을 넘으면 소음피해지역에 각각 해당한다. 이 경우 정부 관련부처에서 이주 및 방음대책 등을 수립·추진해야 한다.

♥ PLUS

Q. 수원, 대구, 광주 등 군공항 이전과 관련하여 이전 지역주민들의 반대가 극심하다. 어떻게 해결해야 한다고 생각하는가?

---

20 군 병력 감소 문제 ★★★ 공통

1. 현 황

(1) 2023년 12월 기준 만 20세 남성 인구는 25만 명이나 2065년도에는 약 15만 명에 불과할 것으로 예측된다. 즉, 저출산으로 인해 2065년의 가용병역자원은 2023년에 비해 10만 명이 줄어들게 된다.

(2) 장교 및 부사관의 인기가 떨어지고 있어 병력자원 확보에 있어서 어려움을 겪고 있다. 2023년 국가통계연보에 따르면 ROTC 경쟁률은 2015년 4.8:1에서 2022년 2.4:1까지 떨어졌다. 또한 국방부에 따르면 2023년 부사관 보직률은 85.9%를 기록했다. 즉, 정원이 100명이라면 86명밖에 채우지 못했다는 것이다.

2. 원 인

(1) 저출산 고령화로 인한 입대 가능 인구의 감소가 가장 크다. 2023년 대한민국 합계 출산율은 0.72명으로 역대 최저 수치이다. 2018년 1.0 이하로 떨어져 초 저출산에서 벗어나지 못하고 있다. 이에 따라 입대 가능 인구도 크게 감소하고 있고 앞으로도 감소할 것으로 보인다.

(2) 병사월급 200만원 정책으로 인하여 장교 및 부사관으로 군복무를 하는 이점이 사라지자 지원율이 급감하였다. 올해 하사 1호봉 월급은 1,877,000원으로 병사월급 200만원(병장 기준)이 실행되면 하사 월급과 병장 월급이 역전되는 상황이다. 실제로 장교 및 부사관 충원율은 매년 급격하게 감소하고 있어 인력 확보에 있어서 많은 어려움을 겪고 있다.

(3) 병사의 복무기간 단축으로 장교 또는 부사관의 의무복무 기간과 병사의 의무복무 기간의 차이가 벌어졌다. 앞서 언급한 병사 월급 200만원 정책과 연계되어 장교·부사관으로 복무하는 것에 따른 장점이 많이 감소하여 장교·부사관 지원율이 급감하였다. 이는 단순히 장교·부사관만의 문제가 아니며 공보의/군의관 지원율도 감소하는 추세를 보이고 있다.

3. 국방부 대응

(1) 국방부는 여군 비중을 현재 10%에서 2027년 15%까지 늘리는 방안을 추진하고 있다. 초저출산 시대로 인하여 남성의 군복무만으로는 50만 병력 유지가 어렵다는 분석이 이어졌기 때문이다.

(2) 부사관을 지원하는 인원들에게 편의를 제공하기 위하여 육군, 해병대, 해군에서 필기시험 항목을 없앴다. 이로 인해 더욱 많은 인원들이 부사관을 지원할 것으로 기대하고 있다.

(3) 국방부는 체육예술요원의 병역특례 재검토를 언급하였다. 병력자원 확보와 병역의 공정성 측면에서 체육예술요원들에 대한 병역특례를 재검토하고 병무청과 그 대안을 마련하겠다고 밝혔다.

4. 해결방안

(1) 한 조사에 따르면 ROTC를 지원하지 않는 이유 중 가장 큰 비중을 차지하는 것은 금전적인 장점이 없다는 것이다. 병사월급이 200만원으로 인상되는 것이 예정되어있어 초급 간부와의 월급 격차가 크지 않아 복무기간이 더 긴 장교 및 부사관으로 복무할 동기가 약해졌다. 이에 초급 간부들의 월급인상 및 복지를 향상해야 할 필요가 있다.

(2) 전투근무 지원분야에서 민간인력을 적극적으로 활용할 필요가 있다. 우리나라 군 민간인력 활용률은 2020년 기준 5.5%로 미국(52%), 영국(38%) 등 선진국들에 비하면 현저하게 낮은 수준이다. 따라서 군인은 전투분야에 집중하게 하고 비전투분야인 수송·군수·행정·급양·정비 등의 분야에서 민간인력을 적극적으로 활용하는 것을 검토할 필요가 있다.

(3) 또한 경계작전에서 인공지능(AI)기반 유·무인 복합체제로 구성하고 경계작전의 일정 부분을 민간에 맡길 수 있도록 하는 제도개선이 필요하다. 실제로 미국의 경우 경계작전을 민간보안업체에 위탁하고 있고 소규모 신속대응팀을 구성해 군사적 위협에 대비하고 있다.

21 일·가정 양립 제도

1. 개 요

(1) 과도한 일 중심 문화는 근로자와 기업뿐만 아니라 사회 전반에도 여성의 경력단절과 저출산 현상의 심화 등 구조적인 문제를 유발한다.

(2) 정부는 기존의 「남녀고용평등법」을 「남녀고용평등과 일·가정 양립 지원에 관한 법률」로 개정하여 다양한 일·가정 양립 지원제도를 운영하고 있다.

2. 관련 제도

(1) 출산휴가

① 출산전후휴가

② 임신기 근로시간 단축

③ 출산육아기 고용안정장려금제도(예 육아휴직 장려금, 육아기 근로시간 단축 장려금, 대체인력 인건비 지원금, 비정규직 재고용 지원금 등)

(2) 육아휴직

① 육아휴직급여 지원

② 남성육아휴직 확대

③ 육아기 근로시간 단축

④ 가족돌봄휴직 ⇨ 가족(부모, 자녀, 배우자, 배우자의 부모)이 질병, 사고, 노령으로 인해 돌봄이 필요한 경우에 사용할 수 있는 휴직 제도이다. 단, 사업주가 거부할 수 있는 사유에 해당하지 않아야 한다. 연 90일을 사용할 수 있으며 1회 사용시 최소 30일 이상을 사용하여야 한다.

⑤ 직장어린이집 설치 등 지원

(3) 유연근로제

① 의의: "유연근무제"란 통상의 근무시간·근무일을 변경하거나 근로자와 사용자가 근로시간이나 근로장소 등을 선택·조정하여 일과 생활을 조화롭게 하고 인력활용의 효율성을 높일 수 있는 제도

② 근로시간의 유연화: 탄력적 근로시간제, 선택적 근로시간제, 사업장 밖 근로시간제, 재량근로시간제, 집중(집약)근로제, 시차출퇴근제 등

③ 근로장소의 다양화: 재택근무제와 원격근무제 등

④ 근무량 조정: 직무공유제와 시간제근로 등

⑤ 근무연속성 유연화: 장기휴가, 안식년제도, 가족의료휴가, 보상휴가제 등

(4) 사업주에 대한 감독 및 인식개선

① 장시간 근로에 대한 근로감독

② 가족친화기업인증사업 ⇨ 여가부는 기업의 일·가정 양립에 대한 인식을 개선하고 확산하기 위하여 출산·양육 지원 및 유연근무 활용 등 가족친화제도를 모범적으로 운영하는 기업 등에 인증을 부여하고 인증기업에는 공공부문 사업자 선정시 가점부여, 금리 우대 등 인센티브를 지원

22 군대 내의 성군기(남남, 남녀) 문제

1. 국방부 보도자료(군인·군무원 성군기 위반에 대해 엄정 대처)

(1) 국방부는 「국방부 군인·군무원 징계업무처리 훈령」을 개정('14. 2. 1. 시행)하여 군인·군무원의 성군기 위반에 대해 보다 엄정하게 조치하고 있다.

(2) 법률 전문가인 군법무관이 성군기 위반사건의 징계업무의 조사 및 간사 업무를 전담하도록 하였다. 군법무관의 전문성을 통해 징계절차의 적법성과 전문성이 보다 강화되고 피해자 인권이 보호되도록 하였다.
   ⊙ 군법무관이 없는 제대에서 사건 발생시 해당 지휘관은 군법무관이 있는 상급부대에 사건을 이관한다.

(3) 성군기 위반사건에 대한 징계위원회에 선임 군인·군무원 중 여성위원을 필수적으로 참여토록 하였다. 여성위원의 참여로 피해 여성의 입장이 징계위원회에 충분히 반영되어 보다 공정한 징계처분이 이루질 수 있도록 하였다.

(4) 성군기 위반사건에 대해 징계권자의 감경 또는 유예를 신중히 하도록 절차를 개선하였다. 징계권자가 징계위원회에서 의결된 사항에 대해 확인을 하는 과정에서 감경(유예권)을 행사한 경우 국방부 장관 또는 각군 총장에게 즉시 보고토록 규정하였다. 향후 군인 징계령을 개정하여 성군기 위반 사건에 대해서는 징계권자의 감경 및 유예권을 폐지할 계획이다.

(5) 국방부는 성군기 위반사건을 방지하기 위해 교육을 강화하고 사건 발생시 '무관용 원칙'하에 엄정하게 조치할 계획이다.

2. 군대에서 성폭력이 많이 발생하는 이유와 해결방안

(1) 성폭력이 자주 발생하는 이유

① 성폭력은 경직되고 수직적인 권력구조 속에서 자주 발생되며 군대는 그 대표적인 예라 할 수 있다. 고립된 곳에서 수직적인 질서가 강력하게 작용하고 있고 하급자는 상급자의 행동을 반항하기가 쉽지 않다. 반대로 상급자는 하급자를 손쉽게 지배 및 통제할 수 있다. 바로 이러한 구조가 성폭력이 자주 발생하는 원인이 된다.

② 군대 내 성교육 시스템에도 문제가 있다. 집단적으로 병사들을 모아 놓고 일방적인 강의를 한정된 시간 속에 일회성으로 진행하게 되면 이는 사실상 거의 의미가 없다. 성교육은 그 특성상 매우 구체적으로 진행되어야 하며 군대에서 일어날 수 있는 다양한 상황에 대한 제시가 이뤄져야 한다.

(2) 성폭력 해결방안

① 다양한 방식의 성교육이 진행되어야 한다. 다양한 형태의 워크숍이나 역할극 등의 방법론을 통해 기본적인 개념부터 체계적으로 교육이 되어야 한다.

② 성군기 위반 사고가 아닌 사건으로 바라보며 가해자를 강력하게 처벌해야 한다. 국방부 보도자료에서 제시된 것처럼 군명예를 위해서라도 성군기 위반 사건에 대한 엄중한 조치가 필요하다.

③ 성폭력 피해자에 대한 처우를 전문가와 함께 고민하여 개선대책을 수립해야 한다.

23 **양성평등정책**(2020 · 2021 육군기출)

(1) 양성평등의 의의

'양성평등'이란 성별에 따른 차별, 편견, 비하 및 폭력 없이 인권을 동등하게 보장받고 모든 영역에 동등하게 참여하고 대우받는 것을 말한다.

(2) 성희롱의 의의

'성희롱'이란 업무, 고용, 그 밖의 관계에서 국가기관 · 지방자치단체 또는 대통령령으로 정하는 공공단체(이하 "국가기관 등"이라 한다)의 종사자, 사용자 또는 근로자가 다음의 어느 하나에 해당하는 행위를 하는 경우를 말한다.

① 지위를 이용하거나 업무 등과 관련하여 성적 언동 또는 성적 요구 등으로 상대방에게 성적 굴욕감이나 혐오감을 느끼게 하는 행위

② 상대방이 성적 언동 또는 성적 요구에 따르지 아니한다는 이유로 불이익을 주거나 그에 따르는 것을 조건으로 이익 공여의 의사표시를 하는 행위

(3) 양성평등정책의 필요성

① 남녀평등 의식 · 문화 확산 필요 ⇨ 대중매체 · 온라인상 성차별적 표현이나 성별 고정관념이 잔존하고 있으며 여성과 남성의 불평등에 대한 인식 또한 높음

② 성별 고용격차 해소 및 여성 대표성 제고를 위한 정책 다각화 필요

③ 일 · 생활 균형 직장문화 정착 필요

④ 여성폭력 예방 및 대응 강화 필요

(4) 남녀평등 의식과 문화의 확산

① 대중매체의 성차별 개선 ⇨ 성평등 문화예술 콘텐츠 확산, 성차별 실태 모니터링

② 학교에서의 양성평등 교육 강화

③ 생활 속 성평등 문화 확산 ⇨ 생활 속 성차별 언어 및 표현 개선

④ 양성평등 시민교육

(5) 평등하게 일할 권리와 기회의 보장

① 고용기회의 평등성 제고 ⇨ 다양한 분야에서의 여성 일자리 확대

② 고용현장의 성차별 개선

③ 노동시장 내 여성의 지위 개선 ⇨ 성별임금격차 해소, 근로환경 개선 등

④ 여성의 경력유지 및 개발 지원 ⇨ 경력단절 여성에 대한 취 · 창업 지원

(6) 여성 대표성 제고 및 참여 활성화

① 정치, 공공분야 여성 대표성 제고 ⇨ 군인, 경찰 등 특수직에서의 적극적 조치 및 처우개선

② 민간기업 등의 여성 대표성 제고 ⇨ 기업 내 여성 임원 비율 확대 등

③ 여성 리더십 역량 강화

(7) 일과 생활 균형 사회기반 조성

① 돌봄의 사회적 책임 강화 ⇨ 돌봄서비스 확대 및 질적 제고
② 근로자의 모·부성권 보장 ⇨ 출산휴가, 육아휴직제도 활성화
③ 기업의 가족친화경영 확산 ⇨ 일과 생활의 균형을 위한 인식개선 및 사회문화 조성

(8) 여성폭력 근절과 여성 건강 증진

① 여성폭력 근절을 위한 법, 제도적 기반 마련
② 스토킹 및 데이트 폭력 대응 강화
③ 여성폭력 피해자 보호 및 지원
④ 성인지적 정책 추진

---

24 충성이란 무엇인가?(육군기출) ★★★ 공통

1. 충성의 의의

토머스 제퍼슨은 "충성이란 맹목적인 복종이 아니라 직업에 대한 일종의 책임감이자 프로 정신이며, 사회적 미덕이며 사업성취를 위한 원동력이다."라고 하였다. 타이타닉호가 침몰될 때 그 아수라장 속에서 마지막 곡을 연주하는 연주자의 모습 그 것이 바로 충성이다.

2. 충성의 힘

(1) 숲 속의 한 나무에서 가지 하나가 부러져 강으로 쓸려 가던 중 나뭇가지는 간신히 수초를 잡고 둔덕에 다다라 운좋게 농부의 눈에 띄게 되었다. 농부의 처음 의도는 가재도구를 만들려고 했으나 장작이 부족함을 알고는 아궁이에 넣으려고 했다. 아궁이의 뜨거운 불길에 두려움을 느낀 나뭇가지는 자신을 '도끼자루'로 만들어만 주면 더 많은 장작나무를 찾게 해주겠다고 제안을 한다. 농부는 제안을 받아드렸고 도끼자루로 변신한 나뭇가지는 숲을 가장 잘 아는 자신을 이용해 수많은 동료인 나무의 급소를 찍어대 이내 숲을 폐허로 만들었다.

　➡ 충성심이 없는 사람이 얼마나 무서운지를 깨닫게 해주는 우화 본문 中

(2) 세 명의 미장이가 각자 집을 한 채씩 짓고 있었다. 첫 번째 미장이는 일을 하던 도중 그만 싫증이 나서 "내가 살 집도 아닌 걸 공 들여 봐야 뭐하겠어."라면서 집을 대충지었다. 두 번째 미장이는 "돈 받고 하는 일인데 잘 지어야겠지."라면서 튼튼한 집을 지어 주었다. 세 번째 미장이는 매우 흥겹게 일하며 "이 집을 다 짓고 나서 마당에 화초도 심고 뒤뜰에 과수원까지 만들면 멋지겠어!"라고 하면서 열정과 창의력을 십분 발휘하여 집을 지었다. 그리고 3년 뒤 첫 번째 미장이는 실직하였고 두 번째 미장이는 그대로 똑같이 미장일을 했다. 그리고 세 번째 미장이는 사람들의 환영을 받는 유명한 건축기사가 되어 곳곳에 자신이 설계한 집을 지어 나갔다.

　➡ 회사는 누군가의 전유물이 아니라 CEO와 직원의 공동 소유물이라는 우화 본문 中

(3) '충성심'이란 국가의 안보를 지키는 '군인의 기본적인 정신'이라고 대다수의 사람들은 생각하고 있다. 하지만 충성이란 국가의 강력한 힘의 원천에서만 필요한 정신이 아니고 사회에서 이익을 창출하고 있는 기업정신에서도 필수 불가결한 정신이다. 보통 기업에서 말하는 뛰어난 인재는 '뛰어난 능력과 학력 그리고 전문성이 확실한 사람'이라고 알고 있다. 그러나 덧붙여 정말 기업에서 필요한 핵심 인력은 내면에 충성심이 가득 찬 사람이다. 능력과 학력은 뛰어나지만 개인의 사리사욕과 이기심이 꽉 찬 사람이 있다고 치면 몸 담고 있는 회사의 핵심 기술을 빼내서 동종 업체로 유출하고 개인의 부를 챙기는 사람으로 변신할 수도 있기 때문이다. 얼마 전 뉴스에서도 봤던 검찰에 적발된 ○○전자 연구원이 부품 배치도를 외국 모 정보통신업체에 넘기려다 적발된 사건이 바로 실제 사례이기도 하다. 거창하게 표현되어 다소 거리감이 느껴지는 단어이긴 하지만 간략하게 말하자면 '충성'이란 소속되어 있는 회사에 최선을 다하여 일하는 본분 그리고 도리를 지키는 마음이 곧 충성이다.

(4) 그렇다면 "회사에 왜 충성해야 하는가? 충성을 하면 자신에게 얻어지는 게 확실히 있는가?"라는 의문을 제기할 수 있을 것이다. 충성을 다하여 일을 하면 분명 개인의 가치와 능률 그리고 명예가 주어질 것이다. 자신의 일에 자긍심과 자신만이 할 수 있는 일의 비밀병기(전문성)가 생길 것이다. CEO는 충성하는 사람에게 당연히 더 많은 기회를 줄 것이다. 이렇듯 '충성'은 기업과 CEO에게만이 아닌 자신에게 실질적인 보상이 주어진다.

➡ 성실히 자신의 임무를 수행하는 것 그것이 바로 '충성'이다.

25 정의란 무엇인가?

➡ 마이클 샌델의 '정의란 무엇인가'의 요약 내용이니 참고하길 바란다.
우리는 정의를 이해하는 세 가지 접근법이 있다.

(1) 첫 번째 방식은 정의란 공리나 복지의 극대화, 즉 최대 다수의 최대 행복을 추구하는 것이라고 말한다.

(2) 두 번째 방식은 정의란 선택의 자유를 존중하는 것이라고 말한다. 그 선택은 자유 시장에서 사람들이 실제로 행하는 선택일 수도 있고 사람들이 원초적으로 평등한 위치에 있을 경우 '하게 될' 가상의 선택일 수도 있다.

(3) 세 번째 방식은 정의란 미덕을 키우고 공동선을 고찰하는 것이라고 말한다.

26 용기란 무엇인가?(2019 육군기출)

(1) 용기는 고통, 위험, 불확실성, 협박을 직면하는 선택이자 의지이다.

(2) 물리적 용기와 도덕적 용기로 나눌 수 있는데 물리적 용기는 신체적 고통, 고난, 죽음 위기, 위험과 같은 상황에서 두려움에 떨지 않는 능력이다.

(3) 도덕적 용기는 대립, 부끄러움, 스캔들, 사람을 잃을 상황에 직면했을 때 바르게 행동하는 능력이다.

(4) 스스로의 뜻을 상황에 좌절하지 않고 표현하는 것도 용기이다.

(5) 인생에서 용기를 필요로 하는 일은 아주 많으며 자신이 아주 평범하다고 혹은 겁쟁이라고 생각하는 사람이라 해도 본인이 자각하지 못한 채 용기를 필요로 하는 상황들에 맞서 살아가고 있다. 또한 애초에 자신의 삶을 포기하지 않고 살아가는 것부터가 이미 용기 있는 행동이다.

(6) 보통 두려움을 모르면 만용이며 두려움을 알고서도 극복할 수 있는 게 용기로 말하기도 한다.

(7) 싫어하거나 꺼려지는 것, 부끄러워서 망설여지는 것을 자신 있게 시도하는 것도 용기에 포함된다. 자신감도 용기에 속하기 때문이다.

27 갈등이란 무엇인가?

1. 갈등의 의의

(1) 사전적 의미

일이 뒤얽힘 또는 서로 불화합하는 것이며 칡과 등나무라는 뜻으로 칡과 등나무가 서로 복잡하게 얽히는 것과 같이 개인이나 집단 사이에 의지나 처지, 이해관계 따위가 달라 서로 적대시하거나 충돌을 일으킴을 이르는 말이다.

(2) 내적갈등

개인의 마음속에 상반되는 두 가지 이상의 감정이나 의지 따위가 동시에 일어나 갈피를 못 잡고 괴로워하는 것이다.

(3) 정 리

갈등은 서로 얽혀서 풀어내기 힘들게 된 상황을 말하는 것으로 서로 다른 의지를 지닌 두 성격이 행동으로 대립하는 현상을 말한다.

2. 갈등의 순기능(2019 육군기출)

(1) 합리적으로 일어나는 적당한 갈등은 조직이나 사회에 견제를 통한 적당한 긴장감을 유발하여 건강하고 발전적인 동력으로 작용한다.

(2) 갈등은 미처 파악하지 못한 문제점을 제기하고 이를 해결하기 위한 수단을 찾도록 촉구하는 순기능이 있다.

(3) 갈등은 사회나 조직원들이 그 근본원인에 대한 관심을 갖게 하고 갈등 당사자들에게는 자기성찰의 기회를 제공한다.

(4) 갈등은 비공식적인 감시통제 기능을 수행한다. 조직이나 사회에서의 불공정이나 불합리한 문제와 연계되어 부패감시라는 순기능을 할 수 있다.

3. 갈등의 역기능

(1) 갈등이 심화되면 합리성을 상실하고 감정적으로 치우쳐 당사자는 공멸하게 된다.

(2) 사회갈등으로는 세대갈등, 지역갈등, 이념갈등, 빈부갈등, 정규직/비정규직 갈등, 노사갈등, 님비갈등 등 다양한 형태로 나타난다.

4. 갈등의 해결방법

(1) 힘에 의한 해결

상대방의 희생을 요구하거나 승자와 패자로 나누어지기 쉬운 해결 방법이다. 갈등을 근본적으로 해결하기 어렵다.

(2) 법에 의한 해결

제도적 장치를 통해 갈등을 평화적으로 해결하는 방법이기는 하나 그 자체만으로는 한계가 있다.

(3) 대화에 의한 해결

대화를 통해 서로가 만족할 수 있는 결과를 이끌어 내는 평화적인 해결방법이다.

---

28 변화와 혁신(2020 육군기출)

(1) 변화(Change)와 혁신(Innovation)은 무엇이 다른가. 혹시 같은 것으로 파악하고 있지 않은가. 다르다면 어떻게 다른가. 상당히 많은 사람들이 이 두 개념의 차이에 대해 별 생각을 하지 않는 것 같다. 그래서 변화관리를 곧 혁신으로 생각하는 사람들이 많다. 즉, '어떻게 회사 전체의 변화를 이룰 것이냐'를 혁신의 과제로 여기는 사람들이 대부분이다.

(2) 변화와 혁신은 전혀 다르다. 변화가 무엇인가를 새롭게 바꾸는 활동 전반을 뜻한다면 혁신은 여기에 플러스알파가 있다. 바로 가치(Value)다. 새로운 가치나 그런 가치를 창출하는 방법을 찾는 것이 경영에서 말하는 혁신이다.

(3) 가치는 누가 결정하는가? 제조업자나 판매업자가 아니라 그것을 사려는 사람, 즉 고객이자 소비자다. 그러므로 혁신이란 개념은 소비자들이 가치 있다고 생각하는 상품이나 서비스를 찾아내는 '가치 창출 활동'으로 정의할 수 있다.

(4) 군무원의 입장에서 혁신의 의미를 해석해보자면 군무원은 군대 내에서 군의 관리사무 및 지원업무를 하므로 고객인 군인 또는 국민(민원인 포함)이 원하는 가치를 찾는 활동을 혁신이라 할 수 있다.

29 변혁적 리더십(2021 육군기출)

1. 변혁적 리더십의 의의

(1) 변혁적 리더십(Transformational Leadership)이란 조직 공동의 비전을 추구하는 데 있어서 헌신의 내용을 구체화하고 상호 신뢰 및 신의가 바탕이 되는 환경을 조성하는 것을 말한다.

(2) 21세기 급변하는 경영환경의 변화에서 생존하기 위해서는 구성원으로부터 조직의 목표에 대한 강한 일체감, 적극적 참여, 기대 이상의 성과달성을 위한 동기유발을 자극할 수 있는 새로운 리더십이 요구된다. 이것이 바로 변혁적 리더십이다.

2. 변혁적 리더의 조건

(1) 조직구성원들로 하여금 리더에 대해 신뢰를 갖게 하는 카리스마를 지니고 있어야 한다.

(2) 조직변화의 필요성을 감지하여야 한다.

(3) 변화를 이끌어 낼 수 있는 새로운 비전을 제시할 수 있는 능력을 갖추어야 한다.

3. 카리스마 리더십 vs 변혁적 리더십

(1) 카리스마 리더십

정보통제, 위험감수와 같은 행동을 통해 비범한 이미지를 형성함으로써 극단적으로 존경을 받고, 팔로워들로 하여금 무조건적으로 복종하고 신뢰하게 하는 리더십 행동을 많이 한다.

(2) 변혁적 리더십

① 팔로워들의 잠재능력을 개발해준다.
② 중요한 의사결정 권한을 위임해준다.
③ 팔로워들의 기량과 자신감을 함양한다.
④ 중요한 정보의 접근을 허용한다.
⑤ 불필요한 통제를 제거한다.
⑥ 임파워먼트(권한이양)를 촉진하는 조직문화를 조성한다.
⑦ 팔로워들이 더 자율적, 자기지시적, 자아실현적이고 이타적이 되도록 한다.

MEMO

---

30 리더십과 팔로워십

POINT 리더에게 필요한 것이 '리더십(leadership)'이라면 조직을 떠받치는 수많은 조직원들에게 필요한 것은 '팔로워십(followership)'이다. 응시생들은 이제부터 팔로워로서 조직에서 요구하는 팔로워십에 대해 이해하고 이를 표현할 수 있어야 한다.

1. 리더십(Leadership)

(1) 조직의 목적을 달성하려고 구성원을 일정한 방향으로 이끌어 성과를 창출하는 능력이다. 앨런 케이스 (Alan Keith)는 "리더십은 궁극적으로, 대단한 일을 일으키는 데에 사람들이 공헌할 수 있게 하는 방법을 만들어내는 데 대한 것이다."라고 정의한다.

(2) 일반적으로 리더십은 조직의 문제점을 개선하고 조직이 환경 변화에 적응하게 하며 구성원에게 동기를 부여한다. 일찍이 마키아벨리는 지도자가 성공하려면 능력을 반드시 갖춰야 한다고 주장했다. 그래야 지도자가 기회를 인식하고 포착할 수 있으며 상대보다 생각이 앞서고 그들과 하는 싸움에서 승리할 수 있다고 설명한다.

2. 팔로워십(Followership)

(1) 팔로워십(Followership) 또는 추종자 정신, 추종력은 어떤 개인이 자신이 속한 조직·팀·무리에서 맡은 역할을 뜻한다. 다른 뜻으로 한 개인이 지도자를 능동적으로 따르는 능력을 말하기도 하며 보통 리더십에 대응하는 사회적 상호작용과정으로 볼 수 있다.

(2) 리더십을 보다 잘 이해하기 위해서 팔로워십을 연구하는 것은 필수적이다. 이는 어떤 무리·조직·팀의 성공과 실패는 리더가 부하를 잘 이끄느냐 만이 아니라 부하가 리더를 얼마나 잘 따르느냐에도 달려 있다는 의미를 담고 있다. 부하(추종자)의 행동은 조직의 성공과 실패에 중요한 원인으로 작용하며 부하는 지도자에 대해 건전한 비판을 할 수 있어야 한다. 효율적으로 조직에 기여하는 부하의 특성은 '열정적', '지성적', '포부에 차 있음', '자립적' 등으로 표현할 수 있다. 조직이 유연하고 분화된 모양으로 바뀌어 가고 있는 시점에서 리더십보다 팔로워십이 보다 중요해지고 있다.

3. 성공하는 팔로워의 7가지 키워드

(1) 헌 신

헌신이라는 말 자체는 '제물을 바침, 몸을 바침'이라는 '희생'을 의미한다. 몸을 바치는 그 주체는 바로 그 자신이다. 헌신이라는 말에 담긴 진정한 의미는 '자발적'이라는 단어에 있다. 아무리 조직의 일에 내 몸을 바쳐서 일해도 그것이 자발적이지 않으면 그것은 헌신이 아닌 단순한 동참에 지나지 않는다. 바로 그 '자발적이냐? 아니냐?'에 조직의 성과를 가져오는 진정한 팔로워인가 아닌가에 대한 해답이 들어있다. 진정한 팔로워들은 자발적인 동참을 통해 조직과 자신을 일치시켜 자신의 발전이 조직의 발전을 불러오고 발전된 조직이 다시 자신의 발전에 힘을 보태주는 선순환을 이루고자 노력하게 된다. 헌신이 곧 '투자'가 되는 것이다.

(2) 방향성 통일

리더의 지시나 방향설정에 대해서 한 방향으로 정렬할 수 있는 능력, 그것이 바로 성공적인 팔로워가 되기 위한 두 번째 키워드이다. 그러나 '방향성 통일'이 무조건적인 순응을 하거나 예스맨이 되라는 것은 아니다. 만약 평상시 조직에서 다른 반론이나 다른 시각을 수용하지 않고 모든 조직원이 한 방향으로만 정렬한다면 이는 차라리 뿔뿔이 딴 방향을 쳐다보며 달리는 조직보다 더 위험한 상황에 처할 가능성이 높다. 서로 간의 다양성을 존중해 주고 최말단의 팔로워라도 리더의 결정에 다시 한 번 의문을 제기하고 보다 나은 방향으로 결정하는 방법은 없는지 꾸준히 토론하고 의견을 다퉈야 한다.

그러나 조직이 그 역량을 발휘해야 할 시기이거나 경쟁조직, 경쟁국가와 다퉈야 할 시기 또는 조직에 위기 상황이 닥치면 구성원들은 일사분란하게 그 방향성을 통일시켜야 한다.

(3) 몰 입

몰입은 그 자체로도 엄청난 에너지를 발휘하며 역량 발휘와 발전적 가치 창조에 기여하지만 열정이라는 또 다른 모습으로 변이되어 이성적인 판단으로는 측정할 수 없는 엄청난 성과를 가져오기도 한다. 팔로워들의 리더나 조직에 대한 몰입은 리더와 함께 무언가를 성취할 수 있다는 강한 의지와 조직의 성공에 대한 무의식적인 확신을 가져오게 된다. 의지와 확신에 의한 에너지는 일상적인 상태에서 일과 조직에 대해 갖게 되는 에너지보다 훨씬 강하고 지속적이다.

(4) 용 기

긴 시간 동안 유교문화의 지배를 받아온 우리나라의 조직문화에서 팔로워들이 용기를 발휘한다는 것은 결코 쉽지 않은 일이다. 하지만 그렇게 때문에 진정한 팔로워십 발휘를 위해서 가장 필요한 덕목이기도 하다. 사실 용기는 팔로워가 리더나 조직에게 발휘해야 할 덕목이라기 보다는 긍정적인 팔로워십을 발휘하면서 가져야 하는 자세 혹은 건전한 팔로워십 발휘를 가능케하는 원동력이라는 표현이 옳을 것이다.

(5) 표 현

우리나라의 조직문화에서 윗사람에게 먼저 말을 거는 것은 쉬운 일이 아니다. 그 자체를 너그럽게 대하지 않는 풍토 때문이다. 그러다 보니 대게 팔로워들은 리더에 대해 침묵으로 일관하게 된다. 하지만 자신이 원하는 바를 정확하고 즉각적으로 리더에게 알려주고 표현할 수 있는 능력, 문제가 발생했을 때 즉각적으로 리더에게 상황을 보고하는 것 그것이 팔로워십의 중요한 요소가 되는 것이다.

❯ 조직생활에서 '보고'는 매우 중요한 절차이다.

(6) 대안제시

조직이나 리더가 마음에 들지 않다고 불평불만을 내놓기 보다는 자신만의 대안을 제시하고 조직이나 리더의 평가를 받는 것도 팔로워들이 갖춰야 할 요소이다. 다양한 대안들이 제시되고 결과적으로 조직의 발전을 위해 기여한다면 팔로워로서의 자부심도 높아질 것이다.

(7) 보충 및 보완

골프라는 스포츠는 다른 스포츠와는 달리 '캐디'라는 존재가 있다. 경기하는 중간중간에 다른 사람으로부터 이토록 꾸준하게 조언과 도움을 받는 종목은 거의 없다. 조직에 있어서도 다를 것이 없다. 물론 결정은 리더가 내리고 그 책임도 리더가 지는 것이 보통이다. 그러나 그 결정의 순간이 있기까지 수많은 팔로워들이 자신의 의견을 통해 리더가 보지 못한 부분, 리더가 고려하지 못한 사항을 보완해야 한다. 진정한 팔로워라면 그런 활동을 통해 자신의 리더를 1인자로 만듦과 동시에 자신도 팔로워 중의 1인자로 우뚝 설 것이다.

4. 리더가 팔로워에게 원하는 것

① 자발성, 책임성, 성실성, 열정, 진취성, 팀워크 등
② 공동목표에 대한 공유의식
③ 명쾌한 보고 및 정보공유
④ 지시에 대한 타이밍 중시(보고서 작성 기한 지키기 등)
⑤ 상사에 대한 존중(문제가 생겼을 때 절차를 거쳐 해결 요구)
⑥ 동기부여

5. 팔로워가 리더에게 원하는 것

① 비전제시
② 명확한 방향성 제시 및 지시
③ 구체적인 반응, 제시된 의견에 대한 존중
④ 과거보다 미래의 일에 초점
⑤ 결과에 대한 공유
⑥ 칭찬
⑦ 정보의 공유

31 2024년 국방예산

(1) 국방예산 규모

(단위: 조원, %)

구 분	2023	2024
정부재정(일반회계)	446.2	449.5
국방비(일반회계)	57.0	59.4
GDP대비 점유율	2.54	2.54
정부재정대비 점유율	12.8	13.2

① 2020년 국방비는 처음으로 50조원을 넘겼다.
② GDP 대비 2.5% 규모의 국방예산이 편성되었다.

(2) 2024년 국방예산: 59조 4,244억원

1. 개 요

2022년 2월 24일 러시아는 푸틴 대통령의 특별 군사작전 개시 명령 선포 후 우크라이나를 침공하였다.

2. 러시아의 우크라이나 침공 원인

(1) 우크라이나의 지정학적 중요성

우크라이나는 땅이 넓고 비옥해 유라시아의 대표적인 곡창지대로 꼽는다. 하지만 동시에 강대국들의 화약고라는 숙명을 안고 있다. 유럽 열강이 동방으로 진출하는 교두보였고 러시아엔 흑해와 지중해로 나가는 유일한 출구였다.

(2) NATO의 동진

냉전시대 소련과 유럽 내 공산권 국가들에게 대항하기 위해 창설된 NATO가 소련 붕괴 이후에도 줄곧 러시아를 압박하는 전략을 취해왔고 이 때문에 서방에 대한 신뢰가 무너지고 안보적 위협을 느낀 러시아가 우크라이나를 침공하게 되었다는 주장이다.

(3) 러시아의 입장

우크라이나의 수도 키이우와 러시아의 수도 모스크바의 직선거리는 약 750km 내외이며 우크라이나 최북단 기준으로는 약 500km 내외에 불과하다. 만약 우크라이나가 성능 좋은 단거리 탄도 미사일이나 순항 미사일만 도입해도 즉각 모스크바에 직접 타격을 가하는 게 가능하다. 결국 러시아는 반 러시아 성향 우크라이나 정권을 방치시 극도로 치명적인 지정학적 피해를 입게 되며 명분과 무관하게 대규모 전쟁을 감행하더라도 우크라이나를 차지하거나 친러 정권으로 바꿔야 하는 절박한 이유를 내세우고 있다.

(4) 서방의 입장

국제 사회의 국가들 입장에서는 러시아가 과거 자신의 영향권이었다가 떨어져나간 주변 국가들에게 다시 영향력을 확대하려는 것은 전러시아주의로 불리는 명백한 팽창주의로 해석하고 있다. 푸틴이 집권한 러시아는 자국과 영토를 접한 지역에 대해선 별 다른 명분이 없는 상황에서도 자국의 요구가 받아들여질 때까지 각종 첩보공작과 무력행사를 멈추지 않았고 우크라이나 침공도 자신의 정치적 성공을 달성하기 위한 수단으로 해석하고 있다.

3. 러시아의 우크라이나 전쟁 영향

(1) 우크라이나 경제 파괴 및 인명살상

건물과 교량은 물론 공장과 도시 전체의 파괴 그리고 난민들의 참상과 러시아군의 집단 학살

(2) 난민문제

난민은 우크라이나 전체 인구의 29%, 2023년 7월 기준 581만 명이 폴란드 등 인접 국가로 피난, 전쟁이 끝나고 1천 3백만 명에 이르는 난민들이 정상적 생활을 하려면 주택과 병원·학교·상점들의 재건에 엄청난 복구비용이 필요

(3) 서방 국가들의 러시아 제재 및 수출통제

미국과 EU는 공동 성명을 통해 일부 러시아 은행의 SWIFT 퇴출을 비롯한 강력한 제재 조치, 대 러시아 수출통제 조치

(4) 서방세계의 NATO 가입

핀란드·스웨덴 등 러시아와 국경을 접하고 있는 서방 국가의 나토가입, 오랜 중립국이었던 양국이 러시아의 우크라이나 침공에 따른 안보위협에 대응하기 위해 방향을 선회한 결과

(5) 세계경제 영향(높은 인플레이션 문제)

유럽의 2021년 성장률은 5.9%였는데 IMF는 성장률이 2022년 3.2%, 2023년에는 2.2%로 낮아질 것으로 보고 있다. 한편 지난 2월에서 3월 사이에만 유럽의 인플레는 5.9%에서 7.9%로 급등했다. 에너지 가격의 상승을 고려하면 앞으로 인플레는 더욱 악화될 것이다. 3월 유럽의 에너지 가격은 전년 대비 45%가 올랐다.

① 에너지 가격 급등 ⇨ 러시아−유럽 사이의 천연가스 송유관을 통한 공급 중단으로 급등, 서방은 러시아산 원유의 수입 기피, 독일·폴란드 등은 러시아 가스의 공급 축소에 대비

② 곡물가격 급등 ⇨ 러시아·우크라이나는 세계적인 곡창지대로 세계 밀 수출의 18%와 8% 담당, 우크라이나는 옥수수 수출의 16% 차지, 밀·옥수수 생산이 어려워질 것으로 예상되면서 밀가격이 두 배 가까이 상승

(6) 글로벌 공급망 차질

러시아·우크라이나에서 수출하는 희귀금속·자원 등에 대한 수출제제로 인해 글로벌 공급망 차질로 물가 급등

(7) 금리상승

치솟는 물가를 잡기 위해 미국을 비롯한 세계 각국은 금리를 높여 고물가를 잡기 위한 노력 진행중

4. 러시아의 우크라이나 전쟁으로 인한 우리나라의 영향

(1) 물가상승 및 글로벌 공급망 차질 영향

(2) 대러시아 57개 비전략물자 수출통제 실시, 우크라이나 침공을 지원한 벨라루스도 수출통제

(3) 우크라이나에 대한 인도적 지원 ⇨ 의료물품, 구호물품, 식량지원, 아동지원

(4) K2 전차, K−9 자주포 등 방산수출 증가 ⇨ 폴란드, 핀란드, 노르웨이 등 서방국가에 K방산 수출 증가는 러시아와 우크라이나 전쟁으로 무기수요 급증

(5) 북러관계 강화 ⇨ 북한이 러시아에 무기지원을 하고 러시아가 그에 대한 대가로 정제유를 북한에 지원, 북러 조약을 통해 군사동맹 체결

33 | 이스라엘-팔레스타인, 하마스 전쟁

1. 개 요

2023년 10월 7일 하마스가 이스라엘을 상대로 선전포고 없이 대규모 침공을 감행하였다.

2. 하마스의 이스라엘 침공 원인

(1) 이스라엘과 하마스 간 관계 악화

제1차 중동전쟁 이후 꾸준한 중동지역에서의 갈등과 이스라엘-팔레스타인 분쟁으로 인하여 이스라엘과 팔레스타인-하마스의 관계는 악화되었다. 특히나 이스라엘의 가자지구 봉쇄정책으로 인해 하마스는 이에 대해 분노하였고 침공 이전에도 이스라엘의 수도인 예루살렘, 민가 등을 대상으로 한 테러행위를 지속하였다.

(2) 이스라엘과 사우디아라비아의 국교 정상화

이전에는 이스라엘 견제를 위하여 다른 중동 국가들이 팔레스타인을 지원하였다. 특히 이스라엘과 관계가 매우 안 좋은 이란이 대표적이다. 2023년 8월경 미국의 중재로 이스라엘과 중동에서의 맹주인 사우디아라비아는 국교 정상화에 속도를 내었고 이를 위기로 느낀 팔레스타인-하마스는 의도적으로 이스라엘에 공격을 감행하였다.

(3) 팔레스타인-하마스의 입장

가자지구는 팔레스타인 주민들이 많이 거주하는 지역이다. 팔레스타인 입장에서는 이스라엘이 팔레스타인 주민들에 대한 억압정책을 시행하고 있기에 이를 바로잡는 것이 필요하다는 입장이다. 다만, 이는 표면적인 이유고, 근본적인 이유는 이스라엘이 다른 중동국가들과의 관계 정상화로 인하여 팔레스타인이 고립되고 붕괴할 수 있다는 우려 때문이다. 즉, 그동안 팔레스타인을 지원하였던 아랍 연맹의 국가들이 이스라엘과 수교를 맺게 되면 그 관계가 정상화되면서 팔레스타인을 지원하지 않는다면 국가가 붕괴할 수 있다는 우려가 존재하였다.

(4) 이스라엘의 입장

이스라엘은 전쟁 초반에 팔레스타인에 대한 강력한 공격을 감행하였으나 미국 등 다른 국가들의 중재를 통해 휴전을 하려는 노력을 보였다. 실제로 이스라엘 총리 네타냐후는 감옥에 수감된 팔레스타인인 240명을 석방하고 휴전에 적극적인 태도를 보이고 있다.

(5) 다른 국가들의 입장

① **미국:** 미국은 전쟁 초기에는 이스라엘을 지지하는 입장을 보였다. 또한 하마스의 궤멸을 목표로 하고 있기에 UN 안보리에서 가자지구에서의 즉각적인 정전을 반대하는 입장을 표명하였다. 다만, 최근에는 이스라엘과 팔레스타인, 하마스 간의 휴전안을 제시하고 이스라엘과 팔레스타인, 하마스 간의 전쟁을 종식시키려는 노력을 하고 있다.

② **이란:** 이란은 팔레스타인 지지를 표명하였고 이스라엘에게 적대 행위를 중단할 것을 촉구하였다. 미국으로부터 제재를 받고 있는 상황에서 이스라엘과 적대관계에 있는 팔레스타인을 지지하였다.

③ **이집트:** 이집트는 가자지구의 갈등으로 인한 난민을 많이 받을 것으로 예상되는 국가들 중 하나이다. 다만, 이집트의 경우 인구과밀 등으로 인하여 난민을 수용하기 어려운 상황이다. 따라서 이스라엘과 팔레스타인, 하마스 협상을 중재하려고 노력하고 있다.

④ **기타 중동 국가들:** 다른 중동 국가들도 국가 내부 사정으로 인하여 난민을 수용하기 어려운 상황이다. 또한 일부 국가들 입장에서 난민은 잠재적 테러리스트로 보기에 난민 수용이 쉽지 않은 상황이다. 따라서 이스라엘과 팔레스타인, 하마스 사이의 휴전안을 제시하는 등 적극적으로 중재하려는 노력을 보이고 있다.

3. 이스라엘-팔레스타인, 하마스 전쟁의 영향

(1) 가자지구를 포함한 양국 민간인 대량 살상

미사일, 드론, 자폭테러 등으로 인한 민간인 피해가 다수 발생하였다. 또한 건물이 무너져 삶의 터전을 잃는 등 난민이 발생하였다. 유엔은 이스라엘-팔레스타인, 하마스 전쟁의 여파로 팔레스타인인 난민이 약 190만명으로 추산하였다.

(2) 전쟁범죄

유엔 독립조사위원회는 이스라엘군과 하마스 모두 전쟁범죄를 저질렀다고 발표하였다. 이스라엘의 경우 기아와 고의적 살해, 민간인에 대한 의도적 공격 지시, 강제이송, 성폭력, 고문, 구금 등 각종 전쟁범죄를 저지른 것이 확인되었다. 하마스의 경우, 민간인 거주지에 대한 미사일 폭격과 고의적 살해 및 상해, 고문, 납치, 성폭력 등을 저지른 사실이 확인되었다.

(3) 세계경제 영향

① 이스라엘-팔레스타인, 하마스 전쟁으로 인하여 3차 오일쇼크가 발생할 수 있다는 우려가 커지고 있다. 실제로 1차 오일쇼크 전 발생하였던 이스라엘과 중동진영의 충돌 양상이 현재의 이스라엘-팔레스타인, 하마스 전쟁 양상과 비슷하다는 것이다.

② 이란이 이 전쟁에 참전하게 된다면 주요 산유국의 석유 수출길인 호르무즈 해협을 막을 가능성이 크다. 만약 이란이 호르무즈 해협을 막는다면 유가가 최대 150달러까지 급등할 가능성이 있다고 예상된다.

③ 스테그플레이션 우려 ⇨ 국제 원유가격이 상승하면 전세계적으로 물가가 상승하게 된다. 이로 인한 스테그플레이션이 촉발될 가능성이 크다.

4. 이스라엘-팔레스타인, 하마스 전쟁으로 인한 우리나라의 영향

(1) 물가상승 및 스테그플레이션으로 인한 경제 악화 우려

(2) 북한의 분쟁지역 무기 수출로 인한 안보 우려

(3) 일본과의 관계 개선 ⇨ 이스라엘에서 피난민 탈출시 한국군은 일본인 민간인 8명을 서울공항으로 수송하였고 이에 대한 보답으로 일본 자위대는 공중급유기를 통해 한국인 20여 명을 수송하였다.

34 북러 포괄적전략동반자 협정(2024.6.19.)

1. 배 경

(1) 러시아−우크라이나 전쟁 이전까지 러시아는 경제적인 이유로 북한보다 대한민국과 더 우호적인 관계를 유지하려고 하였다. 실제로 문민정부는 소련과의 협의를 통해 조소동맹의 폐기를 이끌어내었다.

(2) 러시아−우크라이나 전쟁 이후 서방세계가 우크라이나를 지원하였고 대한민국도 우크라이나 지지를 표명하며 간접적으로 우크라이나에 물자를 지원하는 등 대한민국과 러시아 사이의 관계는 악화되었다.

(3) 북한은 러시아를 적극 지지한다는 입장을 표명하였고 경제상황이 어려운 북한과 우크라이나에 대한 지원을 줄이려는 러시아의 이해관계가 일치하였다.

(4) 블라디미르 푸틴 러시아 대통령은 2024년 6월 19일 북한을 방북하였고 당일 북러 정상회담을 통해 포괄적전략동반자 협정을 체결하였다.

2. 내 용

(1) 제2조

쌍방은 최고위급 회담을 비롯한 대화와 협상을 통하여 쌍무관계 문제와 호상 관심사로 되는 국제문제들에 대한 의견을 교환하며 국제무대들에서 공동보조와 협력을 강화한다.

(2) 제3조

쌍방은 공고한 지역적 및 국제적 평화와 안전을 보장하기 위하여 호상 협력한다. 쌍방 중 어느 일방에 대한 무력침략행위가 감행될 수 있는 직접적인 위협이 조성되는 경우, 쌍방은 어느 일방의 요구에 따라 서로의 입장을 조율하며 조성된 위협을 제거하는데 협조를 호상 제공하기 위한 가능한 실천적 조치들을 합의할 목적으로 쌍무협상 통로를 지체 없이 가동시킨다.

(3) 제4조

쌍방 중 어느 일방이 개별적인 국가 또는 여러 국가들로부터 무력침공을 받아 전쟁상태에 처하게 되는 경우 타방은 유엔헌장 제51조와 조선민주주의인민공화국(북한)과 러시아연방의 법에 준하여 지체 없이 자기가 보유하고 있는 모든 수단으로 군사적 및 기타 원조를 제공한다.

(4) 제8조

쌍방은 전쟁을 방지하고 지역적 및 국제적 평화와 안전을 보장하기 위한 방위능력을 강화할 목적 밑에 공동조치들을 취하기 위한 제도들을 마련한다.

(5) 제22조

쌍방 중 어느 일방이 개별적인 국가 또는 여러 국가들로부터 무력침공을 받아 전쟁상태에 처하게 되는 경우 타방은 유엔헌장 제51조와 조선민주주의인민공화국(북한)과 러시아연방의 법에 준하여 지체 없이 자기가 보유하고 있는 모든 수단으로 군사적 및 기타 원조를 제공한다.

3. 주변국들의 반응

(1) 대한민국

대한민국은 해당 협정이 비도덕적이며 유엔안보리 결의를 정면으로 위반한 사항이라고 러시아와 북한을 비판하였다. 기존까지 대한민국 정부는 우크라이나에 살상 무기를 지원하지 않았으나 북러 협정으로 인해 기존 방침을 재검토하겠다는 입장을 밝혔다. 또한 외교부는 주한 러시아 대사를 초치하였다.

(2) 미국

미국은 북러협정을 통해 러시아가 유엔 결의를 노골적으로 위반하고 있다고 비판하였다. 또한 북한의 핵·미사일 억제가 쉽게 이루어지지 않을 것을 우려하며 인도태평양 지역에서의 군사력 투입을 증강할 가능성을 시사하였다.

(3) 러시아

러시아는 북러 협정이 한국이 아니라 미국을 겨냥한 것이라며 한국이 이를 차분하게 받아들이기를 바란다는 입장을 표명하였다. 그러면서 한국이 우크라이나에 살상무기를 지원하는 것에 대한 경고의 입장을 밝혔다.

(4) 북한

북한은 북러 협정이 체결된 것을 상당히 긍정적으로 보았다.

(5) 중국

중국은 북러 협정을 체결한 것은 양국의 문제라는 사안이라는 태도를 보이며 그에 대한 언급을 아꼈다.

4. 북러 협정 영향

(1) 협정을 통해 북한과 러시아 사이의 무기거래가 공식화 될 것으로 보인다. 그동안 러시아에 살상무기를 제공하는 것은 금지되어있으나 북러 협정을 통해 이것이 가능해졌다.

(2) 북러 간의 협력이 강화됨에 따라 북한이 러시아로부터 핵·미사일 기술을 제공받을 가능성이 높고 이로 인해 한국과 미국 등 주변국들의 안보상황이 크게 위협을 받을 것으로 보인다.

(3) 북한이 러시아에 대규모로 탄약 등 재래식 무기를 지원할 가능성이 높아져 러시아와 전쟁 중인 우크라이나와 유럽의 안보상황에도 큰 위협이 되었다.

5. 북러 협정의 우리나라 영향

(1) 북러 간 협력이 강화되면서 한반도의 긴장상태가 고조되었다. 최근 북한은 지속적으로 탄도미사일을 발사하고 오물풍선을 한국으로 날리는 등 대한민국에 대한 군사적 도발을 지속하고 있다. 여기에 러시아와의 협정으로 군사적 도발을 더욱 감행할 것이 예상된다.

(2) 대북제제가 무력화되어 군비증강을 통해 북한의 군사력이 크게 강화할 우려가 있다. 또한 러시아로부터 핵·미사일 기술을 지원받기에 비대칭 전력이 강화될 우려도 존재한다.

1. 군인연금의 의의

(1) 군인연금법 제1조(목적)

이 법은 군인이 상당한 기간을 성실히 복무하고 퇴직하거나 사망한 경우에 본인이나 그 유족에게 적절한 급여를 지급함으로써 본인 및 그 유족의 생활 안정과 복리 향상에 이바지함을 목적으로 한다.

(2) 대상: 부사관 이상의 현역 군인

(3) 종 류

① **퇴직급여**: 퇴역연금, 퇴역연금일시금, 퇴역연금공제일시금, 퇴직일시금

② **퇴직유족급여**: 퇴역유족연금, 퇴역유족연금부가금, 퇴역유족연금특별부가금, 퇴역유족연금일시금, 퇴직유족일시금

③ **퇴직수당**

(4) 군인연금의 경우 기여금은 봉급의 7%, 재직기간 당 연금가산율은 1.9%이다. 20년 이상 복무하였을 때 전역 직후부터 수령할 수 있다. 유족연금지급률은 60%이다. ⇨ 2013년 7월 이전 임용자는 70%

2. 군인연금 개혁 찬성입장

(1) 군인연금의 수입은 2017년 결산기준 1조 6,354억원이었고 지출은 3조 660억원이었다. 현행 방식이 유지된다면 적자는 2050년까지 지속될 것으로 보이며 2050년에는 연 적자가 3조원 가까이 불어날 전망이다. 평균수명이 연장되어 연금 수급액이 증가하고 이로 인해 세수부족이 발생할 수 있으므로 군인연금의 개혁이 필요하다는 입장이다.

(2) 국민연금이 고갈됨에 따라 국민연금 개혁이 논의되고 있는 만큼 공무원 연금, 사학연금, 군인연금도 개혁되어 고통의 분담이 필요하다는 입장이다. 특히 군인연금은 2016년 연금개혁 때 큰 변화가 없었던 만큼 이번에는 군인연금의 개혁이 필요하다는 입장이다.

3. 군인연금 개혁 반대입장

(1) 군인은 다른 직종에 비해 근무환경이 열악하고 군인연금 개혁시 초급간부 지원율 저하와 재직 군인의 전역이 가속화되어 국군의 조직 유지와 국가안전보장이 어렵게 되므로 군인연금은 안보비용으로 인식하여야 한다는 입장이다.

(2) 해외 주요국 군인연금 제도의 경우 전액 국가에서 기여하거나 국가가 더 많은 부담을 하고 있어 우리나라도 군인에 대한 복지를 위해 군인연금을 개혁하면 안 된다는 입장이다. 미국의 경우 20년 이상 복무할 때는 현역 당시 최대로 받았던 월급의 50%를, 30년 이상 복무할 때는 75%의 군인연금을 받는다.

36 군무원 처우개선 문제

1. 현 황

(1) 2019년 중도퇴직자는 445명 중 125명이 근무년수 1년 미만 퇴직자였으나 2021년, 2022년 꾸준히 상승하였으며 2023년에는 1,083명 중 575명으로 절반을 넘어섰다.

(2) 2024년 6월까지 입사한 인원 400명 중 149명이 입사 1년 미만 퇴직자였다. 2019년부터 2024년 6월까지 1년 미만 퇴직자는 총 1,403명이며 이들 중 대부분은 8·9급 군무원들로 대부분 청년층이다.

(3) 군무원 정원은 현재 채우지 못한 상황이다. 과거 군무원 정원 대비 현원 비율은 계속 낮아지고 있었으며 2023년 6월 기준 필요한 정원(45,956명) 대비 실제 근무 인원은 40,406명으로 5,550명이 미달되었다.

2. 문제점

(1) 군무원의 군인화

① 2021년 국방부는 군무원 인사법 시행령 개정을 통해 군무원에게 군복과 총기 등의 지급을 추진하였다. 군무원들은 이 정책을 군무원의 군인화로 보고 당연히 반대하였다. 또한 일반 여론도 이 정책에 대해 부정적인 반응을 보이고 있다.

② 군무원은 개인 건강 및 체력관리를 이유로 체력검정을 시행하고 있다. 원칙적으로는 군무원은 군인과 달리 검정결과를 인사 평정에 반영하지 않는다. 다만, 최근 일부 부대에서 체력검정 결과 미달을 이유로 경고 등의 인사상의 불이익 및 징계위원회에 회부되는 등의 불이익을 받는 사례가 발생하고 있다.

③ 또한 일부 장병 숫자가 부족한 부대의 경우, 군무원이 본인의 업무가 아닌 위병소 근무를 서는 사례도 많다.

(2) 급여 조건

병사 월급 200만원 정책으로 인해 군인, 군무원의 처우가 병사보다 낮아질 수 있다는 우려가 제기되고 있다. 또한 당직근무비도 일반 공무원에 비해 매우 적게 받고 있어 급여문제로 인한 군무원 이탈률이 큰 상황이다.

(3) 군인과의 차별

① 군인과 동일한 당직근무비를 받고 격오지에서 근무해야 하는 경우도 많으나 군인이 아닌 민간인이라는 이유로 관사나 주택수당 등의 지원을 받을 수 없다.

② 또한 군무원은 군인연금이 아닌 공무원 연금에 가입되는데 군무원의 군인화와 이 문제가 결부되어 군무원들의 불만이 큰 상황이다.

3. 국방부 대응

(1) 국방부는 군무원의 7급에서 6급으로의 근속승진 인원제한을 기존 40%에서 50%로 확대하고 연 1회만 실시되고 있는 승진 심사 횟수 제한도 폐지하는 내용의 군인사법 시행령 일부개정안을 입법예고하였다.

(2) 현재 군인·군무원은 평일 2만원, 휴일에는 4만원의 당직근무비를 받고 있다. 따라서 국방부는 장기적으로 당직근무비를 일반 공무원 수준인 평일 3만원, 휴일 6만원으로 인상하는 계획을 세우고 있다.

(3) 2024년 공무원, 군무원 봉급은 평균적으로 2.5% 상승하였으며 9급 1호봉은 6%까지 인상되었다. 또한 5년차 미만 공무원은 매달 3만원씩 추가 정근가산금을 지급하고 있다.

4. 해결 방안

(1) 현행 「공무원직장협의회의 설립·운영에 관한 법률」에 따르면 군무원은 기밀·보안·경비 등의 업무에 종사하므로 공무원 직장협의회 가입이 불가능하여 근무환경 개선 및 고충 처리 등에 어려움을 겪고 있다. 따라서 해당 법 개정을 통해 군무원도 군무원 직장협의회 가입을 통해 고충을 해결할 수 있을 것으로 보인다.

(2) 군무원의 명확한 업무범위와 역할을 규정하고 이것이 잘 이행될 수 있도록 하는 노력이 필요하다. 군 병력 부족을 이유로 일부 부대에서는 군무원이 경계근무를 수행하거나, 당직사관을 맡는 등 군인의 역할을 수행하고 있다. 따라서 이러한 관행을 없애고 군무원이 그들이 가진 전문성을 잘 발휘할 수 있는 환경을 조성하는 것이 필요하다.

(3) 복지에 있어서 군무원과 군인의 차별을 없애는 것도 필요하다. 현재 군무원은 전투원이 아니라는 이유로 주거지원 및 수당 등 각종 복지에서 배제되어 있다. 이로 인해 군무원은 상대적 박탈감을 크게 느끼고 있다. 따라서 군무원도 군을 위해 일하는 만큼 군무원에게도 군인과 동등한 복재혜택을 제공하는 것이 필요하다.

37　기타 군 관련 주요 사건사고

1. 성추행 피해 공군 부사관 사망사건

(1) 개 요

공군 제20전투비행단 소속 공군 여성 부사관이 남성 상관으로부터 성추행을 당했고 그 사실을 여러 차례 신고하였으나 묵살되었으며 2차 가해를 당한 끝에 2021년 5월 21일에 극단적인 선택을 한 사건이다.

(2) 사건 내용

① 2021년 3월 2일 피해자는 선임으로부터 회식에 참여하라는 지시를 받고 회식에 참여하였다. 회식 후에 선임 간부는 피해자를 강제추행하였고 해당 사실을 상관에게 신고하였다.

② 그러나 선임 간부는 해당 사실을 은폐하려고 하였으며 심지어 피해자의 남자친구에게도 압박을 시도하였다. 뿐만 아니라 가해자와 피해자의 즉각적인 분리 등 기본적인 조치도 이루어지지 않았다.

③ 이후 피해자는 청원휴가를 떠나 제20전투비행단 성고충상담관과 상담을 진행하였고 상담 도중 극단적인 선택을 암시하는 메시지를 보냈으나 상담소는 이를 무시하고 상태가 호전되었다며 상담을 종료하였다.

④ 이후 피해자는 제15특수임무비행단으로 전속을 갔으나 부내 내에서 2차 가해를 당하였고 극단적인 선택을 하였다.

⑤ 해당 사건이 언론을 통해 보도되자 국방부는 공군으로부터 사건을 이첩받았고 가해자를 군인등강제 추행치상 혐의로 구속하였다.

(3) 논란사항

① 우선 가해 사실을 의도적으로 축소·은폐하려는 정황이 포착되었다는 것이 문제였다. 피해자가 신고를 하려 하자 주변의 부대원들이 강압적인 태도로 회유와 압박 등이 이루어졌다.

② 피해자와 가해자의 즉각적인 분리조치가 이루어지지 않았다는 점도 문제가 되었다. 협박 과정에서 가해자가 피해자에게 연락을 취하거나 심지어 직접 찾아가는 등 성범죄 대처에 있어서 가장 중요한 사항인 피해자와 가해자의 분리가 제대로 이루어지지 않았다.

③ 수사과정에서도 피해자의 인권이 전혀 고려되지 않았다는 점도 문제가 되었다. 조사 당시 조사관은 진술의 신빙성을 의심하였으며 무고로 처벌될 수 있다는 발언을 하기도 하였다.

2. 해병대 채 상병 사망사고

(1) 개 요

2023년 7월 19일 경북 예천 수해 현장에서 실종자 수색을 하던 중 해병대 제1사단 소속 채 상병이 급류에 휩쓸려 실종됐다가 이후 숨진 채 발견된 사건이다.

(2) 사건 내용

① 대통령과 국무총리는 예천군 폭우 피해복구와 대민지원을 하도록 군에 지시를 내렸고, 이에 해병대 1사단도 예천군 대민지원을 나갔다.

② 해병대가 실종자 수색작전을 진행한 지역은 모래강이라 안전장치 없이 물속을 수색하는 것은 위험하다. 해병대는 소방당국의 지적을 무시하였고 무리하게 수색작전을 진행하였다.

③ 실종자 수색작전은 탐침봉 등으로 인간띠를 만들어 진행되었는데 수색작전 도중 지반이 무너지면서 채 일병과 다른 대원 2명이 급류에 휩쓸렸고 다른 대원 2명은 스스로 헤엄쳐 빠져나왔으나 채 일병은 실종되었다.

④ 이후 인근 하천에서 채 일병이 사망한 상태로 발견되었고 해병대 제1사단장은 채 일병을 상병으로 추서하였다. 채 상병은 국립 대전현충원에 안장되었다.

(3) 논란사항

① 수색지역 당일은 폭우로 인해 물이 불어나 있었고 수색지역은 유속이 빨라 해병대 상륙 장갑차 KAAV7A1도 투입되지 못한 지역이다.

② 실종자 수색작전을 벌인 해병대원들은 기존의 임무와는 달리 실종자 수색을 하게 되었다. 다만, 실종자 수색 과정에서 해병대원들에게 구명조끼나 로프 등 최소한의 안전장비조차 지급되지 않았고 구명조끼도 없이 맨몸으로 수색할 것을 독려했다는 의혹이 제기되었다.

③ 해당 사건의 책임소재를 가리는 과정에서 이를 수사하던 해병대 수사단장이 보직해임되었고 이로 인해 대통령 등 상부의 수사외압이 존재한 것이 아니냐는 의혹이 제기되었다.

④ 이러한 이유로 21대, 22대 국회에서 이 문제에 대한 특검법을 발의하였으나 대통령은 거부권을 행사하여 특검이 진행되지 못하고 있는 상황이다.

3. 12사단 훈련병 사망사고

(1) 개 요

2024년 5월 23일 육군 제12보병사단 신병교육대에서 중대장과 부중대장의 군기훈련을 빙자한 가혹행위로 인하여 피해자 6명 중 1명이 사망한 사건이다.

(2) 사건 내용

① 취침시간 대화를 하였다는 이후로 중대장과 부중대장은 훈련병 5명에게 완전군장을 맨 체로 선착순 뛰기, 팔굽혀 펴기, 구보 등 규정을 위반한 군기훈련을 시행하였다.

② 그 과정에서 훈련병 중 1명이 의식을 잃었고 현장에서 응급처치를 하였으나 차도가 없자 신병교육대 대 의무실로 이송하였다.

③ 신병교육대대 의무실에서도 치료가 불가능하자 군은 인근 병원인 속초의료원으로 이송을 결정하였고 도착했을 당시 체온은 41.3도로 열사병 증세를 보였다.

④ 속초의료원에서도 치료가 불가능하여 강릉아산병원으로 이송하는 것이 결정되어 이송하였으나 도착 다음 날 다발성장기부전을 동반한 폐혈성쇼크로 인하여 사망하였다.

⑤ 이후 군기훈련을 지시했던 중대장과 부중대장은 업무상 과실치사 및 가혹행위의 혐의로 구속된 상태로 검찰에 송치되었다.

(3) 후속조치

① 국방부는 김선호 국방부차관 주관의 '신병교육대 사고 관련 재발방지 대책회의'를 2024년 6월 27일 개최하였다.

② 이를 통해 각 군은 「군인복무기본법」에 근거하여 각 군별로 자체 시행하고 있던 군기훈련을 다음과 같이 보완·개선하기로 결정하였다.

    ㉠ 승인권자는 규율 위반자가 병사인 경우 중대장급 이상 지휘관으로, 간부인 경우 영관급 이상 지휘관으로 하고, 승인권자가 군기훈련 시행 여부 및 종목·방법·복장 등을 결정한다.

    ㉡ 훈련종목은 장병의 군 적응도를 고려하여 훈련병에 대한 군기훈련은 체력단련 종목을 제외하고 기간병도 개인의 신체상태, 체력수준을 고려하여 체력단련, 정신수양을 적용한다. 또한 훈련 집행시 오해의 소지가 없도록 종목별 횟수(1회 몇 번, 반복 가능 횟수, 1일 최대 몇 회 등), 진행간 휴식시간 부여 등을 명확히 한다.

    ㉢ 시행절차에서 반드시 개인소명 단계를 거치도록 표준화하고 군기훈련 간 대상자의 건강상태를 수시로 확인하며 기상상황을 고려하여 장소(실내·실외)를 결정하고 기상변화요소를 고려하여 시행(계속진행) 여부를 판단하며 응급상황 대비책을 마련 후 시행토록 절차를 보완하였다.

③ 위 사항이 현장에서 준수될 수 있도록 군기훈련 승인권자인 중대장 및 대대장 필수교육에 상시 반영하고 신병교육부대 교관을 대상으로 7월 특별 인권교육을 시행하며 매년 상승하고 있는 여름철 기온을 고려하여 사고예방을 위해 현재 시행 중인 '온열손상 예방대책'을 아래와 같이 보완하기로 결정하였고 관련 내용들은 국방부 훈령에 반영하여 책임성과 실행력을 높이기로 하였다.

(4) 논란사항

① 중대장과 부중대장의 규정을 위반한 군기훈련이 문제되었다. 군인의 지위 및 복무에 관한 기본법 시행령 등 관련 규정에 따르면 완전군장 상태로 팔굽혀펴기, 걷기 등으로 군기훈련을 진행하는 것은 명백한 규정 위반사항이다. 뿐만 아니라 일반적으로 훈련소에서 사용되는 군장에 의도적으로 무게를 늘리기 위해 책을 추가로 넣게 지시하는 등 규정에 위반한 군기훈련을 시행한 정황이 드러났다. 물론 규정에 위반한 군기훈련을 진행한 중대장, 부중대장의 개인의 문제가 크나 신병교육대대의 간부들이 규정에 대한 정확한 이해와 인지를 하였는지 여부가 문제되었다.

② 12사단 신병교육대대 의료진은 환자 후송을 위해 의료헬기를 요청하였으나 거절당하였다. 국방 환자관리 훈령에 따르면 '즉각적인 전문처치가 필요한 응급환자 또는 중환자는 상황을 고려해 헬기를 이용하여 신속히 후송하여야 한다'라는 조항이 존재하는데 헬기를 이용하지 않아 이송이 늦어져 골든타임을 놓쳤다는 점이 비판의 대상이 되었다.

③ 과거의 사례와는 달리 해당 사건이 발생한 이후 가해자로 지목되었던 중대장을 휴가 보낸 것이 문제가 되었다. 일례로 육군 훈련소에서 훈련병에게 인분을 먹게 한 간부는 즉각적으로 구속이 되었으나 이번 경우는 군 내에서 발생한 사망사건임에도 불구하고 해당 인원에 대한 휴가조치가 취해졌고 수사도 더디게 진행되었다는 것이다. 해당 중대장의 성별이 여성이라서 이러한 조치가 취해진 것이 아니냐는 의구심으로 인해 사회 전반에 만연해있는 젠더갈등이 촉발된 것도 비판의 대상이 되었다.

2024
스티마 면접
군무원

04

공직가치에 대한 이해

CHAPTER 01 공직가치 쉽게 이해하기

1 면접의 의의

공무원(군무원) 면접은 군무원으로서 갖추어야 할 직무수행능력·전문성 등을 평가하는 시험이다.
➡ 이것이 가장 중요한 핵심키워드임을 기억하고 면접준비에 임해야 한다.

2 군무원의 역할과 의미

(1) 국민을 내 가족처럼 생각할 줄 아는 사람을 공무원이라고 한다.

(2) 공무원의 목적은 '공익실현'에 있다. 특히 우리사회에 있는 사회적 약자에 좀 더 관심을 가지고 배려하는 것에서부터 시작되는 것임을 꼭 기억해야 한다.

(3) 공익실현이란 국민의 생명을 지켜주고 안전을 책임지고 재산을 보호해 주는 역할을 하는 사람을 공무원(군무원)이라고 하는 것이다.

3 공무원(군무원)에게 직업의 의미

군무원의 목적(공익실현)에서 가장 핵심은 국가안보 기여다. 공직가치로는 국가관(애국심, 역사의식, 사명감)이 중요하다.

> **✅ PLUS**
>
> **공무원이라는 직업의 의미**
> 공무원은 직업일까? 그럼 사기업과 다른 점은 무엇일까?
> 응시생들에게 "공무원이 직업인가?"라고 묻는다면 대부분 직업이라고 대답을 할 것이다. 하지만 사기업에서의 직업의 의미와 공무원에 있어서 직업의 의미는 다르다. 일반적으로 사기업에서의 직업이란, 회사의 이윤목표가 우선이다. 이는 곧 개인의 이익(승진이나 연봉에 영향)과 직결되는 것이다. 하지만 공무원에 있어서 직업은 공익실현(국민의 삶의 질 향상)에 있다는 것을 꼭 기억해야 한다.

02 공무원(군무원)의 목적(공익실현)을 사례를 통해 이해하기

Case 01. 가족과 여행 중이다. 그런데 장마철 폭우 등으로 인한 자연재난이 발생하였다. 이 상황에서 본인은 어떻게 대처할 것인가?

> **MEMO**
>
>
>
>
>
>
>

✅ PLUS

1. 개인사여도 중대사가 아닐 경우에는 당연히 업무에 최대한 복귀하고자 한다는 취지로 답변을 준비해야 한다.
   → 해당 질문에 대한 답변에는 진정성이 드러나야 함을 기억해야 한다.
2. 폭우 등의 자연재난, 코로나19 등의 재난에 대하여 공무원이 제일 먼저 생각하여야 할 것은 바로 '사회적·경제적으로 피해를 입은 국민들을 위해 무엇을 할 것인가?(어떤 정책지원을 해 줄 것인가?)'이다. 이것이 바로 공무원의 자세이다.

✅ POINT 공익실현이 공무원(군무원)의 목적인 것은 분명하지만 개인의 삶을 포기하면서까지 공익실현을 하라는 의미는 아니다.

Case 02. [딜레마 상황] 업무를 끝마친 후 집에 있는 아이를 돌보러 가야 하는 상황인데 상관이 중요한 업무이니 밤새 일을 처리할 것을 요구할 경우, 어떻게 대처할 것인가?

└ **[추가 압박성 질문]** 일과 가정, 즉 아이를 돌보는 것과 상관이 지시한 일 중 하나만을 선택해야 하는 상황이라면 어떻게 할 것인가?

> **MEMO**
>
>
>
>
>
>
>

✅ PLUS

공무원(군무원)의 책임감(사명감)이란 공무만을 우선시하는 것이 아니다. 그리고 이런 경우 상관을 나쁜 사람으로 만들지 않아야 한다. 다만, 특별한 이유 없이 업무를 배제하거나 혹은 업무를 과하게 시키는 것은 갑질이라는 것을 기억해야 한다.

Case 03. [딜레마 상황] A지역에 대규모 아파트단지가 들어서면서 인구가 많이 늘어났다. 그래서 인근 B공원을 이용하는 사람들이 많아져 B공원에 화장실을 추가로 설치해야 하는 상황이다. 그런데 B공원을 이용하는 사람들은 대부분 일반인이고 장애인들은 거의 이용하지 않는다. 더욱이 예산은 한정되어 있다. 본인이 해당 주무관으로서 화장실 10개를 추가로 설치해야 한다면 어떻게 하겠는가? (단, 장애인 화장실을 설치하면 일반인 다수가 피해를 입는 문제가 발생하고, 추가로 설치할 예산은 확보하기 어려운 상황이다.)

MEMO

⟨ PLUS ⟩

1. 공무원의 목적은 국민 전체의 삶의 질을 향상시키는 데 기여하는 것이다. 이에 우리는 항상 사회적 약자를 먼저 배려하고 관심을 갖는 것이 중요함을 기억해야 한다.
2. 사회적 약자란?
   ① 정약용 선생은 애민정신에 대해 어린아이, 노인, 장애인, 재난을 당한 사람 등 소위 사회적 약자를 먼저 배려하고 도움을 주는 것이 애민(愛民)이라고 하였다.
   ② 애민 6조
      제1조 양로 – 노인을 섬길 것
      제2조 자유 – 버려진 아이들을 잘 가르칠 것
      제3조 진궁 – 홀아비, 과부, 고아, 혼자 사는 노인은 관에서 돌볼 것
      제4조 애상 – 구덩이에 시체를 버릴 시, 관에서 장사를 지내줄 것
      제5조 관질 – 병자를 너그럽게 대할 것
      제6조 구제 – 수재나 화재가 났을 시, 관에서 도와줄 것

CHAPTER

03 공직가치의 중요성

1 공직가치의 역할

(1) 공무원들이 공무를 수행하는 현장에서 부딪히는 윤리적 딜레마에서 공직가치는 의사결정의 기준과 우선순위를 정해주는 지침이 된다. 그런 점에서 공직가치는 '공직자로서 바람직한 행동의 판단기준이며 공직을 수행하면서 추구해야 할 궁극적인 목표와 기준'을 말한다.

🖉 Check point

1. 예산의 제약으로 효율성을 중시하면서도 서비스의 질 유지라는 효과성(유효성)도 함께 추구해야 하는 딜레마적인 업무 상황이 일상화되어 있다. ⇨ 효율성과 효과성의 충돌
2. 수직적 조직문화가 뿌리내린 경우 조직에 대한 충성심, 협력 등의 가치와 혁신성, 민주성, 효과성 등의 가치가 충돌할 수 있다.

(2) 정책을 결정할 때와 같이 사회구조적인 문제를 해결하는 데 합리적인 방안을 도출한다.

(3) 규범과 양심이 상호 충돌할 때도 올바른 사고로 최선의 판단을 할 수 있게 한다.

(4) 행정재량을 집행할 때도 공직가치는 중요하다. 법과 원칙을 어겨서는 안 된다는 것이 핵심이다.

🖉 Check point

행정재량

행정청의 자유재량에 속하는 범위 내에서 행하여진 행정행위와 같이 법규의 엄격한 구속을 받는 행정행위가 아니라 적절한 행정청의 판단에 따라 행해질 수 있는 행위를 말한다.

◉ 사육 곰을 키우는 A가 웅담을 추출하여 화장품, 비누 등의 재료로 사용할 목적으로 환경청에 용도변경을 요구하였다. 규정에 따르면 농가소득 향상을 위해 멸종위기종용도변경제도가 도입되었기 때문에 용도변경 승인을 해주어야 한다. 그런데 행정청에서는 웅담 등을 약재로 사용하는 경우 외에는 용도변경을 해줄 수 없다고 규정을 해석 적용하여 승인을 해주지 않았다. 이것이 곧 행정청의 재량행위이다.

(5) 건전한 조직문화를 발전시켜 나가는 데도 중요한 요소이다.

MEMO

최근 공직사회에서 가장 중요하게 여기는 것이 조직생활이다. 즉, 조직적응력에 대한 질문을 많이 한다. 아래 질문유형들은 실제 자주 했던 혹은 실제 면접에서 나올만한 질문이므로 반드시 이해와 정리가 필요하다.

Q1 동료 중에 업무처리가 미숙하여 이에 대한 보조가 필요한 상황이다. 상사는 본인에게 이에 대한 보조를 부탁하였다. 그런데 본인의 업무도 현재 많이 밀려 있는 상태이다. 이러한 경우 어떻게 할 것인가?

> **MEMO**
>
>
>
>
>
>

Q2 권위적인 상관(꼰대같은 상관)이 일주일의 기간이 있어야 해결할 일을 3일 안에 처리하라고 지시하였다. 이러한 경우 어떻게 할 것인가?

> **MEMO**
>
>
>
>
>
>

Q3 공직에 입문하면 나중에 업무를 맡게 되고, 일을 하다 보면 능력 있는 직원에게 일을 많이 시키는 경우가 많고, 능력 없는 직원에게는 일을 시키지 않는 경우도 종종 있다. 만약 본인에게 일을 많이 주고, 다른 동료에게는 일을 많이 주지 않는다면 이러한 경우 어떻게 할 것인가?

> **MEMO**
>
>
>
>
>
>

Q4 상관이 당신에게 일을 맡겼다. 그런데 원래 그 일은 당신의 일이 아니라 함께 일하고 있는 동료가 오랫동안 추진해 왔던 일이다. 이러한 상황에서 어떻게 할 것인가?

> **MEMO**
>
>
>
>
>
>
>

⋙ **PLUS**

공무원도 조직생활이며 동료를 어떻게 배려할 것인지를 함께 알아보는 질문이라고 생각하면 된다. 그러므로 이 두 가지 관점에서 답변을 준비해야 한다. 가장 중요한 것은 동료가 중요시하던 일이니 동료와 대화를 통해 이 문제로 생길 수 있는 갈등상황을 해소한 다음 일을 처리하는 것이 순서이다. 그리고 일 처리과정에서 동료한테 도움도 받고, 나중에 그 일이 완수되면 동료의 공으로 돌린다는 마음가짐이 중요하다.

Q5 A프로젝트를 수행하는데 함께 하는 동료가 실수를 하였다. 누가 생각해도 동료의 잘못이 명백하다. 이 사실은 주위 동료들도 다 알고 있다. 그런데 상관은 함께 일한 나를 혼낸다. 이러한 상황에서 기분은 어땠을 것 같고, 어떻게 대처할 것인가?

> **MEMO**
>
>
>
>
>
>
>

⋙ **PLUS**

[스티마쌤의 답변 예시] 단순하게 생각하면 제 마음이 상할 수 있을 것 같습니다(진정성). 하지만 공직생활과 일반 사기업의 차이점에서 생각할 때 저에게 야단을 치는 것은 당연하다고 생각합니다. 제가 이번에 면접준비를 하면서 공무원의 일은 혼자서 하는 것이 아니라 공익실현이 우선이기 때문에 모든 일을 개인별, 부서별, 부처별, 지자체, 민간업체와 함께 하는 것임을 알게 되었습니다. 즉, 동료가 실수를 하게 된 상황에 저의 책임도 크다고 생각을 하였습니다. 어쩌면 상관님께서는 함께 일을 함에도 동료의 일을 적극적으로 도와주지 않았기 때문에 저에게 야단을 하신 것이 아닌가 생각합니다. 곧 동료를 배려할 줄 아는 것이 공무원의 조직생활이고 책임감이 아닐까 생각을 했습니다. 그러므로 저는 기꺼이 야단을 맞고 동료가 다시는 실수를 하지 않도록 협력하며 노력하는 공무원이 될 것입니다.

Q6 공직사회에서 조직의 역량과 개인의 역량 중 무엇이 더 중요하다고 생각하는가?

◇ PLUS

1. 면접관의 질문 의도를 살펴볼 때 스티마쌤이 생각하는 질문 의도는 개인 역량을 조직의 역량 향상으로 연결시킬 줄 아는 사람인가를 판단하고자 한 질문이라고 생각한다.
   ➡ 조직의 역량이 중요하다는 것은 지극히 뻔한 답변이기 때문이다.
2. 두 역량 모두 중요하지만, 스티마쌤은 개인의 역량에 조금 더 방점을 두고 방향을 잡을 것 같다. 그런 다음 개인의 역량 발전을 통해 조직의 발전에 기여하고 또다시 그 조직의 발전이 다른 개인에게 긍정적인 영향을 준 사례나 경험을 직렬과 연결해서 다른 경쟁자들과 차별화를 시킬 것이다.
3. 면접관에게 설득력 있는 답변은 경험이나 사례를 인용하는 것이다. 즉, 두 역량이 뗄 수 없는 관계임은 분명하므로 면접자 개인의 역량 발전을 통해 조직의 발전까지 도모하는 공직자가 되겠다는 포부 밝히기 정도로 정리할 것이다.
4. [스티마쌤의 답변 예시] 저는 개인의 역량이 더 중요하다고 생각합니다. 개인의 역량 강화가 조직의 역량 강화로 이어질 수 있기 때문입니다. 제 경험을 말씀드리자면 군 복무당시 병기계 행정업무를 맡았습니다. 저는 문서작업을 할 줄 모르는 행정병이었기에 제 직무의 역량 강화를 위해 문서실무사 1급, 워드프로세서 1급을 취득하였습니다. 그리하여 행정병들 사이에서 가장 보고서를 잘 작성할 수 있게 되었고 이는 다른 행정병들에게도 영향을 미쳐 적극적인 업무 분위기와 자기개발을 할 수 있는 환경을 만들었습니다. 이렇게 제 경험에 비추어 보았을 때 개인의 역량 개발 노력이 조직의 역량에 크게 기여할 수 있다는 것을 느꼈기에 예비 공무원으로서 꾸준한 자기개발을 통해 조직에 긍정적인 영향을 미칠 수 있도록 노력하겠습니다.

Q7 공직사회에서 어떤 일처리(업무)를 하는데 개인(응시생)이 추구하는 방향과 조직이 추구하는 방향이 다르다면 어떻게 할 것인가?

MEMO

∞ PLUS

1. 공무원의 업무는 개인이건 조직이건 국민의 삶의 질 향상과 관계되어 있다. 그렇기 때문에 무조건 조직이 추구하는 방향의 답변은 면접관이 원하는 답변이 아니다. 자신의 의견이 업무처리에 있어서 성과나 효율성에 도움이 된다면 의견을 적극적으로 개진할 수 있어야 한다. 즉, 개인의 발전이 곧 조직의 발전이기 때문이며 이는 국민의 삶의 질을 윤택하게 만드는 것이기 때문이다.
2. 추구하는 방향이 다른 이들을 설득하는 방안으로는 조직 내 일부를 내 편으로 만드는 방법을 통해 함께 건의해 보는 것, 조직 내 리더를 설득하는 방법을 강구하는 것 등이 있다.

Q8 조직에서 일처리를 하는 데 법과 원칙이 있음에도 조직원 모두가 관행에 따라 일처리를 한다. 이 상황에서 본인은 어떻게 할 것인가?

MEMO

∞ PLUS

1. 공무원은 헌법과 법률에 의해 움직이는 조직이다. 다시 말해 법과 원칙에 입각하여 일을 처리한다는 것을 우선적으로 기억해야 한다(법령준수의 의무, 적극행정의 취지).
2. 공무원이 이처럼 법과 원칙대로 일하지 않는다면 국민은 공무원을 신뢰할 수 없을 것이며, 좋은 정책을 만드는 데 창의성을 발휘할 수 없을 것이다. 이러한 문제는 공무원 조직의 문제점이라고 할 수 있다. 공무원은 어떠한 일이 있더라도 편하고 일에 효율적이라고 해서 관행을 따르는 것이 아니라 제도의 개선을 통해 법과 원칙에 맞게 일하는 것이 옳은 것임을 기억해야 한다.

CHAPTER
04 공직가치의 종류

(1) 공직가치는 직무를 수행하는 데 필요한 요소 혹은 전문성이라고도 할 수 있다.

(2) 공무원 헌장에 명시되어 있는 공직가치는 애국심, 다양성, 민주성, 책임감, 투명성, 공정성, 청렴성, 도덕성, 공익성 총 9가지이다.

분 류	공직가치	행동준칙(예시)
국가관	역사의식	사회의 변화과정을 시간적으로 이해하고 국가와 사회의 발전을 위한 주인의식을 가지려는 자세
	공동체의식	공동체의 조화로운 발전을 추구하려는 자세
	자긍심	한 사회의 일원이자 공무원으로서 맡은 역할과 소임에 스스로 긍지를 가지는 마음
	헌법정신	헌법이 지향하는 가치와 이념을 실천하려는 마음가짐
	애국심	나라를 사랑하는 마음으로 국가에 충성하려는 자세
	사명감	국가와 사회로부터 부여받은 역할과 소임을 최선을 다해 수행하려는 마음
	다양성	다양한 생각과 문화를 이해하고 존중하며 차별하지 않는 자세
	헌신성	국가와 국민을 위해 몸과 마음을 바치려는 자세
	개방성	각계각층과 열린 의사소통 및 상호작용을 통해 사회의 변화를 추진하는 자세
	민주성	국민의 참여와 결정이 중요한 가치라고 여기는 자세
공직관	전문성	공직자로서 자신의 업무에 대한 높은 지식을 보유하고 투철한 직업의식을 가짐
	책임감	맡은 업무를 완수하고자 하는 의지와 노력
	효율성	시간과 예산의 낭비를 최소화하여 업무성과를 높이려는 자세
	준법의식	법과 규칙을 준수하는 자세
	봉사정신	나 자신보다는 국민을 받들어 열심히 일하려는 자세
	소명의식	공직을 천직(天職)으로 여기며 일하려는 자세
	투명성	적극적으로 정보를 개방하고 공유해 '국민의 알 권리'를 실현하려는 자세
윤리관	공정성	올바르고 공평무사하게 업무를 수행하려는 자세
	청렴성	직무와 관계가 있든 없든 금전이나 향응을 받지 않으며 사익을 추구하지 않음
	성실성	맡은 바 임무를 성심성의껏 수행함
	적극성	무사안일하지 않고 능동적이고 솔선수범하는 자세로 직무를 수행함
	도덕성	개인의 양심이나 사회적 규범을 준수하여 공직자의 본분에 충실함
	공익성	특정 개인이나 집단의 이익을 추구하는 것이 아니라 공익을 우선하여 직무를 수행함

2024 스티마 면접 군무원

CHAPTER

05 공직가치의 세부적 이해

1 공직가치의 이해

공무원으로서 공직가치를 바로 이해하지 못하면 좋은 면접을 볼 수 없을 뿐만 아니라 훌륭한 공무원이 될 수 없다는 것을 꼭 기억해야 한다.

✏ Check point

개념정리

1. 공직가치

공익을 실현하기 위해 공무원이 반드시 갖추어야 할 자세를 말한다.

2. 공 익

'공익'이란 '국민의 행복, 국민의 삶의 질 향상'을 뜻하며, 특히 사회적 약자에 대한 배려가 우선시 되어야 한다는 점을 꼭 기억해야 한다. 어쩌면 공무원은 사회적 약자에 대한 배려를 하는 데 있어 산소와 같은 존재라고 할 수 있다. 실제로 국가의 모든 제도나 정책을 보면 서민들을 위한 정책이 대부분이고 그중에서도 사회적 약자에 대해 우선 배려하는 정책들이 많다는 것을 확인할 수 있다.

3. 사회적 약자

우리가 관심과 배려를 가지고 도움을 주어야 할 대상을 모두 일컫는 것이며 그 범위는 상당히 넓다. 즉, 사회적 약자는 경제적 약자만이 아니라 여성, 아동, 노인, 장애인 등 우리 사회에서 자신의 권리를 확보하지 못하고 불평등한 삶을 살아가는 사람들을 포함한다.

TIP 면접준비를 잘하는 방법 중 한 가지는 응시생이 합격한 직렬에 있어서 사회적 약자의 대상을 파악하고 그 대상에 관한 정책제안 등을 고민해 보는 것이다.

MEMO

2 공직가치의 개념

(1) 공직가치(Public Service Value)란 '애국심, 책임성, 청렴성 등 공무원이 추구해야 할 목표와 기준'이며, 공무원은 공직가치를 준수하고 실현하기 위해 노력해야 한다.

(2) 공직가치란 '공공의 이익에 봉사하기 위해 공적 영역에서 추구해야 하는 바람직한 신념체계와 태도'를 의미한다.

(3) 공무원들이 공무를 수행하는 현장에서 부딪히는 윤리적 딜레마에서 공직가치는 의사결정의 기준과 우선순위를 정해주는 지침이 된다. 그런 점에서 공직가치는 '공직자로서 바람직한 행동의 판단기준이며 공직을 수행하면서 추구해야 할 궁극적인 목표와 기준'이다.

> **✅PLUS**
>
> 1. '공직가치'의 개념이 추상적이라 쉽게 와 닿지 않을 것이다. 쉽게 예를 들면 세월호 사건의 경우 상부에의 보고(복종의 의무)와 현장에서 생명을 구해야 하는(헌신성 – 국민의 생명과 안전보장) 딜레마적 상황에서 공직가치가 내재되어 있었다면 당연히 국민의 생명을 구하기 위해 필요한 모든 조치를 즉각 취했을 것이다. 즉, 무엇이 더 우선해야 하는가를 결정짓는 판단기준이 공직가치인 것이다.
> 2. 위와 같이 비상상황에 처한다면 누구라도 곤혹스러울 것이다. 상부에서는 '빨리 보고를 하라'고 재촉하고, 현장에서의 상황은 다급하다. 이때 무엇을 위해 그리고 왜 고민하고 있는지를 자신에게 설명할 수 있어야 한다. '보고를 늦게 함으로써 상부로부터 질책이 두려워 고민하고 있는가? 보고 후 조치를 취하는 것이 더 효율적인가? 나의 임무는 무엇인가?'를 생각해야 한다. 이때 공직가치는 공공의 이익을 위해 무엇을 우선할 것인지 그리고 공직자로서 어떻게 행동할 것인가에 대한 기본적인 지침을 제공하는 것이다.

3 공직가치의 역할 등

1. 공직가치의 역할

(1) 공직가치의 중요성

입법부에 비해 행정 우위 현상이 심해질수록 공직가치는 그 중요성이 더 커진다. 정책 의제 설정, 목표 및 대안 선택 등의 정책과정에서 공무원이 주도적인 역할을 하기 때문이다.

(2) 공직가치가 중요한 역할을 하는 상황

> ① 정책을 결정할 때 ▷ 사회구조적인 문제해결에 있어서도 핵심
> ② 입법안 준비 및 준입법안(규제, 지침 등)을 작성할 때
> ③ 법과 준입법을 해석할 때
> ④ 행정재량을 집행할 때
> ⑤ 입법, 준입법 및 관례가 없을 때
> ⑥ 애매한 회색지대(명확하게 옳고 정당한 경우와 부당하고 옳지 않은 경우 사이에 있는 애매한 영역)에서 업무를 처리할 때
> ⑦ 도덕적으로 정당한 가치, 규범 또는 양심이 상호 충돌할 때(도덕적 딜레마)
> ⑧ 우선순위를 설정할 때(입법적 수요나 요구들이 부족한 자원 때문에 모두 충족될 수 없을 때)
> ⑨ 양심이 불복을 요구할 때

(3) 공직가치의 구체적 역할

① 공직가치는 공직자들이 국가의 사회현실을 어떻게 바라보고, 공공의 이익을 위해 무엇을 할 것인지 그리고 공직자로서 어떻게 행동할 것인가에 대한 기본적인 지침을 제공한다.

② 공무원의 업무태도와 마음가짐에 영향을 미치고 공무수행의 동기를 부여하며, 공적인 목표를 향한 구성원의 협동적 노력을 유도하는 등 행태변화에 영향을 미친다.

③ 공무원의 부패를 줄여 신뢰받는 정부를 구현하고, 공직자가 보여주어야 하는 도덕성과 솔선수범은 사회전체의 조화와 발전을 불러온다.

(4) 공직가치와 국가경쟁력

① 공직가치는 공직에 종사하는 공무원들의 전반적인 근무형태에 영향을 미치고 공직사회의 문화를 바꿀 수 있으며, 이를 통해서 공공부문의 경쟁력을 제고시킬 수 있다는 점에서 OECD 국가를 중심으로 강조되고 있다.

② OECD 보고서에 따르면 공직가치의 정립은 공무원의 업무관행 합리화와 국민들의 정책수용성에 긍정적인 영향을 미치고, 이를 바탕으로 행정거래비용을 줄여서 정부경쟁력을 높일 수 있다. 또한 종국적으로 국가경쟁력이 상승하는 효과를 가져오게 된다.

2. 공직가치 중요도

(1) 공직가치는 모든 공직자(공직후보자 포함)가 갖추어야 하는 것이지만 모두에게 동일한 수준으로 중요시될 필요는 없다. 즉, 상황과 수행하는 직무에 따라서 우선시되는 공직가치가 다를 수 있다. 예를 들어 책임성, 청렴성, 전문성, 성실성 등의 가치는 모든 공직자에게 공통적으로 요구될 수 있다. 하지만 법의 집행을 담당하는 공안직렬(검찰, 출관, 교정, 보호 등)의 경우에는 적법성이 좀 더 중요한 공직가치가 될 수 있다. 따라서 공안직렬은 적법성에 대한 공직가치를 더 비중있게 준비해야 하는 것이다.

(2) 정책을 만들고 제도화하는 공무원의 경우에는 집행을 담당하는 공무원에 비해 상대적으로 창의적인 문제해결이 더 요구될 수 있다. 정책을 만들고 제도화하는 분야에 관심이 많다면 공직가치 중에서 창의성에 좀 더 비중을 두고 면접준비를 해 보기 바란다. 글로벌시대의 급속한 환경변화와 미래의 경쟁에 대비하여 국가경쟁력 제고와 새로운 문제해결을 위해서 점차 창의성이 요구되고 있는 것은 사실이다.

(3) 모든 공직가치의 중요도는 환경의 변화에 따라 달라져야 하고 시대와 국민의 요구에 맞추어 발전해 나가야 한다. 이는 상당히 중요한 의미를 내포하고 있고, 이러한 변화에 맞추어 면접의 방향성도 조금씩 변화하고 있다는 사실을 기억해야 할 것이다.

(4) 대표적인 공직가치 찾기

대표 공직가치	내 용
창의성, 혁신성	미래의 자원부족, 글로벌 경쟁심화, 불확실성, 지식기반사회 등의 시대적 환경을 고려할 때
사회적 형평성, 공정성, 정의, 다양성, 소통 및 공감	빈부격차, 갈등, 다문화 등 시대적 문제와 국민의 특권 해소에 대한 요구를 감안할 때
복지, 봉사성	저출산, 고령화, 국민 수요와 기대
청렴성, 도덕성	국민의 부패 혐오, 깨끗한 공직자 요구
책임성, 공익성, 헌신 및 열정	공무원들이 스스로 봉사하도록 동기부여

4 공직가치와 관련된 직무수행능력의 평가 및 전문성

(1) 입법부에 비해 행정 우위 현상이 심해질수록 공직가치는 그 중요성이 더 커진다. 정책 의제 설정, 목표 및 대안의 선택 등의 정책과정에서 공무원이 주도적인 역할을 하기 때문이다.

(2) 직무능력과 공직가치의 연관성에 대해 지금까지의 내용을 잘 이해했다면 직무수행능력 및 전문성이란 공무원의 목적인 공익실현(국민의 삶의 질 향상)을 위해 필요한 능력이라고 이해하였을 것이다.

(3) 공직사회에서 직무수행능력은 '직무역량+관계역량'이라고 다시 정의할 수 있다.

✎ Check point

직무역량과 관계역량 이해하기

1. 역 량
조직 구성원이 지식과 기술, 행동양식, 가치관, 성격 등 다양한 요소들을 종합적으로 활용하여 높은 성과를 낼 때 나타나는 측정 가능한 행동 특성이다.

2. 직무역량
담당하고 있는 직무를 효과적으로 수행하기 위해 필요한 지식이나 기술, 업무활동을 수행하려는 개인의 의지를 포함하는 것으로 해당 직무를 수행하는 데 필요로 하는 성격 또는 태도를 포함한다.
　➡ 대부분 합격생들은 실무능력이 없으므로 자기개발이나 해당 분야의 직무수행능력 및 전문성 함양을 위해 평소 준비한 노력이나 경험 측면에서 고민해보는 것도 한 방법이다.

3. 관계역량
조직 구성원들과 원활하게 의사소통하고 협업을 통해 문제를 해결할 수 있는 능력을 의미한다. 이는 4차산업혁명 시대에 사회가 요구하는 창의융합형 인재가 갖추어야 할 역량과 맞닿는다. 이타성, 공감능력, 자발성 등을 끌어내는 것도 관계역량의 역할이다.

❖ PLUS

갖추어야 할 다양한 능력
① **지적능력**: 문제해결능력, 종합적 판단력, 전략적 사고력, 기획력, 창의력, 인문학적 소양, 문장력
② **직무상 전문성**: 전문지식과 기술, 정책결정 및 개발 능력, 정보수집 및 분석력
③ **조직관리 능력**: 직원에 대한 동기부여, 직원의 능력개발지원, 팀워크, 자원동원 능력, 의욕과 추진력, 재정·인력·지원 관리 능력, 의사소통능력
④ **대외관계 조정능력**: 합의도출 및 갈등조정능력, 대외지지 획득능력, 협상능력, 포용력, 소통능력
⑤ **비전제시 능력**: 혁신성, 기회포착능력, 변화에 능동적 대처능력

✔ **POINT** 직무수행능력 및 전문성을 직·간접적으로 표현하는 가장 좋은 방법은 경험형 과제에서 문제해결 경험, 기획 경험, 창의력 경험, 갈등 해결 경험 등을 작성하고 면접관의 후속질문에 대비하는 것이다.

5 대표적 공직가치 ⇨ 「국가공무원법」 개정안(2016년)

분류	공직가치	행동준칙(예시)
국가관 (국가·사회에 대한 가치기준)	애국심	대한민국의 헌법과 법률을 준수하고 국가와 국기에 담긴 정신과 의미를 수호한다.
	민주성	국민이 자유롭게 참여하고 의견을 이야기할 수 있도록 하여 공개행정을 실천한다.
	다양성	글로벌 시대의 다양한 생각과 문화를 존중하고 인류의 평화와 공영(共榮)에 기여한다.
공직관 (올바른 직무수행 자세)	책임성	맡은 업무에 대하여 높은 수준의 전문성을 유지하며 어떠한 압력에도 굴하지 않고 소신있게 처리한다.
	투명성	국민의 알 권리를 존중하며, 공공정보를 적극적으로 개방하고 공유한다.
	공정성	모든 업무는 신중히 검토하고 행정절차에 따라 공정하게 처리한다.
윤리관 (공직자가 갖춰야 할 개인윤리)	청렴성	공직자의 청렴이 국민신뢰의 기본임을 이해한다.
	도덕성	준법정신을 생활화하고 공중도덕을 준수한다.
	공익성	봉사활동과 기부 등을 통해 생활 속에서 국민에 대한 봉사자로서의 역할을 다한다.

2024
스티마 면접
군무원

05

면접태도와 자세

CHAPTER 01 면접에 임하는 자세

(1) 공익(公益, public interest)에 대해 이해하기

① 공익이란 '공공의 이익, 공공의 번영'을 가리키는 말이다. ⇨ 사전적 의미

② 공무원에게 있어 공익실현이란, 공익이 다수나 사회 전체를 위하는 것이라 할지라도 소수나 개인의 자유와 권익을 희생시켜서는 안 되는 것이다. 오히려 정부의 행정(공공행정) 혹은 지방의 행정은 불리한 입장에 놓인 계층이나 소수의 복지를 우선적으로 배려해야 진정한 공익을 실현하는 것이며 이를 통해 정의로운 사회가 이루어질 수 있다는 것을 마음속 깊이 새겨야 할 것이다.

➡ 이것이 공무원이 사기업에 다니는 사람보다 균형 잡힌 공직가치가 필요한 이유이다.

③ 최근 정부에서는 '사회적 가치'라는 개념이 대두되고 있다. 사회적 가치란 사회, 경제, 환경, 문화 등 모든 영역에서 공공의 이익과 공동체의 발전에 기여하는 가치를 말한다. 이는 결국 모두 함께 잘사는 나라를 추구하는 것이며, 사회적 가치의 추구가 결국 공익이라고 이해하면 된다.

> **♡ PLUS**
>
> **사회적 가치**
>
> 1. 국민소득은 올라가는데 대한민국의 삶의 질은 계속해서 하락하고 있다. 때문에 저출산-고령화, OECD 자살률 1위, 노인빈곤율 1위, 어린이 및 청소년 행복지수 최하 수준, OECD 국가 중 노동시간 최고 수준 등 우리 사회의 구조적인 문제를 해결하고 더불어 잘사는 공동체를 회복해야 한다.
> 2. 사회적 가치 실현을 위해 인권보호, 재난과 사고로부터 안전한 근로생활 환경 마련, 복지의 확대, 노동권의 보장과 근로조건 향상, 사회적 약자에 대한 기회 제공과 사회통합, 대기업·중소기업 간의 상생과 협력, 민주적 의사결정, 지속가능한 개발 등이 필요하다. 즉, 공무원들이 공익실현을 위해 이러한 목표를 추구하고 이를 달성하기 위해 노력해야 한다는 의미이다.
> 3. 사회적 가치 중 예를 들어 '대형마트 의무휴업'의 적용대상을 복합쇼핑몰까지로 확대하는 것도 대기업과 중소기업 간의 상생과 협력을 통해 다같이 잘사는 사회를 만드는 것이 될 것이다.

MEMO

(2) 과거 공무원 면접 경험 및 현직 경험

① 면접 탈락 경험이 있는 경우: 면접에서 탈락한 경험이 있는 응시생이라면 직접적인 질문이 이루어지기 전에는 스스로 밝힐 필요는 없다.

② 현직에 종사하고 있거나 과거 현직 경험이 있는 경우

    ⊙ 면접 때 현직의 경험에 대한 이야기를 하는 것이 블라인드 면접 위반은 아니다. 그러므로 현직 경험이 있다면 상대적으로 해당 경험에 대해 면접관이 관심을 가지고 질문을 할 수 있으므로 응시생 스스로 가장 답변을 잘할 수 있는 이야기(자신의 강점이 드러나는 이야기)를 하는 것이 중요하다.

    ⓒ 다만, 근무경력이 아주 짧은 기간일 경우에는 상대적으로 어필할 만한 경험이 부족하므로 언급을 하지 않는 것이 좋다.

    ⓒ 근무경력이 길고 다양한 경험들로 어필을 할 것이 많다고 생각하는 경우에는 이를 통해 응시생이 업무를 잘하였다는 것을 이야기하면 편안한 분위기 속에서 면접이 진행될 것이다. 또한 경력이 오래된 응시생은 본인은 느끼지 못하겠지만 공직생활을 오랫동안 했기 때문에 질의응답 과정에서 은연중에 이러한 사실이 드러날 수 있기 때문에 항상 진정성 있게 이야기하는 것이 좋을 수 있다.

       TIP 이 부분에 대해 추가적으로 고민이 있다면 스티마쌤에게 문의하길 바란다.

(3) 수험생활과 가족사에 관련된 부분

① 개별질문에서 힘들었던 경험 등과 관련된 질문이 이루어질 때 응시생 입장에서는 충분히 가족사나 수험생활에 대한 경험을 어필할 수 있다. 하지만 면접관이 직접적인 질문을 하기 전까지는 가급적이면 수험생활이나 가족사 등에 관한 이야기는 하지 않는 것이 좋다.

② 힘들었던 일이나 고난을 극복했던 일에 대해 어쩔 수 없이 가족사를 이야기해야 하는 상황이라면 "면접관님, 개인적인 일인데 말씀드려도 될까요?" 혹은 "지금 떠오르는 답변이 가족사와 관련된 것밖에 없는데 말씀드려도 될까요?"라고 먼저 면접관에게 양해를 구하고 나서 이야기를 풀어가는 것이 좋다. 여기서 주의할 점은 면접관이 어느 정도 공감할 수 있는 답변(고개를 끄덕일 수 있는 답변, 질문과 연관성이 있는 답변)을 해야 한다는 것이다. 단순히 동정을 얻기 위한 느낌을 주는 것은 적합하지 않다.

③ 기혼자의 경우 면접에서 자연스럽게 언급되어지는 것은 괜찮다.

(4) 답변시 지양해야 할 것

① 자기주장이 강해 보이는 것, 이기적인 느낌이 드는 답변은 반드시 경계해야 할 요소이다. 또한 지나치게 소극적이며 내성적인 면이 부각되는 것도 좋지 않다.

② 앵무새처럼 기계적인 느낌을 주는 답변은 지양해야 한다. 즉, 외워서 답변을 하고 있다는 느낌을 주는 형식적이고 진성성이 없는 답변은 면접관에게 좋은 평가를 받지 못한다.

MEMO

(5) 면접은 응시생이 주도할 것

실제 면접은 응시생이 주도해야 한다. 이 의미는 면접관이 응시생에게 관심을 가지고 질문을 하거나 흥미롭게 이야기를 들어주면서 응시생의 이야기가 중심이 되도록 해야 한다는 것이다. 그러나 면접관이 훨씬 더 많은 이야기를 하고 있다는 느낌이 들거나 면접관이 하고 싶은 질문만 하는 경우는 응시생의 경험이 잘 드러나지 않고 있음을 뜻하는 것이다.

TIP 보통 위와 같은 일이 면접에서 발생하는 경우는 응시생이 질문에 대한 답을 잘 못하거나 질문의 요지를 잘 파악하지 못하는 경우이다. 여기서 핵심은 내용이나 답변의 구체성이 없다는 것이다. 결국 이는 면접관에게 기회를 주는 것이므로 구체성이 있는 답변을 하는 연습을 꼭 해야 한다. 오히려 정말 모르는 질문이 나왔을 때는 솔직하게 "정말 열심히 준비했는데 이 질문에 대한 준비는 못했습니다. 죄송합니다."라고 말하고 다음 질문을 받을 준비를 하는 것이 좋다. 어물쩍거리거나 전혀 엉뚱한 답변을 하는 것은 면접관들이 가장 싫어하는 유형임을 상기하고 면접준비를 해야 한다.

MEMO

(6) 정확히 표현하기

이것은 여러 가지를 내포하고 있지만 면접관의 질문의도에 맞게 답변하는 것이 중요하다는 의미이다.

TIP 예를 들어 면접관이 "모르는 업무가 발생할 경우 어떻게 할 것인가?"라고 질문하면 일반적으로 응시생은 "자칫 제가 임의로 처리하면 안 되기 때문에 상관에게 여쭤보고 처리하겠습니다."라고 답변한다. 하지만 이는 좋은 답변이 아니다. 즉, 면접관이 원하는 답변이 아니라는 것이다. 공직에서의 업무는 주어진 역할마다 다르며, 상관이 응시생들의 업무를 대신 해주지 않는다는 뜻이다. 담당 주무관으로서 본인에게 주어진 업무는 '스스로 처리하려는 마음가짐'으로 답변을 해야한다.

MEMO

(7) 성심성의껏 답변하기

간단하고 사소한 질문일지라도 '성심껏 답변하고 있다'는 모습을 보이는 것이 좋다. 면접에서는 한 가지 답변만으로도 전체적인 분위기가 바뀔 수 있기 때문이다.

TIP 예를 들어 면접관이 시작 전에 "긴장되시나요?"라고 물을 경우, 스티마쌤이라면 "제가 긴장은 되지만 오랫동안 기다렸던 순간이었기 때문에 기분 좋은 떨림이라고 생각합니다." 또는 "긴장되고 떨리지만 오랫동안 간직하고 싶은 긴장감이라 그동안 준비했던 것들을 모두 보여드리지 못할까봐 그것이 더 긴장됩니다."라고 성심껏 답변하는 모습을 보일 것이다.

(8) 긍정적으로 답변하기

국가 혹은 지자체에서 추진하는 정책이나 제도에 대한 질문에는 비록 언론 등 외부에서 비판을 받고 있거나 부정적으로 회자가 되더라도 함께 비판하고 부정적인 내용을 부각시켜 답변하는 것은 바람직하지 않다.

(9) 본인의 상황에 맞게 진실된 답변하기

면접준비는 응시생 개개인의 주어진 상황이나 처지, 경험 등에 따라 달라지기 마련이므로 자신의 상황과 경험에 맞게 진솔하게 준비를 해야 한다. 즉, 연령대가 낮은 응시생(재학생 포함), 연령대가 높은 응시생, 직장경험이 있는 응시생, 주부 응시생 등 각각의 상황과 처지에 맞는 면접준비를 해야 한다.

CHAPTER 02 면접시 상기해야 할 부분

(1) 처음부터 끝까지 미소 잃지 않기

실제 면접을 보면 면접관마다 성향이 다르다. 면접관이 포근하고 편안하게 미소를 지으면서 질문하면 응시생도 당연히 미소가 나올 수밖에 없다. 하지만 면접관의 표정이 굳었을 때는 응시생이 미소를 짓기가 쉬운 일이 아니다. 그러므로 항상 '미소'라는 단어를 염두에 두고 면접에 임하여야 한다. 특히 남자들도 너무 굳은 표정보다는 부드럽게 보이려고 노력하는 연습이 필요하다.

(2) 아이컨택과 자신감 갖기

① 짧은 시간동안 면접이 이루어지기 때문에 면접관과 대화를 하면서 시선을 마주치는 것은 예의있는 행동이다. 그러므로 시선을 피하는 것은 정직하지 못하다는 느낌을 줄 수 있다. 따라서 올바는 시선 처리는 상당히 중요하다.

② 질문을 하는 면접관을 쳐다보며 '경청하고 있다'는 느낌을 주는 것이 좋다. 질문에 대한 답변이 살짝 길어지면 다른 면접관에게도 시선을 한 번씩 주는 것도 배려이다.

(3) 자기최면 걸기

면접준비 기간 동안 스스로에게 '나는 봉사할 준비가 되어 있는 사람이다.'라고 자기최면을 거는 것이 필요하다. 또한 면접준비를 할 때 '지금부터는 수험생이 아닌 공무원이다.'라는 생각을 가지고 준비를 해야 한다.

(4) 파생질문까지 준비하기

개인적으로 면접준비를 하건 면접스터디에 비중을 두고 준비를 하건 스티마쌤의 강의를 통해 준비를 하건 항상 자신이 준비한 답변에 추가적으로 파생될 수 있는 질문까지 생각하고 면접준비를 해야 한다. 상당히 중요한 요소이므로 충분한 연습과 대비가 필요하다.

MEMO

MEMO

2024
스티마 면접
군무원

06

국가관 · 공직관 · 윤리관

CHAPTER
01 국가관

1 헌법의 가치 – 헌법전문

유구한 역사와 전통에 빛나는 우리 대한국민은 3·1운동으로 건립된 대한민국임시정부의 법통과 불의에 항거한 4·19민주이념을 계승하고, 조국의 민주개혁과 평화적 통일의 사명에 입각하여 정의·인도와 동포애로써 민족의 단결을 공고히 하고, 모든 사회적 폐습과 불의를 타파하며, 자율과 조화를 바탕으로 자유민주적 기본질서를 더욱 확고히 하여 정치·경제·사회·문화의 모든 영역에 있어서 각인의 기회를 균등히 하고, 능력을 최고도로 발휘하게 하며, 자유와 권리에 따르는 책임과 의무를 완수하게 하여, 안으로는 국민생활의 균등한 향상을 기하고 밖으로는 항구적인 세계평화와 인류공영에 이바지함으로써 우리들과 우리들의 자손의 안전과 자유와 행복을 영원히 확보할 것을 다짐하면서 1948년 7월 12일에 제정되고 8차에 걸쳐 개정된 헌법을 이제 국회의 의결을 거쳐 국민투표에 의하여 개정한다.

✔ POINT 공무원(군무원) 면접에서는 헌법의 가치에 대한 질문이 간혹 이루어진다.

(1) 헌법전문에서 찾을 수 있는 헌법가치

① **자유민주주의**: 민주성이 핵심가치이다. 민주성의 대표적인 사례로는 선거제도, 언론의 자유, 국민제안제도 등이 있다.

② **평화적 통일**

③ **기회균등**: 공정성이 핵심가치이다.
　예 최근 기아자동차 등의 고용세습제를 문제로 들 수 있다. 이는 재직자의 자녀를 우선 채용한다는 단체협약으로 균등한 취업기회를 보장한 헌법에 위배되는 것이기에 해당 조항을 폐지하라고 시정명령을 내린 상황이다.

④ **자유와 권리 및 책임과 의무**: 책임감을 핵심가치로 꼽을 수 있다.

⑤ **세계평화 인류공영(국제평화주의)**: 공익성과 다양성이 핵심가치이다.

⑥ **(우리들과 자손의) 안전, 자유, 행복의 확보**: 헌법의 최우선 가치라고 할 수 있다.

(2) 헌법의 기본원리

① **정치**: 자유민주주의

② **시장경제주의**: 사례를 통한 이해 ⇨ 2023년 4월 21일 기사에 의하면 검찰이 2조 3000억원 규모의 빌트인가구(특판가구) 입찰담합을 적발, 한샘 등 8개 법인과 최고책임자 등 14명을 재판에 넘겼다. 검찰은 9년간 이뤄진 담합행위가 아파트 분양가 상승에 영향을 미친 요인이 됐다고 지적했다. 검찰 수사결과 8개 법인들은 2014년 1월부터 지난해 12월까지 건설사 24개가 발주한 전국 아파트 신축현장 관련 약 783건의 특판가구 입찰담합을 한 것으로 나타났다. 담합규모는 2조 3261억원에 달한다. 특판가구는 싱크대, 붙박이장과 같이 신축아파트에 빌트인 형태로 들어가는 가구를 말한다. 가구입찰 담합이 결국 아파트 분양가 상승으로 이어지고 서민들이 피해를 보았다. 즉, 검찰뿐만 아니라 공정거래위원회에서 일하게 될 경우 이런 불법행위를 차단하고 밝혀냄으로써 공익을 실현해야 한다.

③ 문화: 문화주의 ⇨ 문화적 자율성 보장, 문화의 보호·육성·진흥, 문화활동 참여기회 보장

④ 국제: 평화주의 ⇨ 남북간 평화적 통일지향, 국제법질서 존중

2 헌법 제1조

✔ POINT 자세하게 공부할 필요는 없고, 헌법 제1조가 의미하는 것만 이해하면 된다. 공무원(군무원) 면접에서 가끔씩 질문이 이루어진다.

(1) 대한민국은 민주공화국이다.

① 공화국의 의미

㉠ 공화제(republic)를 채택한 국가를 공화국(共和國)이라고 한다. 공화제란 공화국의 정치 체제를 가리키며, 형식적으로 또는 실제로 주권이 그 구성원에게 있는 정치 체제이다. 기본적으로 입헌제를 뜻하고 이에 따라 법을 기반으로 모든 구성원이 정치적 의사 결정에 참여하는 정치 체제이다. 그러므로 군주제와는 달리 공화제에는 군주가 존재하지 않는다. 또한 공화제를 주장하거나 실현하려고 하는 정치적인 태도나 이념을 공화주의라 한다.

㉡ 보통 공화국이라 하면 세습군주를 가지고 있지 않은 국가를 말한다. 또한 20세기 초기에 이르기까지에는 공화국과 민주국은 동의어로 사용되었으며 각 민주국가는 '공화국'의 명칭만을 사용하는 것이 보통이었다.

② 제헌헌법에 담긴 민주공화국의 의미: 제헌헌법을 기초했던 제헌국회의원 유진오는 헌법 제1조의 의미를 이렇게 해설하고 있다. "공화국의 정치 형태가 동일하지 않으므로 본 조에 있어서 우리나라는 공화국이라는 명칭만을 사용하지 않고, 권력분립을 기본으로 하는 공화국임을 명시하기 위하여 특히 '민주공화국'이라는 명칭을 사용한 것이다." 즉, 해방 직후의 상황에서 사회주의자들이 주장하던 '인민공화국'의 경우 권력분립이 아닌 권력집중을 특징으로 하고 있었기 때문에 이와 구분하기 위하여 '민주공화국'이라고 표현했다는 의미이다.

③ 민주공화국의 의미

㉠ 공화국을 뜻하는 'republic'은 '공공의 것', '공공의 일'이라는 뜻으로도 번역된다. 곧 민주공화국이란 '법과 공공성에 기반을 두고 주권자인 시민들이 만들어낸 정치공동체'라고 정의할 수 있는 것이다.

㉡ 제헌헌법에서 지향한 공화국은 개인의 이익보다는 '공공의 이익'을 우선하는 국가였다고 강조한다. 제헌헌법은 자유민주주의와 사회민주주의적 요소를 함께 갖고 있으면서 양자의 대립적 측면을 공화주의로써 조화시키고자 했다는 것이다.

(2) 대한민국의 주권은 국민에게 있고, 모든 권력은 국민으로부터 나온다.

① 제헌헌법에 담긴 국민주권의 의미: 제헌헌법 제1조를 뒷받침하는 조항인 제헌헌법 제2조는 "대한민국의 주권은 국민에게 있고, 모든 권력은 국민으로부터 나온다."고 선언한다. 국가의 의사를 최종적으로 결정하는 최고의 권력인 주권이 국민에게 있다는 '국민주권론'을 제시한 것이다. 이는 곧 주권이 군주나 자본가 혹은 노동자와 같은 특정한 계급에 있지 않다는 의미를 담고 있는 것이다.

② 국민주권의 의미
　　㉠ 국가의 정치 형태와 구조를 최종적으로 결정하는 권력이 국민에게 있다는 원리이며 주권의 소재
　　　는 국민에게 있다는 원리이다.
　　㉡ 좁은 의미로는 인민주권과 대비하여 개별적 국민이 아닌 추상적 국민에게 주권이 있다는 원리로
　　　사용하기도 한다.

3 헌법 제7조

POINT 헌법 제7조는 공무원의 역할과 의무를 규정하고 있으므로 그 의미를 잘 이해해야 한다. 공무원은 국민 전체에 대한 봉사자로서 국민에 대해 책임을 져야 하는 위치에 있기 때문에 공공의 이익을 위하여 창의성과 전문성을 바탕으로 적극적으로 업무를 처리하는 적극행정을 해야 한다. 추상적인 질문이고 정답이 정해진 것은 아니지만 '공무원이 무엇이라고 생각하는가? 공무원의 역할에 대해 말해보라.'는 질문에 대해서도 헌법 제7조가 의미하는 내용을 정리하여 답변하면 좋은 답변이 될 수 있다.

(1) 공무원은 국민 전체에 대한 봉사자이며, 국민에 대하여 책임을 진다.

① 공공성의 의미
　　㉠ 국민 전체에 대한 봉사자로서 국민에 대해 책임을 진다는 것은 '공공성'을 의미한다.
　　㉡ 공공성이란 직무를 수행함에 있어 특정인이나 특정집단이 아니라 일반 사회 구성원 전체의 이익
　　　을 우선하는 공익지향성을 의미한다.
② 적극행정과의 연결
　　㉠ 적극행정이란 공무원이 불합리한 규제의 개선 등 공공의 이익을 위하여 창의성과 전문성을 바탕
　　　으로 적극적으로 업무를 처리하는 행위를 말한다.
　　㉡ 적극행정이야 말로 국민 전체에 대한 봉사자로서 책임을 지는 모습이라고 할 수 있다.
③ 소명의식: 헌법과 법률을 준수하고 오직 국민을 바라보며 양심과 소신에 따라 일을 하고 자기 능력
　　을 전부 발휘해야 한다는 의미이다.

PLUS

1. '공공성'이란 쉽게 말해 바람직한 사회 형성의 길라잡이 역할을 의미한다.
　① 전체 사회를 위해 돈벌이가 되지 않는 일을 감당하는 것
　② 사회적 약자의 편이 되어 주는 것
　③ 장래의 이익을 위해 현재의 이익을 희생하는 것
2. 공공성과 관련된 제도는 다음과 같다.
　① 공직자윤리법(퇴직공직자의 취업제한, 공직자의 재산 등록 및 공개제도, 주식백지신탁제도, 이해충돌방지 등)이 대
　　표적이다.
　② 적극행정면책제도 또한 '공익을 위해 능동적으로 업무를 처리하는 과정에서 발생하는 부분적인 하자는 면책을 해주
　　겠다.'는 의미이다.
3. 헌법 제7조에서는 공무원의 공익실현 의무, 신분보장 및 정치적 중립성을 천명하고 있다.

TIP 공공성에 대해 사례로 이해 ⇨ 적극행정 사례는 현재 면접에서도 진행 중이다.

(2) 공무원의 신분과 정치적 중립성은 법률이 정하는 바에 의하여 보장된다.

① 직업공무원제도

    ㉠ 직업공무원제도가 국민주권원리에 바탕을 둔 민주적이고 법치주의적인 공직제도임을 천명하고 정권담당자에 따라 영향받지 않는 것은 물론 같은 정권하에서도 정당한 이유 없이 해임당하지 않는 것을 불가결의 요건으로 하는 직업공무원제도의 확립을 내용으로 하는 입법 원리를 지시하고 있다.

    ㉡ 그렇기 때문에 공무원에 대한 기본법인 「국가공무원법」이나 「지방공무원법」에서도 이 원리를 받들어 공무원은 형의 선고, 징계 또는 위 공무원법이 정하는 사유에 의하지 아니하고는 그 의사에 반하여 휴직, 강임 또는 면직당하지 아니하도록 하고(국가공무원법 제68조, 지방공무원법 제60조), 직권에 의한 면직사유를 제한적으로 열거하여(국가공무원법 제70조, 지방공무원법 제62조) 직제와 정원의 개폐 또는 예산의 감소 등에 의하여 폐직 또는 과원이 되었을 때를 제외하고는 공무원의 귀책사유 없이 인사상 불이익을 받는 일이 없도록 규정하고 있는 것이다.

    ㉢ 이는 조직의 운영 및 개편상 불가피한 경우 외에는 임명권자의 자의적 판단에 의하여 직업공무원에게 면직 등의 불리한 인사조치를 함부로 할 수 없음을 의미하는 것으로서 이에 어긋나는 것일 때에는 직업공무원제도의 본질적 내용을 침해하는 것이 되기 때문이다(헌법재판소 1989.12.18, 89헌마32등, 판례집 1, 343, 353−354).

> **TIP** 대한민국이 직업공무원제도를 실시하는 목적은 공직자 개개인의 자율성과 창의성 및 혁신성을 보장해 줌으로써 공직자들이 책임감을 가지고 국민이 삶의 질 향상에 헌신과 열정을 가지고 임해야 한다는 뜻을 내포하고 있다고 생각하면 된다. 이는 곧 공무원들에게 신분보장을 해주는 이유라고 이해를 하면 된다.

② 공무원의 정치적 중립

    ㉠ 공무원의 정치적 중립성 요청은 정권교체로 인한 행정의 일관성과 계속성이 상실되지 않도록 하고 공무원의 정치적 신조에 따라 행정이 좌우되지 않도록 함으로써 공무집행에서의 혼란의 초래를 예방하고 국민의 신뢰를 확보하기 위함이다.

    ㉡ 헌법재판소는 공무원에 대한 정치적 중립성의 필요성에 관하여 "공무원은 국민 전체에 대한 봉사자이므로 중립적 위치에서 공익을 추구하고(국민 전체의 봉사자설), 행정에 대한 정치의 개입을 방지함으로써 행정의 전문성과 민주성을 제고하고 정책적 계속성과 안정성을 유지하며(정치와 행정의 분리설), 정권의 변동에도 불구하고 공무원의 신분적 안정을 기하고 엽관제로 인한 부패·비능률 등의 폐해를 방지하며(공무원의 이익보호설), 자본주의의 발달에 따르는 사회경제적 대립의 중재자·조정자로서의 기능을 적극적으로 담당하기 위하여 요구되는 것(공적 중재자설)"이라고 하면서 공무원의 정치적 중립성 요청은 결국 위 각 근거를 종합적으로 고려하여 "공무원의 직무의 성질상 그 직무집행의 중립성을 유지하기 위하여 필요한 것"이라고 판시한 바 있다(헌법재판소 1995.5.25, 91헌마67, 판례집 7−1, 722, 759).

ⓒ 직업공무원제도에 있어서 … 공무원의 정치적 중립과 신분보장은 그 중추적 요소라고 할 수 있다. 그러한 보장이 있음으로 해서 공무원은 어떤 특정정당이나 특정상급자를 위하여 충성하는 것이 아니고 국민 전체에 대한 공복으로서 법에 따라 그 소임을 다할 수 있게 되는 것으로서 이는 당해 공무원의 권리나 이익의 보호에 그치지 않고 국가통치 차원에서의 정치적 안정의 유지와 공무원으로 하여금 상급자의 불법부당한 지시나 정실(情實)에 속박되지 않고 오직 법과 정의에 따라 공직을 수행하게 하는 법치주의의 이념과 고도의 합리성, 전문성, 연속성이 요구되는 공무의 차질없는 수행을 보장하기 위한 것이다(헌법재판소 1989.12.18, 89헌마32 등).

CHAPTER 02 공직관

1 공무원의 의무

POINT 기본적으로 질문이 이루어진다고 생각하면 된다. 그러므로 암기 및 이해가 되어 있어야 한다.

1. 「국가공무원법」 제7장 복무규정

(1) 공무원의 6대 의무

공무원의 6대 의무란 '성실의무, 복종의무, 친절공정의무, 비밀엄수의무, 청렴의무, 품위유지의무'를 말한다.

공무원의 의무	내 용	관련 규정 (국가공무원법)
① 선서의무	공무원은 취임할 때 소속 기관장 앞에서 선서를 해야할 의무를 진다. ➡ (선서문) 나는 대한민국 공무원으로서 헌법과 법령을 준수하고, 국가를 수호하며, 국민에 대한 봉사자로서의 임무를 성실히 수행할 것을 엄숙히 선서합니다.	제55조
② 성실의무	공무원은 주권자인 국민 전체에 대한 봉사자로서 공공이익을 위해 성실히 근무해야 할 성실의무를 진다.	제56조
③ 법령준수의무	공무원은 성실히 법령을 준수해야 할 의무를 진다. 공무원의 법령 위반행위는 위법행위로 행정처분 등의 취소·무효사유, 손해배상, 처벌, 징계사유가 된다.	제56조
④ 복종의무	공무원은 소속 상관의 직무상 명령에 복종해야 할 의무를 진다. 복종의무 위반은 징계사유가 되나 상관의 명령은 적법한 명령만을 뜻하며 고문 지시와 같은 위법한 명령에 대해선 복종의무가 없다.	제57조
⑤ 직장이탈 금지의무	공무원은 소속 상관의 허가 또는 정당한 이유 없이 직장을 이탈하지 못한다.	제58조
⑥ 영리금지 및 겸직금지의무	공무원은 공무 이외의 영리를 목적으로 하는 업무에 종사하지 못하며, 소속 기관장의 허가 없이 다른 직무를 겸하지 못한다. 금지되는 업무로는 직무능률의 저해, 공무에의 부당한 영향, 국가이익침해, 정부에 불명예 등을 초래할 염려가 있는 업무 등이 해당된다. 또한 공무원은 대통령의 허가 없이 외국 정부로부터 영예 또는 증여를 받지 못한다.	국가공무원법 제62조, 제64조 공무원복무규정 제25조
⑦ 정치운동금지의무	공무원은 정치적 중립성을 지켜야 하기 때문에 정당 기타 정치단체에의 가입 또는 그 조직 등 일정한 정치적 목적을 가진 행위가 금지된다.	제65조

⑧ 집단행동금지의무	공무원의 노동운동과 기타 공무 이외의 일을 위한 집단행동은 금지되어 있다. 다만 사실상 노무에 종사하는 공무원(정보통신부 및 철도청 소속의 현업기관과 국립의료원의 작업 현장에서 노무에 종사하는 기능직과 고용직 공무원)에 대해서만 예외가 인정되고 있다.	제66조
⑨ 친절·공정의무	공무원은 국민 전체에 대한 봉사자로서 인권을 존중하며 친절·공정히 집무해야 할 의무를 진다. 이 의무의 위반은 징계사유가 된다.	제59조
⑩ 비밀엄수의무	공무원은 재직 중은 물론 퇴직 후에도 직무상 비밀을 엄수해야 할 의무를 진다.	제60조
⑪ 품위유지의무	공무원은 직무의 내외를 불문하고 그 품위를 손상하는 행위를 해서는 안 된다.	제63조
⑫ 청렴의무	공무원은 직무와 관련하여 직접 또는 간접을 불문하고 사례·증여·향응 또는 증여를 받을 수 없다. 공무원은 직무상의 관계가 있든 없든 그 소속 상관에게 증여하거나 소속 공무원으로부터 증여를 받아서는 아니 된다. 청렴의무에 위반하면 징계사유가 되고 형법상의 수뢰죄로 처벌된다.	제61조
⑬ 종교중립의무	공무원은 종교에 따른 차별 없이 직무를 수행하여야 한다. 공무원은 소속 상관이 이에 위배되는 직무상 명령을 한 경우에는 따르지 아니할 수 있다.	제59조의2

(2) 성실의무

TIP 개념이 추상적이므로 이해를 돕기 위해 정리하였다.

① 모든 공무원은 법령을 준수하며 성실히 직무를 수행하여야 한다(국가공무원법 제56조).

② 공무원은 국민 전체에 대한 봉사자로서 주어진 직무와 관련하여 국민 전체의 이익을 도모하는 법적 의무를 지며, 성실의무는 공무원에게 부과된 가장 기본적인 중대한 의무로 최대한으로 공공의 이익을 도모하고 그 불이익을 방지하기 위하여 전인격과 양심을 바쳐서 성실히 직무를 수행하여야 하는 것을 내용으로 한다.

③ 준수해야 할 '법령'은 공무원 재직 중 적용받는 「국가공무원법」 등 공무원 신분관계 법령뿐만 아니라 자기 직무에 관련된 소관 규정을 비롯한 모든 법령으로 법치행정의 원칙상 그 법령에 규정한 대로 직무를 성실히 수행해야 함을 의미한다.

④ '직무'는 법령에 규정된 의무, 상관으로부터 지시받은 업무 내용, 사무분장 규정상의 소관 업무 등을 말하며 감독자의 경우 부하직원에 대한 상사로서의 감독의무를 게을리 하지 않음으로써 부하직원의 비위행위를 사전에 방지하는 노력도 성실의무에 포함된다고 할 것이다.

⑤ 「국가공무원법」상 공무원의 성실의무는 경우에 따라 근무시간 외에 근무지 밖에까지 미칠 수 있다.

　　➡ 경찰·소방공무원의 경우 직무에 관하여 거짓으로 보고나 통보를 하여서는 아니 되고, 직무를 게을리하거나 유기(遺棄)해서는 아니 된다고 명시하여 구체적으로 성실의무를 규정하고 있다(경찰공무원법 제24조, 소방공무원법 제21조).

성실의무 위반 사례

모든 공무원은 법령을 준수하며 성실히 직무를 수행해야 할 의무가 있다. 그렇기 때문에 어떤 상황에서도 최선을 다해 맡은 바 임무를 다하고 찰나의 나태한 행동들이 심각한 문제들을 일으키지 않도록 매사에 각별한 주의를 기울이는 태도가 필요하다.

1. 세관의 과세평가 전담반원이 관세청장의 지시 공문을 숙지하지 못하고 그 지시에 배치되는 업무처리를 한 경우(대법원 1987.3.24, 86누585)
2. ○○시 주택과장이 동사무소 건설 담당 직원들이 조사 보고한 내용에 대한 확인 및 동인들의 업무감독을 소홀히 하여 무허가철거 보조금을 부당지급케 하고 시건립 공동주택을 부당 배정케 한 경우(대법원 1986.7.22, 86누344)
3. 여권에 6∼7회 입국사실이 나타나 있는 중국인의 여구(旅具)검사를 소홀히 하여 다수의 밀수품이 국내에 반입되게 한 세관공무원의 행위(대법원 1984.12.11, 83누110)

➡ 허위의 보고 혹은 통보를 하거나 직무를 태만히 하는 경우도 성실의무 위반이라 할 수 있다.

(3) 품위유지의무

① 공무원은 직무의 내외를 불문하고 그 품위를 손상하는 행위를 하여서는 아니 된다(국가공무원법 제63조).

② '품위'라 함은 주권자인 국민의 수임자로서의 직책을 맡아 수행해 나가기에 손색이 없는 인품을 말하는 것이며, 공무원으로서 갖추어야 할 품위에는 사적인 행위까지 포함하나 그것이 손상되기 위해서는 공개성을 필요로 한다.

   예 품위손상 유형 ⇨ 도박, 강도·절도, 사기, 폭행, 성추행, 성매매, 음주운전, 마약류 소지 및 투여 등

③ 일반적으로 국가가 공무원에 대하여 징계권을 행사할 수 있는 것은 공직을 원활하게 수행하는 데 필요한 범위 내에서 규율과 질서를 유지하기 위함에 그 근거가 있으므로 공무원의 사생활에서의 비행은 공직수행에 직접 관련이 있거나 공직의 사회적 평가를 훼손할 염려가 있는 경우에 한하여 정당한 징계사유가 될 수 있다.

④ '직무의 내외'를 불문하므로 음주운전·성매매·불건전한 이성교제·도박·폭행·마약투여 등과 같이 비위사실이 공무집행과 관련된 것이 아니더라도 공무원으로서의 체면 또는 위신을 손상한 때에는 징계사유에 해당된다.

MEMO

✅POINT 품위유지의무의 대표적인 공직가치는 도덕성, 책임감이라고 할 수 있다.

MEMO

2. 공무원의 3대 비위

(1) 최근 공직사회에서는 공무원의 3대 비위인 '음주운전, 성폭력, 금품수수 및 향응'에 대한 처벌이 강화되고 있다. 이에 공무원 3대 비위에 대한 내용은 5분발표 및 개별질문으로 언제든 질문화 될 수 있으므로 정리가 필요하다.

(2) 공직의 신뢰를 저하시키는 주요 비위에 대해서는 '무관용 원칙'으로 처벌한다.
  ① 성폭력·음주운전 등 주요 비위 공무원에 대해서는 징계기준을 강화하고, ★ 각급기관 징계위원회의 객관성을 제고하기 위해 퇴직공무원의 징계위원 위촉도 제한할 계획이다.
    ➡ 성희롱도 성폭력 수준으로 징계, 음주운전 적발시 공무원 신분을 감춘 경우 처벌 강화 등
  ② 성범죄에 대해서는 '무관용 원칙'을 적용한다(「국가공무원법」 개정으로 2019년 4월부터 시행).
    ㉠ 성범죄로 100만원 이상의 벌금형을 받은 자는 3년간 공직에 임용될 수 없다.
    ㉡ 미성년자 대상 성범죄자는 공직에서 영구적으로 배제된다.

MEMO

3. 공무원 징계의 종류와 효력

(1) 공무원 징계의 종류

① **파면**: 공무원을 강제로 퇴직시키는 중징계 처분으로 파면된 공무원은 일정 기간 다시 공직에 임용될 수 없고 연금의 전부 또는 일부를 받지 못할 수도 있다.

② **해임**: 공무원을 강제로 퇴직시키는 중징계 처분으로 해임된 사람은 3년 동안 공무원으로 임용될 수 없다. 다만, 파면과는 달리 해임의 경우에는 연금법상의 불이익이 없다.

③ **강등**: 강등은 1계급 아래로 직급을 내리고(고위 공무원단에 속하는 공무원은 3급으로 임용하고, 연구관 및 지도관은 연구사 및 지도사로 한다), 공무원 신분은 보유하나 3개월간 직무에 종사하지 못하며 그 기간 중 보수는 전액을 감한다. 다만, 계급을 구분하지 않는 공무원과 임기제 공무원에 대해서는 강등을 적용하지 않는다.

④ **정직**: 정직은 1개월 이상 3개월 이하의 기간으로 하고, 정직 처분을 받은 자는 그 기간 중 공무원의 신분은 보유하나 직무에 종사하지 못하며 보수는 전액을 감한다.

⑤ **감봉**: 1개월 이상 3개월 이하의 기간 동안 보수의 3분의 1을 감한다.

⑥ **견책**: 전과(前過)에 대하여 훈계하고 회개하게 한다. 시말서를 제출하는 것으로 징계하는 방법을 말하며, 견책을 받고 6개월이 지나지 않으면 시험승진과 심사승진의 대상에서 제외된다.

(2) 공무원 징계의 효력

공무원으로서 징계처분을 받은 자는 그 처분을 받은 날 또는 그 집행이 끝난 날부터 대통령령 등으로 정하는 기간 동안 승진 임용 또는 승급할 수 없다. 다만, 징계처분을 받은 후 직무수행의 공적으로 포상 등을 받은 공무원에 대하여는 대통령령 등으로 정하는 바에 따라 승진 임용이나 승급을 제한하는 기간을 단축하거나 면제할 수 있다.

> **✎ Check point**
>
> 1. 파면·해임은 공무원 신분을 완전히 해제함을 내용으로 하는 배제징계이고, 강등·정직·감봉·견책은 공무원의 신분을 보유하면서 신분상·보수상 이익의 일부를 제한함을 내용으로 하는 교정징계이다.
> 2. 징계의결 요구권자는 중징계(파면·해임·강등·정직) 또는 경징계(감봉·견책)로 구분하여 관할 징계위원회에 제출하여야 한다(「공무원 징계령」 제7조 제6항).
> 3. 견책(譴責)은 전과(前過)에 대해 훈계하고 회개하는 처분으로 이와 유사한 명칭의 훈계·경고·계고·주의 등은 문책의 성격을 가진 교정 수단이라는 점에서는 견책과 유사하나 징계의 종류는 아니다.

2 적극행정

✔**POINT** 적극행정에 대한 내용을 잘 이해하면 공무원 면접의 절반은 준비를 끝냈다고 생각해도 된다. 그러므로 아래 내용을 2~3번 정독하며 암기하기 보다는 이해를 하여야 한다.

1. 적극행정의 정의

✔**POINT** 적극행정에는 모든 공직가치가 내포되어 있으며, 그중 가장 대표적인 공직가치는 '책임감, 창의성, 공익성'임을 기억해 두어야 한다.

(1) 적극행정은 공무원이 불합리한 규제의 개선 등 공공의 이익을 위하여 창의성과 전문성을 바탕으로 적극적으로 업무를 처리하는 행위를 의미한다.

(2) 근거 규정은 다음과 같다.

> 헌법 제7조 ① 공무원은 국민 전체에 대한 봉사자이며, 국민에 대하여 책임을 진다.
> 국가공무원법 제56조 【성실의무】 모든 공무원은 법령을 준수하며 성실히 직무를 수행하여야 한다.
> 적극행정 운영규정 제2조 【정의】 이 영에서 사용하는 용어의 뜻은 다음과 같다.
>   1. "적극행정"이란 공무원이 불합리한 규제를 개선하는 등 공공의 이익을 위해 창의성과 전문성을 바탕으로 적극적으로 업무를 처리하는 행위를 말한다.

2. 적극행정이 필요한 이유

(1) 시대의 변화와 발전이 거듭되면서 우리 사회에는 기존의 법·제도와 정책만으로는 해결하기 어려운 복잡다단한 문제가 생겨나고 있다. 또한 행정환경이 급변하면서 법·제도와 현장이 동떨어지고 어긋나는 경우가 생기고 있다.

(2) 공직사회는 현장의 문제를 해결함에 있어 가장 앞에 서 있는 조직이다. 2009년 감사원은 공직사회에 적극행정 면책제도를 최초로 도입했다.

(3) 하지만 여전히 감사·징계에 대한 두려움, 기관장의 관심 부족, 경직된 조직문화, 합당한 보상체계 미흡 등 공무원 개인이 책임져야 할 부담과 불이익 때문에 소극적으로 대응하는 경우가 많았다. 때문에 공무원을 '소극적 집행자'에서 현장의 문제점을 인식하고 '적극적 문제 해결자'로 거듭나게 하기 위한 조치가 바로 적극행정이다.

MEMO

3. 적극행정의 유형(예시)

POINT 지원부처의 홈페이지에서 적극행정의 사례를 찾아 1~2개 정도는 정리해 둘 필요가 있다. 핵심 내용이라도 간단하게 정리해 두면 답변에서 활용할 수 있다.

(1) 통상적으로 요구되는 정도의 노력이나 주의의무 이상을 기울여 맡은 바 임무에 대해 최선을 다해 수행하는 행위 등★

(2) 업무의 관행을 반복하지 않고 가능한 최선의 방법을 찾아 업무를 처리하는 행위 등

(3) 새로운 행정수요나 행정환경 변화에 선제적으로 대응하여 새로운 정책을 발굴·추진하는 행위 등

(4) 이해 충돌이 있는 상황에서 적극적인 이해조정 등을 통해 업무를 처리하는 행위 등

(5) 불합리한 규정과 절차 및 관행을 스스로 개선하는 행위 등

(6) 신기술 발전 등 환경변화에 맞게 규정을 적극적으로 해석·적용하는 행위 등

(7) 규정과 절차가 마련되어 있지 않지만 가능한 해결방안을 모색하여 업무를 추진하는 행위 등

TIP 첫 번째 의미는 규정이나 절차를 지키지 말라는 의미가 아니라 불합리한 규정과 절차를 개선하기 위해 노력하고 가능한 최선의 해결방안을 찾기 위한 적극적인 업무처리를 요구하는 것이다. 이러한 적극적인 업무를 처리하기 위해서는 가장 기본인 법령숙지를 제대로 해야 한다. 법령숙지를 제대로 하지 못하면, 도움을 주고 싶어도 그러지 못하여 나중에 더 큰 문제가 발생할 수 있기 때문이다. 두 번째 의미는 규정과 절차가 없더라도 반드시 도움이 필요한 부분이 있다면 적극적인 일처리를 통해 도움을 주어야 한다는 것으로 이해하면 된다.

MEMO

---

4. 소극행정의 정의

POINT 한마디로 정의하면 '공직사회의 문제점'이라고 생각하고, 이 문제가 출제되면 반드시 해결해야 한다는 뜻으로 이해하면 된다.

(1) '소극행정'은 공무원의 부작위 또는 직무태만 등으로 국민의 권익을 침해하거나 국가 재정상 손실을 발생하게 하는 행위를 말한다. 참고로 부작위란 일을 할 수 있음에도 하지 않는 소극적인 태도를 의미한다.

(2) 근거 규정은 다음과 같다.

> 적극행정 운영규정 제2조 【정의】 이 영에서 사용하는 용어의 뜻은 다음과 같다.
> 2. "소극행정"이란 공무원이 부작위 또는 직무태만 등 소극적 업무행태로 국민의 권익을 침해하거나 국가 재정상 손실을 발생하게 하는 행위를 말한다.

5. 소극행정의 유형

'소극행정'의 유형 중 대표적으로는 인·허가 신청을 하였는데 처리기간이 지났음에도 처리를 해주지 않는 경우 등이 있다.

(1) 적당편의

문제해결을 위해 노력하지 않고, 적당히 형식만 갖추어 부실하게 처리하는 행태이다.

(2) 업무해태

합리적인 이유 없이 주어진 업무를 게을리하거나 불이행하는 행태이다.

(3) 탁상행정

법령이나 지침 등의 변화에도 불구하고 과거 규정에 따라 업무를 처리하거나 기존의 불합리한 업무관행을 그대로 답습하는 행태이다.

(4) 관중심 행정

직무권한을 이용하여 부당하게 업무를 처리하거나 국민의 편익을 위해서가 아닌 자신의 조직이나 이익만을 중시하여 자의적으로 처리하는 행태이다.

> 예 개별 사이트의 정보·서비스를 연계·통합해 국민은 하나의 사이트에서 모든 서비스를 신청 및 이용하도록 하는 방법과 자격을 갖추고도 몰라서 수혜서비스를 받지 못하는 일이 없도록 신청 없이도 선제적으로 복지서비스를 제공하는 방식 이다.

6. 적극행정의 추진 및 활용

(1) 적극행정의 추진방안(국무조정실 보도자료)

적극행정의 추진방안은 중요한 내용이므로 숙지하기 바란다. 또한 적극행정을 활성화하기 위해 어떤 지원이나 제도가 필요한지에 대해서도 생각해 보아야 한다.

Ⅰ. 그간의 성과
1. (면책) 법령이 불명확한 경우 등 적극적 의사결정이 어려운 경우를 지원하고, 면책을 보장하기 위해 적극행정위원회, 사전컨설팅, 법령의견제시 제도를 도입·운영
   ○ (적극행정위원회)
     - 국민편익 증진을 위해 적극행정이 필요한 현안을 심의하고, 다양한 해결방안을 신속하게 제시
     - 위원의 절반 이상을 민간위원으로 구성하여 국민의 눈높이에서 바라보고, 의사결정 과정의 투명성과 전문성 등을 제고
     - 각 기관별로 위원장 1명을 포함한 9명 이상 45명 이하 인원으로 구성
     - 여러 기관이 관련된 현안은 기관 간 합동 위원회를 개최하여 쟁점 사항을 논의하고 합의할 수 있도록 근거를 마련
   ○ (사전컨설팅)
     - 사전컨설팅은 공무원이 인가·허가·등록·신고 등과 관련한 규제나 불명확한 법령 등으로 인해 업무를 적극적으로 추진하기 곤란한 경우 해당 기관이 감사기관에 해당 업무의 처리 방향 등에 관한 의견의 제시를 요청하고 감사기관이 이에 대해 의견을 제시하는 제도

　　　　－중앙행정기관은 소속기관·부서가 사전컨설팅을 신청하면 자체 감사기구에서 직접 처리하거나 자체적 판단이 어려운 경우 감사원에 사전컨설팅을 신청할 수 있음
　　　　－감사원 또는 자체 감사기구의 컨설팅을 받고 컨설팅 의견대로 업무를 처리하면 특별한 사정이 없는 한 적극행정 면책기준을 충족한 것으로 추정
　　○ (법령의견제시)
　　　　－법제처는 신속한 판단으로 적극적 의사결정에 도움이 되는 법령의견제시 제도를 지자체까지 폭넓게 이용할 수 있도록 조치하고 4개 권역별(수도권, 강원·충청, 전라·제주, 경상) 전담지원체계를 마련하는 등 적극행정을 밀착 지원

2. (우대·보호) 적극행정 우수공무원 총 6,400여 명을 선발하고, 이 중 50% 이상에게 파격적 인센티브*를 부여하는 한편, 적극행정 유공 포상을 신설
　　* 인센티브 ⇨ 특별승진, 특별승급, 성과급 최고등급, 국외훈련 / 승진가점 등
　　○ 공무원 책임보험 제도를 도입하여 공무수행으로 소송을 당한 경우 변호사 선임비용, 소송비용 등을 지원

3. (국민 참여) 국민 참여 방식을 다양하게 확대하고, 국민 체감도를 높이기 위한 제도를 마련
　　○ 국민이 적극행정 제도*를 통해 문제를 해결해줄 것을 요청하는 적극행정 국민신청제를 새롭게 도입
　　　　－공익성 민원이나 국민제안이 법령의 불명확 등을 이유로 제대로 처리되지 않을 경우, 신청할 수 있습니다.
　　　　－국민신문고로 적극행정 신고 ⇨ 국민권익위원회 검토·심사 후 배정 및 의견제시 ⇨ 중앙행정기관·지방자치단체(적극행정 지원제도 적극 활용) ⇨ 결과: 국민
　　○ 국민신문고 홈페이지에 소극행정 신고센터를 개설하고, 소극행정 재신고제도 도입
　　　　－소극행정을 신고하고, 처리 결과에 만족하지 못하면 재신고할 수 있습니다.
　　　　－(1차 신고 불수용) 국민신문고로 재신고 ⇨ 국민권익위원회 조치 권고 및 의견제시 ⇨ 결과: 국민, 중앙행정기관, 지방자치단체

4. (성과확산) 적극행정 우수사례 경진대회를 매년 개최

Ⅱ. 추진방안

1. 면책, 법령의견제시 등 적극행정 지원제도를 내실화
　　○ (법령의견제시 확대) 법령의견제시 신청자격을 기존 중앙부처·광역지자체에서 226개 기초지자체까지 확대
　　　　－이를 통해 지자체 일선 현장 공무원들도 업무 추진과정에서 발생하는 법적 쟁점에 대해 간편하고 신속하게 자문받을 수 있어 민생 현안의 신속한 해결이 가능
　　○ (국민신청제 확산) 적극행정 국민신청제 이행실적을 권익위 청렴도 종합평가 지표에 반영하고, 제도 관련 기관 순회 교육을 확대
　　○ (면책 고도화) 적극행정위원회, 사전컨설팅 등을 활용한 면책 사례를 지속적으로 공유·확산하고, 면책 제도 교육 및 컨설팅을 강화하는 한편, 제도 활용성과는 기관평가에 반영
　　○ (소극행정 관리 강화) 소극적 업무행태를 유형별로 구분하고, 세부 처리기준을 마련하여 조치하되 구체적인 지침과 사례를 공직사회 내에 전파

2. 적극행정이 일선 현장까지 확산되도록 하겠습니다.
　　○ (지자체 적극행정 활성화) 지자체 공무원의 적극적 의사결정 지원을 위해 사전컨설팅, 적극행정위원회 등 면책 제도를 확대
　　　　－지자체 사전컨설팅 전담조직 설치를 장려하고, 전담인력 배치를 의무화하여 적극행정 추진 기반을 강화
　　　　－적극행정위원회 의견제시에 대한 면책 범위를 기존 자체감사에서 정부합동감사(중앙부처 ⇨ 지자체) 등까지 확대
　　　　－243개 지자체 대상으로 '적극행정 종합평가'를 도입, 국민평가단이 주민체감 성과를 평가하도록 하고 우수기관에 대해서는 재정 인센티브를 부여
　　○ (공공기관 적극행정 유도) 공공기관의 적극행정 성과를 공공기관 경영실적 평가에 반영하여 공공기관의 참여를 유도하고, 공공기관에 대한 소관부처의 적극행정 활성화 지원 실적을 부처평가에 반영

○ (교육 현장 적극행정 확대) 시·도 교육청에도 적극행정 전담인력을 확보하여 역량을 강화하고, 우수사례 공유 등 적극행정 확산을 위해 노력
3. 적극행정이 공직사회의 문화로 정착되도록 노력
○ (문화 확산) 적극행정 인정시 마일리지를 부여하고, 일정 점수 도달시 특별휴가 등으로 즉시 보상하는 '적극행정 적립은행제'를 올해 시범적으로 운영
  - 부서장이 부서원의 적극행정 실천 노력에 대해 업무추진 단계별로 마일리지를 부여하고, 적극행정 전담부서에서 승인하고 관리하는 형태
○ (인센티브 강화) 적극행정 평가 결과 최우수 부처 등을 '적극행정 선도부처'로 지정하여 국외훈련 인원 확대 등 인센티브를 부여하고, 적극행정 협업부서에 대한 보상도 함께 실시하여 적극행정 실천 문화 조성
○ (소통 확대) 적극행정 우수사례 선정시 국민이 직접 적극행정 현장을 방문하여 성과를 평가하는 '적극행정 국민심사제'를 도입하고, 공모전 개최, 소통 게시판 운영

(2) 적극행정 적립(마일리지)제도(2022. 6. 28 인사혁신처 보도자료)

- 공무원의 적극행정 실천 노력과 성과들에 대한 즉각적인 보상을 제공하는 '적극행정 적립(마일리지)제도' 시행
- 인사혁신처는 기획·집행·성과 창출 등 정책의 전(全) 과정에서 공무원의 적극행정 노력에 대한 보상을 수시로 제공하기 위해 '적극행정 적립(마일리지)제도'를 7월부터 시범 실시
- 기존의 적극행정이 특별승진 등 결과에 대한 일회적인 큰 보상을 중심으로 추진됐다면 이번에는 즉각적인 수시 보상을 통해 적극행정 마음가짐을 공직사회 저변으로 확산시키고자 하기 위함
- 부처별 상황과 개인의 선호가 반영된 각종 모바일상품권(기프티콘), 당직 1회 면제권, 포상휴가, 도서 구입 등 자기개발 지원 등이 수시로 부여될 예정
- 이는 작더라도 체감할 수 있는 보상을 선호하는 새천년(밀레니얼)세대 공무원의 특성을 반영한 것으로 최근 공직 내 연령 비율*을 고려할 때 이러한 보상이 일상행정에서 적극행정 의지 제고에 기여할 것으로 기대
- (중장기) 시범 운영 후 결과를 보아 국외훈련 선발시 가점, 특별승급, 희망보직 전보, 대우공무원 선발 및 성과관리 직접 반영 등 검토
- 공무원이 적극행정 과정에서 보호받을 수 있도록 위험도·난이도가 높은 업무에 대해 책임보험의 보장 범위를 확대 (2022. 8. 17 보도자료)

(3) 적극행정위원회 활용 사례 1(코로나19 피해 소상공인 손실보전금 지원)

① 현황 및 문제점: 손실보전금 온라인 지급시스템 개발과 콜센터 운영을 수행할 사업체를 선정하는 데 일반 경쟁입찰 방식으로는 최소 40일이 소요되는 등 신속한 지급을 추진하는 데 어려움이 있었다.

② 해결노력: 이러한 문제를 해결하기 위해 적극행정위원회 의결을 통해 계약예규 등 관련 법령을 적극적으로 해석하여 기존 방역지원금 지급업무를 수행하던 업체에 과업을 추가하는 내용으로 계약을 변경하여 절차를 단축했다.

③ 결과: 2차 추가경정예산이 통과된 다음 날부터 손실보전금 집행을 즉시 개시하여 4일 만에 325만 매출 감소 소상공인 등에게 19.8조원을 지급했다.

(4) 적극행정위원회 활용 사례 2(여름철 해상·해안 국립공원 내 야영장 설치 허용)

① 현황 및 문제점: 현행법상 국립공원에 속한 해안 및 섬 지역은 여름철 한시적으로 음식점, 탈의시설 등 여행객 편의시설 설치가 가능하나 야영장은 제외되어 있다. 일부 지역에서는 미등록 야영장 운영으로 지역사회에 갈등이 일어나고, 탐방객들의 안전사고 위험도 있었다.

② 해결노력: 이에 따라 환경부는 자연공원 내 행위 제한 등 국민 불편을 야기하는 규제를 개선하고자 '자연공원법' 시행령 개정을 추진하고 있다. 그러나 '자연공원법' 시행령이 개정·공포되기까지 일정 기간이 소요됨에 따라 적극행정위원회 의결을 통해 올해 여름철 성수기부터 여름철 해상·해안 국립 공원 내 야영장 설치를 허용하기로 했다.

　　　　● 다만, 야영장 운영에 따른 환경오염 방지·안전사고 예방을 위해 국립공원공단·지자체 합동 정기점검을 실시하고, 원상복구 미이행자에 대해서는 향후 3년간 야영장 등록을 불허하는 등 제재조치도 시행할 계획이다.

③ 결과: 이번 적극적 조치로 국내 여행 수요 충족은 물론 불법행위 단속에 따른 지역사회와의 갈등 해소, 위생·안전기준 확보로 국민안전 도모, 주민 생계유지 등 지역경제 활성화에 큰 도움이 될 것 으로 기대된다.

✎ Check point

1. 이와 같이 공익을 위한 업무를 추진하는 과정에서 기존 법령을 해석하는 데 문제가 있을 경우에는 적극행정위원회 라는 공식적인 절차를 통해 문제를 적극적으로 돌파해 나가는 추진력이 필요하다.
2. 앞으로 적극행정과 관련해서 적극행정위원회의 역할이 매우 중요해졌다. 적극행정 국민신청제도가 도입되어 적극 행정위원회에서 법령해석 및 규제개선방안 등을 검토하고 있다.
3. 중요한 것은 책임감 있게 일을 하되 절차를 준수하는 것이다. 먼저 담당 주무관으로서 해야 할 일을 찾아 기본적인 현황과 문제점을 파악하고 해결방안까지 검토한 다음 적극행정위원회에 상정하여 절차적인 정당성을 확보받는 것 이다.
4. 감사원의 사전컨설팅이나 법제처의 법령의견제시 제도를 활용하는 방안도 문제를 적극적으로 풀어가는 좋은 방법 이다.

---

7. 적극행정의 사례

✅ POINT 아래에 제시한 적극행정 사례는 예시용이므로 지원하는 직렬의 적극행정 사례에 대해 조사하여 1~2개 정도는 정리 를 해 보는 것이 좋다.

Case 01. 재생자전거 온라인 판매지원(서울시)

1. 추진배경
　① 서울시는 매년 1.5만대 이상 방치자전거가 발생하고 있으며 구청에서 수거된 방치자전거는 고철로 처리 되어 큰 자원 낭비
　② 자활센터는 방치자전거를 수거해 재생자전거로 생산하나 월평균 판매량은 10대 수준
2. 추진내용
　① 전국 최초, 자전거 중고거래 플랫폼을 구축하여 지역자활센터와 협업하여 온라인 시범판매 개시
　② 재생자전거 기증 추진 ⇨ 저소득층 및 고아원에 전달
　③ 롯데마트와 협업하여 ESG 경영의 일환으로 팝업매장 조성해 시민 접근성 제고
3. 추진성과
　① 자활센터에서 127백만원 소득 발생
　② 방치자전거 4,600여 대 중 1,500여 대가 재생자전거로 생산되어 자원재활용 효과 발생

Case 02. 흩어진 카드 포인트, 한번에 조회하고 현금으로도 받는다(금융위원회)

1. 추진배경
   소비자가 여러 카드에 분산된 포인트를 현금화하기 위해서는 개별 카드사의 앱을 모두 설치하고 일일이 계좌이체·출금을 해야 하는 등 불편을 초래
2. 추진내용
   금융위원회는 여신금융협회·금융결제원·카드업권과 함께 모바일 앱 하나로 모든 카드사의 포인트를 한번에 지정한 계좌로 이체·출금 가능한 서비스를 추진
3. 추진성과
   ① 금융소비자는 하나의 앱만 설치하고 본인인증절차를 거치면 미사용 포인트를 간편하게 계좌입금 받을 수 있으므로 거래 편의성이 증가할 뿐 아니라 잊고 있던 자투리 포인트를 전부 현금화해 소비에도 활용할 수 있을 것으로 기대
   ② 카드포인트 현금화 서비스를 시작한 지 한 달 만에 소비자가 현금 약 1천697억 원을 찾아감

Case 03. 대지급금 지급 절차 간소화(고용노동부)

1. 추진배경
   ① 매년 30여만 명, 1조 3천여억 원의 임금과 퇴직금을 못 받는 등 근로자 체불 문제가 심각
   ② 체불 근로자의 실질적인 생계보장 강화를 위해 대지급금 지급대상 확대 및 지급절차 간소화 필요(지급대상을 기존 퇴직자에서 퇴직자 및 재직자로 확대)
2. 추진내용
   ① 대지급금 지급 절차 간소화(관련 법령 개정)를 통해 체불임금을 대지급금을 통해 받을 수 있는 소요 기간을 획기적으로 단축(최대 7개월 ⇨ 2개월)
   ② 기존: (노동청에) 진정제기 ⇨ 체불금품 확인원 ⇨ (법원) 판결 ⇨ (근로복지공단에) 청구
   ③ 개선: 법원 확정판결이 없어도 지방노동관서가 발급하는 '체불임금 등 사업주 확인서'에 의해 소액대지급금을 지급할 수 있도록 절차를 간소화
3. 추진성과
   2022년 10월까지 11,274개소 78천명(3,914억 원)이 제도개선의 혜택을 적용받는 등 체불 근로자의 폭넓은 생활 안정을 도모한 사례로 인정

8. 소극행정의 사례

Case 01. 사전 통지 없이 민원처리 지연(업무해태)

1. 사실관계
   ① ○○시 주택과에 상가분양 관련 피해에 대한 민원을 신청하였으나 처리기한이 지났음에도 연장 통보도 없이 아무런 답변이 없음.
   ② 현재도 분양받은 상가의 공실로 인해 재산적 피해를 보고 있는 상황임.
2. 조 치
   ① 「민원처리법」상 민원처리 담당자는 신속·적법하게 처리할 의무가 있고 부득이한 사유로 처리기간 내에 민원을 처리하기 어려울 경우에는 처리기간을 연장하고 그 사유와 처리완료 예정일을 민원인에게 통보하여야 함에도 조치 없음.
   ② 담당자의 업무처리 소홀이 확인되어 담당 공무원에 '주의' 처분, 담당자에 대해 관련 법 안내 및 신속히 답변완료 조치

Case 02. 긴급한 상황에서 업무지시 미이행

1. 사실관계
   ① 특정법 위반에 대한 신고가 ○○기관으로 접수되었으나 ○○기관에는 이 업무를 담당하는 부서가 없었음.
   ② 이에 ○○기관의 장은 관련 부서 간 협의를 거쳐 A부서에서 해당 사건을 담당하도록 했고, ○○기관의 장과 A부서의 장은 공무원 B에게 사안의 긴급성을 감안하여 1차적으로 관련 사건에 대한 조사를 하도록 직접 지시하였음.
   ③ 그러나 공무원 B는 본인의 고유 업무가 아니라는 이유로 이를 상당 기간 처리하지 않았음.
2. 조 치
   공무원 B는 현재도 배정받은 업무가 많고 해당 법 위반 사건이 본인의 업무분장표에서 정한 고유 업무가 아니라는 등 합리적인 이유 없이 지시를 불이행하였고, 이에 따라 신고된 업체가 법 위반사실을 은폐하거나 해외로 도피할 수도 있었던 점을 감안하여 소극행정으로 판단

Case 03. 환경관리원 채용기준 비공개(탁상행정)

1. 사실관계
   ① ○○시 환경관리원 채용에 응시하였으나 시험 기준이 명확히 공개되어 있지 않음. 타 지자체의 경우 서류시험·체력시험·면접시험 순으로 진행되며 그에 대한 점수가 명확히 나와 있음.
   ② 담당자는 전례가 없다는 이유로 채용공고문에 세부 선발방법 및 심사기준을 명시하지 않음. 담당자에게 채용 기준점수 등을 고시공고란에 올려줄 것을 요청하였으나 내부회의 중이니 기다리라고만 하니 채용 과정에 의심이 듦.
2. 조 치
   ① 당해 시험뿐 아니라 향후 환경관리원 채용시 세부 선발방법, 심사기준, 동점자 처리기준 등을 채용공고에 반드시 명시하여 채용과정을 투명하게 공개하도록 개선
   ② 채용업무 수행 및 민원인 응대 부적절 등을 사유로 담당자 문책 조치

9. 적극행정 관련 Q&A

> ✔ **POINT** 적극행정에 관한 질문이 어떻게 이루어지는지 질문내용과 답변을 참고해 보길 바란다.

Case 01. 적극행정 질문 및 답변사례

Q. 적극행정을 강조하는 데 공무원분들이 꺼리는 이유는 뭐라고 생각하나요?

A. 저는 공무원분들께서 꺼리시는 이유가 본인이 맡게 되는 일의 양이 많아짐에 대한 두려움과 면책에 대한 두려움 때문인 것 같습니다. 제가 비록 공무원은 아니지만 면책요건을 볼 때 상당히 어려웠습니다. 예를 들어 공공의 이익을 위한 것이어야 한다, 절차가 타당해야 한다 등 어려운 점이 있어 이것이 적극행정이 맞는 것인지에 대한 판단의 어려움이 적극행정을 꺼리게 만들지 않나 생각해 보았습니다.

Q. 그렇다면 해결방안에는 어떤 것이 있을까요?

A. 저는 이러한 면책요건이 어렵다고 느꼈기에 면책요건을 좀 더 간결히 한다던가 그 요건들에 대한 구체적인 가이드라인이 있으면 어떨까 생각했습니다.

Q. 적극행정 활성화 방안에는 무엇이 있을까요?

A. 기사를 보았을 때 '면책규정이 공무원에게 와닿지 않는다'는 의견이 있었습니다. 더 와닿게 하는 방안으로 지속적인 교육이나 면책에 대한 안내문이나 안내책자 등을 마련하는 것입니다. 또 다른 점으로 '사전컨설팅이 너무 오래 걸린다'는 것입니다. 각 부처의 적극행정위원회를 적극 활용하는 방안입니다. 또한 하면 안 되는 규정으로 되어 있어 네거티브 규제방안으로 해도 되는 방안을 적어두는 방안입니다.

Case 02. 적극행정 질문 및 답변사례

Q. 적극행정을 말씀하셨는데 왜 이런 적극행정을 하는 것 같나요?

A. 현대사회의 문제가 복잡하고 다양해짐에 따라 국민들이 공공부문에 기대하는 역할과 기대수준은 높아지고 있습니다. 특히 최근에는 4차 산업혁명 시대의 도래, 혁신성장 등 행정환경의 급격한 변화로 법·제도와 현장 간의 괴리가 심화되는 가운데 법령해석 운영 등 현장의 문제점을 분명히 인식하고 적극적으로 이를 해결하려는 공직자의 마음가짐과 역할은 그 어느 때보다 중요하게 부각되고 있습니다. 이러한 측면을 고려해볼 때, 적극행정의 필요성과 중요성은 지속적으로 증가할 수밖에 없는 상황으로 생각합니다.

Q. 그럼 그런 문제를 어떻게 해결하면 좋겠나요?

A. 적극행정에 대한 동기부여를 위해 교육이수를 필수적으로 실시하고 또한 적극행정 사례 전파를 위해 적극행정 수상자들이 적극행정 과정을 강연형식으로 녹화하여 제공함으로써 적극행정에 대한 동기부여와 긍정적인 인식을 높여가는 것이 매우 중요하다고 생각됩니다. 그 다음 조직 내에서 적극행정에 대해 긍정적인 분위기를 조성하는 것이 필요하다고 봅니다. 일부러 일을 사서한다 또는 힘든 업무 회피 경향, 조직의 혁신 부족 등 소극적 문화를 개선할 필요가 있으며 이를 위해 적극행정에 대한 부서 전체의 포상을 강화한다면 조직원들이 적극행정활성화에 더 나서게 될 것으로 생각합니다. 마지막으로 적극행정이 개인근무평가의 핵심이 되도록 비중을 높이는 것도 좋은 방안이라 생각합니다.

Case 03. 적극행정 질문 및 답변사례

> Q. 적극행정이 잘 이루어지지 않는 이유는 무엇이라고 생각하나요?
>
> A. 여러 가지가 있겠지만 기관장의 관심 부족, 소극행정에 대한 처벌이 잘 이루어지지 않는 점, 적극행정에 대한 인센티브제도 부족, 공무원 개개인의 인식 부족 등이 있을 수 있다고 생각합니다.
>
> Q. 적극행정을 장려하기 위해 정부에서 시행 중인 정책 중 알고 있는 것이 있나요?
>
> A. 네, 적극행정을 했을 때 고의나 중과실이 없다면 징계를 면책해주는 제도와 사전컨설팅 제도 등이 있는 것으로 알고 있습니다.
>
> Q. 적극행정을 하려고 하는데 상관이 반대하면 어떻게 할 것인가요?
>
> A. 상관분께서 오랜 경험과 노하우가 있을 것이기 때문에 분명히 반대하시는 이유가 있을 것이라고 생각하여 상관분의 말씀을 잘 들어보겠습니다. 그래도 저의 생각이 맞다는 생각이 들고 제가 적극행정을 했을 때 그것이 사회적으로 좋은 영향을 미치고 국민들에게 도움이 되는 또 하나의 좋은 선례가 될 수 있다는 판단이 든다면 제가 적극행정을 해야 한다고 생각했던 근거와 검토자료를 정리하여 보고서 형식으로 상관분께 제출하여 정중하게 검토해 주실 수 있냐고 부탁드리겠습니다.

Case 04. 적극행정 질문 및 답변사례

> Q. 아까 적극행정 사례에 대해 말씀해주셨는데 본인이 생각하는 적극행정이란 무엇인가요?
>
> A. 공무원으로서 법과 규범을 지키며 책임감 있게 일을 수행하는 것뿐만 아니라 규정이 없는 경우에는 창의적 해결방안을 생각해서 상사분께 상의드린 후 실효성 있는 방안으로 만들어서 일을 수행하는 것이라고 생각합니다.
>
> Q. 적극행정이 잘 안되는 이유는 무엇이라고 생각하나요?
>
> A. 시키는 대로만 일을 처리하면 좋지 않은 결과가 있더라도 책임을 지지 않는데 굳이 열심히 일해서 좋지 않은 결과가 발생하면 책임을 지게 되는 것에 대한 두려움인 것 같습니다. 그래서 정부에서는 적극행정의 경우 일정 요건을 충족하면 적극행정면책제도를 시행하고 있는 것으로 알고 있습니다. 최근 적극행정 활성화 방안에 대한 자료를 읽은 적이 있었는데 현재 협소하게 면책제도가 시행되고 있는데 그 부분을 확대하면 좋은 결과가 있을 것 같습니다.

🖉 Check point

1. 적극행정의 의미와 적극행정이 왜 필요한지에 대해 면접에서 답변할 수 있도록 준비해야 한다.
2. 적극행정에 대해 일선 현장에서는 어떤 어려움이 있을 것 같은지 생각해 보아야 한다.
   > 예 감사와 처벌에 대한 두려움, 위험회피, 소극적 조직문화, 보상미흡, 조직 간 협력부족, 예상치 못한 민원발생 등
3. 적극행정 활성화를 위한 방안에는 무엇이 있는지 생각해 보아야 한다.
   ① 적극행정에 대한 교육 확대로 긍정적 인식을 확산해야 한다.
   ② 포상에 대한 파격 확대 ⇨ 개인보상과 조직보상을 병행해야 조직의 문화를 바꿀 수 있다. 개인보상에서는 승진최소연한을 단축시켜주거나 개인근무평가에 적극 반영하는 것도 방법이다. 조직보상으로는 부서평가 및 부서장의 인사고과평가 반영 등이 해당된다.

③ 마일리지제 확대 및 공정한 평가 ⇨ 일정 마일리지 도달시 특별휴가, 연수 등 혜택을 가시적으로 보여줘야 다른 동료들에게 동기부여가 된다.
④ 처벌보호 ⇨ 적극행정 징계 면책기준 완화, 징계의결시 적극행정 면책 검토제 도입, 적극행정 직무관련 사건 소송비용 전액 지원 등이 해당된다.
4. 지원직렬 및 직무분야에서의 적극행정 사례를 1~2개 정도 찾아 활용할 수 있어야 한다.

3 적극행정 징계면제제도

1. 적극행정 징계면제제도의 의의

적극행정 징계면제제도는 공무원이 공공의 이익을 위하여 성실하고 적극적으로 업무를 처리한 결과에 대하여 고의나 중과실이 없는 이상 징계를 면제해 주는 제도를 말한다.

2. 적극행정 징계면책요건

(1) 공공의 이익증진을 위한 행위

징계 대상이 된 사람이 담당한 업무 및 해당 업무를 처리한 방법 등이 국민 편익 증진, 국민 불편 해소, 경제 활성화, 행정효율 향상 등 공공의 이익을 증진하기 위한 행위여야 한다.

(2) 업무의 적극적 처리

공공의 이익을 위해 새로운 업무처리 방식을 시도하거나 문제점 해소를 위해 신속히 필요한 조치를 하는 등 평균적인 공무원에게 통상적으로 요구되는 정도의 노력이나 주의 의무 이상을 기울여 업무를 처리하는 행위를 의미한다.

(3) 고의 또는 중과실이 없을 것

① 고의 또는 중과실이 없음을 추정하는 요건은 「공무원 징계령 시행규칙」 제3조의2 제2항에서 징계 등 혐의자와 비위 관련 직무 사이에 사적인 이해관계가 없을 것, 대상 업무를 처리하면서 중대한 절차상의 하자가 없었을 것으로 규정하고 있다.
② 사적 이해관계와 관련하여 「공무원 행동강령」 등에 의해 금지되는 이권개입, 알선·청탁, 금품·향응 수수 등의 행위가 연관된 경우에는 사적 이해관계가 있다고 판단될 수 있다.
③ 법령상 업무처리시 준수하도록 되어 있는 중대한 절차를 누락하거나 결재권자의 의사결정이나 판단에 영향을 미치는 중요 사항에 대한 보고를 누락한 경우 등에는 중대한 절차상 하자가 있는 것으로 판단될 수 있다.

3. 적극행정 징계면책사례

Case 01. 폐기물처리 대행용역 계약

(1) 상황 및 배경

○○시는 타 시와 마찬가지로 폐기물처리 대행업체와 입찰을 통해 대행계약을 맺고 있다. 음식물 쓰레기 분리수거 제도가 시행된 이후 지금까지 연 단위로 대행계약을 맺어왔고, 작년에는 A업체와 계약을 맺었다. 그런데 갑자기 A업체가 ○○시와 체결한 계약의 용역단가에 불만을 품고 계약 해지를 요구한 상태였다. 그 후 ○○시 ○○동 2만 여 세대의 음식물 쓰레기 수거가 되지 않아 민원이 제기되었다. 주민들은 음식물 쓰레기에서 나온 악취가 온 동네를 뒤덮고 있어서 빨리 음식물 쓰레기를 수거할 것을 요구했고 민원이 해결되지 않을 경우 시장실로 찾아오겠다며 빠른 해결을 요청했다.

A 주무관은 타 지역 음식물 쓰레기 수거업체 및 관련 업체에 직접 전화를 걸어봤지만 거리가 멀다는 이유로 또 수거차량과 인력이 부족하여 계약을 할 수 없다는 대답을 들었다. 그러던 중 같은 팀의 동료가 재작년 계약업체인 'B업체'는 어떻겠냐며 제안했다. 'B업체'는 ○○시와 계약 당시에는 문제가 없었으나 작년에 급여문제로 고용노동부에 신고를 당해 '부정당업체'로 분류되어 1년간 입찰이 금지된 상태였다. B업체는 업무를 원활하게 수행할 수 있는 상황이었지만 그렇다고 그 업체와 계약을 하는 것은 규정을 위반하는 것이었다. 결국 깊은 고민 끝에 B업체와 계약을 맺어 문제가 해결되었고 그로 인해 징계를 받게 되었으나 적극행정으로 인정되어 면책되었다.

➲ 본 사례는 운용요령 위반으로 '징계' 선고를 받았다가 감사원의 '적극행정 면책'으로 인해 '주의'로 감경된 실제 사례를 기반으로 각색되었다.

(2) 인정 여부

당시 계약을 체결하지 않으면 심한 악취로 인해 주민 불편이 예상되고 관내에 쓰레기 처리를 대행할 수 있는 업체가 해당 업체 밖에 없었다. 또한 이웃 지역의 업체는 거리 등을 이유로 계약을 기피하는 상황이어서 해당 업체와의 계약이 불가피했고, 무엇보다 해당 시 주민들의 편의를 최우선으로 고려하여 의사결정을 내렸기 때문에 징계가 감경될 수 있었다. 본 사례를 공직가치 관점에서 본다면 '공정성'은 어긋났다고 볼 수 있으나 문제를 해결하기 위해 공익을 우선하여 직무를 수행한 점에서 '공익성'이라는 공직가치 실천을 확인할 수 있다.

➲ 적극행정 면책요건은 공익성, 타당성, 투명성이다.

Case 02. 그늘막 분할 수의계약

(1) 상황 및 배경

A시는 2019년 8,530만 원 상당의 그늘막을 수의계약으로 구매하였다. 「지방자치단체 입찰 및 계약집행기준」 등에 따르면 수의계약으로 체결(추정가격 5천만 원 이하)하기 위해 단일사업을 부당하게 분할하지 못하도록 되어 있는데도 A시는 수의계약이 가능한 금액(2백만 원 ~ 1천7백만 원) 22건으로 분할하여 B와 수의계약을 체결하였다.

(2) 인정 여부

「지방자치단체 입찰 및 계약집행기준」 등을 위반하여 분할하여 수의계약을 체결한 사실이 있으나 그늘막 예산은 혹서기 횡단보도 등에서 더위를 피하기 위한 재해예방 장비로 편성된 것으로 그늘막이 필요한 지역 등의 수요가 수시로 변하는 등 그늘막 설치장소 및 기준을 일괄적으로 정할 수 없고 수요가 발생할 때마다 분할하여 계약을 할 수밖에 없는 상황 등 공익적인 목적을 고려한 것으로 고의 또는 중대한 과실이 없어 면책하였다.

4 사전컨설팅 제도

✔ POINT 사전컨설팅 제도의 의미와 이를 어떻게 활용할 수 있는지에 대해 알고 있어야 하며, 이는 업무를 문제없이 잘할 수 있는 방법 중 하나이다.

(1) 공무원 등이 사무처리 근거 법령의 불명확한 유권해석, 법령과 현실과의 괴리 등으로 인하여 능동적인 업무추진을 하지 못하고 있는 경우 적극행정을 할 수 있도록 사전에 그 업무의 적법성과 타당성을 검토하여 컨설팅하는 것을 말한다.

(2) 감사기관에 신청해서 컨설팅을 받는 방식으로 운영된다. ⇨ 자체 감사기구에서 직접 처리하거나 자체적 판단이 어려운 경우 감사원에 사전컨설팅을 신청할 수 있다.

(3) 그러나 행정기관의 책임회피 수단으로 악용될 소지가 있고, 감사원에 업무부담 가중 또는 지나친 업무 개입이 될 수 있어 운영의 묘가 필요하다.

(4) 감사원에서는 일선 행정현장의 적극행정을 지원하기 위하여 감사원의 컨설팅 의견대로 업무를 처리한 경우 특별한 사정(예 사적 이해관계 존재) 이 없으면 면책기준을 충족한 것으로 추정하여 징계·주의 등 책임을 묻지 않는 규정을 신설하였다.

Case 01. 사전컨설팅 사례(핀테크 박람회 개최사업 변경)

감사원에서 공익을 위해 법령의 적극적인 해석방향을 제시한 사례이다. 이 사례를 통해 사전컨설팅의 과정과 의미를 이해해 보자.

1. **컨설팅 요청 내용**
   ① A위원회는 사단법인 B를 핀테크 지원사업의 보조사업자로 선정하고, 사단법인 B는 핀테크 지원사업의 세부사업인 "핀테크 박람회 개최사업"을 C플라자에서 개최하는 오프라인 기반의 박람회 개최계획 수립
   ② 그런데 코로나19의 확산으로 오프라인 기반의 박람회 개최가 어려워지자 사단법인 B는 "핀테크 박람회 개최사업"을 온라인 기반의 박람회로 전환할 계획

2. **쟁점사항**
   당초 오프라인 기반인 "핀테크 박람회 개최사업"의 개최방식을 온라인 방식으로 전환하여 보조금을 집행할 경우 목적 외 사용에 해당되는지

3. **컨설팅 감사결과**
   ① 이 건 감염병인 코로나19의 확산으로 오프라인 기반의 핀테크 박람회를 개최하기 어려운 등의 사정이 발생하여 "핀테크 박람회 운영 대행 계약"에 따라 보조사업의 내용 등을 변경할 필요가 있는 사안임
   ② 변경된 사업계획 및 예산집행계획의 타당성 등이 인정될 경우 A위원회는 관련 법에 따라 변경 승인할 수 있음
   ③ 보조사업자가 「보조금 관리에 관한 법률」 제22조의 규정에 따라 A위원회가 변경 승인한 내용대로 보조금을 집행하는 경우에는 보조금의 목적외 사용에 해당하지 않을 것임

Case 02. 사전컨설팅 사례(제설 자재 수의계약)

부서 간 규정을 둘러싼 갈등을 감사원에서 사전컨설팅을 통해 해결한 사례이다.

1. 컨설팅 요청내용

△△시 시설공단은 폭 20m 이상 주요 도로의 제설을 전담하는 기관이며 해당 지역의 경우 동절기 제설작업이 필요할 정도의 강설이 자주 발생하지 않아 비축량을 결정하기가 매우 어렵고, 동절기 제설에 사용하는 제설제는 당해 연도에 사용되지 않을 경우 차년도 사용을 위한 보관 및 관리가 곤란한 특성이 있다. 또한 제설을 위해 2~3일 분의 제설제를 비축하고 있으며, 눈이 연속적으로 와서 비축물량이 소진되는 경우 긴급하게 구매를 하여 다음 강설에 대비해야 하는 경우도 발생한다. 이때 긴급입찰을 하더라도 1주일 이상이 소요되어 눈이 더 오는 경우 대비가 어려우므로 사업부서에서는 기간 단축을 위해 수의계약을 요청하고 있다. 그런데 계약부서에서는 감사 등을 이유로 수의계약에 난색을 표하는 상황이 매년 되풀이되고 있어 근본적인 해결을 위해 사전컨설팅 감사를 신청하게 되었다.

2. 쟁점사항

① 사업부서에서는 겨울철 강설의 연속으로 보유 중인 제설제가 모두 사용된 경우 천재지변으로 보아 수의계약으로 구매기간을 단축하여 물량을 확보하자는 의견이다.

② 반면 계약부서에서는 천재지변의 경우 수의계약이 가능한 것은 맞지만 겨울철 강설은 당연한 자연현상인데 매번 천재지변으로 인정하여 수의계약 하는 것은 곤란하며, 어느 정도 눈이 왔을 때를 천재지변으로 보아야 하는 지도 모호하다는 입장이다.

3. 컨설팅 감사결과

① 이 건의 경우 수의계약의 범위를 탄력적으로 적용하면 충분히 현행 규정 내에서 대응이 가능하나 계약부서와 사업부서 간의 입장차이로 규정을 소극적으로 적용하는 경우가 빈번하게 일어나고 있는 실정이므로 매년 되풀이되는 논란의 해소에 초점을 맞추고 검토하였다.

② 「지방계약법 시행령」 제25조 제1항에 천재지변의 경우 수의계약이 가능하다고 명시되어 있으며, 지역의 평년 기후와 달리 제설이 필요한 수준의 강설이 연속되어 비축된 물량이 전부 소진된 경우 추가적인 강설이 온다면 대응이 불가능한 사태가 발생하게 되고, 이러한 잦은 강설은 제설 자재의 품귀 현상을 유발하여 자재 확보의 어려움과 동시에 가격의 상승 또한 동반하게 된다.

③ 사전컨설팅 감사에서는 신청된 경우와 같이 강설이 연속되어 보유물량이 모두 사용되었을 때 계약의 절차나 납기보다는 물량의 확보가 최우선으로 고려되어야 하고, 이러한 목적에는 경쟁입찰에 의한 방법보다 기존 거래 업체와의 수의계약이 가장 현실적인 방법이라는 데에 착안하여 이러한 경우 천재지변의 경우로 보아 수의계약이 가능하다는 사전컨설팅 감사 의견을 제시하였다.

④ 아울러 예산의 범위 내에서 단가계약을 체결하면 안정적인 물량확보가 될 뿐 아니라 사용수량으로 정산하여 재고도 발생하지 않으므로 대안으로 검토하도록 권고 의견을 함께 제시하였다.

MEMO

CHAPTER

03 윤리관

1 공무원 행동강령(대통령령)

✔POINT 공무원 행동강령은 공무원으로서 지켜야 하는 윤리적 기준이자 행동규범이라 할 수 있다. 지금까지 영리행위 금지, 퇴직자 사전 접촉 금지, 갑질 등의 주제가 다양하게 출제되었다.

1. 의 미

(1) 공무원 행동강령은 국가공무원(국회, 법원, 헌법재판소 및 선거관리위원회 소속의 국가공무원은 제외)과 지방공무원에 적용된다.

(2) 행동강령은 공직자가 직무수행과정에서 준수해야 할 윤리적 판단기준을 구체적으로 제시해 자율적인 실천을 통해 외부로부터 불법적이고 부당한 유혹을 극복하기 위한 행위준칙이라고 할 수 있다.

2. 내 용

(1) 공정한 직무수행

조 문	내 용
제4조	공정한 직무수행을 해치는 지시에 대한 처리
제6조	특혜의 배제
제7조	예산의 목적 외 사용 금지
제8조	정치인 등의 부당한 요구에 대한 처리
제9조	인사 청탁 등의 금지

(2) 부당이익의 수수금지 등

조 문	내 용
제10조	이권 개입 등의 금지
제10조의2	직위의 사적 이용 금지
제11조	알선·청탁 등의 금지
제12조	직무 관련 정보를 이용한 거래 등의 제한
제13조의2	사적 노무 요구 금지
제13조의3	직무권한 등을 행사한 부당행위의 금지
제14조	금품 등의 수수 금지
제14조의2	감독기관의 부당한 요구 금지

(3) 건전한 공직풍토의 조성

조 문	내 용
제15조	외부강의 등의 사례금 수수 제한
제17조	경조사의 통지 제한

(4) 위반시의 조치

조 문	내 용
제18조	위반 여부에 대한 상담
제19조	위반행위의 신고 및 확인
제20조	징계 등
제21조	수수 금지 금품 등의 신고 및 처리

2 갑질 근절 및 직장 내 괴롭힘 금지

✔POINT 갑질은 일반사회는 물론 공직사회에서도 여전히 문제가 되고 있다. 그러므로 이는 경험형 질문에서도 면접관의 질문 리스트 속에 포함되어 있다고 생각하고 철저히 준비를 해야 한다.

1. 갑질 관련 주요 규정

(1) 국가공무원법, 지방공무원법

① **성실의무**: 모든 공무원은 법령을 준수하며 성실히 직무를 수행하여야 한다.
② **친절·공정의무**: 공무원은 국민 전체의 봉사자로서 친절하고 공정하게 직무를 수행하여야 한다.
③ **청렴의무**: 공무원은 직무와 관련하여 직접적이든 간접적이든 사례·증여 또는 향응을 주거나 받을 수 없으며, 공무원은 직무상 관계가 있든 없든 그 소속 상관에게 증여하거나 소속 공무원으로부터 증여를 받아서는 아니 된다.
④ **품위유지의무**: 공무원은 직무의 내외를 불문하고 그 품위가 손상되는 행위를 하여서는 아니 된다.

(2) 공무원 행동강령

✔POINT 공무원 행동강령에도 갑질에 대한 규정이 명시되어 있다. 면접준비시에서는 공직사회에서 발생할 수 있는 갑질이 무엇일지를 고민하고 그에 대한 해결방안을 정리한 후 과거 경험 속에서 비슷한 사례가 있었을 경우 응시생이 어떻게 대처했는지에 대해 정리를 해두는 것이 필요하다.

> **공무원 행동강령**
> 제4조 【공정한 직무수행을 해치는 지시에 대한 처리】 ① 공무원은 상급자가 자기 또는 타인의 부당한 이익을 위하여 공정한 직무수행을 현저하게 해치는 지시를 하였을 때에는 그 사유를 그 상급자에게 소명하고 지시에 따르지 아니하거나 제23조에 따라 지정된 공무원 행동강령에 관한 업무를 담당하는 공무원(이하 "행동강령책임관"이라 한다)과 상담할 수 있다.

제13조의3 【직무권한 등을 행사한 부당 행위의 금지】 공무원은 자신의 직무권한을 행사하거나 지위·직책 등에서 유래되는 사실상 영향력을 행사하여 다음 각 호의 어느 하나에 해당하는 부당한 행위를 해서는 안 된다.

1. 인가·허가 등을 담당하는 공무원이 그 신청인에게 불이익을 주거나 제3자에게 이익 또는 불이익을 주기 위하여 부당하게 그 신청의 접수를 지연하거나 거부하는 행위
2. 직무관련공무원에게 직무와 관련이 없거나 직무의 범위를 벗어나 부당한 지시·요구를 하는 행위
3. 공무원 자신이 소속된 기관이 체결하는 물품·용역·공사 등 계약에 관하여 직무관련자에게 자신이 소속된 기관의 의무 또는 부담의 이행을 부당하게 전가(轉嫁)하거나 자신이 소속된 기관이 집행해야 할 업무를 부당하게 지연하는 행위
4. 다음 각 목의 어느 하나에 해당하는 기관 또는 단체에 공무원 자신이 소속된 기관의 업무를 부당하게 전가하거나 그 업무에 관한 비용·인력을 부담하도록 부당하게 전가하는 행위
   가. 공무원 자신이 소속된 기관의 소속기관
   나. 「공공기관의 운영에 관한 법률」 제4조 제1항에 따른 공공기관 중 공무원 자신이 소속된 기관이 관계 법령에 따라 업무를 관장하는 공공기관
   다. 「공직자윤리법」 제3조의2 제1항에 따른 공직유관단체 중 공무원 자신이 소속된 기관이 관계 법령에 따라 업무를 관장하는 공직유관단체
5. 그 밖에 직무관련자, 직무관련공무원, 제4호 각 목의 기관 또는 단체의 권리·권한을 부당하게 제한하거나 의무가 없는 일을 부당하게 요구하는 행위

제14조의2 【감독기관의 부당한 요구 금지】 ① 감독·감사·조사·평가를 하는 기관(이하 이 조에서 "감독기관"이라 한다)에 소속된 공무원은 자신이 소속된 기관의 출장·행사·연수 등과 관련하여 감독·감사·조사·평가를 받는 기관(이하 이 조에서 "피감기관"이라 한다)에 다음 각 호의 어느 하나에 해당하는 부당한 요구를 해서는 안 된다.

1. 법령에 근거가 없거나 예산의 목적·용도에 부합하지 않는 금품 등의 제공 요구
2. 감독기관 소속 공무원에 대하여 정상적인 관행을 벗어난 예우·의전의 요구

② 제1항에 따른 부당한 요구를 받은 피감기관 소속 공직자는 그 이행을 거부해야 하며, 거부했음에도 불구하고 감독기관 소속 공무원으로부터 같은 요구를 다시 받은 때에는 그 사실을 피감기관의 행동강령책임관(피감기관이 「공직자윤리법」 제3조의2 제1항에 따른 공직유관단체인 경우에는 행동강령에 관한 업무를 담당하는 직원을 말한다. 이하 이 조에서 같다)에게 알려야 한다. 이 경우 행동강령책임관은 그 요구가 제1항 각 호의 어느 하나에 해당하는 경우에는 지체 없이 피감기관의 장에게 보고해야 한다.

2. 갑질의 개념

✔ POINT 갑질에 대해 간단하게 정리를 한다면 '우월적 지위, 권한남용, 부당한 요구나 처우'가 핵심 요건이다.

(1) '갑질'은 사회·경제적 관계에서 우월적 지위에 있는 사람이 권한을 남용하거나 우월적 지위에서 비롯되는 사실상의 영향력을 행사하여 상대방에게 행하는 부당한 요구나 처우를 의미한다.

(2) 우월적 지위 등을 이용하여 다른 공무원 등에게 신체적·정신적 고통을 주는 등의 부당행위를 한 경우에는 징계를 감경할 수 없다. ⇨ 공무원 징계령 시행규칙

3. 갑질의 판단기준

TIP 갑질은 직권남용이라고 이해하면 되는데 여기에 부당한 지시나 부당한 처우까지 포함된다고 생각하면 된다. 특히 공직사회에서 갑질 유형은 위계질서에 따른 상하 간의 갑질, 부처별−부서별 갑질, 민원인과의 갑질 등이 대표적이다. 그러므로 이에 대한 문제점과 해결방안은 반드시 정리를 해 둘 필요가 있다.

(1) 법령 등 위반

법령, 규칙, 조례 등을 위반하여 자기 또는 타인의 부당한 이익을 추구하거나 불이익을 주었는지 여부

(2) 사적이익 요구

우월적 지위를 이용하여 금품 또는 향응제공 등을 강요·유도하는지 여부, 사적으로 이익을 추구하였는지 여부

(3) 부당한 인사

특정인의 채용·승진·인사 등을 배려하기 위해 유·불리한 업무지시 여부

(4) 비인격적 대우

외모와 신체를 비하하는 발언, 욕설·폭언·폭행 등 비인격적인 언행 여부

(5) 기관 이기주의

발주기관 부담비용을 시공사에게 부담시키는 등 부당하게 기관의 이익을 추구하였는지 여부

(6) 업무 불이익

정당한 사유 없이 불필요한 휴일근무·근무시간 외 업무지시, 부당한 업무배제 등을 하였는지 여부

(7) 부당한 민원응대

정당한 사유 없이 민원접수를 거부하거나 고의로 지연처리 등을 하였는지 여부

(8) 기 타

의사에 반한 모임 참여를 강요하였는지 부당한 차별행위를 하였는지 여부 등

✅ PLUS

1. **갑질 사례 ⇨ 부당한 인사 및 비인격적 대우**
   부서장 A는 직원을 상대로 공개적인 장소에서 "지방으로 보내버린다."는 등 인사와 관련한 발언을 수시로 하고 사소한 이유로 사유서나 각오의 글을 작성하게 하거나 직원들 앞에서 사과문을 낭독하게 하였으며 연가 사용시 심리적 압박감을 주었다.
2. **직권남용 사례**
   ○○시청의 B 팀장은 법적 근거도 없는 사유를 들어 건축허가가 불가하도록 했다. 건축법 제11조에 따르면 건축허가는 '소유권을 확보하지 못하여도 사용할 수 있는 권원이 있는 경우'에는 가능한 것으로 되어 있다. 하지만 당시 B 팀장은 "토지를 소유하지 않으면 건축허가를 내줄 수 없다."며 불가처분을 했다. 이는 법령에 의해 허가가 가능한 사항인데도 담당 공무원이 자의적으로 해석하여 허가를 내주지 않은 경우이다. 심지어 그 자리를 떠난 이후에도 후임에게 전화하여 "절대 허가를 내어주지 말라."고 지시했다고 한다.

B 팀장은 고등검찰청에서 직권남용 여부에 대하여 조사 중인 것으로 알려져 있다. 고소인 C 이사는 "○○시청 B 팀장 등 공무원들은 직권을 남용하여 고소인으로 하여금 의무 없는 일을 하게 하여 막대한 재산상 손해를 입게 한 자이니 철저히 조사하여 엄벌해 줄 것"을 요청했다.

4. 갑질의 유형

(1) 법령 위반

기관의 장 또는 소속 직원은 인·허가, 계약 등과 관련하여 관계 법령 등에 위반되는 조건이나 기준을 적용하는 등 특정인 또는 특정 사업자에게 유·불리하게 작용하도록 하여서는 아니 된다.

예 「건설산업기본법」에 따라 도장공사 하자담보기간은 1년임에도 하자담보기간을 10년으로 설정하여 특정 기업에게 불리하게 적용하는 행위

(2) 기관 이기주의 유형

발주기관이 부담하여야 할 비용을 시공사가 부담하게 하는 등 기관의 이익을 부당하게 추구하는 유형이다.

예 1. 발주자가 부담해야 하는 비용(예산부족, 사업계획 변경 등)을 시공자가 부담하게 하는 행위
　　2. 인·허가, 민원해결 등을 포함한 모든 법적 행정절차 및 민원해결에 관한 비용을 계약 상대자가 부당하게 부담하도록 특약을 설정하는 행위

5. 갑질 행위에 대한 대응방안

✔ POINT '본인이 갑질을 당했거나 동료가 갑질을 당하는 것을 목격했다면 어떻게 대응할 것인가?'하는 질문을 받는다면 신고를 하기 전에 먼저 갑질을 한 가해자와 편한 상황에서 면담을 해보는 것이 우선임을 기억해야 한다. 면담을 한 후에도 갑질이 지속된다면 그때는 동료들과 상의도 해보고 도움도 요청해 본 후 최후의 방법으로 신고를 하는 절차를 밟는 것이 바람직하다. 무작정 먼저 신고를 한다고 하면 자신의 오해로 문제가 될 수도 있기 때문에 바람직하지 않다. 즉, 어떤 업무를 지시했는데 그 업무가 자신의 업무가 아니라는 이유로 갑질로 생각하고 신고를 한다면 문제가 될 수 있다.

(1) 갑질근절 조직운영

① 갑질근절 전담 직원 지정
② 갑질피해신고·지원센터 운영

(2) 갑질발생시 처리 요령

① 갑질신고
② 사실관계 조사: 전담 직원은 기관의 장에게 보고하고 신고자 등에게 입증 자료요구
③ 조사결과 조치: 갑질 가해자에 대한 징계 등 조치, 필요한 경우 수사의뢰조치
④ 피해자 대처 요령: 갑질행위 중지 요구, 피해신고, 심리치료 요청, 분리요청(가해자와 격리되어 업무수행 요청), 법률지원 요청
⑤ 갑질 피해자 보호대책: 불이익 처우 금지, 2차 피해 방지, 피해자 적응지원, 분리조치, 조력인 지정 등

6. 직장 내 괴롭힘 금지

(1) 「근로기준법」

제76조의2【직장 내 괴롭힘의 금지】 사용자 또는 근로자는 직장에서의 지위 또는 관계 등의 우위를 이용하여 업무상 적정범위를 넘어 다른 근로자에게 신체적·정신적 고통을 주거나 근무환경을 악화시키는 행위(이하 "직장 내 괴롭힘"이라 한다)를 하여서는 아니 된다.

(2) 직장 내 괴롭힘의 종류

① 정당한 이유 없이 업무 능력이나 성과를 인정하지 않거나 조롱함
② 정당한 이유 없이 훈련, 승진, 보상, 일상적인 대우 등에서 차별함
③ 다른 근로자들과는 달리 특정 근로자에 대하여만 근로계약서 등에 명시되어 있지 않는 모두가 꺼리는 힘든 업무를 반복적으로 부여함
④ 근로계약서 등에 명시되어 있지 않는 허드렛일만 시키거나 일을 거의 주지 않음
⑤ 정당한 이유 없이 업무와 관련된 중요한 정보제공이나 의사결정 과정에서 배제시킴
⑥ 정당한 이유 없이 휴가나 병가, 각종 복지혜택 등을 쓰지 못하도록 압력 행사
⑦ 다른 근로자들과는 달리 특정 근로자의 일하거나 휴식하는 모습만을 지나치게 감시
⑧ 사적 심부름 등 개인적인 일상생활과 관련된 일을 하도록 지속적, 반복적으로 지시
⑨ 정당한 이유 없이 부서 이동 또는 퇴사를 강요함
⑩ 개인사에 대한 뒷담화나 소문을 퍼뜨림
⑪ 신체적인 위협이나 폭력을 가함
⑫ 욕설이나 위협적인 말을 함
⑬ 다른 사람들 앞이나 온라인상에서 나에게 모욕감을 주는 언행을 함
⑭ 의사와 상관없이 음주·흡연·회식 참여를 강요함
⑮ 집단 따돌림
⑯ 업무에 필요한 주요 비품(컴퓨터, 전화 등)을 주지 않거나 인터넷·사내 네트워크 접속을 차단함

MEMO

3 　**부당한 지시**(공정한 직무수행을 해치는 지시에 대한 처리)

✔**POINT** 　부당한 지시에 대한 질문 또한 면접관의 질문리스트 속에 있다고 생각하고 답변을 준비해야 한다. 그리고 과거 경험 속에서 이와 비슷한 사례가 있는지 정리하고 그 상황에서 어떻게 대처했는지도 정리가 되어 있어야 한다. 그보다 우선 부당한 지시에 대한 사례를 이해하는 것이 선행되어야 한다.

1. 공무원 행동강령 제4조(공정한 직무수행을 해치는 지시에 대한 처리)

제4조【공정한 직무수행을 해치는 지시에 대한 처리】① 공무원은 상급자가 자기 또는 타인의 부당한 이익을 위하여 공정한 직무수행을 현저하게 해치는 지시를 하였을 때에는 그 사유를 그 상급자에게 소명하고 지시에 따르지 아니하거나 제23조에 따라 지정된 공무원 행동강령에 관한 업무를 담당하는 공무원(이하 "행동강령책임관"이라 한다)과 상담할 수 있다.
② 제1항에 따라 지시를 이행하지 아니하였는데도 같은 지시가 반복될 때에는 즉시 행동강령책임관과 상담하여야 한다.
③ 제1항이나 제2항에 따라 상담 요청을 받은 행동강령책임관은 지시 내용을 확인하여 지시를 취소하거나 변경할 필요가 있다고 인정되면 소속 기관의 장에게 보고하여야 한다. 다만, 지시 내용을 확인하는 과정에서 부당한 지시를 한 상급자가 스스로 그 지시를 취소하거나 변경하였을 때에는 소속 기관의 장에게 보고하지 아니할 수 있다.
④ 제3항에 따른 보고를 받은 소속 기관의 장은 필요하다고 인정되면 지시를 취소·변경하는 등 적절한 조치를 하여야 한다. 이 경우 공정한 직무수행을 해치는 지시를 제1항에 따라 이행하지 아니하였는데도 같은 지시를 반복한 상급자에게는 징계 등 필요한 조치를 할 수 있다.

2. 부당한 지시 관련 사례

A는 B 군청 사회복지과에서 유아청소년용 시설 관리 업무를 맡고 있었다. 담당계장으로 근무하던 1997년 9월 C 업체에서 청소년 수련시설 설치 및 운영허가 신청서가 접수됐다. 실사 결과 다중이용시설 중에서도 청소년 대상이므로 철저히 안전대책이 마련되어야 함에도 콘크리트 1층 건물 위에 52개의 컨테이너를 얹어 2, 3층 객실을 만든 가건물 형태로 화재에 매우 취약한 형태였다. 이에 A는 신청서를 반려했다. 그때부터 온갖 종류의 압력과 협박이 가해졌다.
직계 상사인 사회복지과장으로부터는 빨리 허가를 내주라는 지시가 내려왔고 나중에는 폭력배들까지 찾아와 그와 가족들을 몰살시키겠다는 협박을 하기도 했다.
그가 끝끝내 허가를 내주지 않자 1998년 B군(郡)은 그를 민원계로 전보발령했다. 이후 C 업체의 민원은 후임자에 의해 일사천리로 진행됐다. 하지만 1년도 채 되지 않은 1999년 6월 30일 C 업체에서 화재가 발생하여 유치원생 19명 등 23명의 생명을 앗아가는 사고가 일어났다. 화재경보기와 비상벨도 울리지 않았고, 비치된 소화기 15개 중 9개가 속 빈 먹통 소화기였다.
➡ 1999년 유치원생 23명의 목숨을 앗아간 씨랜드 화재사건이 발생했다. 참사가 벌어진 건물은 소방시설 부재 등 불법건축 요소가 많아 운영 허가를 내 줄 수 없는 상태였다. 상급자의 압력과 회유에 못 이겨 이 회사의 건축을 허가 했다가 그만 돌이킬 수 없는 일이 발생한 것이다.

✏ Check point

부당한 지시에 대한 이해

1. 직급에 억눌려 어쩔 수 없이 부당한 지시에 따랐다가는 상급자와 같이 책임을 지게 된다. 판례에서도 "만일 상사의 명령이라 하더라도 위법성을 알면서 행한 행위는 행위자 자신이 책임을 벗어날 수 없고, 상사의 명령에 순종하였다는 것만으로 변명이 되거나 그 책임을 면할 수 없을 것이다"라고 적시하고 있다.

2. 공무원에게는 복종의 의무가 있다. 하지만 무조건적인 복종은 아니다. 공무원은 직무를 수행할 때 소속 상사의 직무상 명령에 복종하여야 하지만 이에 대한 의견을 진술할 수 있다고 규정하고 있다. 그런데 직무상 명령에는 몇 가지 조건이 있다. 첫째, 정당한 권한을 가진 자에 의한 / 둘째, 직무에 관한 명령이어야 하며 / 셋째, 그 내용이 법률상 실현가능하고 적법해야 한다.

3. 부당한 지시 관련 판례

① 상급자의 종용과 결재에 따라 허위 공문서 작성 및 동 행사에 책임이 있는 이상 징계해임 처분은 적법하다(대법원 1991.10.22, 91누3598).

② 상사의 명령이라 하더라도 위법성을 알면서 행한 행위는 행위자 자신의 책임을 벗어날 수 없고 따라서 상사의 명령에 순종하였다는 식으로 변명이 되거나 그 책임을 면할 수 없다(대법원 1967.2.7, 66누68).

③ 상관의 명령이 명백히 위법이나 불법일 때에는 이는 이미 직무상의 지시명령이라고 할 수 없으므로 이에 따라야 할 의무가 없다(대법원 1999.4.23, 99도636).

4. 부당한 지시 관련 대응전략 ★★★

✔ POINT 아래 내용을 바탕으로 본인만의 답변을 정리해 보길 바란다. 그리고 지시 내용을 검토 해보지 않고, '무작정 상관에게 물어보겠다.'라는 답변은 면접관이 가장 싫어하는 답변유형임을 기억해야 한다.

단계 구분	대응전략
1단계 (대응하기 전)	① 그 자리에서 부당함을 주장하지 말고 "검토해 보겠다"며 일단 물러난다.
2단계 (생각해 보기)	관련 법령을 분석하여 지시받은 사항이 ② 불법·부당한지를 재검토한다. 또한 불법·부당한 지시를 이행하였을 경우 받게 되는 ③ 공익침해 또는 불이익에 대하여 검토한다.
3단계 (상관에 대한 설득)	④ 일정한 시간이 경과한 후 상급자에게 관련 법령 검토내용과 공익침해 검토내용을 말씀드리고 지시가 철회되도록 상관을 설득한다. ➲ 자신의 다른 의견을 제시하여 그 지시가 부당하지 않도록 다른 방안이나 의견을 제시해 보는 것도 방법이다.
4단계 (상관에 대한 설득 후에도 동일지시 반복시)	⑤ 부당한 지시를 한 상급자에게 서면 또는 이메일 등 이에 상응하는 방법으로 나의 인적사항, 지시받은 내용, 지시에 따르지 않는 이유 등을 기재한 소명서를 제출하고 지시에 따르지 않거나 행동강령책임관과 상담할 수 있다.
5단계 (소명 후 부당한 지시가 계속되는 경우)	행동강령책임관과 상담하고 이에 대해 보고 받은 소속 기관장은 부당한 지시의 취소·변경 등 적절한 조치를 취하여야 한다. 부당한 지시를 재차 반복하는 상급자는 징계처벌이 가능하다.

➲ 소명내용은 징계 등 불이익처분에 대한 권익구제의 증빙자료로 활용되므로 구두소명은 지양하고 서면·전자우편 등의 방법으로 소명하도록 한다. ⇨ 소명서가 중요한 이유

5. 공무원 행동강령 관련 부당한 지시의 판단기준 및 유형

(1) 판단기준

> ① 법령, 행정규칙(훈령·예규·고시·지침 등)에 위반되는 지시인지 여부
> ② 업무의 본래 취지에 맞지 않는 지시인지 여부
> ③ 공공기관에 재산상 손해를 입힐 수 있는 지시인지 여부
> ④ 공적이익이 아닌 사적이익을 추구하는 지시인지 여부
> ⑤ 지위 또는 권한을 남용하는 지시인지 여부
> ⑥ 그 밖에 현저히 불합리한 행위를 강제하는 지시인지 여부

(2) 부당지시에 해당될 수 있는 유형

TIP 내용을 외울 필요는 전혀 없고, 한번 읽어보면 된다.

> ① 규정 위반 내용 또는 본래의 취지에 맞지 않는 방향으로 지시
> ② 인·허가 등 민원처리 등에 개입하여 부당하게 처리하도록 지시
> ③ 조사·점검, 심사 등 계획수립시 합리적인 이유 없이 특정기관(인) 등을 포함 또는 제외토록 지시
> ④ 각종 단체 지원(지자체 포함), 위임·위탁 등 권한 부여 업무에 개입하여 부당하게 처리하도록 지시
> ⑤ 관용차 등 공용물을 사적용도로 사용하기 위한 지시
> ⑥ 물품구매 등 각종 계약시 정당한 이유 없이 특정업체 선정, 계약조건 및 방식을 변경하도록 지시
> ⑦ 업무추진비 등 예산을 해당 지침에 어긋나게 집행토록 지시
> ⑧ 특정직원 채용, 승진, 전보 등 인사에 부당한 영향을 미치는 지시
> ⑨ 상급자의 직위 등을 이용하여 사적인 업무를 처리하도록 지시
> ⑩ 직무관련자에게 청탁·알선 또는 편의제공을 요구하도록 지시
> ⑪ 개인적 경조사를 직무관련자에게 알리도록 지시

4 공직윤리

✎ Check point

공직윤리

1. 공직가치와의 연관성
공직윤리는 공직가치 중에서 도덕성, 청렴성과 연결해서 생각해 볼 수 있다.

2. 정 의
공직이라는 특수한 직업분야에 요구되는 특수윤리를 공직윤리라 한다. 즉, 공직윤리란 국민 전체에 대한 봉사자로서 공무원의 신분에서 지켜야 할 규범적 기준을 말한다.

3. 공직윤리의 중요성
정부는 행정에 적합한 공무원을 필요로 하고 있으며, 부과된 업무를 수행하고 공무원으로서의 품위를 유지하기 위하여 높은 수준의 윤리적 행동을 기대한다. 이것은 공직의 특성으로 현대 민주국가에서는 공무원의 윤리적 기준을 법제화하고 있다.
① 법적 규제: 공무원의 13대 의무, 공무원 행동강령, 이해충돌방지법
② 자율적 규제: 공무원 윤리헌장, 청백리상의 제정 등

1. 일반윤리와 공직윤리의 차이점

(1) 일반윤리

인간이 지켜야 할 행위규범을 말한다.

(2) 공직윤리

공직에 종사하는 자에게 요구되는 도리 즉, 공무원으로서 해서는 안 되는 일 혹은 공무원으로서 꼭 필요한 자세를 말한다. 공적 조직에 근무하는 공직자에게는 일반국민이 지켜야 하는 윤리와 함께 공무원으로서 직업윤리도 요구된다.

⊙ 실제질문 ⇨ '자신이 생각하는 올바른 공직윤리란?'

2. 공직윤리(소극적 의미 및 적극적 의미)

구 분	내 용	위반시
좁은(소극적) 의미의 공직윤리	국가공무원법, 형법, 공무원윤리법, 부패방지법 등 법률에서 규정한 공직자에 요구되는 성실의무, 청렴의무, 법령준수의무 등	직권남용, 직무유기, 수뢰, 증뢰, 재산등록 등의 불이행, 공물횡령, 예산남용 등을 했을 경우
넓은(적극적) 의미의 공직윤리	• 법적규정과 함께 복무규정, 내부지침, 사회적으로 요구되는 공직자의 행위규범 • 수동적인 법규준수를 포함해 공무원의 올바른 역할 수행을 위한 도덕적 마인드와 역할수행 능력개발을 포함	법적 제재를 받지는 않지만 사회적 비판을 받을 수 있음

3. 공직윤리(소극적 청렴의 의무 및 적극적 청렴의 의무)

구 분	내 용	조직적 정의
소극적 청렴의 의무	청렴성	• 직위를 이용한 사익추구 및 부정부패 정도 • 타인 및 조직의 부패 관행의 용인 정도
	합법성	• 업무수행시 적법절차의 준수 정도 • 업무의 자의적 처리 정도
	공정성	• 업무처리의 공정성 정도 • 상급자의 불법 및 부당한 지시·간섭에 대한 저항 정도
적극적 청렴의 의무	책임성	• 업무수행에 있어서 공직자의 자발성과 능동성의 정도 • 국민 위주로 적극적으로 반응하고 업무를 수행하려는 정도
	사명감	• 공직에 대한 긍지와 자부심을 가지고 근면, 성실, 정직하게 일하는 정도 • 공익지향 정도 및 국민을 위해 봉사하고 헌신하려는 정도

4. 공직윤리가 엄격한 이유

(1) 공직자의 재량적 결정권과 행정이 담당하는 업무범위가 확대되고 있으며, 전문가 집단인 공무원의 사회적 영향력이 커지고 있기 때문이다.

(2) 현대사회에서 행정이 담당하는 업무는 복잡해지고 전문화되고 있으며, 공직자에게 부여된 재량권도 커지고 있기 때문에 비윤리적 일탈행위가 미치는 폐해도 크다. 일탈행위에는 "부정행위, 비윤리적 행위, 법규의 경시, 입법 의도의 편향적 해석, 불공정한 인사, 무능, 실책의 은폐, 무사안일" 등이 포함된다.

(3) 공직자가 사익을 지향하고 공직기관이 조직이기주의에 빠질 경우 조직적 부패가 나타날 수 있다.

(4) 공직자의 비윤리적 행위는 공직사회 전체로 확대 해석되고 국민의 정부 신뢰성에도 영향을 미치기 때문이다.

5. 노블레스 오블리주(Noblesse Oblige)

✔ POINT 이 용어는 면접과정에서 면접관들이 충분히 물어볼 수 있다. 또한 도덕적 해이 일명 '모럴해저드'에 대해서도 질문할 수 있다. 도덕적 해이 사례로는 경찰공무원의 음주운전이 있다. 국민의 생명과 안전을 지켜야 하는 공무원이 되려 음주운전을 했다는 것은 매우 심각한 도덕적 해이 사례이다. 또한 퇴직공무원(전 직장선배)에게 수의계약을 체결하고 뒷돈을 챙기는 사례도 해당된다.

(1) 노블레스 오블리주는 초기 로마시대에 왕과 귀족들이 보여주었던 투철한 도덕의식과 솔선수범하는 공공정신에서 비롯된 것으로 높은 사회적 신분에 상응하는 도덕적 의무를 가리키는 말이다.

(2) 고귀한 신분에 따르는 도덕적 의무와 책임을 뜻하는 것인데 지배층의 도덕적 의무를 뜻하는 격언으로 정당히 대접받기 위해서는 '명예(노블레스)만큼 의무(오블리주)를 다해야 한다'는 것이다.

(3) 초기의 로마사회에서는 사회고위층의 공공봉사와 기부, 헌납 등의 전통이 강했는데 이런 행위는 의무이기도 하지만 명예로 인식이 되면서 자발적이고 경쟁적으로 이루어졌다.

(4) 특히 귀족 등의 고위층이 전쟁에 참여하는 전통은 더욱 확고해졌는데, 이러한 귀족층의 솔선수범과 희생에 힘입어 로마는 고대 세계의 맹주로 자리를 할 수 있었다.

(5) 현대사회에서 이와 같은 도덕의식은 계층 간의 대립을 해결하고 사회통합을 위한 최고의 수단으로 여겨지고 있다.

(6) 공무원에게 보다 높은 도덕성, 청렴성을 요구하는 것도 이와 비슷한 의미로 이해하면 될듯하다.

MEMO

2024
스티마 면접
군무원

개인신상 관련 질문 및 기타 질문

CHAPTER
01 개인신상 관련 질문

1 대학교 전공과 관련한 질문

(1) 전공이 무엇이며 전공이 합격한 직렬 또는 업무를 수행하는 데 어떤 도움이 되는가?

(2) 전공이 응시한 직렬하고 다른데 다른 경쟁자와 차별화될 수 있는 자신만의 강점은 무엇인가?

MEMO

---

2 수험생활 및 학창시절 관련 질문(가볍게 하는 질문)

(1) 군무원 준비는 얼마나 했는가?

(2) 수험생활 중 가장 힘들었던 경험은 무엇이고 어떻게 극복하였는가?

(3) 아르바이트나 단체생활 경험은 있는가? 그중 가장 기억에 남는 일은 무엇이며 가장 후회스러운 경험은 무엇인가?

MEMO

---

3 직장생활 관련 질문

(1) 직장을 그만둔 이유는 무엇인가?

(2) 직장에 다니면서 조직의 성과를 위하여 본인이 노력한 경험은 무엇인가?

(3) 직장상사와 갈등은 없었는가? 그때 어떻게 대처하였는가?

(4) 군무원 조직은 사기업 못지않게 위계질서가 강하다. 나이 어린 상관과 의견충돌이 있을 수 있는데 잘 지낼 수 있겠는가?

> **TIP** 현실적인 이유에 대해서는 진솔하고 솔직하게 이야기하는 것이 좋다. 주의할 점은 다녔던 직장에 대하여 부정적인 이야기는 피해야 한다. 예를 들어 상관과 갈등이 심해서, 회사의 미래가 없어서, 급여가 적어서, 적성에 맞지 않아서 등의 이야기는 하지 않는 것이 좋다. 면접관은 회사 일도 잘한 사람이 공직생활도 잘 할 것이라고 생각할 수 있으므로 이를 상기하며 면접에 임해야 한다.

MEMO

4 기혼자 관련 질문

(1) 우리나라 복지는 잘되어 있다고 생각하는가?

(2) 일과 가정에 동시에 잘하기는 힘들 텐데 일과 가정이 충돌할 때는 어떻게 하겠는가?

MEMO

5 부모님과의 관계

(1) 최근에 아버지와 술을 마신 적이 있는가? 있다면 언제였으며 무슨 일로 마셨는가?

(2) 보통 부모님과 소통할 때 무슨 이야기를 하는가?

(3) 힘든 일이나 어려운 일이 있으면 누구랑 먼저 상의하는가?

MEMO

6 　친구와의 관계

(1) 친구 및 지인들은 본인을 어떻게 평가하는가?

(2) 친구는 많은 편인가?

(3) 친구들과 의견에 있어서 갈등이나 충돌이 발생할 때 양보하는 편인가? 자기주장을 고집하는 편인가?

(4) 친구나 지인들은 평소 군무원에 대해 어떻게 이야기 하였는가?

TIP 평소의 인관관계를 묻는 질문이다. 군무원은 민원인, 직무관련자, 동료나 선배, 상관, 다른 부처 등 다양한 사람들과 만나서 소통을 하며 일처리를 한다. 즉, 혼자서 하는 일이 아니기 때문에 인간관계가 상당이 중요하다. 그러므로 경험이나 사례를 통하여 자신의 인간관계를 잘 부각시켜야 한다. 단순히 '적극적이라고 말한다.'가 아니라 본인이 친구들을 위해서 적극적으로 행동했던 것을 언급하며 이렇게 경험과 사례를 통하여 어필하라는 것이다.

TIP 면접관들이 평소 군무원에 대한 생각을 묻는 것은 일반적으로 국민인식이 군무원에 대한 편견을 갖고 있다고 생각하기 때문이다. 설령 응시생 또한 그러한 편견이 있었을지라도 본인이 면접준비 과정에서 군무원의 역할에 대해 고민한 흔적을 말하고, 그러한 점을 친구에게 자주 말하면서 '군무원에 대한 이미지를 바꾸려고 노력했다.'라는 취지의 답변이 괜찮다.

MEMO

7 　사소한 질문이라도 긍정적인 마인드 부각시키기

(1) 식사는 했는가?

(2) 지금 긴장되는가? 평소에 긴장하면 어떻게 푸는가?

(3) 1번으로 면접을 보는데 괜찮은가?

(4) 면접순서 기다리기 힘들진 않았는가?

MEMO

8 　스트레스를 해소하는 방법

(1) 공직사회는 스트레스 강도가 다르다. 평소 스트레스는 어떻게 푸는가? 그렇게 해서 스트레스가 풀리는가?

(2) 군무원은 친절의 의무가 있다. 군무원은 아무리 화가 나더라도 친절해야만 한다고 생각하는가?

TIP 군무원의 친절과 같은 물음에 수동적이고, 뻔한 답변은 진정성이 없어 보인다. 그러므로 친절에 대한 답변은 예를 들면 '군무원으로서 친절은 당연하다고 생각한다. 하지만 악성민원인들 즉, 행정력 낭비에 영향을 주는 민원인들한테는 강함도 필요하다고 생각한다. 또한 군무원의 친절도 향상도 중요하지만 민원인들의 시민의식도 함께 높아져야 한다고 생각한다.'고 답변하는 것이 바람직하다.

> **MEMO**
>
>
>

9 　돌발성 질문

(1) 충과 효 중에 무엇이 더 중요하다고 생각하는가?

(2) 일과 가정 중에 하나만을 선택해야 한다면?

(3) 본인은 면접을 잘 보고 있다고 생각하는가?

(4) 법과 원칙 그리고 융통성 중에 무엇이 더 중요하다고 생각하는가?

> **MEMO**
>
>
>

10 '마지막으로 하고 싶은 말' 준비해 두기

예시 01 개인사는 진정성과 간절함이 드러나야 한다.

저는 4년 7개월의 긴 수험생활 동안 눈물도 많이 흘렸고 좌절도 여러 번 겪었습니다. 하지만 그럴수록 제 꿈에 대한 간절함과 절실함이 더욱 커졌습니다. 이런 과정에서 어려움을 극복할 수 있는 긍정적인 사고를 배울 수가 있었고 제자신이 정신적으로 더 성숙할 수 있는 계기가 되었던 것 같습니다. 기나긴 수험생활 동안 부모님의 헌신적인 뒷바라지가 없었다면 아마 제 꿈을 펼치는 데 어려움이 많았을 것이라고 생각합니다. 그런 부모님께 이제는 합격이란 영광을 안겨드리고 싶고 또 내복이라도 사드릴 수 있는 아들로 거듭나고 싶습니다. 저는 이길 아닌 다른 길은 생각해 보지 못할 만큼 어쩌면 무모한 사람일 수도 있습니다. 하지만 그렇기에 이 길을 천직이라 여기고 어떠한 어려움이 닥치더라도 지금껏 그래왔듯이 초심을 잃지 않고 이겨낼 자신이 있습니다. 긴 수험생활을 마칠 수만 있다면 또한 그렇게나 꿈꿨던 제 꿈을 펼칠 수만 있다면 국가와 국민에게 감사하는 마음가짐으로 뼛속까지 공무원이고 싶습니다. 열심히 하겠습니다. 감사합니다.

예시 02 튀는 것이 아닌 돋보이는 이야기가 나와야 한다.

면접관님들께서는 오늘 점심은 맛있게 드셨습니까? 저도 오늘 면접을 위해 이른 점심을 먹고 나왔는데 본래 점심이란 단어는 불교에서 유래되었다고 합니다. '마음의 점을 찍다'라는 의미로 오전에 한 일을 되돌아보고 남은 하루를 더 의미있게 살라는 뜻을 지니고 있습니다. 저도 점심의 의미처럼 제자신에 대해 항상 반성하고 자기개발을 하면서 시민들께 봉사하겠다는 초심을 잃지 않는 한결같은 공무원이 되고 싶습니다. 또 제가 언뜻 보기에도 공무원처럼 생겼기 때문에 이 둥글둥글한 얼굴을 바탕으로 편안하게 적극적으로 다가가는 친화력으로 국민들께 친구같은 공무원이 되는 모습을 꼭 보여드리겠습니다.

예시 03 자신의 소소한 경험이지만 공익성이 드러난 이야기를 해야 한다.

공무원을 처음 꿈꾸게 된 것은 학교를 다니면서 기초지식을 바탕으로 많은 경험과 자원봉사를 하면서였습니다. 학교 주변에서 한 꼬마를 만났던 기억이 납니다. 늦은 시간에 집으로 돌아가지 않고 학교를 서성이기에 다가가 "꼬마야 왜 집에 가지 않고 서성이고 있니?"라고 물었는데 "집에 가도 아무도 없어."라는 아이의 대답이 돌아왔습니다. 그때 많은 것을 느꼈습니다. '아이가 왜 이 시간에 집으로 가고 있지 않은 것인가? 이 시각에도 이러한 아이들이 우리나라에 얼마나 많이 있을까?'를 생각하게 되었고 그 아이들을 위해서 내가 무엇을 할 수 있을지 고민하며 아이들을 돕고자 생각하게 되었습니다. 그래서 공무원을 준비하게 된 것입니다. 그 마음을 잃지 않도록 저는 일주일에 한 번씩은 거르지 않고 봉사활동을 하고 있습니다. 이에 초심을 잃지 않는 공무원이 되고 싶습니다.

예시 04 진정성 있는 마무리가 중요하다.

진솔한 마음을 보여드리고자 노력했는데 떨려서 어땠을지 모르겠습니다. 이제 긴 공시생 과정이 끝이라 생각하니 후련하지만 한편으로는 면접을 준비하며 배운 공직가치들을 떠올리니 마음이 무겁기도 합니다. 공무원이 된다면 항상 맡은 자리에서 최선을 다하고 양심에 따라 행동하겠습니다. 제 이야기를 끝까지 들어주셔서 감사합니다.

CHAPTER
02 조직생활 관련 질문

1 조직생활 관련 내용

1. 조직생활 관련 답변시 유의사항 ★★★

(1) 공직사회도 직장생활이며 아직은 수직적 조직문화가 지배하는 곳이다. 업무도 수직적이고, 인간관계도 수직적이다. 한 조직의 문화를 바꾸는 것은 그 어떤 변화보다 어렵다는 것을 이해하고 들어가야 한다.

(2) 물론 밀레니얼세대(1980~2000년대 초 출생)가 공직사회에 진출하면서 공직문화나 일하는 방식에 변화의 목소리가 높지만 연공서열식 조직문화는 여전하다.

(3) 먼저 '조직이 왜 중요한가?'라는 것을 생각해야 한다. "손잡지 않고 살아남은 생명은 없다"는 생물학자의 말처럼 경쟁에서 이기기 위해 우리는 협력해야 한다. 이를 공직관에 맞게 표현하면 공익실현을 잘하기위해 협력해야 한다. 조직은 개개인이 가진 한계를 극복하기 위해 고안된 것이다.

(4) 그럼 조직생활을 잘하기 위해서는 협동적 노력(팀워크)과 개인의 책임감, 희생정신, 동료애, 커뮤니케이션, 갈등조정, 협력적 인간관계 형성 등이 중요하다.

(5) 따라서 위와 같은 배경을 이해하면서 조직생활을 잘해낼 수 있음을 자신의 조직, 단체생활, 동아리활동 경험을 통해 보여 주는 것이 좋다.

(6) 일반적으로 업무적인 부분에서는 조직을 더 우선시하는 태도를 보여 주는 것이 공직관과 조직적응력에 적합할 것이나 워라밸 등 세상이 변해가고 있어 적절한 조화방안을 이야기하는 것도 괜찮다.

> 예 일반적인 상황이라면 야근을 할 필요는 없다고 생각되며, 만일 중요하거나 비상상황이라면 날밤을 새서라도 일처리를 하려는 태도

(7) 공무원 면접에서는 조직생활과 관련된 질문은 반드시 포함되며 여기에서 조직적응력과 긍정적 사고를 잘 보여주도록 해야 한다.

2. 조직생활의 중요성

TIP 사기업뿐만 아니라 공무원 면접에서도 조직생활과 관련된 질문을 많이 한다. 조직의 중요성에 대해 다시 한번 생각해본다면 답변하는 데 어려움이 없을 거라 생각된다. 아래 내용을 참고해서 자신의 생각을 말할 수 있어야 한다.

(1) "손을 잡지 않고 살아남은 생명체는 없다."고 한다. 이 말은 경쟁에서 이기기 위해 또한 생존을 위해 우리가 협력해야 한다는 것이다. 이것이 인류가 지금까지 생존하고 발전해 온 이유이다. 협력에서 가장 좋은 방법이 조직을 구성하는 것이기 때문이다.

(2) 세상의 변화 속에서 국가 간 경쟁이 심화되고, 고객(민원인)의 욕구 또한 다양화되고 있어 이를 해결할 수 있는 경쟁력을 갖추기 위해 유연하고 효율적인 조직화가 필요하다.

(3) 조직화란 조직 구성의 기본 요소인 실현가능한 현실적 목표와 필요한 조직의 형성 그리고 구성원이 수행해야 하는 직무에 관한 범위와 이에 대한 책임과 권한의 한계를 규정하고 효율적인 직무수행을 위한 부서화를 통해 업무적 연관성을 체계적으로 전개할 수 있는 구조를 만드는 전략적 과정이라고 할 수 있다.

(4) 개인이 조직에 참여했을 때 개인의 욕구(의식주, 자아실현 등) 충족에 대한 기대감은 높아지고 시간과 비용 대비 효율성이 높아진다.

(5) 조직을 통한 협동적 노력으로 개인이 할 수 없는 일을 달성할 수 있다. 개개인은 모두 다양한 능력을 가지고 있다. 그 개개인의 능력이 조직에서 발휘되면 시너지 효과가 발생하며 개개인이 조직에 기여한 것 이상의 효과를 얻을 수 있다. 조직이 이렇게 목표달성을 위한 효율적인 수단이라는 것은 우리 주변에서도 쉽게 감지할 수 있다.

(6) 개인은 조직을 통해 상호작용 기회를 높일 수 있다. 개인은 조직 속에서 서로 미워도 하고 좋아도 하고 경쟁도 하고 협동도 하며 또한 불만을 느끼거나 만족을 얻기도 한다. 이와 같이 조직 속에 있는 개인들은 어떤 형태로든지 상호작용을 하면서 조직을 통해 생활의 안정과 삶의 보람을 추구하는 등 자기의 목표를 달성하려고 한다. 이러한 상호작용이 바로 조직의 기능을 발휘할 수 있도록 하는 과정인 것이다.

(7) 조직은 목적을 지향한다. 공무원 조직은 공익추구, 시민안전을 목적으로 한다. 헌법 제7조 제1항은 '공무원은 국민 전체에 대한 봉사자이며, 국민에 대하여 책임을 진다.'고 하며 공무원의 역할과 의무를 규정한 내용이다. 공무원 조직은 봉사자로서의 역할과 국민에 대한 책임의무를 능률적이고 효과적으로 달성하기 위해 일을 한다.

(8) 따라서 공무원 조직의 구성원인 공무원 모두는 조직의 목표를 이해하고 목표를 달성하기 위해 협력하며 전문성을 발휘해야 한다. 그 과정에서 필요한 것이 바로 공직가치이다. 공직가치는 공무원이 공익을 실현하기 위해 반드시 갖추어야 할 자세를 말한다. 공익이란 최대다수의 최대행복으로 정의되기도 하지만 반드시 사회적 약자에 대한 배려가 존중되어야 한다.

(9) 공무원들이 공무를 수행하는 현장에서는 수많은 가치들이 충돌하는 경우가 발생한다. 그때 중심이 되어야 하는 것이 바로 공직가치이며, 이것이 조직의 목표이다. 조직의 방향과 개인의 신념 충돌, 조직 내부에서의 갈등, 상사와의 갈등, 조직원과의 관계 등을 원만하게 풀어가는 것이 필요한 이유도 바로 조직의 목표달성과 관련이 있다.

(10) 결론적으로 조직은 개인이 할 수 없는 일을 해낼 수 있는 힘을 가지고 있고 조직이 추구하는 목표가 있다. 조직 구성원인 개개인은 조직이 추구하는 방향에 맞추어 조직의 목적을 나의 일의 의미로 공감할 수 있어야 한다.

(11) 만일 조직이 추구하는 목적이 국민에 봉사하는 것이 아니고 조직의 이익만을 추구할 때는 조직 내부에서 조직원들과 공감대를 얻어가며 꾸준히 개선하기 위해 노력해야 한다.

TIP 면접에서 조직 관련 질문을 받는다면 조직의 중요성, 협력의 필요성, 관계 형성의 중요성에 대해 이해하고 있다는 것을 분명하게 말할 수 있어야 한다. 또한 관련된 경험에 대해서도 답변할 준비가 되어야 후속질문(갈등해결경험, 협력경험, 희생경험 등)에 대비가 가능하다. 이에 조직 관련 질문에 대해 간단한 경험과 함께 30~40초 분량으로 답변을 정리해 보길 바란다.

3. 조직생활 관련 답변사례

Q. 일을 하면서 상사와 갈등이 있었다면 어떻게 해결을 했나요?
A. 저는 갈등을 한 조직에서 공동의 목표를 향해가는 과정에서 최선의 목표를 향해 갈 때 꼭 필요한 부분이라고 생각합니다. 저의 직접적인 갈등은 아니지만 그 속에서 해결을 한 부분을 말씀드리고 싶습니다. 치과에서 근무할 때 팀에 팀장님과 젊은 위생사 선생님들이 한 진료실에서 바쁘게 진료를 하다보면 쌓이는 오해들을 중간에서 중립적인 입장으로 이야기를 듣고 오해도 풀어주고, 맛있는 것도 같이 먹으러 가면서 소통을 하면서 해결하였습니다.

Q. 직장 동료도 업무도 많고 본인의 업무도 많을 때 어떻게 해결할 것인가요?
A. 저는 일단 제 업무를 하는 게 맞다고 생각합니다. 기간 내에 일을 마치는 게 공무원이 국민과의 약속이라고 생각하기 때문입니다. 그리고 동료의 업무를 도와주겠지만 동료도 기간이 충분하지 않다면 상관님께 업무가 과중됐으니 다른 동료분께 도움을 청할 수 있다면 좋지 않을까 합니다. 다른 동료가 이런 일을 잘하는데 협업할 수 있을지를 물어보고 싶습니다.

Q. 동료 중에 업무성과가 떨어지는 직원이 있다면 어떻게 할 것인가요?
A. 업무성과나 능력이 떨어져도 나의 팀원이면 끝까지 안고가야 한다고 생각합니다. 그 팀원에게 어려운 점이 무엇인지 먼저 다가가 물어보고 같이 최대한 도우며 끝까지 안고 갈 것 같습니다.

Q. 직장 동료와 다른 의견차이로 갈등이 있을 경우 어떻게 할 것인가요?
A. 갈등은 어느 조직에서나 생기는 거라고 생각합니다. 그리고 갈등은 소통이 잘 안되어서라고 생각합니다. 일단 상사님의 의견을 따르겠지만 제 의견이 좋다면 상사님께 제 의견을 제안드려 보겠습니다. 혹시나 상사님이 기분이 상하실 수도 있으니 보고서 형식으로 써서 메일로 보내드리겠습니다.

Q. 상사와의 업무적인 부분에서 갈등이 발생하였을 때 본인의 생각이 더욱 합리적이라는 생각이 들 때 어떻게 할 것인가요?
A. 우선 선배님의 생각이 분명히 있으실거라 생각합니다. 그래서 선배님의 의견을 경청할 것입니다. 허나 아무리 생각해도 제 의견이 합리적이라는 생각이 든다면 다른 선배 공무원분께 이와 관련하여 조언을 여쭙고 제 의견이 합리적이라는 확신이 든다면 조직 내에서 갈등이 발생하지 않는 선에서 선배 공무원분께 의견을 전달하겠습니다.

Q. 요새 MZ세대는 개인주의나 이기주의가 있고 요즘 세대들이 보기에 상사 세대들을 꼰대로 보기도 합니다. 이러한 갈등 해결 방안은 무엇인가요?

A. 제 생각에는 각 세대 간의 사회적, 문화적 배경이 다르다는 것에 대해 인지가 부족하다 생각이 듭니다. 저의 경우 먼저 각 세대 간의 사회적, 문화적 배경이 다르다는 것을 인식하고 상사분들을 대할 때 저희 아버지, 어머니 같다 생각하고 말을 하려고 합니다. 그래서 저는 한 달에 한 번정도 부서에서 함께 식사를 하거나 카페를 가서 사적인 얘기도 하고 허심탄회한 이야기도 하면서 경직된 조직문화를 풀어야 된다 생각이 듭니다. 실제로 저도 간호사 생활하면서 직업 특성상 경직된 조직문화에 있었는데 이런 사적인 시간을 함께 하면서 사이가 완화되고 좀 더 사적인 이야기를 할 수 있어서 좋았습니다.

Q. 개인의 신념과 조직의 신념이 상충된다면 어떻게 할 것인가요?

A. 조직의 구성원으로서 조직의 목표를 달성하기 위해서는 당연히 조직의 신념을 우선으로 여겨야 한다고 생각을 합니다. 그렇기 때문에 그런 상충된 상황이 있는 경우 열린 마음으로 저의 신념을 다시 한 번 제고해보고 조직의 신념과 상충되지 않도록 노력하겠습니다.

Q. 조직의 관행을 개선해 본 경험이 있나요?

A. 알바할 때 청소리스트가 있었는데 그걸 대부분 등한시 했습니다. 그래서 그게 계속 다음 타임 알바생에게 미루어졌고 그것을 개선하기 위해서 출근하자마자 알바생들끼리 오늘 담당할 부분을 미리 정하고 퇴근 시간 전까지 해결하려고 노력했습니다.

Q. 열악한 현장에 조직원 중 한 명이 나가야 한다면 누가 나가야 할까요?

A. 현장에 조직원 중 한 명이 나가야 하는 상황이라면 그 현장에 대해 이해도가 높은 사람이 나가야 한다고 생각합니다. 그러한 현장은 긴급하고 중요한 상황일 가능성이 높기 때문에 신속하게 그 상황을 잘 중재할 수 있는 사람이 필요하다고 생각해서 상황에 대한 이해도가 높은 사람이 나가는 것이 바람직하다고 생각합니다.

Q. 상사와의 업무적인 부분에서 갈등이 발생하였을 때 본인의 생각이 더욱 더 합리적이라는 생각이 들 때 어떻게 할 것인가요?

A. 우선 선배님의 생각이 분명히 있으실거라 생각합니다. 그래서 선배님의 의견을 경청할 것입니다. 허나 아무리 생각해도 제 의견이 합리적이라는 생각이 든다면 다른 선배 공무원분께 이와 관련하여 조언을 여쭙고 제 의견이 합리적이라는 확신이 든다면 조직 내에서 갈등이 발생하지 않는 선에서 선배 공무원분께 의견을 전달하겠습니다.

Q. 앞으로 공직이 어떻게 발전해야 한다고 생각하세요?

A. 앞서 청렴에서 말씀드린 내용처럼 시민들이 부정적인 이미지의 공무원의 뉴스보도 등으로 인해 공무원을 굉장히 폐쇄적인 조직이라고 느낀다고 생각했고 관련해서 뉴스댓글도 많이 보게 되었습니다. 그러나 저는 제주시의 적극행정 사례를 보고 공직도 굉장히 유연하고… 유연하게 변화하려고 노력하고 있다는 점을 보아서 적극행정이 활성화가 되면 좋을 것 같습니다. 실제로도 국가차원에서도 이를 많이 장려하는 것으로 알고 있습니다.

Q. 의사소통이 잘 안 되는 동료와 어떻게 일을 할 것인가요? 그리고 타 부서와의 협조가 잘 안 되고 있을 때 어떻게 해결할 것인지 본인의 생각을 이야기해보세요.

A. 일단은 2가지 상황인 것 같습니다. 첫 번째 상황은 같이 일하는 동료와의 의사소통에 대해 답해야 할 것 같습니다. 저도 과거에 일 해봤던 경험으로 비추어봤을 때에 서로 친밀감이 없으면 더 오해가 생기고 벽이 생기기 마련이었습니다. 그럴 때엔 먼저 좀 친밀감을 쌓는 게 우선이라고 생각해서 먼저 말도 걸고 퇴근 후에 저녁을 하거나 가벼운 술자리를 통해서 친밀감을 쌓고 서로 오해와 벽을 허물면 업무에 대한 의사소통이 좀 더 수월해졌던 경험이 있고 상관의 경우에도 너무 어렵게만 대하지 말고 먼저 가서 인사도 하고 말도 걸면서 다가가면 더 마음을 열고 적극적으로 업무에 대해 도와주시고 하셨습니다. 또한 상관과 저의 생각이 다를 때엔 당연히 경험이 많은 상관의 의견에 따르는 게 맞겠지만 곧이곧대로 따르는 것 보단 그 안에서 제 생각이 더 나은 방향을 가게 해준다면 개선점이나 방향에 있어 좀 더 나아가는 방향을 택하겠습니다. 타 부서에 경우 협조를 구할 때 그냥 서면으로만 할 수도 있지만 한 번이라도 안면을 튼 것과 아닌 것은 다르다고 생각합니다. 직접 가서 정중하게 요청하는 게 더 나은 협조를 얻는 방법이고 친밀도가 중요하다고 생각이 듭니다. 이번 한 번으로 협조요청이 끝나는 것이 아니라 현재 공무원 업무들은 굉장히 복합적이고 다양한 업무들이 많고 당연히 타 부서와의 협조 협동이 필요하다고 보기 때문에 타 부서와의 원만한 관계가 필요하다고 생각하기 때문입니다.

Q. 조직에서 주도적으로 한 것이 있나요?

A. 학창시절 학생회 임원으로 활동한 적이 있습니다. 복지부 차장, 부장을 역임했는데 교장선생님께서 당시 잔반 처리 비용이 많이 든다고 하면서 이 비용을 줄이면 학생의 복지를 위해 쓸 것이라는 이야기를 하셨던 걸 듣고 캠페인을 진행했습니다. (캠페인 내용에 대해 설명했고 캠페인 하기 전 달에는 잔반처리비용이 700만 원이었는데 캠페인을 한 달에는 600만원 선으로 줄어든 것을 확인했다고 답변했습니다.)

Q. 기피하고 어려운 일이 있는데 그 일을 잘 처리할 수 있은 상사는 바쁩니다. 그리고 다른 상사는 일 처리 능력이 없습니다. 그래서 본인한테 일이 왔다면 어떻게 할 것인가요?

A. 일단 저에게 온 일이니 최선을 다해 수행하겠습니다. 근데 조직은 함께 참여해야하니까 업무가 너무 과중되었다 싶으면 일 처리 능력이 없는 상사분과 일을 같이 처리해보겠습니다. 일 처리 능력이 없어도 서로 협동하고 말하다보면 그분이 가지고 있는 좋은 아이디어를 발견할 수 있을거라 생각합니다.

Q. 본인이 지원하지 않은 부서에 가도 괜찮겠어요?

A. 네, 저는 제가 지원하지 않은 부서에 가더라도 그 부서에서 꾸준한 자기계발과 제가 맡은 업무를 열심히 한다면 전문성이 생길 수 있다고 생각합니다. 그렇기 때문에 어딜 가더라도 저는 최선을 다해서 잘해낼 수 있습니다.

Q. 잡일 시키면 할 수 있나요?

A. 신입공무원으로서 저는 아직 어떤 경험과 노하우가 없기 때문에 당연히 그런 일도 도맡아서 해야 한다고 생각합니다. 하지만 이런 업무만 맡지 않도록 자기계발과 제가 맡은 업무를 열심히 해서 전문성을 만들 수 있도록 노력할 것이며 이렇게 한다면 상관분들도 저에게 조금 중요한 업무를 주실 수 있다고 생각합니다.

Q. 자기주장을 조직에 관철시키는 편인가요? 순응하는 편인가요?

A. 연합동아리 대표를 맡았을 때 초반에는 전자였지만 현재는 후자인 것 같습니다. 제가 성격이 꼼꼼한 탓에 사무국에서 올라오는 기획서나 PPT 자료가 맘에 들지 않는 경우가 많았고 제가 다시 수정하는 일이 많았습니다. 결국 제 일이 필요 이상으로 가중된 건 물론이고 동아리 취지와 다르게 대표 한 명 중심으로 흘러가기 시작했습니다. 각 국장과 팀원들의 사기도 떨어지는 일이 발생했습니다. 그때부터 저는 학교가 끝나면 소규모 친목 모임을 자주 열어 내부에서 먼저 친해지는 시간을 마련했습니다. 또한 임원진들의 의견과 재량을 존중해주고 큰 문제점만 없다면 수정 없이 승인처리를 했습니다. 그 결과 제가 생각했던 것보다 더욱더 창의적인 아이디어들이 나왔고 남북대학생들끼리 작은 통일을 이뤘습니다. 팔로워들을 앞에서 끌고 가는 것보다 뒤에서 격려하며 밀어주는 것이 리더임을 알게 되었고 일 잘하는 사람 한 명보다는 마음이 맞는 여러 명이 더 효과적이라는 것도 깨달았습니다.

Q. 공직생활을 하면서 프로젝트 발표를 맡을 수도 있고 하기 싫은 어려운 업무를 담당할 수도 있는데 그럴 때는 어떻게 할 것인가요?

A. 저는 그럼에도 해내야 한다고 생각합니다. 어려운 업무를 맡았다면 법령이나 규정을 참고해 공부한 뒤 업무를 완전히 숙지해야 합니다. 제가 발표공포증을 극복한 것처럼 그런 상황이 온다면 노력으로 극복해내겠습니다.

Q. 상사가 본인한테만 업무를 과중히 맡긴다면 어떻게 할 것인가요?

A. 사회생활 경험상 그런 경우는 보통 긍정적인 신호였습니다. 보통 제가 잘 하거나 성실하면 일을 많이 주셨습니다. 그래서 사실 전 속으로 기쁠 거 같습니다. 그래서 열심히 할 거 같습니다. 또 긴급하게 할 업무가 많다거나 다른 동료분께서 업무가 많으셔서 주신 걸 수도 있다고 생각합니다. 그러니까 책임지고 업무에 임하겠습니다. 공무원의 업무는 국민 위하는 것이기 때문입니다. 하지만 만약 너무 과중해서 효율적이지 못하고 기한도 지킬 수 없을 정도라면 선배님들이나 상사분께 상담 요청을 해보겠습니다.

Q. 일과 대인관계 중에 더 중요한 것은 무엇인가요?

A. 정말 어려운 질문인데 굳이 고르자면… 저는 대인관계가 더 중요하다고 생각합니다. 사람은 일을 하는데 어느 정도 평균치가 있다고 생각합니다. 이에 반해 제가 만약 너무 많은 업무를 배당받으면 주변 동료나 선임들에게 그 업무를 처리하는데 조언을 구할 수도 있고 내가 다른 동료들의 업무를 대신 하는데 조금 더 수월할 수 있습니다. 이처럼 대인 관계가 좋으면 더 효율적으로 업무를 진행할 수 있을 것 같습니다.

Q. 일이 많아서 동료의 일까지 상사분이 시킬 수도 있는데 어떻게 할 것인가요?

A. 저는 상사분께서 동료의 일을 저에게 맡기신다는 것은 저의 능력을 그만큼 믿고 그리고 또 저를 믿기 때문에 일을 주신다고 생각합니다. 그래서 감사히 생각하며 동료의 일을 돕겠습니다. 우선순위를 파악하여 급한 업무부터 처리하고 동료의 일을 도와드리겠습니다.

Q. 본인이 CEO라고 생각하고 순응하는 직원과 톡톡 튀는 창의적인 직원 중에 누구랑 일하고 싶은가요?
A. 저는 톡톡튀는 창의적인 사람과 일하고 싶습니다. 저는 오늘 면접을 준비하면서 적극적인 태도를 주제마로 잡았습니다. 창의적인 시각에서 바라보면 일상에선 지나쳤던 불편한 점을 빠르게 발견하여 해결할 수 있고 효율적이게 일을 처리할 것 같아 이런 점이 적극행정을 하는 모습이라 생각되기 때문입니다.
Q. 그런데 그런 사람과 일하면 문제점이 무엇인가요?
A. 일단 업무 진행시 실패할 확률이 올라갈 단점이 있고 기존 관행과 어긋나는 부분이 있어서 이런 점은 기존관행과 조율하면서 일을 진행해야 할 것 같습니다.

Q. 유능하나 안 맞는 사람과 무능하나 잘 맞는 사람 중 어떤 사람과 함께 일하고 싶은가요?
A. 유능하나 안 맞는 사람과 일하는 것입니다. 자기소개에 말씀드린 것처럼 저는 상대방은 저와 다른 사람이기 때문에 다른 특성이 있다는 것을 인정하고 좋은 점을 보려합니다. 우선 문제가 있다면 저의 어느 부분이 문제가 있는지 먼저 살펴볼 것입니다. 그리고 안 맞는 원인이 성격차이인지 일하는 성향의 차이때문인지 파악하고 대화를 통해 맞춰갈 수 있다고 생각합니다. 유능하다면 시민을 위한 사업을 함께 해나가는데 더 도움이 될 수 있을거라 생각합니다.

Q. 공무원 월급이 굉장히 적습니다. 이 점 때문에 신규공무원들이 그만두는 일도 많습니다. 본인은 공무원 월급에 대해 어떻게 생각하나요?
A. 공직자가 되고 싶다고 마음먹었을 때부터 돈이라는 것은 제게 있어 부차적인 요소였습니다. 물론 현실적인 부분을 우선시하시는 분들에게는 최저임금에도 달하지 못하는 적은 월급이겠지만 저는 공무원에게 있어 월급이라는 요소는 직업을 선택함에 있어 사기업과 차이를 두어야 하지 않을까 생각합니다. 저는 시민에 대한 봉사를 위한 마음으로 공무원이 되고자 합니다.

4. 조직생활 관련 질문 중 기본이자 자주하는 질문

TIP 남들과 차별화 시킬 수 있는 답변을 준비해야 한다.

(1) 만약 자신의 소신과 조직이 추구하는 방향이 충돌한다면 어떻게 할 것인가?

(2) 본인은 개인의 선택을 중요시 하는가 조직의 선택을 중요시 하는가?

(3) 조직의 역량과 개인의 역량 중 무엇이 더 우선시 되어야 하는가?

(4) 개인의 일과 팀의 협업 중 무엇이 더 중요한가? 그 이유는 무엇인가?

(5) 개인의 의견과 조직의 의견에 갈등이 생기면 어떤 것을 더 중요시 할 것인가?

2 관행에 대해 명확히 정리하기

POINT 공무원 면접에서 관행에 대해 심심찮게 질문을 한다. 이에 대해 한 번도 생각해보지 않았다면 답변하기 어려운 질문이다. 아래 내용을 참고해서 자신의 생각을 말할 수 있어야 한다.

1. 관행과 관련한 내용 정리

(1) 비록 위법하지는 않지만 문제가 있는 관행이라면 개선하려고 노력해야 한다. 예를 들어 검찰직에서 구속 후 수사를 하는데 밤샘수사를 하는 것이 관행화되었다고 가정하겠다. (물론 이 관행도 지금은 개선되어 사라졌지만 예정의 상황을 가정한 것이다.) 이것은 법에 규정되어 있지 않으므로 위법은 아니다. 그런데 인권적 측면에서 볼 때 매우 불합리하다. 수사를 하는 검찰입장에서는 이 관행이 업무를 하는 데 매우 효율적이라고 생각한다. 즉, 기관의 입장과 국민의 기본권에 대한 입장이 충돌하는 상황이 발생하고 있다. 법에서는 이런 세부적인 사항에 대해 규정되어 있지 않다.

(2) 위와 같은 상황에서 개인적으로 보기에 국민의 기본권을 존중하고 불합리한 점은 개선하고 싶지만 아무리 건의를 해도 상사는 기존 관행이 일처리를 하기에 편하다고 한다. 왜냐면 그렇게 배웠고 그렇게 하는 게 익숙하기 때문이다.

(3) 이런 경우 조직 내에서 불합리를 외치고 개선을 요구한다고 해서 바로 바꾸기는 매우 어렵다. 조직 내에서 불합리함을 인식하면서 조직원들과 공유하고 천천히 공감대를 넓혀가며 개선하려는 노력을 꾸준히 해야 비로소 바뀔 수 있다. 즉, 조직 내에서 '개선을 위한 설득 노력을 꾸준히 해야 한다. 조금씩이라도 변화를 위해 노력해야 한다.'는 것이 결론이다.

(4) 조직 내에서 통용되는 관행은 또 다른 면이 있다. 즉, 관행의 정의는 '오래전부터 해 오는 대로 함. 또는 관례에 따라서 함.'이다. 예전에는 그 방식이 편하고 효율적으로 작동하고 있었을 것이다. 그런데 시대가 변하면서 그 관행이 시대의 흐름을 반영하지 못한 경우이다.

(5) 현재 조직 내에서 이루어지고 있는 관행이 '현재에도 적용될 수 있는 방식인가?'를 생각해봐야 한다. 지금도 그 방식이 효율적이라면 그 방식은 조직 내에서 훌륭한 역할을 하고 있다고 보아야 한다. ⇨ 이 경우는 제도화를 통해 공식화하고 투명화하는 것이 필요하다. 그래야 국민에 대한 공정성, 신뢰성을 높일 수 있다.

(6) 시대의 변화를 반영하지 못하고 조직에는 편리하나 오히려 국민에게 불편함을 초래한다면 그러한 관행을 고치기 위해 노력해야 한다. ⇨ 불합리한 규제, 과도한 서류제출 요구 관행 등이 그런 식으로 표출된 것이라고 볼 수 있다.

(7) 법도 현실을 반영하기에는 늦지만 그래도 끊임없이 개정이 이루어지는 것과 마찬가지로 생각하면 된다.

(8) 결론적으로 조직 내에서 통용되는 관행은 조직원들에게 익숙해져 있어 이를 바꾸는 것은 매우 어렵다. 그래도 그 관행이 현실을 반영하지 못하고 국민의 불편을 초래하거나 국민에게 부당한 것이라면 꾸준히 개선하려는 노력이 지속되어야 하며, 조직 내에서 조직원들의 공감대를 얻고 조금씩 바꿔나가도록 해야 한다. 이것이 핵심이다.

2. 관행과 관련하여 자주하는 질문

(1) 만약 조직이 모두 따르고 있는 관행이 있고, 이게 본인의 의견과 다르면 어떻게 할 것인가?

(2) 공무원 조직이 연공서열 중심이고, 성과제가 잘 반영되지 않는 것에 대해 왜 그렇다고 생각하는가? 이를 어떻게 개선할 수 있겠는가?

(3) (지원부처) 조직과 관련하여 개선하고 싶은 점이 있다면 무엇인가?

(4) 지원자가 생각한 창의적인 아이디어를 실현하고 싶은데 조직에서는 마음에 들어하지 않는다면 어떻게 할 것인가? 이미 조직 내 오랫동안 가지고 온 관행이 있으며 그것을 바꾸기는 쉽지 않을 경우에는 어떻게 하겠는가?

3 고객 지향성 관련 질문

(1) 공무원에게 고객이란 누구인가?

(2) 내부고객과 외부고객 중 누구를 우선시 해야겠는가?

✅ PLUS

1. 고객은 내부고객과 외부고객으로 구분할 수 있다.
2. 외부고객은 국민, 시민, 외국인, 시민단체, 외국정부, 국제기구 등이다.
3. 내부고객은 동료, 상사, 다른 부서 직원, 산하기관, 타기관, 공기업, 정부부처를 모두 포함한 공무원이다.
4. 본인 이외의 모든 상대는 고객이라는 마인드로 업무를 해야 하며 외부고객이 우선이 되어야 한다. 따라서 민원업무는 가장 우선순위로 해결해야 하는 업무이다.
5. 내부고객에 대해서는 긴급성, 중요도, 상사의 지시 등을 고려하여 업무 순서를 정하면 된다.
6. 행정의 목적은 고객(주민) 만족이다.
7. 내부고객(공무원)의 만족은 고객만족을 위한 필요조건임에도 경시되는 경향이 있다. 내부고객의 만족은 조직의 성과를 이루는 데 큰 영향을 미친다. 따라서 외부고객과 내부고객을 동일하게 바라보는 시각이 필요하다.
8. 따라서 내부고객인 타부서의 업무협조에 대해서도 신속하게 처리해주어야 한다.

4 MZ세대 관련 내용

1. MZ세대의 정의

(1) MZ세대는 밀레니얼(Millennial) 세대와 Z세대(Generation Z)를 합쳐 부르는 말이다. 이는 1981~2010년에 출생한 세대를 지칭한다.

(2) 밀레니얼 세대는 대체로 1980~1995년(또는 1985~1996년) 사이 출생, Z세대는 1996~2010년대(또는 1997~2005년) 초반 출생자이다.

(3) 통계청에 따르면 국내 MZ세대(1980~2005년생)는 전체 인구의 33.7%를 차지하고 있다.

2. MZ세대의 특성

(1) 디지털 세대

PC와 스마트폰, 각종 IT 기기와 프로그램을 다루는 데 능숙하다.

(2) 개인주의 성향

자신만의 개성을 중시하고 재미를 추구하며, 자유롭게 생각하고 사생활을 존중받기를 원하는 성향이 있다.

(3) 수평적 관계 지향

① 온라인에서 맺은 수평적 관계에 익숙한 영향으로 한국식 조직문화에 거부감을 느낀다.
② 다양한 만남을 추구하는 세대로 온라인, SNS에서 관계망을 형성한다.

(4) 공정한 보상과 워라밸을 중시

① 평가기준을 명확하게 제시해 줄 것을 요구하며 공정한 평가에 순응한다.

② 기성세대가 회사를 위해 희생할 수 있다는 반면 MZ세대에게 회사는 같이 성장해 나가는 파트너이지 자신을 희생해서까지 함께해야 하는 대상이 아니라고 생각한다.

③ 정시퇴근과 퇴근 후 업무를 거부하는 등 워라밸을 중시한다.

(5) 소비의 특징

집단보다는 개인의 행복을, 소유보다는 공유(랜탈이나 중고시장 이용)를, 상품보다는 경험을 중시한다.

3. MZ세대 vs 기성세대(꼰대문화) 갈등

(1) 20~30대 직원과 40대 이상 상사와의 세대갈등

① '꼰대'란 은어사용: 2030세대는 답답한 기성세대를 '꼰대'라고 칭한다. ⇨ 꼰대란 권위적인 사고를 가진 어른이나 선생님을 비하하는 은어

② 정시퇴근 갈등: 윗세대는 정시퇴근에 대해 '일에 대한 책임감 부족'이라 주장했지만 MZ세대는 '야근을 당연시하는 것은 부적절하다'고 반박한다.

③ 일에 대한 가치관 갈등: 윗세대는 맡겨진 일이 먼저이며 '의무' 중심의 가치관으로 일하지만 MZ세대는 근로계약서상 근무시간을 중요시하기 때문에 '권리' 중심으로 생각한다.

④ 업무지시: 윗세대는 "알아서 해보라"라는 식인 반면 MZ세대는 "일의 이유와 방식부터 알아야 한다"라는 말로 반박한다.

⑤ 회식: 윗세대는 "소통에 필요한 과정"이라고 주장하는 반면 MZ세대는 "장소 예약부터 상사 얘기까지 의전의 연속"이라고 주장한다. ⇨ 집단주의 성향 vs 개인주의 성향

(2) 꼰대문화

① 필요 이상으로 체면치레와 허례허식을 중시하며, 주류층 대접을 받고 싶어하는 것을 나타낸다.

② 의견을 이야기하라고 하지만 결국 정답은 본인의 의견이다.

③ '라떼는'이라는 표현을 사용한다. ⇨ 내가 ~했을 때=라떼는

④ 개인 약속을 이유로 회식에 불참하는 것을 이해하지 못한다.

⑤ 조직문화를 중시한다.

⑥ 예절을 중시한다.

4. MZ세대와 관련하여 자주하는 질문

(1) 기성세대와 MZ세대 갈등에 대해 어떻게 생각하는가?

(2) 요즘 MZ세대들은 워라밸을 중요시한다. 본인도 MZ세대라 잘 알 텐데 MZ세대인 동료들이 적극적으로 이런 문제에 잘 나서지 않는다면 본인이 MZ세대로서 어떻게 하겠는가?

(3) MZ세대의 긍정적인 면과 부정적인 면은 무엇인가?

(4) 조직에 들어와서 MZ세대로서 할 수 있는 역할이 무엇인가?

(5) 기성세대는 회식을 좋아하고 MZ세대는 참여하기조차 싫어한다면 어떻게 하겠는가?

(6) MZ세대와 선배공무원의 소통법은 무엇이겠는가?

(7) MZ세대의 면직율이 높은데 원인이 무엇이라고 생각하는가? 본인이 조직에 들어와 이 문제에 봉착하면 어떻게 할 것인가?

(8) MZ세대 특성을 정책에 어떻게 활용할 수 있겠는가?

5 공직문화 혁신

인사혁신처에서는 '공직문화혁신 기본계획'이라는 것을 발표하였다.

> **(1) 공정한 평가·보상 체계 구축**
> ① 인재상 중심 평가: 인재상을 중심으로 성과평가 요소 개선, 연공서열식 평가 및 승진 완화
> ② 성과급 공정성 제고: 연공서열 탈피, 단위 부서별 동료 평가 등을 통해 성과평가의 공정성과 객관성 제고
> ③ 직무, 성과 중심 보상 강화: 보수체계에 직무 가치 반영 확대
> **(2) 유연하고 효율적인 근무환경 조성**
> ① 근무혁신: 불필요한 야근 줄이기, 업무집중도 향상, 똑똑한 회의, 유연한 근무 등
> ② 근무장소, 시간 유연화: 원격근무 가능한 장소, 시간 등을 유연하게 확대하고 출장·유연근무 등 다른 복무제도와 연계하여 활용
> ③ 자율근무제 시범도입: 모든 직원이 정해진 근무시간 외 나머지는 유연근무를 자율적으로 사용
> ④ 연가 사용 목표제: 부처별 연가 사용 목표를 설정하고 그 결과를 공개

6 언론 대응

언론에서 부정적인 보도를 한다면 어떻게 대응할 건인가에 대해 정리해 둘 필요가 있다.

> **(1) 언론의 특징**
> 언론은 정치현상이나 정부활동을 매우 부정적으로 다루는 경향이 있다.
> ➡ 특히 언론의 정파성은 다양한 사건과 대상에 대해 편향적 시각을 갖는 경우가 많다.
> **(2) 언론 대응**
> ① 보도자료를 통해 공식 대응
> ② 부정확한 기사에 대해서는 정정보도 요청("사실은 이렇습니다" 등의 지원부처 정정보도 사례를 참고)
> ③ 언론 인터뷰는 기관 내 언론 담당부서를 통해 실시(언론 인터뷰에 필요한 자료 준비는 사건 및 대상 담당자가 상관의 보고를 득하여 전달)
> ④ 직접적인 인터뷰는 피해야 함 ➪ 개인의 의견을 피력할 경우 특정집단의 반발이나 정책의 신뢰성이 손상될 수 있음

MEMO

CHAPTER

03 민원인 응대방안 관련 질문

✏️ **Check point**

1. 나중에 현직에 들어가면 유형별 민원인 응대 매뉴얼이 있다. 하지만 실제로는 매뉴얼 대로 하기 힘든 것이 공무원의 민원업무이다. 그러므로 법과 원칙에 따라 대응하는 것이 기본이지만 너무 법과 원칙만을 내세우면서 일처리를 하게 되면 민원인과 잦은 마찰을 빚게 된다.
2. 민원인 응대방안은 반드시 정리해 두어야 하며, 스티마쌤이 강조하고 해설해 주는 부분은 정리가 되어 있어야 한다.

---

1 **민원인 응대**

1. 답변사례

Q. 악성민원에 대한 말이 많잖아요. 아르바이트나 학교생활 하면서 무리한 요구를 받은 적은 없나요?

A. 사실 제가 아르바이트를 하면서 무리한 요구를 하는 고객님들이 많았습니다. 제가 고깃집에서 일을 하는데 한 손님이 담배 심부름을 요구했습니다. 그런 요구를 받았을 때 너무 불합리하다고 생각했고 기분도 좋지 않았습니다. 하지만 무리한 요구를 한 번 했다고 해서 바로 사장님께 항의하거나 신고하는 건 너무하다는 생각이 들었습니다. 당시 매장에 한 테이블뿐이었고 바로 옆에 마트가 있어 부탁을 들어드렸습니다. 물론 공직생활 하다보면 이보다 훨씬 무리한 요구가 많을 거라고 생각합니다. 당연히 조직에 해가 가거나 다른 민원인께 피해가 된다면 그런 부탁은 들어주지 않을 겁니다. 하지만 제가 들어드릴 수 있는 상황이라고 판단된다면 최대한 도움을 드릴 수 있게 노력하겠습니다.

Q. 다양한 업무를 하게 될텐데 악성민원이나 무리한 민원을 요구하면 어떻게 할 것인가요?

A. 민원인들께서 공무원에게 찾아 오는데는 모두 목적이 있다고 생각합니다. 따라서 일단 민원인들의 목적을 다 들어보고 제가 해결할 수 없는 문제라면 다른 지자체에 사례를 찾아보거나 공적인 부분에서 해결 가능하도록 찾아볼 것입니다. 그러나 공적인 부분에서 해결 불가능하다면 민간에 연결해드리겠습니다. 그리고 악성민원과 같은 특이 특별민원인께는 해당 민원인의 이야기를 들은 후 불가능한 이유에 대해 설명해드리겠습니다. 하지만 그렇게 해도 반복적으로 행동하신다면 민원인께 해당 행동에 대해서 법적으로 조치가 가능함을 말씀드리고 최대한 민원인의 마음을 누그러뜨려서 귀가하시도록 할 것입니다.

Q. 민원인을 응대할 때 어떻게 할 것인가요?

A. 정책적인 부문에서 해드릴 것이 없다고 판단된다면 민간기관과 협력을 요청해 보겠습니다. 그래도 지원해드리는 것이 어렵다면 지속적인 모니터링을 통해 자원을 발굴하고 연계할 수 있도록 노력하겠습니다. 또한 전남에서는 복지기동대사업을 하고있는 만큼 지역사회연계도 잘 되고 있는 것으로 알고 있습니다. 지역주민들에게 도움을 요청하는 방법도 있는 것 같습니다.

Q. 환자도 그렇지만 민원인들 중에도 더 심하게 짜증을 내거나 하는 사람이 있을 수 있습니다. 그럼 어떻게 할 것인가요?

A. 제가 근무한 곳이 대학병원 혈액암병동이어서 중증도도 높지만 환자분들의 연령대도 다양했습니다. 저는 어릴 적부터 할머니와 가깝게 지냈기 때문에 어르신들을 대하는 것이 오히려 편했으나 같은 연령대의 환자분들은 저를 불편해 하실 것 같고 이런 부분에 어려움을 겪었습니다. 하지만 환자분이 어떤 게 불편한지 증상파악을 첫째로 생각하고 공감하며 소통한 것이 도움될 수 있었습니다. 이런 자세로 민원인분이 불만을 제기한다면 먼저 친절하게 이야기를 들어주고 어떤 부분이 문제인지 그 문제를 해결하는 것을 중점으로 대화해나가면서 상황을 해결하겠습니다.

Q. 소리지르는 민원인이 있으면 어떻게 대처할 것인가요?

A. 소리를 지르시면 다른 동료분들과 민원인분들께 피해가 갈 수 있기 때문에 일단 그분을 다른 방으로 모셔서 진정시켜드리고 차분히 이야기를 들은 후에 도움 받을 수 있는 정책이나 지원을 도와드릴 것 같습니다.

Q. 딱한 처지의 민원인이 있는데 관계법령이 애매해서 도와줄 수 없는데 어떻게 할 것인가요?

A. 저는 법이란 국민들을 위한 것이고 특히 사회적 약자, 딱한 처지의 사람들을 위해 있다고 생각합니다. 그렇지만 법이 그들을 포용해주지 못한다면 법으로서의 역할을 제대로 하지 못하고 있다고 생각합니다. 저는 만약 제가 그 상황이라면 처리할 수 없는 상황이라면 제가 알고 있는 사회복지사와 연결해주던가 법령검토, 비슷한 사례검토, 필요하다면 현장에 가보아서 제가 도울 수 있는 한 그들을 도울 것 같습니다.

Q. 자기소개서를 보니 단점으로 남의 부탁을 거절하지 못한다고 했네요. 공직에 들어오면 법령에 없는데도 무조건 처리해달라고 우기는 민원인들을 많이 만나게 됩니다. 이런 경우에 어떻게 하겠나요?

A. 저의 이런 점이 공직에 나아갔을 때 고쳐야할 점이라고 생각해 많은 생각을 해 보았습니다. 우선 인정에 끌려가지 않도록 경계를 정하겠습니다. 그리고 제가 하고 있는 업무를 정확하게 파악하여 제가 할 수 있는 일의 한계를 알아두고 이 이상 넘어설 수 없는 합법의 테두리 안에서 업무를 진행하겠습니다. 하지만 민원인분들이 호소하시는 불편이 개선할 수 있는 사항이라면 저는 적극행정을 펼쳐 시민 여러분을 돕겠습니다.

2. 고질민원의 원인

(1) 초기 대응 실패가 고질민원을 만든다.

무엇이든지 첫 단추를 잘못 꿰면 잘 풀리지 않게 된다. 고질 악성민원의 경우 더더욱 그렇다. 의사소통이 제대로 되지 않으면서 오는 불통이 단순 일회성 민원을 고질 악성민원으로 만든다. '공무원들이 어떻게 초기 대응을 하는가?'가 그만큼 중요하다. 고질 악성민원이 자칫 장기화되면 민원을 해결하는 과정에 공무원들의 부패와 비리가 연결될 수 있기 때문에 초기에 민원을 해결하는 것이 중요하다.

(2) 잘못된 학습효과가 고질민원을 만든다.

우리 사회는 '떼쓰고 드러누우면 해결된다'고 생각하는 경향이 짙다. 과거에는 실제로 그런 경우 문제해결이 되는 경우가 있었다. 그렇기 때문에 '관청에 가서 계속 민원을 넣고 떠들면 언젠가는 해결되겠지' 하는 막연한 기대감이 잘못된 학습효과를 갖게 되고, 그런 학습이 고질민원을 발생시킨다.

(3) 처리기관에 따라 동일 또는 유사한 민원의 처리결과가 다르게 나타나는 것에 대한 불만으로 고질민원이 발생할 수 있다.

> **TIP** 상이한 처리결과에 대해 의문을 제기하면 상황을 신속히 파악한 후에 민원담당자가 충분한 설명을 해주어야 한다.

3. 고질민원 대응

(1) 기본적으로 법과 원칙에 따라 대응해야 한다.

(2) 적극적인 행정을 펼쳐야 한다. 즉, 공무원들이 재량권 행사의 여지가 있다면 적극적인 행정을 해야 한다. 나중에 감사원의 감사가 두려워 해결해 줄 수 있는 민원도 문제로 만들기 싫다고 생각하여 처리해주지 않는 경우가 있다.

(3) 고질민원인도 국민의 한 사람으로 존중하는 입장을 견지하면서 처리해야 하며, 전담팀을 구성하여 최소의 인원으로 최대의 효과를 창출하도록 시스템을 만들어 대응하는 것이 효율적이다.

♦ PLUS

1. 민원인의 권리와 의무
① 권리: 민원인은 행정기관에 민원을 신청하고 신속, 공정, 친절, 적법한 응답을 받을 권리가 있다.
② 의무: 민원인은 민원을 처리하는 담당자의 적법한 민원처리를 위한 요청에 협조하여야 하고, 행정기관에 부당한 요구를 하거나 다른 민원인에 대한 민원처리를 지연시키는 등의 공무를 방해하는 행위를 해서는 안 된다.

2. 민원인들에 대한 공무원들의 자세
① 먼저 담당 공무원들은 민원인들의 민원 내용을 경청해야 한다.
  ㉠ 민원인들이 관청에 민원을 가져올 때는 밤낮으로 잠도 못자고 억울해서 가져오는 경우이다.
  ㉡ 일단 억울한 내용과 하소연을 잘 들어주는 것만으로도 민원인의 민원은 절반 정도 해소될 수 있다.
  ㉢ 하지만 공무원들이 바쁘다는 이유로 민원인들의 두서없는 설명에 시큰둥하거나 싸늘하게 반응하게 되면 민원인들은 평소 관(官)에 가졌던 부정적인 선입견을 주입해 '관청도 같은 편이다.' 내지는 '관청이 있는 자, 가진 자들의 편에 서 있다.'는 생각을 할 수 있다. 오히려 민원을 해소하려다 부정적인 인식까지 합쳐지게 되면 문제가 더 악화될 수 있다.
② 법과 규칙에 대해 납득할 수 있도록 설명해야 한다.
  우선 민원인의 감정 해소에 일차적으로 중점을 둔 뒤 두 번째로 민원인의 민원을 해결하기 위해서는 법과 규칙에 따라야 한다는 점을 강조해야 한다. 관청이 해주고 싶어도 법을 어겨가면서는 할 수 없다는 점, 재량권을 행사해도 법의 취지에 맞아야 한다는 점을 충분히 납득시켜야 한다.

2 민원인의 유형별 대처방법

(1) 민원인 응대 5단계(고성민원발생)

> ① 고성내용 파악
> ② 감내: 이 장소는 여러 사람이 사용하는 곳이므로 소란을 피우시면 곤란합니다.
> ③ 진정(안정): 감정을 가라앉히고 선생님의 문제를 차분하게 말씀해 주십시오. ⇨ 격앙된 감정 안정화 및 이성적인 판단 유도
> ④ 수용: 저희들의 의견을 수용해 주셔서 감사합니다. 하지만 고성도 범법행위이고 처벌받을 수 있습니다. ⇨ 고성도 업무방해 등 범법행위임을 주지
> ⑤ 귀가조치: 선생님의 요구가 법과 제도로 해결할 수 있는 것이라면 최선을 다해 도와드리겠습니다. 안심하고 집으로 돌아가십시오. ⇨ 정당한 요구는 언제나 수용하지만 부당한 요구는 수용되지 않는다는 메시지 전달

(2) 고성을 지르는 민원인

① 단순 고성의 경우에는 주로 감내와 설득으로 해결한다.
② 민원인의 고성으로 주변인(민원실의 다른 민원인이나 기관 내의 다른 공무원들)들이 놀라지 않도록 하는 우선 조치를 취해야 한다.
   ➡ 주변분들에게 가벼운 목례를 함으로써 큰 문제가 일어나지 않을 것임을 표시
③ 설득과 경고 중 설득에 무게중심을 가지고 고성민원인이 진정할 수 있도록 짧은 시간(2~3분 이내)이라도 여유를 두고 주의를 주고 일반 민원인들의 보호 및 원활한 상담을 위해 격리를 할 필요가 있다.

(3) 기물을 파손하는 민원인

기물파손 상황이 발생할 경우 즉각적으로 안전요원 호출을 하거나 상관의 조언을 구하여 안전한 환경하에서 민원인을 진정시키고, 기물파손과 같은 폭력적 행위는 엄중한 주의 경고 및 단호한 대처에 무게중심을 두어야 한다. 긴박한 상황으로 인해 민원인에게 '원칙 없는 답변' 등을 할 경우 민원인은 기대감을 갖고 그 기대감이 실현되지 못할 경우 더욱 과격해질 수 있으므로 신중한 답변이 필요하다.

(4) 기관장 등 관리자 상담을 요구하는 민원인

① 관리자와 상담을 원하는 경우 탈권위적 열린 자세가 중요하다.
② 민원인이 관리자와 상담을 원할 경우 민원인에게 관리자 상담은 언제든 가능하다는 것을 알려주고 관리자 상담사례 등을 들려주면 민원인의 이해도가 높아질 것이다.
③ 민원인이 분명한 사유 없이 관리자 상담을 원할 경우 문서 등 간접적인 면담방법 등은 경우에 따라서 이용할 필요가 있다.

(5) 조롱하는 민원인

① 점심시간을 넘긴 지 불과 1~2분이 지난 상황에서 담당 공무원이 자리에 늦게 왔다며 다짜고짜 화를 내며 '구청장 나와라', '근무 태도가 엉망이다', '내가 낸 세금으로 월급 받는데 이따위로 대접하냐' 등의 조롱을 하는 경우도 있다.

② 이런 경우 민원인이 흥분하지 않도록 주의해야 한다.

③ 선배 및 상사의 적절한 개입도 필요하다.

④ 내부 직원이 잘못을 인지한 것만으로도 민원인의 감정이 누그러질 수 있기 때문에 민원인의 조롱이 과도할 경우 선배 및 상사가 해당 공무원의 잘못을 인정하면서 민원인을 진정시키는 것도 하나의 방법이다.

(6) 공갈·협박하는 민원인

① 공갈·협박이 발생한 경우 즉각적으로 경고와 중지가 이뤄져야 한다.

② 공갈·협박의 경우 즉각적인 주의조치가 취해져야 하며 신속하게 경고단계까지 이르고 상담을 종료하도록 해야 한다.

③ 공갈·협박의 경우 내용이 중요한 요소이다.

　　　◐ 은밀한 협박 혹은 공공연한 협박 등 형식은 중요하지 않다.

④ 개인차원의 응대가 무리일 경우 즉시 기관차원의 응대로 전환해야 한다.

⑤ 담당 공무원이 여성이거나 혹은 심신이 다소 약하여 보통의 경우에 비해 공갈·협박에 민감할 경우 즉각적인 상담종료 및 상사에게 도움을 요청하고 법적조치를 받도록 하여야 한다.

(7) 애걸하는 민원인

① 민원인의 기대감을 높이는 언행 등에 유의해야 한다.

② 민원인의 애걸이 있을 경우 평상심을 갖는 것이 중요하며, 동점심에 의해 법과 원칙에 위배되는 판단과 처분을 할 경우에는 민원해결의 원칙과 일관성이 무너져 또 다른 피해자를 야기시킬 수 있다.

③ 설득과 설명에 응대의 무게중심을 두고(들어주는 것에서부터 민원인의 마음을 달래주는 것) 내용에 따라 민간자원이나 도와줄 수 있는 다른 방법이 있는지 확인하면 된다.

(8) 경상해를 가하는 민원인

① 폭력성 징후가 있을 경우 즉각적으로 안전요원 호출 ⇨ 상해 등은 이전에 민원으로 불만이 고조되어 있어 상해행위를 하는 데 시간이 짧은 특성이 있다.

② 추가적인 폭력상황이 발생할 수 있는 가능성 대비 ⇨ 추가 및 후속 폭력이 발생하지 않도록 안전요원 등은 일정시간 이상 현장보호 조치 등을 할 필요가 있으며 현장기록 등을 남겨놓도록 해야 한다.

　　　◐ 맞고소 등 진실관계 규명이 왜곡될 소지가 크다.

▮3▮ 민원인 응대에 관해 자주하는 질문(상황형)

(1) (상황형) 본인이 담당하는 업무 관련 업체 혹은 개인사업자가 상관과 밖에서 만나는 것을 목격하였다. 이 경우 어떻게 하겠는가?

(2) (상황형) 전화민원 응대시 본인이 잘 모르는 업무인데 해당 담당자가 부재중인 경우 어떻게 대처하겠는가?

(3) (상황형) 업무가 종료되었다. 그러나 민원인이 찾아와서 일처리를 부탁한다. 어떻게 할 것인가? (공무원은 분명 법정시간을 준수해야 할 의무가 있으며 더욱이 본인은 개인적인 약속까지 잡혀있는 상황이다.)

(4) 민원인 A는 민원처리 결과에 불만을 제기하며 동일한 민원을 10회 이상 반복적으로 민원 게시판에 게시하고 있다. 상관은 전임자가 처리하여 결론지은 사항으로 민원처리 여부에 대해 인사평가에 불이익을 주지 않을 테니 무시하라고 한다. 본인은 이 상황에서 어떻게 할 것인가?

◈PLUS

악성민원 대처방법 생각해보기

아래 내용을 바탕으로 악성민원인 대처방안에 대해 본인만의 좋은 답변을 만들어 보길 바란다.

1. 최근들어 일반행정기관은 물론 사회봉사단체 등에 이르기까지 사회 전반의 분야에서 절차와 규정에 따라 적정히 행정처리를 하였음에도 자신의 기대와 다르다는 이유로 반복하여 이의를 제기함은 물론 폭언, 협박, 기물파손, 고소고발, 장기시위 등의 행태를 보이는 특별민원(악성, 고질민원)이 사회문제로 부각되고 있다.

2. 그럼에도 '특별민원인이 어떠한 주장과 행태를 보이건 분명한 것은 특별민원인들도 국민의 한 사람으로서 국가의 보호와 서비스를 받아야 할 대상이며 다만, 일반 국민에 비하여 좀 더 따뜻한 관심과 배려가 필요한 민원'이라는 것이다. 이를 바탕으로 내 가족의 일이라는 역지사지의 마음으로 접근할 때 비로소 문제해결의 실마리를 찾을 수 있다. 물론 특별민원으로 인해 담당 공무원은 심한 스트레스를 받고 있으며, 행정낭비요인 또한 만만치 않다. 따라서 특별민원에 해당하는 요건을 정하여 이에 해당하는 특별민원에 대해서는 적정처리 매뉴얼을 만들고(이미 국민권익위에서 공공부문 특별민원 대응 매뉴얼을 만들어 배포하였다) 매뉴얼에 따라 대응하되 혼자서 처리하지 말고 되도록 '민원처리위원회'나 주민과 전문가가 참여하는 '민원조정위원회'에 상정하여 합리적 해결방안을 찾도록 하는 것이 좋다.

3. 특별민원인에 대한 법적 대응은 특별민원인이 공무원을 괴롭힐 목적으로 고질민원을 제기하는 악의성이 명확할 경우 공무원을 보호하기 위해서라도 노조 차원에서 형사고발, 손해배상청구, 공무집행방해, 언론보도 등 강력한 대응을 하는 것도 한 가지 방법이다. 또한 법적 수인한도를 넘는 행태(폭력행사, 폭언, 업무방해 등)를 보일 경우 법적 대응도 적극 고려해야 한다.

2024
스티마 면접
군무원

PART

08

경험형 질문 대비

CHAPTER

01 경험형 면접 개요

1 경험형 면접의 의의

(1) 경험형 개별면접과제는 수험생들의 실제 경험을 토대로 하는 BEI(Behavior Event Interview, 역량 중심행동면접) 방식을 채택하고 있다. 즉, 과거 경험을 바탕으로 '어떠한 행동을 취했는지? 왜 그러한 행동을 취했는지?' 등의 질답을 통해 수험생의 공직적합성 및 공직가치를 평가하는 것이다.

(2) 공무원 면접에서 중요한 평가과정이다. 즉, 경험형 질문에 '얼마나 흥미 있는 재료(공직가치에 부합하면서 면접관이 공감하고 호응할 수 있는 내용)를 활용하는가' 이것이 중요하다.

2 경험형 답변시 주의사항

(1) 질문요지에 적합한 경험을 이야기해야 하며 만일 적합한 경험이 떠오르지 않는다면 면접관에게 양해를 구하고 유사한 내용의 다른 경험을 이야기해야 한다.

(2) 되도록 단체생활이나 조직생활과 관련된 경험을 이야기하는 것이 좋다. 조직생활을 잘할 것 같은 느낌을 주도록 해야 하기 때문이다. 희생, 협업, 갈등해결, 문제해결 등은 조직적합성을 보여주기 좋은 소재이다.

(3) 경험이야기는 면접관의 공감을 이끌어낼 수 있으면 가장 좋고 그렇지 않더라도 공직가치를 담아내는 것이 좋다.

(4) 지나치게 솔직하여 회피했다거나 포기한 부정적 경험은 반드시 피해야 한다. 얼마든지 긍정적인 경험이 많을 것이다. 경험을 통해 알고자 하는 것은 공직을 수행할 때의 자세를 과거의 경험을 통해 보고자 함이다. 따라서 긍정적인 결과를 나타낸 경험을 활용해야 한다.

(5) 실패한 경험, 실수한 경험, 윤리에 어긋난 행동을 한 경험 등의 질문에는 솔직하게 이야기하되 그 과정에서 느낀 점을 부각시켜 나타내도록 해야 한다.

3 경험형 기출질문

> Q. 창의적인 경험을 발휘한 것이 있는가?
> Q. 가장 보람찼던 일과 가장 아쉬웠던 일은?
> Q. 본인은 창의적인 사람인가? 순응하고 성실한 사람인가?
> Q. 본인이 획기적인 아이디어를 낸 경험은?
> Q. 어떤 일에 몰두했던 경험은?

Q. 지속적인 노력으로 성취한 경험은?

Q. 하기 싫은 일을 해야할 수도 있는데 그런 경험이 있는가?

Q. 개인의 역량을 벗어나는 과중한 임무가 본인에게 주어졌을 때 대처 경험은?

Q. 자신의 이익을 포기하고 남을 행복하게 한 경험이 있는가?

Q. 적극적으로 나서서 변화를 꾀한 적이 있는가?

Q. 도전했던 경험은?

Q. 상관이 지시하지 않았는데 주도적으로 일을 해결해 본 경험은?

Q. 살면서 실패나 좌절한 경험은 무엇이며 어떻게 극복했고 무엇을 깨달았는가?

Q. 남에게 상처를 준 적이 있는가? 어떻게 해결하였는가?

Q. 학창시절이나 경험에서 주도적으로 한 적이 있는가?

Q. 위기를 겪었던 경험과 어떻게 극복했는지 말해보라.

Q. 융통성을 발휘했던 경험은?

Q. 갈등을 해결해서 목표를 달성한 경험은?

Q. 사소한 것을 놓쳐서 잘못을 한 경험이 있는가? 그 극복방법은?

Q. 의사결정을 해 본 경험이 있는가? 본인이 스스로 의사결정을 했는데 가장 잘했다하는 경험은?

Q. 문제해결 경험 중 어려움을 가장 합리적인 근거로 극복한 사례는?

Q. 다양한 이해관계자들의 의견을 정리해서 만족을 주었던 경험이 있는가?

Q. 관행을 개선해 본 경험이 있는가?

Q. 타인을 설득하기 위해 본인이 한 행동은?

Q. 조직생활을 하면서 도와달라고 하지 않았는데 먼저 도움을 준 적은?

Q. 자신이 나서서 업무나 과제의 효율이나 성과가 좋아진 경험이 있는가?

Q. 조직생활 등을 하면서 정직했던 경험은?

Q. 합리적으로 문제를 해결했던 경험과 거기서 얻은 교훈은?

Q. 집단의 목표를 세우고 문제를 해결한 경험은?

Q. 창의적으로 일처리를 해서 주변의 칭찬을 들은 경험은?

Q. 예기치 못한 상황이 발생했을 때 해결했던 경험은?

Q. 본인의 성실함을 증명할 수 있는 경험은?

Q. 책임감이 강하다고 했는데 사례를 말해보라.

Q. 본인이 조직이나 단체를 위해 희생한 경험은?

Q. 새로운 곳에 적응해 본 경험은?

Q. 주어진 대로만 하지 않고 더 나아가서 일을 처리한 경험은?

Q. 가장 적극적으로 행동해서 목표를 달성했던 경험은?

Q. 선입견이나 고정관념을 깨뜨린 경험은?

Q. 자신이 살아오면서 이것만큼은 잘한 것 같다는 것이 있는가?

Q. 살면서 가장 후회했던 경험이나 제일 좋았던 경험은?

Q. 남을 도왔던 경험과 그로 인해 피해를 본 적이 있는가?

Q. 마음에는 안 들지만 규칙을 따랐던 경험이 있는가?

Q. 부당한 부탁을 거절하고 원칙대로 처리한 경험이 있는가?

Q. 공무원 공부말고 무언가를 하기 위해 열정적으로 임했던 경험이 있는가?

Q. 제일 행복했던 기억은?

Q. 살면서 가장 힘들었던 순간은 무엇이며 힘들었던 과정을 어떻게 극복했는가?

Q. 최근에 남을 도왔던 경험이 무엇이고 어떤 것을 느꼈는가?

Q. 본인이 인생에서 한계를 극복한 경험이 있는가?

Q. 인생에서 가장 잘한 선택과 가장 잘못했던 선택은?

Q. 본인이 삶에 있어서 가지고 있는 원칙에 반대되는 상황이 있어서 부득이하게 피해본 경험은?

Q. 시간이 부족했을 때 본인만의 해결책으로 시간을 관리한 사례가 있는가?

Q. 자신의 일을 하기 위해서 노력하거나 뚝심 있게 해결한 점이 있는가?

Q. 조직 내에서 소통을 잘 해낸 경험은?

Q. 자신의 단점과 극복하기 위한 방법 및 최근에 극복하기 위해 노력한 경험은?

Q. 작은 아이디어로 많은 사람들을 즐겁게 한 경험은?

Q. 알바하면서 일하기 힘들었던 사람과 일해 본 경험은?

Q. 조직 안에서 본인의 능력을 향상시키기 위해 노력한 경험은?

Q. 사람이 세상 모든 걸 다 경험해 볼 수는 없다. 경험해보지 못한 일을 처리할 때는 어떻게 하면 좋겠는가?

Q. 다른 사람의 잘못을 봤을 때 어떻게 했는가?

Q. 가족·친구·모르는 사람이 어려움에 처한 걸 봤을 때 도와준 적이 있는가?

Q. 어떤 것을 알려고 하기 위해 자료나 강의를 찾아보고 노력한 경험은?

Q. 어떤 일을 포기하지 않고 꾸준히 했던 경험은?

Q. 일상생활에서 편법을 하도록 지시받거나 편법을 저지르지 않도록 한 경험이 있는가?

Q. 자신의 능력을 사용하여 일을 잘 수행한 경험이 있는가?

CHAPTER
02 일반적 경험 질문

Case 01. 일반적인 윤리나 도덕에 어긋나는 행동을 한 경험

내용 ①: 친구들과 여행 하던 도중 마땅히 주차할 곳을 찾지 못해 골목길에 불법주차를 하게 됨. 불법주차를 하고 차에서 내려 보니 골목이 불법주차를 한 차들로 가득했고 그 사이로 사람들이 지나가거나 다른 차량들 이 지나갈 때 복잡한 광경을 목격. 나 한사람의 편의를 위해 남에게 피해를 주면 안 된다는 생각이 들었 고 근처 공영주차장을 찾아 차를 다시 주차함.

내용 ②: 시간이 늦어 급한 마음 때문에 새벽기차를 예매하지 않고 무작정 탄 다음에 기차 안에서 표를 끊었던 경험

➡ [주의할 점] 명백한 위법행위에 대한 경험이야기를 하는 것은 피해야 한다. 예를 들어 '회사생활하면서 상사의 불법 폐수방류 지시에 따랐었다. 그러나 후회한다.' 이런 내용은 언급하지 말아야 한다.

Case 02. 다수(집단)를 위해서 본인이 희생했거나 노력했던 경험

대학병원에서 근무할 당시, 병원 행사인 체육대회 & 장기자랑에 부서별로 간호사 한 명씩 참가해야 하는 상황이 있었습니다. 저를 포함한 저희 부서 동료간호사들 모두 참가를 희망하지 않았고 이로 인해 갈등이 생겼습니다. 그 상황에서 평소 동기들을 잘 이끌고 동기들과의 소통의 장을 주도해서 만드는 역할을 해왔던 제가 자리를 마련하여 서로 허심탄회하게 이야기를 해보자고 제안을 하였고 모임을 가져서 충분히 대화를 진행해본 결과 그동안 서로 몰랐던 마음을 진심으로 이해할 수 있었습니다. 하지만 그럼에도 불구하고 누군가 한 명은 꼭 참가해야 한다는 생각이 들었고 저도 사실 무척 쑥스럽고 내키진 않았었지만 이 또한 나중에 좋은 경험이 될 수도 있겠다는 생각이 들어 제가 하겠다고 용기를 냈습니다. 동기들은 제게 고맙다는 말과 함께 동기로서 심리적으로 또한 업무적으로도 서포트를 잘 해주겠다고 약속했고 이후로 실제로 더 돈독한 관계가 되었습니다. 근무와 병행하며 장기자랑 연습까지 하다 보니 사실 심리적으로 육체적으로 많이 지치기도 했었지만 이를 통해 저 스스로 체력을 더 기를 수 있었고 또한 다른 부서의 간호사들과도 친분을 쌓을 수 있어서 소중한 경험 중의 하나라고 생각합니다.

➡ 주민에 대한 봉사 자세와 인성 및 조직적응력을 보고자 묻는 질문이다.

Case 03. 친구 또는 동료가 어려움에 처했을 때 고민을 들어주고 대응했던 경험

게임홍보 관련 아르바이트를 할 때 일입니다. 각 PC방을 돌아다니면서 게임을 홍보하여 가입을 유도하는 일이었는데 두 명씩 팀을 이루어 일을 진행했는데 제 파트너가 소극적인 성격이어서 처음 보는 사람들에게 말 거는 것을 굉장히 힘들어했습니다. 그래서 제가 고객들에게 말을 걸고 가입을 유도하는 일을 맡고 제 파트너는 근처 유동인구가 많은 PC방 위치를 알아보도록 하여 일을 분담해 일을 하였습니다. 처음엔 실적이 낮은 조에 분리되었지만 결국 마지막 날 인센티브를 받았던 경험이 있습니다.

➡ [주의할 점] 여기서 핵심질문은 게임홍보 유도할 때 불법적인 사례는 없었는지 실적이 낮은 조에 분리되어 불만은 없었는지 마지막은 인센티브에 대한 질문일 것이다. 즉, 인센티브는 가입자 수가 많아야 받는 것이므로 그 질문에 대한 답변이 마지막 질문이라고 보면 된다.

➲ 참고로 위와 같은 주제에서는 '연애상담, 친구가 누군가와 싸우고 있었는데 합세하여 같이 상대편을 제압했다.' 이런 내용은 적합하지 않다. 공무원은 조직생활이다. 공무원 면접에서는 조직생활을 잘할 것 같은 사람을 선호한다. 후배·동료·선배와의 관계에서 본인의 적극적인 행동 혹은 모범적인 행동으로 도움을 주었던 경험을 떠올리길 바란다.

Case 04. 어려운 일이 발생할 느낌이 올 때 미리 그것을 예상하여 사전에 해결한 경험(누군가를 설득하여 실수를 미리 방지한 경험)

> 내용 ①: 대학교 재학시절 '연극의 이해' 수업 당시, 준비물을 미리 2개씩 만들어 놓자고 제안을 하였다. 연극 공연 당일 비품 한 개가 친구의 실수로 부서진 상황이 발생했는데 미리 만들어 놓은 여분의 비품으로 성공적으로 마쳤다.
> 내용 ②: 환경미화 봉사활동 때 길가에 쓰레기 버리려는 아이를 발견하고 어린 아이를 설득한 후에 다시는 안 버리겠다는 약속을 받았다.

➲ [주의할 점] 이 주제는 공무원으로 상당히 중요한 내용이다. 준비성, 계획성, 창의성, 전문성 등을 한 번에 알아볼 수 있는 질문이다.

Case 05. 남들은 안 될 것이라고 예상했던 일에 본인만의 새로운 전략으로 그 일을 해결한 경험

> 대학교 기말고사 기간 중 원어민 영어회화 팀프로젝트 발표 수업을 하는데 자유형식, 자유주제였습니다. 다른 조는 다들 PT 발표하는데 저희 조는 조원이 같이 하는 참여방법을 모색하였고 영어연극과 생활영어를 접목하여 좋은 성과를 이루어냈습니다.

➲ [주의할 점] 창의성이나 전문성을 알아보는 질문으로 다른 사람은 일이 어려워 혹은 힘들어서 포기하려고 했을 때 본인은 그렇지 않고 다른 방안으로 해결한 경험을 이야기 하면 좋다.

Case 06. 다른 사람의 잘못된 행동을 보았을 경우 대처한 경험

> (상황) 대학교 기숙사 층장 시절에 야간순찰을 돌다가 화장실에서 흡연하는 관생을 발견하였고, (문제) 관생이 한 번만 봐달라고 사정을 하였지만, (대처) 이미 전에 경고를 받은 적이 있었기 때문에 규정대로 벌점을 부과하였다.

➲ [주의할 점] 규정이나 규칙에 어긋난 행동(금연구역에서 흡연, 동료가 아르바이트를 하는데 고등학생에게 신분증도 확인하지 않고 담배를 판 것, 누가 쓰레기 분리수거를 안하고 버리려고 했을 때 등) 등에 대해 생각해 보면 된다.

Case 07. 성격이 까다로운 사람 혹은 비협조적인 사람과의 갈등 속에서 조정하여 해결한 경험

> (시기) 서울 ○○주민센터에서 봉사활동을 할 무렵이었다.
> (상황) 그때 민원인이 많아서 민원인 대기자가 조금 많았는데 한 할아버지께서 갑자기 다가와 "왜 이렇게 오랫동안 기다리게 만드나"라고 고함을 지르면서 화를 내고 있는 상황이었다.
> (대응 및 결과) 계장님께 가서 이 상황에 대하여 말씀드리고 어떻게 대처하는 것이 옳은지를 물어보고 그 할아버지께서 일을 빨리 해결할 수 있도록 도와드렸다.

➲ [주의할 점] 일종의 친화력, 인간관계를 알아보는 질문이다. 공직관으로 보면 민원인과의 갈등상황에 대한 대처법을 묻는 질문이다. 제일 중요한 것은 조화와 설득이다.

Case 08. 다른 사람(타인)에게 도움을 주었던 일이 오히려 본인에게 이익이 되었던 경험

> 코엑스 IT쇼에서 아르바이트를 했을 때 일입니다. 안내업무와 출입증 발급업무를 교대 근무하는 것인데 제 동료가 안내업무가 힘들다고 하여 제가 바꿔주었습니다. 저의 그런 열심히 하는 모습을 팀장님께서 보시고 인정받게 되어 아르바이트 공고가 생길 때마다 저에게 먼저 연락을 주셨습니다.

➲ [주의할 점] 내가 속한 단체 혹은 공익을 위해 손해를 감수한 경험과 비슷한 이야기이다. 희생정신이 바탕이 되어야 하므로 주의할 점은 어떤 대가성의 이미지가 많이 들어간 내용은 없어야 한다는 것이다.

Case 09. 어떤 문제에 부딪혔을 때 평소와는 다른 방법으로 접근한 경험과 그로 인한 방해를 극복한 경험

> ① 시기: 대학 재학 중 학과 학생회 임원일 때
> ② 상황: 단과대학 축구리그 경기에 단과대학 학생회에서 여학우들의 응원참여를 요구하는 반면, 축구경기가 주말에 열리기 때문에 여학우들은 응원하러 학교가는 것을 기피함
> ③ 과정: 단과대학 학생회에 축구 경기 중간에 여학우들이 참여할 수 있는 방법인 여자 페널티킥 경기나 골대 맞추기 같은 게임을 할 것을 제안하고 여학우들의 참여 독려
> ④ 결과 : 단과대학 학생회에서 축구 중반 휴식시기 때 여자 골대맞추기 게임을 실시, 성공시 문화상품권을 증정하게 됨. 그래서 여학우들의 단과 축구리그 경기 참여율이 올라가게 됨

➲ 부적절한 관행이나 인습을 타파한 경험을 이야기 하여야 한다. 이는 부당한 지시에 대한 행동 등 상황제시형 질문이 마지막 질문이 되는 경우가 많다.

Case 10. 전략적 대안이나 지침이 없을 때 해결한 경험

> 1. 내용 (1)
>   ① 시기: 대학교 2년 등록금을 마련하기 위해 마트 계산원 아르바이트 때
>   ② 상황: 3층 코너에 계산대에서 근무를 하였는데 손님께서 가져오신 음료수의 바코드가 읽히지 않음
>   ③ 해결방안: 같은 종류의 다른 맛 음료수를 대신 계산해드리고 슈퍼바이저님께 영수증 제출과 상황을 설명하여 해결
> 2. 내용 (2)
>   ① 상황: ○○○세무서에서 부가세 신고도우미로 활동함. 본관을 별관으로 착각하셔서 별관을 찾는데 어려움을 겪는 민원인들이 많았음
>   ② 대응: 별관 약도와 버스노선, 전화번호가 적힌 작은 종이를 일일이 만들어 오시는 민원인들께 하나씩 배부해 드림
>   ③ 결과: 직원분들께서 좋은 생각이라고 칭찬해주셨고 불편을 겪는 민원인들이 줄어듦

➲ [주의할 점] 지침에도 없고 매뉴얼에도 없는 경우 일처리를 어떻게 할지 묻는 것이다. 결국 공직관이 중요하다고 하는 이유는 이렇게 사전조사서 주제도 대부분 공직관과 관계된 내용이 많기 때문이다.

➲ 어떤 일을 할 때(아르바이트, 군대, 직장, 동아리 등) 새로운 규칙을 본인이 만들어서 한 경험을 이야기하면 일종의 창의력을 발휘한 경험도 되는 것이다. 이러한 주제가 주어졌을 때 가장 중요한 사항은 규정에 어긋나지 않는 대안을 모색한 경험이야기 혹은 모두가 공감할 수 있는 그런 내용을 이야기 해야 한다.

Case 11. 친구(동료) 또는 상사의 불법행위에 대하여 어떻게 대응을 했는지에 대한 경험

① **시기**: 대학 등록금을 마련하기 위해 친한 친구가 일하는 법무사 사무실에서 아르바이트를 하고 있을 때였습니다.
② **내용**: 저의 경제적 사정을 잘 알았던 그 친구가 일하지 <u>않은</u> 날에도 급여를 주겠다고 하였습니다.
③ **대응 및 해결방안**: 저는 제가 일한 날에만 급여를 받겠다고 하고 친구를 설득하여 거절을 하였습니다.

Case 12. 자신의 손해를 감수하면서 집단의 이익을 위해 행동한 경험

대학시절 ○○ 공연축제에 참여를 하였다. 각각의 역할을 배정 받을 때 나는 비록 몸치지만 노래는 잘해서 노래를 하려고 했는데 노래를 잘하는 친구가 많아서 친구들은 내가 연예인가수 싸이를 닮아서 춤을 추라고 해서 춤을 추게 되었고 아니나 다를까 호응이 안 좋아서 그 이후 충격 먹고 몸치 극복을 위해 많은 노력을 했다.

Case 13. 리더로서의 역량을 발휘한 경험과 그러한 역량강화를 위해 노력한 경험

① **시기**: 대학교 여름방학 중 "여성경제활동실태" 설문조사원으로 두 달 간 아르바이트 할 때
② **상황**: 설문능력 미숙, 시민들의 저조한 설문참여로 난관에 봉착
③ **대응**: 조사원 각자의 설문노하우 공유, 적극적 자세로 맡은 책임을 다하자고 독려, 철저한 사전조사(지도검색), 상황에 맡게 될 설문량 배분

Case 14. 부탁받지 않은 상황(도움을 청하지 않은 상황)에서 본인 스스로 남을 도운 경험

도서관에서 공부를 하다 집으로 귀가 하는 중에 수원역 부근에서 늦은 밤 버스에서 내린 맹인께서 차도에서 방황하시는 모습을 보고 그 맹인분이 인도에 올라가시기 힘들 것 같아서 도와드려도 되는지를 우선 여쭈었고 그 분께서 도움을 승낙하시어 맹인의 손을 잡고 안내센터까지 데려다 준 경험이 있습니다.

Case 15. 상대로부터 충고나 비판을 듣고 개선하려고 노력한 경험

대학 4학년 때 관공서에서 5급 시각장애인 부가세 전자신고 도우미를 한 적이 있었습니다. 계장님께서 친절하고 성실하게 일하는 것은 좋은데 제가 말이 조금 빠른 편이라고 지적을 하셨습니다. 그래서 그 뒤로 자기 전에 책을 읽으면서 말을 천천히 하는 습관을 길렀고 그 동안 읽고 싶었던 책들도 많이 읽는 계기가 되었습니다.

▶ [주의할 점] 문제에 대한 지적상황을 받고 자신의 역량으로 긍정적으로 바꾼 사례 같은 것을 이야기하면 된다. 고집이 세다는 느낌을 주어서는 안 된다.

Case 16. 어떤 일을 추진하는 데 주도적으로 했던 경험

○○○○년 친구들과 지리산 천왕봉등반 여행을 계획하여 총 계획을 짜고 총무역할을 함. 도서관에서 여행 책을 찾아 대표 여행지조사, 각 도시에서의 관광명소와 맛집 조사 및 교통·숙박 등을 조사, 예산총괄 후 회비수집. 지금의 우리 형편에 맞게 저렴하게 재미있게 유익하게 여행을 다녀옴.

▶ [주의할 점] 주의할 것은 두 가지이다. 첫 번째로는 독단적·독선적·이기적인 행동을 했다는 내용이 들어가서는 안 된다는 것이며, 두 번째로는 여행 같은 내용으로 언급할 때는 계획적이고 구체성이 들어가 있는 내용이 포함되어야 한다는 것이다. 단순히 놀러갔다는 이미지를 강하게 부각시켜서는 안 된다.

Case 17. 뚜렷한 규칙이나 기준 등이 없는 일을 접했을 때 본인이 어떻게 그 일을 처리했는지에 대한 경험

내용 ①: 수험기간이 길어짐에 따라 학원비와 책값을 벌기 위해 독서실에서 알바를 했습니다. 그런데 독서실 내 흡연구역 문제가 야기되었습니다. 이는 곧, 남녀 간 층간분리문제와 함께 성인방과 학생방 분리를 하자는 의견이 있었고 그때 저는 흡연구역을 1층 주차공간으로 제한하자고 사장님에게 제안하였으며 남녀 및 성인방과 학생방을 각각 분리하자는 요구를 하였고 이를 사장님이 수용하고 긍정적으로 해결되었습니다.

내용 ②: 대학시절 동아리 신입생 수업을 진행한 적이 있었습니다. 그런데 신입생의 참석률이 저조하여 동아리 회장과 임원들에게 도움 및 지원 요청 후, 저의 의견인 출석체크제도를 도입하여 출석 우수자에게 상품을 수여하고 시험 성적 우수자에게도 상품을 수여하여 신입생들의 수업에 대한 출석률 증가는 물론 수업에 대한 집중도 높아졌습니다.

➡ [주의할 점] 융통성 및 창의성을 알아보는 질문이다. 실제 공무원 일을 하다보면 민원인이 규칙에 없는 것을 요구할 때가 있다. 그럴 때 어떻게 대처를 하겠는지를 간접적으로 물어보는 질문이다.

Case 18. 어려운 일이나 상황이 발생하였을 때(어떤 과제가 주어졌을 때) 창의력을 발휘한 경험

물류 업무를 담당할 때 현지에서 잦은 내륙 운송 지연이 발생한 적이 있었습니다. 물량이 많았기 때문에 일일이 보고하는 것이 비효율적이라고 생각했습니다. 지역, 출발일, 예상 도착일을 입력한 파일을 만들고 2일 간격으로 거래처에 보고하였습니다. 거래처에서는 표로 전체적인 흐름을 파악할 수 있었기 때문에 그 뒤로 별도로 운송 추적을 요청하는 일이 줄어들었습니다. 팀장님께서 팀 내에서 이런 방안이 효과가 있다고 생각하여 다른 팀원들에게도 똑같이 시행하도록 지시하였습니다.

➡ [주의할 점] 스스로 해결해보지도 않고 타인에게 의존한 느낌을 주어서는 안 된다.
➡ 면접관이 원하는 답변은 창의력을 발휘해서 만족한 결과를 얻어낸 경험이 있는가를 보고자 함이다. 여러분들이 나중에 공무원이 되면 공직관 관련시 언급을 했지만 새로운 업무나 모르는 업무 혹은 매뉴얼에 없는 업무를 맡게 된다. 그런 경우 어떻게 해결할 것인지를 묻는 질문이라고 보면 된다.

Case 19. 본인이 조직이나 직장생활에서 실수한 경험과 그것을 극복했던 방법

제가 병원에서 근무할 당시의 일입니다. 보통 아기들은 3시간마다 수유를 진행하는데 제가 돌보던 환아들 중한 명이 미숙아라서 4시간마다 수유를 진행하고 있었던 상황이었습니다. 신규 간호사 시절, 아직은 일이 미숙하여 너무 바빠 그 미숙아 아기의 수유를 한차례 깜빡한 적이 있습니다. 알아차린 직후 사실 너무 무섭고 겁도 났지만 간호사는 어떤 경우에도 절대로 거짓말을 해서는 안 된다는 생각이 먼저 들어 곧바로 선배 간호사 선생님과 당직 의사선생님께 알렸습니다. 다행히 제가 알아차렸던 시간이 예정 수유시간으로부터 얼마 지나지 않았던 상황이었고 아기의 활력징후 등을 체크하여 아기가 아무 이상이 없다는 것을 확인한 후 그 시간으로부터 수유 간격을 재조정하여 수유를 진행하였습니다. 이때의 경험을 통해 다시는 절대 실수하면 안 되겠다는 생각이 들었고 더욱더 정신을 똑바로 차리고 신중하게 업무에 임해야겠다고 다짐했습니다. 이후로 저만의 체크리스를 작성하여 매시간 대마다 수행해야 할 업무를 재확인하며 실수 없이 업무를 진행하기 위해 노력했습니다.

Case 20. 본인이 아이디어를 내서 조직이 잘 돌아간 경험(창의성)

A1. 저는 맥주집에서 아르바이트를 했었을 때 사장님이 아르바이트 경험도 없이 퇴직금으로 대뜸 가게를 차리셔서 아르바이트 경험이 상대적으로 많은 저를 면접보러갔을 때 그 자리에서 바로 채용하셨습니다. 가게가 2층에 있어서 손님들이 많이 들어오지를 않았는데 저는 그때 공동 CEO라는 생각으로 아르바이트지만 많은 노력을 하였습니다. 다른 가게에서 일했을 때 경험으로 저는 손님들이 우선 많이 들어오게 해야 한다고 생각했고 진부하지만 오픈시간 2시간 내 맥주 2+1행사 입간판을 매장 앞에 세우는 것을 건의하였고 그것을 보고 손님들이 많이 들어오게 되셨습니다.

A2. 학창시절 도서부장으로 활동 당시 별관에 홀로 있어서 이용률이 낮은 도서관 활성화를 위해 도서관 다용도실을 학생휴게실로 만들어 개방한 적 있습니다. 학우들이 학생휴게실을 가장 원한다는 학생회 설문조사를 바탕으로 추진한 것이었고 교직원 휴게실로부터 물품도 지원받아 주말 동안 다용도실을 휴게실로 성공적으로 바꿨습니다. 휴게실이 생기자 도서관을 찾는 학생들이 많이 늘어서 하루 대출권수가 10권 남짓에서 30권 이상으로 많이 올랐습니다.

A3. 저는 대학시절 도서관에서 근로장학생으로 근무했던 경험이 있습니다. 도서관에서는 매년 에세이 대회가 개최되었는데 그 포스터를 제작하는 것이 근로장학생들의 담당이었습니다. 근로 담당선생님께서 작년까지의 포스터가 너무 진부했는데 뭔가 좋은 방안이 없냐고 하셔서 저는 그때 함께 일하는 근로장학생이 만화창작과라는 것을 번뜩 떠올리고 패러디만화를 제작하는 것이 어떻겠냐고 제안했습니다. 결과적으로 홍보 포스터가 학교 SNS에 올라오고 에세이 대회는 많은 인기를 끌며 성공적으로 마쳤던 경험이 있습니다.

A4. 저는 고등학교 때 연극부 동아리에서 연극기획을 맡은 적이 있습니다. 흥부전을 각색하여 연극을 했었는데 흥부 아이들이 배고파 우는 장면에서 난타와 비슷한 장면을 연출하였습니다. 밥그릇, 냄비, 도마, 양푼, 숟가락, 젓가락, 국자 등의 소품을 이용하여 난타에서 북을 두드려 음악을 만들어 내는 효과를 만들어냈습니다. 학생들은 연극에서 가장 기억에 남는 장면으로 이 장면을 꼽았고 선생님들도 신선하며 새로웠다고 칭찬을 해 주셨습니다.

Case 21. 관행을 개선해 본 경험

카페 아르바이트를 할 때 새로운 알바생 교육을 하는 업무를 맡았는데 그 때 교육매뉴얼을 만들었습니다. 교육을 담당하는 직원이 3명이라 사람마다 교육방식이나 알려주는 사항이 달랐고 구두로만 교육하다보니 숙지가 부족한 알바생들이 생겼습니다. 그래서 그 점을 개선하기 위해 한 장 분량의 교육매뉴얼을 만들었습니다. 시간대별, 파트별, 주의해야 하는 사항을 정리해서 만들었는데 사장님께서 보시고 좋다고 하셔서 냉장고에 부착하여 다른 직원들도 보게 하고 그 이후에 쭉 그 매뉴얼대로 교육하게 되었습니다.

Case 22. (자소서 기반) 동아리장으로서 불화를 해결한 경험

실제로 저희 동아리에서 불화가 생겼을 때, 저는 회원들의 입장을 조율하는 자리를 만들었습니다. 악기연주동아리였는데 OB 즉, 선배님들과 새내기들의 의견차이가 상당히 컸습니다. 선배님들은 새내기들이 더 열심히 악기를 연주하고 열성적으로 하길 바랐고 새내기들은 선배님들의 기대를 부담스러워하고 많이 꺼려했습니다. 그래서 저는 총회 같이 의견을 듣는 자리를 여러 번 만들고 또한 개별적으로도 후배들의 이야기를 선배님들에게 전달하고 선배님들의 의견도 후배들에게 전달했습니다. 그 과정에서 선배님들 의견 중에도 이런 부분은 중요하고 옳은 부분이니 수용하는 게 낫겠다고 '경청'을 써서 후배들에게 이야기했고 또한 후배들의 의견도 선배님들에게 후배들의 패기와 의지력이 뛰어나니 좋게 평가해주면 감사하겠다고 이야기하며 중간에서 입장을 잘 조율했습니다. 덕분에 의견 차이가 많이 좁혀지고 불화가 줄어들어서 성공적으로 공연을 마칠 수 있었습니다.

CHAPTER 03 직장 경험 질문

1 예상질문

Q1 직장생활을 4~5년간 하셨다고 했는데 굳이 그만두고 공무원을 하시게 된 이유가 있나요?

> MEMO

Q2 상당히 좋은 직장이고 제가 볼 땐 능력도 좋으신 것 같은데 왜 공무원을 하려고 하는지 이유를 모르겠습니다. 특별한 이유가 있나요?

> MEMO

> **✅PLUS**
>
> 1. 주어진 상황을 최대한 활용하는 것도 하나의 방법이다. 시나리오를 작성할 경우 직장경험이 있는 합격생들은 대부분 나이가 있는 수험생이므로 자신의 상황이나 비전을 제시하는 답변도 괜찮다.
>
> 2. [답변요령] 저의 꿈은 처음부터 공무원이 되는 것이었습니다. (또는 실제로 대학졸업 후 공무원준비를 했습니다). 제가 졸업할 당시 아버지께서 자영업을 하셨는데 실패를 하시고 택시운전을 할 정도로 집안 형편이 좋지를 않았습니다. 장남인 저는 마음 놓고 공무원 공부를 할 수 없었습니다. 그래서 직장을 택했습니다. 저 또한 사회생활을 어느 정도 경험한 다음 공무원 준비를 해도 늦지 않다고 생각을 했기에 그 시절에는 후회하지 않았습니다. 그리고 나서 직장생활하면서 조금씩 제가 모은 돈으로 수험생활을 시작하였고 늦은 나이에 시작하다보니 합격하는데 4년이라는 시간이 걸렸습니다.

Q3 직장생활 경험에서 자신의 결정으로 좋은 결과를 이루어 낸 경험이 있다면 그 일에 대하여 구체적으로 말해보세요. ⇨ 답변에 따른 후속질문 준비

> MEMO

Q4 직장생활에서 가장 크게 배운 점과 그것을 어떻게 업무에 활용할 것인가요? ⇨ 답변에 따른 후속질문 준비

> MEMO

Q5 직장생활을 꽤 하셨는데 본인이 맡은 업무는 구체적으로 무엇이었나요? ⇨ 답변에 따른 후속질문 준비

> MEMO

✅ PLUS

가능하면 대기업이나 금융권 종사, 개인과외 등에 대한 이야기는 꺼내지 않는 것이 좋다. 그 이유는 면접관이 왜 그만두었는지에 대한 설득력 있게 말하기 힘들기 때문이다. 다만, 설득력 있는 답변을 할 수 있다면 괜찮다.

Q6 직장상사가 부정을 저지른 것을 본 적이 있나요? 그런 경험이 있다면 한번 이야기 해보세요. ⇨ 답변에 따른
후속질문 준비

MEMO

Q7 전에 다녔던 직장은 의사결정을 주로 어떻게 하였나요?
└[추가질문] 본인이 모시고 있는 상사가 권위적인 스타일이었나요? 아니면 이야기를 들어주는 스타일이었나요?
└[추가질문] 본인은 어떤 스타일을 원하나요?

MEMO

◈**PLUS**

1. 일종의 함정질문이다. 가능하면 긍정적인 면을 부각시켜야 한다. 사실대로 말한다면 십중팔구는 압박을 받을 것이다.
2. 한 가지 더 추가하면 "적성에 맞지 않아서 그만두었다." 이러한 답변은 좋지 않다. "그럼 공무원이 적성에 맞지
   않으면 그만 두시겠네요?"라고 압박을 받는다고 보면 된다.

Q. 직장생활을 하셨다고 했는데 직장에 다니면서 갈등상황도 있고 마음이 안 맞는 사람도 있었을텐데 그럴 경우 어떻게 해결했나요?

A. 제가 다녔던 곳에서 제가 팀의 최초의 여직원이었습니다. 남직원 분들끼리만 있었기 때문인지 군대식 조직문화라든가 경직되고 딱딱한 분위기가 많이 있었습니다. 그래서 처음엔 적응하기가 힘들었는데 다시 한 번 생각해보니 저만 여자였기 때문에 기존 팀 직원분들하고 팀장님께서 더 힘드실지도 모른다는 생각을 했습니다. 그래서 조직에 적응하기 위해 노력했는데 예를 들면 회식 다음 날엔 평소보다 조금 일찍 출근해서 유산균 음료를 팀 분들의 책상 위에 올려놓는다든지 또 직장인들에겐 월요일이 가장 힘들지 않습니까? 그래서 포스트잇에 기분 좋은 메시지를 작성해서 모니터에 몰래 붙여 드렸습니다. 또한 팀 분들은 점심시간마다 족구경기를 하셨는데 저는 여자여서 직접 참여할 순 없었지만 자주 짬을 내어 응원하러 가곤 했습니다. 제가 그렇게 했기 때문인지 제가 입사했을 땐 여직원이 저 혼자였지만 퇴사할 때 즈음에는 여직원이 총 세 명으로 늘었습니다.

➡ 이러한 답변이 꾸밈없고 진솔한 답변이면서 면접관들이 가장 좋아하는 답변의 한 가지 예이다. 이런 한 가지 답변으로도 합격할 수 있는 것이 공무원 면접임을 꼭 기억해야 할 것이다.

Q. 직장생활을 하면서 난감한 부탁이나 부정한 부탁을 받은 경험이 있나요?

A. 사기업에 근무할 때 직원을 관리하는 직을 맡았습니다. 한 직원분이 본인 연차를 다 썼는데 급히 연차를 하나 써야 하는데 출근한 척 출근 체크를 찍고 퇴근 체크를 대신 찍어서 출근 안하고 하루 쉴 수 없냐고 부탁을 했지만 "절대 그럴 수 없다. 다른 직원들과의 형평성에도 어긋나서 안 된다."라고 한 적이 있습니다.

MEMO

2024
스티마 면접
군무원

09

질문리스트 활용하기

CHAPTER 01 스터디용 질문리스트 활용방법

1 개 요

(1) 군무원 면접이 어떻게 이루어지는지 먼저 대표적인 질문을 가지고 살펴보자.

> 1. 자기소개
> 2. 지원동기
> 3. 군무원에 대한 이해(예 군무원이란? 군무원의 역할 및 임무, 군무원과 군인의 차이, 군무원과 공무원의 차이 등)
> 4. 공직관(예 공무원의 의무, 공직가치, 봉사활동 등)
> 5. 하고 싶은 업무(예 지원직렬에서 하는 일, 어떤 일을 하고 싶은가?, 이루고 싶은 목표 등)
> 6. 사회이슈(최근이슈) 관련 의견
> 7. 공직생활(조직생활) 상황형 질문(예 부당한 지시, 조직 내 갈등, 민원인 대응 등)
> 8. 경험형 질문(예 성취, 갈등, 리더십, 힘들었던 경험 등)
> 9. 군관련 현안이나 이슈(예 최근 군관련 이슈 아는 것)
> 10. 전공분야(예 직렬별 전공과 관련된 내용)
> 11. 행정법 및 행정학(예 행정무효·행정취소, 재량행위·기속행위, 손해배상·손실보상 차이 등)

(2) 면접관들도 질문리스트를 만들어 기본적인 질문을 진행하고 피면접자의 답변에 따라 후속질문이 이루어진다.

(3) 위에 제시한 카테고리는 절대적인 것이 아닌 임의로 제시한 것으로 군별 면접 특성이나 각자 상황에 맞게 변형하여 활용해도 된다.

(4) 스터디용 질문리스트 활용 전 준비사항은 다음과 같으며 스터디원은 반드시 사전에 준비가 되어 있어야 한다.
   ① 먼저 군무원 면접에 대한 사전 이해가 필요하다. ⇨ 공직가치, 조직적응력, 경험활용 등
   ② 자기소개 및 지원동기는 사전 준비가 필요하다. ⇨ 하고 싶은 업무, 근무하고 싶은 부서 등
   ③ 간단한 경험 정리를 해두어야 한다. ⇨ 최대한 압축 정리 필요

내 용	경 험
책임감	시키지 않았어도 책임지고 일을 수행한 경험
청 렴	행위와 결과가 떳떳했던 경험
전문성	지식과 경험을 바탕으로 문제해결 경험
조직생활 경험	갈등해결방법, 성실하고 팀워크를 잘 수행할 수 있음을 증명할 수 있는 경험
봉사활동 경험	봉사활동이 있는 경우

④ 사회이슈에 대한 배경 이해와 자신의 의견 제시 준비가 필요하다.
⑤ 군관련이슈나 뉴스를 조사해 두어야 한다.
⑥ 행정법/행정학 기출질문 및 전공분야 기출 질문을 공부해 두어야 한다.

2 자기소개(●는 필수, ○는 선택 이하 같다)

질문리스트	추가질문리스트
● 간단한 자기소개 ● 성격 장단점 ○ 자기 PR ○ 좌우명 ○ 인생의 멘토 ○ 존경하는 인물과 그 이유 ○ 현재 거주하는 곳과 실제 살고 있는 곳 ○ 전 공 ○ 취 미	● 성격의 강점 ● 자신의 단점 극복 노력 ● 다른 사람이 바라본 본인의 모습 ○ 자신의 강점을 조직생활에 어떻게 활용할 것인지 ○ 본인의 전공이 행정업무에 어떻게 기여될 것인지

3 지원동기

질문리스트	추가질문리스트
● 군무원에 지원한 동기는? ● 왜 우리 군에 지원했는가? ● 왜 지원직렬에 지원했는가? ● 근무하고 싶은 부서와 업무는?	○ 사기업도 있는데 군무원에 지원한 이유는? ○ 왜 직장을 그만두었나? ○ 전공이 다른데 지원한 이유? ○ 어떤 역량을 키웠는가? ○ 공부 외에 전문성을 위해 어떤 준비를 했는가?

4 군무원 관련

질문리스트	추가질문리스트
● 군무원이란 무엇인가? ● 군무원이 하는 일 및 군무원의 역할과 자질 ● 군무원에 대해 아는 대로 답변해보라. ● 군무원으로서 가장 중요한 덕목은? ● 공무원과 군무원의 차이점은 무엇인가? ● 군인과 군무원의 차이는? ● 군인과 군무원 갈등시 어떻게 하겠는가? ● 군무원과 사기업의 차이점은? ● 군무원의 장단점은 무엇인가?	● 평소에 군무원에 대해 들어봤는가? ● 그 덕목을 위해 어떤 노력을 했는가? ● 갈등해결 경험이 있는가? ● 단점은 어떻게 개선했으면 좋겠는가?

● 군무원인사법에 대해 아는 대로 답변해보라.	
○ 군인사법에 대해 아는 것이 있는가?	
○ 독도문제에 관해 군무원으로서 할 수 있는 것은?	○ 독도가 우리 땅인 이유를 말해봐라.
● 군무원으로서 국민들에게 어떻게 기여할 것인가?	
● 대한민국 헌법에 군무원이라는 단어가 몇 번 들어가는가?	
● 군무원이 되면 부임한 뒤에 자세와 각오는?	
○ 군무원이 된 후 10년 뒤 나의 모습은?	
○ 군무원이 되면 문화생활과 동떨어진 곳으로 발령받을 수 있다. 지방이나 오지 발령도 괜찮은가?	○ 어떤 자세로 군무원 생활을 할 것인가?
○ 군사기지 이전 혹은 건설에 대해 주민들이 반대한다. 어떻게 대응할 것인가?	● 스트레스 관리는 어떻게 할 건가?

5 공직관

질문리스트	추가질문리스트
● 자신이 생각하는 군무원의 의미는?	○ 박봉인데 군무원을 하려고 하는 이유는?
● 군무원이 어떤 일을 하는지 아는가?	○ 어떤 군무원이 되고 싶은가?
● 군무원에게 필요한 자질은?	○ 군무원의 전문성 제고 방안은?
● 봉사란 무엇인가?	● 봉사활동 경험있는가? 봉사 후 느낀 점은?
● 군무원에게 책임감이란?	● 책임감 발휘 경험은?
● 청렴이 공직자에게 왜 필요한가?	● 부정부패의 원인은? 청렴 경험은?
● 공무원의 의무는 무엇 무엇이 있는가?	● 의무 중 가장 중요하다고 생각하는 것은?
● 자신이 군무원에 적합한 이유는?	● 공직을 위해 어떤 준비를 했나?
○ 품위유지의 의무란 무엇인가?	● 품위유지를 위해 어떤 노력을 할 것인가?
○ 공무원 신분보장의 이유는?	● 공무원의 잘못된 행위에 처벌이 엄격한 이유는?
	● 공무원과 사기업의 차이는?

6 하고 싶은 업무

질문리스트	추가질문리스트
● 어떤 일을 하고 싶은지	○ 그 업무를 어느 부서에서 하는지 아는가?
● 이루고 싶은 목표	
● 제안하고 싶은 정책	
● 개선하고 싶은 정책	○ 어떻게 개선했으면 좋겠는가?
● 우리 군(軍)의 문제점과 해결방안 한 가지	
● 하고 싶은 업무를 위해 어떤 준비를 했는지	

7 사회이슈

질문리스트	추가질문리스트
● 저출산 고령화	● 원인 및 대책/우리 지역에서 해야 할 일
● 청년실업문제	● 일자리 창출 방안으로 생각해 본 것
○ 북핵문제	○ 북핵 해결에 대한 의견
● 이해충돌방지법/김영란법	● 이해충돌발생시 본인은 어떻게 대처할 것인지
● 4차산업혁명(인공지능/빅데이터/IoT/클라우드)	● 4차 산업혁명 활용방안(직렬 적용방안)
○ 챗GPT	○ 챗GPT 행정활용방안
● 최저임금	○ 최저임금 인상 장·단점
● 정년연장	● 임금피크제
● 탄소중립	● 탄소중립 실천방안
● 중대재해처벌법	● 중대재해 방지방안
● 세대갈등	● 원인과 해결방안
● 개인정보보호	● 개인정보보호 중요성과 대책

8 상황형

질문리스트	추가질문리스트
● 상사의 부당한 지시에 어떻게 대응할 것인가?	○ 위법하지는 않지만 부당하다고 생각되면?
● 직장동료와 갈등상황시 어떻게 해결할 것인가?	
○ 상사는 A라 하는데 나는 B라고 생각할 경우 어떻게 할 것인가?	○ 본인이 어떤 제안시 상사가 반대한다면 어떻게 하겠는가?
○ 업무량이 많은데 추가업무지시 어떻게 대응할 것인가?	
○ 잘 모르는 업무가 주어지면 어떻게 대응할 것인가?	
○ 내가 할 수 없는 업무를 시킨다면?	
○ 내 업무가 끝났고 내가 약속 있는데 옆의 동료가 일을 하고 있다. 어떻게 할 것인가?	
○ 공익과 사익 충돌(가족여행/긴급상황 발생)시 어떻게 할 것인가?	
○ 업무시간 외에 상사의 지시 어떻게 생각하는가?	○ 주말에 약속 있는데 상사가 일을 시키면?
○ 동료의 비리 목격시 어떻게 대응할 것인가?	
○ 난동 부리는 민원인을 어떻게 대처할 것인가?	
○ 군사시설 이전지 주민들이 반대할 경우 어떻게 하겠는가?	
○ 교차로 사고/본인은 반대편/빨간불 어떻게 할 것인가?	○ 무단횡단은 불법인데 그래도 할 것인가?
○ 군인이 군용차를 타고 신호위반, 속도위반으로 과태료가 나왔을 때 납부하지 않아 연체료까지 나온 경우 어떻게 할 것인가?	

9 경험형

질문리스트	추가질문리스트
● 무언가를 이루기 위해 노력한 경험 ● 남을 도와준 경험 ● 다른 사람을 위해 희생한 경험 ○ 남들이 기피하는 일을 맡아서 한 경험 ● 책임지고 성공적으로 업무를 마무리한 경험 ○ 봉사활동 경험 ● 힘들었던 일과 극복 방법 ● 갈등해결 경험(조직, 동아리 내, 친구사이 갈등) ● 창의력을 발휘한 경험 ○ 새로운 방식을 시도한 경험 ● 리더십을 발휘한 경험 ○ 경쟁보다는 협력을 우선시한 경험 ○ 본인과 맞지 않은 사람과 일한 경험 ● 책임성(적극성)을 발휘한 경험(아무도 시키지 않은 일을 　나서서 한 경험) ○ 주위 사람들과 관계개선을 위해 노력한 경험 ○ 동아리 활동 경험 ● 실패경험 ● 살아오면서 가장 잘한 선택	● 열정을 다한 이유는? ● 그 과정에서 느낀 점 ● 갈등이나 의견충돌상황 해결한 경험 ● 어떻게 극복했는가? 무엇을 느꼈는가?

10 행정법 및 행정학

질문리스트	추가질문리스트
● 손해배상·손실보상 차이 ● 공무원 징계의 종류 ● 법률·시행령·시행규칙 ● 재량행위·기속행위 ● 행정소송이란? 행정소송의 종류는? ● 인가·허가의 차이 ○ 철회·철회권자 ○ 불가쟁력·불가변력의 차이 ● 본예산·수정예산·추가경정예산 ○ 직업공무원제·직위분류제 ○ 국가배상 ○ 예산편성 4단계 ○ 의회와 예산의 역할과 기능 ○ 네트워크 조직 구조란? 그리고 실제 우리 사회에서의 예는? ● 신뢰보호의 원칙이란?	○ 보상의 주체는? ○ 품위유지 위반이란? ○ 추가경정예산의 편성사유 3가지는?

11 질문리스트 예시

1. 간단히 자기소개해보세요.
2. 군무원에 지원한 동기가 무엇입니까? 군무원에 대해 아는 대로 이야기해 보세요.
3. 본인이 가장 중요하다고 생각하는 공직가치는 무엇인가요?
   ㄴ[추가질문] 그럼 관련된 경험이 있다면?
4. 공무원의 의무는 무엇인가요? 그중 가장 중요하다고 생각되는 의무와 그 이유는?
   ㄴ[추가질문] 품위유지 의무가 공무원에게 왜 필요한가요? 이를 위해 본인은 어떤 노력을 할 것인가요?
5. 어떤 일을 하고 싶나요? 이것만큼은 꼭 해보고 싶다는 목표가 있나요?
   ㄴ[추가질문] 자신이 그 일을 하는데 왜 적합한지 설명해 주실래요?
6. 4차 산업혁명이 이슈인데 4차 산업혁명시대에 군무원의 역할을 이야기해 보세요.
   ㄴ[추가질문] 4차 산업혁명이 무엇인가요?
   ㄴ[추가질문] 4차 산업혁명 시대에 군무원에게 필요한 역량은 무엇이고 본인은 어떤 노력을 할 것인가요?
7. 상사가 부당한 지시를 내리면 어떻게 할 것인가요?
   ㄴ[추가질문] 만일 거부하면 인사상의 불이익을 받을 수도 있는데요?
8. 규정에 없는데 주민이 찾아와서 해달라고 하면 어떻게 할래요?
   ㄴ[추가질문] 충분히 설명했는데도 억지를 부린다면?
9. 내일까지 보고서를 작성해야 하는데 집에 아이가 아파요. 어떻게 할 것인가요?
   ㄴ[추가질문] 둘 중 하나를 선택해야만 한다면?
10. 창의력을 발휘한 경험이 있나요?
11. 우리 군(軍)에 제안하고 싶은 정책 아이디어가 있나요?
12. 리더십과 관리의 차이에 대해 설명해보세요. 리더십을 발휘한 경험이 있나요?

12 스터디 진행요령 ★★★

(1) 먼저 전체적으로 1~12번까지 질답을 통해 자연스럽게 면접의 흐름을 익힌다(2~3회 실시). 면접시간이 짧아 핵심위주로 3~4줄 요약한 답변 연습이 필요하다.
   ➡ 답변내용에 따라 필요하면 추가질문과 후속답변으로 진행된다.
(2) 어느 정도 익숙해지면 각각의 답변에 대한 퀄리티를 높인다. 애매하고 추상적인 내용보다는 구체적이고 경험 등을 추가한 면접관이 공감할 수 있는 자신만의 진정성 및 열정을 드러내도록 답변을 업그레이드시켜야 한다.
   ➡ 퀄리티를 높인다는 것은 외워서 하는 답변이 아니라 핵심적인 내용을 포함하면서도 자신의 생각과 의견을 진정성 있게 말하며 공감을 얻어내는 것이다.
(3) 답변에 퀄리티를 높인 후에는 돌발성 질문을 추가하면서 당황하지 않도록 대응력을 높이는 연습을 한다.
(4) 종합적으로 정리하면 '자신이 군무원에 왜 적합한지? 어떤 준비가 되어 있는지? 어떤 기여를 할 수 있는지?'를 보여주어야 한다. 스터디는 자신을 최대한 표현하기 위한 연습을 하는 것이지 거짓으로 꾸며내기 위한 연습이 아니다.
   ➡ 스터디용 질문리스트는 기출 질문을 보며 스터디원이 함께 기본 카테고리를 유지하며 카테고리 내 다양한 질문을 응용하면서 작성해 보는 것도 좋다. 예) 전공질문 추가 등

CHAPTER

02 군무원 면접 핵심 질문리스트

01 역량평가

1 질문유형

Q1 군무원에게 필요한 역량은 무엇이라고 생각하는가? 그 이유는?

└[기출 및 응용] 군무원에게 가장 필요한 공직가치는?

└[기출 및 응용] 국민이 바라는(원하는) 바람직한 군무원 인재상은 무엇이라고 생각하는가?

└[기출 및 응용] 군무원으로서 일할 때 가장 필요한 조건은?

└[기출 및 응용] 군무원으로서 공익실현이란?

Q2 지원직렬(또는 하고 싶은 업무)에 필요한 역량을 말해보라.

└[기출 및 응용] 합격한 직렬이 무슨 일을 하는지 구체적으로 말해보라.

└[기출 및 응용] 본인이 전공한 학문을 군무원 업무(혹은 해당직렬)에 어떻게 발휘할 것인가?

└[기출 및 응용] 직장에서는 어떤 일을 하였는가? 직장에서 했던 경력이 군무원 업무(혹은 해당직렬)에 어떤 도움이 될 수 있겠는가?

> **✅ PLUS**
>
> 1. 자신이 지원한 직렬에서 무슨 일을 하는지는 기본적으로 알고 있어야 한다.
> 2. 합격한 직렬의 조직도와 업무분장을 찾아보고 자신이 하고 싶은 일을 어느 부서에서 하는지도 알고 있어야 한다.
>   ➡ 이것이 직무관심도이다.
> 3. 전공, 강점, 경험, 경력, 특기 등 자신의 역량과 연결시켜 표현하는 것이 좋다.

Q3 군무원 또는 해당직렬에서 필요한 역량을 키우기 위해 어떠한 노력 혹은 활동 등을 하였는가?

> **✅ PLUS**
>
> 1. 직무에 대한 관심도와 시험공부 외에 어떤 역량을 키우기 위해 노력했는가를 보고자 하는 질문이다.
> 2. 따라서 하고 싶은 업무와 연결시켜 그 업무를 누구보다 잘 수행하기 위해 본인이 어떤 준비를 해왔고 어떤 노력을 했다고 표현하는 것이 좋다.
> 3. 교과 이수, 봉사활동, 다양한 경험, 경력, 인문학 독서, IT 기기 학습, 4차 산업혁명 기술 공부 등을 활용할 수 있다.

역량과 능력의 차이

1. 능력은 ability라고 해서 '사용할 수 있는 힘', '일을 감당해 낼 수 있는 힘'이고 역량은 competency라고 해서 경쟁력 즉, '성과를 내는 힘', '어떤 일을 해낼 수 있는 힘'을 의미한다. 즉, 능력은 할 수 있다는 의미이고 역량은 잘한다는 의미이다.
2. 예를 들어 운전면허증이 있다는 것은 운전을 할 수 있다는 의미이고(능력), 카레이서처럼 운전을 잘하는 것은 역량을 표현한 말이다.
3. 따라서 내가 남들보다 뛰어난 강점, 남들보다 잘하는 역량이 무엇인가를 면접에서 보여주어야 한다.
4. 여기에서 중요한 역량은 조직과 직무에서 요구하고 필요한 역량이다.
5. 지원직렬과 분야에 필요한 역량이 무엇인가를 먼저 알아보고 그 역량 중에서 내가 보여줄 것이 무엇인가를 찾아 매칭을 시켜 제시할 수 있어야 한다.

2 역량·직무역량·관계역량

(1) 역 량

조직 구성원이 지식과 기술, 행동양식, 가치관, 성격 등 다양한 요소들을 종합적으로 활용하여 높은 성과를 낼 때 나타나는 측정가능한 행동 특성이다. 직무역량과 관계역량으로 구분된다.

(2) 직무역량

① 의의: 담당하고 있는 직무를 효과적으로 수행하기 위해 필요한 지식이나 기술, 업무활동을 수행하려는 개인의 의지를 포함하는 것으로 해당 직무를 수행하는 데 필요로 하는 성격 또는 태도를 포함한다.
② 지적능력: 문제해결능력, 종합적 판단력, 전략적 사고력, 기획력, 창의력, 언변력, 문장력, 소양
③ 직무상 전문성: 전문지식과 기술, 정책결정 및 개발능력, 정보수집과 분석력

(3) 관계역량

① 의의: 조직 구성원들과 원활하게 의사소통하고 협업을 통해 문제를 해결할 수 있는 능력이다. 이타성, 공감능력, 자발성 등을 끌어내는 것도 관계역량의 역할이다.
② 조직관리능력: 동기부여, 능력개발지원, 조직결속력(팀워크), 자원동원능력, 의욕과 추진력, 재정/인력/자원 관리능력
③ 대외관계 조정능력: 합의도출, 갈등조정, 대외지지획득, 협상력, 포용력, 의사소통능력

(4) 예 시

TIP 지원직렬마다 요구하는 역량은 다르다. 일행직은 모든 분야에서 순환근무를 하므로 위에서 제시한 역량 중에 자신이 가지고 있는 역량을 연결시켜 표현할 수 있어야 한다.

① 군수직에 필요한 역량 파악 및 준비
  ㉠ 군수직이 담당하는 업무는 1종~10종까지의 군수물자 보급관리업무이다.
    ● 이와 같은 업무를 수행하는 데 어떤 역량이 필요할까?

ⓛ 군수물자의 필요한 품질 및 수량 파악능력, 협력사 선정 및 품목 구매, 예산과 구매 전략, 즉 군수직은 필요 품목에 대해 "왜 사는지?"와 "적정한 품질은 무엇인지?", "어떻게 사는지?", "얼마만큼 사야하는지?", "어떻게 사야 하는지?" 등에 대한 역량이 준비되어야 한다.

ⓒ 군수직은 중요한 역량으로 '커뮤니케이션' 역량이 필요하다. 군수물자 보급은 혼자서 할 수 있는 일이 아니다. 항상 누군가와 협업해야 하고 설득해야 하며 원하는 것을 협상을 통해 얻을 수 있어야 한다. 그렇기 때문에 커뮤니케이션 역량이 매우 중요하다.

ⓔ 또한 원하는 품질과 수량을 확보하기 위해 어떤 전략을 세우고 그 전략을 실행하는 역량도 중요하다. 전략적인 마인드가 필요하다.

ⓜ 통계와 Data 관리, 시장조사 역량도 필요하다. 많은 물자를 다루기 때문에 숫자와 수요예측에도 능해야 한다.
   ➡ 수요예측은 구매, 재고, 보관, 운송비용 등에 큰 영향을 미친다.

ⓗ 커뮤니케이션 역량과 관련하여 예를 들자면 "저는 봉사활동을 많이 해서 공감능력이 뛰어나 상대방의 욕구나 요구를 잘 파악합니다. 이런 역량을 활용해서 협업하고 협상하는 군수 직무를 잘 수행할 수 있을 것 같아 지원하게 되었습니다."와 같은 이런 내용이 추가 되어야 한다.

ⓢ 전략적인 마인드와 관련해서는 전략을 세워 성공한 경험을 더하여 이야기하면 된다.

ⓞ 통계와 Data 관리에 대해서는 꼼꼼함과 계획성 경험을 통해 제시하면 된다.

ⓩ 면접관은 응시자의 답변을 통해 역량을 유추하고 평가하게 된다.

② 일행직에 필요한 역량 파악 및 준비

ⓐ 일행직이 담당하는 업무는 기획·예산·홍보·교육·국방정책·군사전략·정훈·법적 검토 및 소송·구매·계약·민원업무 등 다양하다.

ⓛ 먼저 하고 싶은 업무를 선정하고 이와 같은 업무를 수행하는 데 '어떤 역량이 필요할까?'를 생각해봐야 한다.

ⓒ 우선 중요한 것은 관련법규나 규정에 대한 이해(전문지식), 공감능력, 의사소통능력, 협상력, 자원관리능력, 문제해결능력, 판단력, 민원인 대응능력 등이 필요하다.

ⓔ 이와 같이 필요로 하는 역량에 자신이 가지고 있는 역량이나 강점과 매칭시켜 면접과정에서 표현해야 한다.
   ➡ 자기소개, 지원동기, 하고싶은 업무 등

ⓜ 예를 들면 "저는 글쓰기에 강점이 있으며 홍보관련 경험도 있고 문제의 핵심을 잘 파악하는 능력이 있습니다. 이 역량을 활용하여 홍보분야 직무를 잘 수행할 수 있을 것이라 생각됩니다."와 같은 이런 내용이 추가 되어야 한다.

ⓗ 면접관은 응시자의 답변을 통해 역량을 유추하고 평가하게 된다.

3   4차 산업혁명시대 군무원에게 필요한 역량

Q1 4차 산업혁명이란?

 └[기출 및 응용] 국방개혁 4.0에 대해 말해보라. 이 때 군무원의 역할은?

 └[기출 및 응용] 최근 관심 있게 본 국방 관련 기사에 대해 말해보라.

 └[기출 및 응용] 4차 산업혁명 기술의 국방분야 적용방안은? ➡ 국방부 7급 개인발표 유형

Q2 4차 산업혁명시대에 군무원에게 어떤 역량이 필요하다고 생각하는가?

 └[기출 및 응용] 4차 산업혁명에 맞추어 군무원의 역할이 어떻게 변화를 하였는가? 그리고 어떻게 변해야 하는지에 대해 말해보라.

Q3 4차 산업혁명기술을 지원직렬에 어떻게 활용할 수 있겠는가?

02   자기소개 및 지원동기

Q1 강점을 바탕으로 자기소개를 해보라.

 └[기출 및 응용] 자신의 경력이나 경험을 바탕으로 자기소개를 해보라.

 └[기출 및 응용] 자기소개가 잘 드러나도록 지원동기를 말해보라.

1. 다른 경쟁자에 비해서 응시생만의 강점, 장점, 특이사항 등의 역량이 표현되어야 한다.
2. 행정직렬은 문제해결·관계역량 측면을, 기술직렬은 직무역량 측면을 부각시키는 것이 좋다.
   ➡ 그래서 해당직렬에서 하는 업무를 잘할 수 있다는 것으로 마무리를 해보도록 한다.
3. 경험 혹은 사례를 임팩트있게 활용하는 것도 좋다.
   ➡ 길게 답변하지 않아도 면접관의 후속질문이 이루어진다.

Q2 군무원 지원동기를 말해보라.

ㄴ[기출 및 응용] 자기소개가 잘 드러나도록 지원동기를 말해보라.

ㄴ[기출 및 응용] 직장경험이 있다면 무슨 일을 하였는지 말하고, 직장을 왜 그만두었는지에 대해서 말해달라. ➡ (추가질문) 군무원이 안정적이어서 지원한 것은 아닌가?

ㄴ[기출 및 응용] 공무원(군무원)과 사기업의 차이점에 대해 말하시오.

ㄴ[기출 및 응용] 직장생활이 더 힘들 것 같은가? 군무원으로서 일이 더 힘들 것 같은가?

PLUS

1. 직장인(사회경험이 있는 응시생)에게는 왜 사기업을 그만 두었는지와 같은 의미이다. 그러므로 사직이유에 대해 구구절절 이야기해서는 안 되고 자신의 직장경험이 군무원 직무에 어떻게 도움이 되는지 정리하는 것이 좋다.
2. 자기소개＋지원동기를 묶어서 어떤 강점(장점)이 군무원에 적합한지를 밝혀야 한다.
3. 지원동기 마무리는 직렬에 대한 포부, 국가안보를 위한 봉사정신이 드러나도록 하는 것이 이상적이다.

Q3 성격의 장단점을 말해보라.

ㄴ[기출 및 응용] 단점을 극복하기 위해 어떤 노력들을 하였는가? 단점은 극복이 되었는가?

ㄴ[기출 및 응용] 본인의 장점이 공직생활을 하는 데 어떤 도움이 되겠는가?

PLUS

1. 장점은 경험이나 사례를 활용해서 스토리로 이야기하는 것이 좋다.
2. 단점은 솔직하게 언급하되 반드시 극복하기 위해 어떤 노력을 했는지를 추가해야 한다.

Q4 10년 후 자신이 생각하는 군무원으로서의 비전은 무엇인가?

Q5 시험준비 기간은? 준비하면서 가장 어려웠던 문제는 무엇인가?

ㄴ[기출 및 응용] 수험준비 하면서 힘든 점 말고 자신의 삶에 긍정적인 영향을 미칠만한 것은 없는가?

Q6 사회생활이나 조직생활을 하면서 가장 보람 또는 성취감을 느꼈던 경험을 말해보라.

1 공직가치

POINT 기본에 충실하고 기본질문에 구체화 및 차별화를 시키는 면접공부를 해야 한다.

Q1 군무원의 역할은?

└[기출 및 응용] 일반직 공무원과 비교했을 때 군무원만의 장점은 무엇인가?

└[기출 및 응용] 일반직 공무원과의 공통점과 차이점에 대해 각각 2가지씩만 말해보라.

└[기출 및 응용] 군무원과 군인의 차이점은?

└[기출 및 응용] (응시직렬에 대한 업무와 특징 정확히 파악하기)

① 군수행정이란 무엇인가?

② 군수직 공무원이 되면 꼭 해보고 싶은 일은?

③ 군수직은 체력적으로 힘들다. 평소 체력관리는 어떻게 하였는가?

④ 군수행정을 하기 위해 갔는데 다른 힘든 일을 하게 된다면? 혹은 적성에 안 맞는다면?

Q2 군무원으로서 가장 중요한 자세(덕목)는 무엇이라고 생각하는가?

└[기출 및 응용] 응시생이 군무원이 되어야 할 이유 3가지만 말해보라.

└[기출 및 응용] 좋은 공무원이란 어떤 공무원이라고 생각하는가?

Q3 자신이 생각하는 바람직한 군무원상에 대해 말해보라.

> **PLUS**
>
> 1. 공직가치는 공공의 이익을 위한 봉사자로서 공적영역에서 추구해야 하는 바람직한 신념체계와 태도이다.
> 2. 대표적인 공직가치로는 애국심, 민주성, 다양성, 책임성, 투명성, 공정성, 청렴성, 도덕성, 공익성이 있다.
>   ➡ 사명감, 역사의식, 공동체의식, 효율성, 준법의식, 봉사정신, 적극성 등도 공직가치이다.
> 3. 자신이 중요하게 생각하는 공직가치의 의미 설명과 그와 관련된 경험 한 가지는 반드시 준비해 두어야 한다.
>   예 책임성이 중요하다고 할 경우 책임감을 발휘한 경험을 준비해야 한다.

Q4 헌법 제7조 제1항 '공무원은 국민 전체에 대한 봉사자이며, 국민에 대하여 책임을 진다'의 의미는 무엇이고 공무원에게 신분보장을 통해 안정성을 확보해 주는 이유는 무엇이겠는가?

> **PLUS**
>
> 신분보장 하면 안정성을 떠올리는데 그 안정성과 신분보장의 의미는 다르다. 신분보장의 의미는 공공의 이익을 위해 안심하고 담당 업무를 수행할 수 있도록 보장해 준다는 의미이다. 어떻게 보면 최근 강조하는 적극행정과 일맥상통한 다고 볼 수 있다.

Q5 혁신과 창의성의 차이점에 대해 말해보라.

Q6 군무원에게 창의성이나 혁신이 필요한 이유는 무엇인가?

Q7 창의성이나 혁신성을 발휘한 경험이 있는가?

> **✅ PLUS**
>
> 1. 군무원의 창의성이란 어떤 문제에 대해 기존과 다른 아이디어를 생각하고 이를 실행하기 위해 정책화하는 과정을 의미한다.
> 2. 창의성은 어떤 사회나 조직의 흥망성쇠를 결정하는 중요한 요소라 할 수 있다. 군무원의 창의성이 자유롭게 발휘될 때 군대조직의 경쟁력 또한 높아질 수 있다.
> 3. 급변하는 행정환경에서 현장과 법규정 간에는 괴리가 생길 수밖에 없다. 이런 상황에서 과거의 관행을 반복해서는 국민들의 불편함과 문제를 해결할 수 없다. 이것이 공직자에게 창의적이고 적극적으로 일하는 태도가 필요한 이유이다.

Q8 전문성을 위해 노력한 일이나 경험이 있으면 말해보라.

Q9 군무원에게(또는 합격한 직렬) 전문성이 중요한 이유는 무엇인가?

> **✅ PLUS**
>
> 1. 전문성이란(역량과 같은 의미) 지식과 경험을 바탕으로 자신이 맡은 분야의 일을 잘 수행해 나가는 것을 의미한다. 군무원은 직무수행을 위해 필요한 지식과 기술 외에도 문제해결능력, 의사소통능력, 조정·통합능력, 자원확보능력, 업무추진력, 홍보능력 등 정책성과를 제고할 수 있는 전문적 역량을 키우기 위해 노력해야 한다.
> 2. 전문성은 업무를 안정적으로 운영하고 보다 나은 대안을 마련하는 것과 직접적으로 연결된다. 축적된 지식과 경험을 바탕으로 한 정책 개발·관리능력과 이를 뒷받침하기 위한 각종 직무수행능력은 정책성과를 제고하는 데 기여할 수 있다. 사회적 갈등관리에 대해서도 공무원에게 상당한 전문성이 요구되고 있다.
> 3. 창의성이 어떤 문제에 대해 번뜩이는 아이디어로 참신한 해결책을 마련하도록 돕는다면 전문성은 그러한 해결책의 현실적합성을 높여주는 역할을 한다. 창의성과 전문성은 예상하지 못한 상황 또는 옳고 그름이 애매한 상황 등에 직면할 경우 더욱 빛을 발한다.
> 4. 전문성을 위한 노력에는 시험공부 외에 직무를 잘 수행하기 위해 한 평소 노력을 보여주어야 한다. 컴퓨터 활용, 엑셀 활용, 전문도서 공부, 지원분야 각종 활동 등이 좋다.

---

2 공무원의 의무

Q1 공무원의 13대 의무는? 그중 가장 중요하다고 생각하는 것과 그 이유는?

Q2 공무원의 6대 의무(성실, 복종, 친절·공정, 비밀엄수, 청렴, 품위유지)는? 그중 청렴의무의 의미는?
  └ [기출 및 응용] 불법청탁을 받았을 경우 어떻게 대처를 하겠는가?

Q3 공무원의 의무 중 품위유지 의무에 대해 설명해보라.

Q4 최근 공직사회에서는 음주운전, 성폭력, 금품수수 및 향응에 대한 처벌이 강화되고 있다. 이에 대한 본인의 생각과 해결방안은?

Q5 공무원은 음주운전을 하면 이중처벌(형사 및 행정징계)을 받게 되는데 어떻게 생각하는가?

3 청 렴

Q1 공무원 조직에서의 부정부패 원인과 해결방안은?

Q2 공무원에게 높은 도덕성을 요구하는 이유는? 도덕적 해이가 발생하는 원인은?

Q3 공무원에게 있어 노블레스 오블리주 실천이 중요한 이유는?

4 공무원 행동강령

Q1 공무원 행동강령이란 무엇이며 왜 필요한가?

Q2 공무원 행동강령에 무슨 조항이 있는가?
> 예 부당한 지시 처리, 사적 이해관계의 신고, 영리행위 금지, 퇴직자 사적 접촉 신고, 특혜의 배제, 인사청탁금지, 이권개입금지, 알선청탁금지, 금품수수금지, 갑질금지, 직무관련 정보이용 제한 등

2. 공무원이 바람직한 공적 가치(public value)를 유지하고 윤리적 행동을 할 수 있도록 하기 위해서는 공무원에게 기대되는 바람직한 행동의 방향과 원칙을 명확하게 제시할 필요가 있으며 「공무원 행동강령」이 바로 이러한 기능을 수행하는 장치라고 할 것이다.
3. 「공무원 행동강령」은 부패유발의 가능성을 증대시키는 바람직하지 않은 요인들을 명확하게 규정하여 이를 규제함으로써 부패 발생을 억제하는 매우 중요한 기능을 수행하고 있다.

Q3 상사가 부당한 지시를 한다면 어떻게 대응할 것인가?

└[기출 및 응용] 상사가 부대차량으로 과속을 했는데 3개월 동안 과태료를 체납했고 그게 걸렸을 때 어떻게 처리할 것인가?

└[기출 및 응용] 상사가 경미한 부정을 저지를 때 어떻게 대처를 하겠는가?

└[기출 및 응용] 상사가 영리행위를 한 사실을 알았다면 어떻게 하겠는가?

└[기출 및 응용] 상사가 군수품을 빼돌리자고 한다면 어떻게 하겠는가?

Q4 상사가 위법한 지시를 한다면 어떻게 대응할 것인가?

Q5 업무를 수행하는데 자신의 의견이 분명히 좋은데 상관이 본인의 의견만을 고집한다면?

> ✔ **PLUS**
>
> 1. 위법한 지시는 당연히 따르지 않는 것이 타당하다. 다만, 부당한 지시 또한 따르지 않는다는 생각을 하는 것이 공무원의 기본자세이다.
> 2. 공무원 행동강령(부당한 지시 대응법)에 따른다.
> 3. 공정한 직무수행을 해치는 지시에 대한 처리 ⇨ 공무원은 상급자가 자기 또는 타인의 부당한 이익을 위하여 공정한 직무수행을 현저하게 해치는 지시를 하였을 때에는 그 사유를 그 상급자에게 소명하고 지시에 따르지 아니하거나 제23조에 따라 지정된 공무원 행동강령에 관한 업무를 담당하는 공무원(이하 "행동강령책임관"이라 한다)과 상담할 수 있다(제4조)고 나와 있다. 다만, 면접은 이러한 규정을 얘기하는 것이 아니라 자신의 생각을 얘기하는 것이다. 그러므로 부당한 지시 단계적 대응방안에 대한 설명을 이해하고 자신만의 답변을 만들어 내는 것이 핵심이다.
>   ➔ '다른 상관에게 보고한다. 복종의 의무가 있기 때문에 따른다. 따르고 난 다음에 추후 보고한다.' 등은 아주 안좋은 답변이자 뻔한 답변이다.
> 4. 공무원의 일은 국민의 행복증진과 안전을 책임지는 역할을 한다. 업무적인 것은 모두 국민의 이익이 우선이 되어야 한다는 것이다. 그렇기 때문에 자신의 의견이 좋은데 무조건 상관의 지시에 따른다는 답변은 좋은 답변이 아님을 기억해야 한다. 정말 확신이 있다면 상관을 설득할 수 있어야 한다.

---

5 적극행정

Q1 최근 공직생활에서 적극행정을 강조하는 이유는 무엇 때문이라고 생각하는가?

└[기출 및 응용] 알고 있는 적극행정 사례에 대해 말해보라.

└[기출 및 응용] 적극행정을 하는 데 가장 중요한 것은 무엇이라고 생각하는가?

Q2 적극행정의 장점과 단점은 무엇인가? 단점에 대한 해결방안은 무엇인가? 또한 적극행정 활성화방안도 함께 말해보라.

└[기출 및 응용] 군무원이 되어 응시한 직렬에서 적극행정을 해보고 싶은 것이 있다면 무엇인가?

Q3 본인이 한 적극행정사례로 민원이 발생했다면 어떻게 할 것인가?

    ㄴ[기출 및 응용] 국방부가 적극행정 우수사례가 많은데 이유가 무엇이라고 생각하는가?

    ㄴ[기출 및 응용] 적극행정을 하다가 타부서 업무를 침범했을 때 어떻게 대처할 것인가?

> ✅ **PLUS**
>
> 1. 적극행정이 필요한 이유는 시대변화가 빨라지면서 우리 사회의 기존 법과 제도, 정책만으로는 해결하기 힘든 복잡한 문제가 발생하고 있어 현장의 문제를 해결하기 위해서는 불합리한 규정과 절차, 관행을 스스로 개선하는 노력이 필요하다.
> 2. 적극행정 활성화를 위해서는 조직문화 개선이 필요하다. 적극행정에 대한 포상과 소극행정에 대한 징계가 병행되어야 한다.
> 3. 군무원의 적극행정 사례에 대해 1~2개 정도 알고 있어야 한다.

04   군무원이란?

Q1 군무원이란 무엇인가?

    ㄴ[기출 및 응용] 해당직렬에 합격을 하고 군무원으로 일하게 된다면 구체적인 계획이 있는가? 혹은 전문성을 키우기 위해 어떤 노력을 할 것인가?

    ㄴ[기출 및 응용] 지금까지 군무원만을 준비하였는가?

    ㄴ[기출 및 응용] 군무원 월급표를 본 적이 있는가? 생각보다 많지 않은 급여인데 그것으로 생활할 수 있겠는가?

    ㄴ[기출 및 응용] 태풍, 폭염 등 자연재해가 발생되었다. 이때 군무원으로서의 역할은?

    ㄴ[기출 및 응용] 본인이 군무원을 한다면 몇 급까지 갈 수 있을 것 같은가? 그 이유는?

Q2 군무원으로서 필요한 자세와 능력은 무엇인가?

    ㄴ[기출 및 응용] 국방혁신 4.0에서 군무원(응시한 직렬)이 갖추어야 할 자질이나 역할은?

    ㄴ[기출 및 응용] 전산직렬(응시직렬) 군무원에 지원을 하였는데 본인이 전산직렬(응시직렬)을 맡았을 때 좀 새롭게 해보고 싶은 것이 있는가?

    ㄴ[기출 및 응용] 군무원으로서 일하면서 가장 큰 애로사항은 무엇일 것 같은가?

Q3 국민들은 군무원에 대해 잘 모른다. 쉽게 설명해보라.

Q4 군무원의 역할과 위상을 설명해보라. 군무원의 나아갈 방향은?

> ✅ **PLUS**
>
> 1. 군무원이 어떤 신분이고(군무원은 특정직공무원이다) 무슨 일을 하며 그 역할과 위상이 어떻게 되는지는 군무원 지원자로서 반드시 설명할 수 있어야 한다.
> 2. 저출산으로 현역자원이 줄어들고 있고 4차 산업혁명시대를 맞아 첨단기술이 군전력의 핵심이 됨에 따라 군무원의 역할과 위상이 높아지고 있다. 그 의미를 이해해서 활용해야 한다.

Q5 군인과 군무원의 차이에 대해 설명해보라.

Q6 군무원과 공무원의 차이점과 공통점에 대해 설명해보라.

Q7 군무원의 장단점에 대해 설명해보라.

Q8 일반직 공무원과 비교했을 때 군무원의 장점에 대해 설명해보라.

> ✅ PLUS
>
> 1. 군무원 지원자로서 군무원이라는 직업이 갖는 장점과 단점에 대해 생각해봐야 한다.
> 2. 장점으로는 공무원으로서의 정년보장, 공적인 일을 통한 보람과 자긍심, 전문성 배양, 국가안보에 기여, 4차 산업 혁명시대에 전문가로서의 위상 제고 등이다.
> 3. 단점으로는 군대에 소속되어 있어 행동과 의사결정의 제약, 특정직 공무원으로서 법과 규정을 준수해야 하는 경직성, 잦은 지역이동과 오지근무, 낮은 직업인지도와 열악한 생활인프라 등을 꼽을 수 있다.

Q9 군무원인사법에 대해 아는 대로 설명해보라.

> ✅ PLUS
>
> 1. 군무원인사법에서는 군무원의 자격, 임용, 복무, 보수, 신분보장에 대해 규정되어 있다.
> 2. 군무원인사법은 군무원 조직의 인사와 관련된 가장 중요한 법령이다. 군무원 조직이 어떻게 운영되고 군무원의 채용, 승진, 역할 및 위상에 대해 규정한 법이기 때문이다.
>   ➡ 참고로 군인은 군인사법의 적용을 받는다.

Q10 사기업에 비해 군무원이 갖는 매력은 무엇인가?

Q11 자주국방과 군무원의 연관성에 대해 설명해보라.

Q12 오지발령에 대해 어떻게 생각하는가?

Q13 한미연합훈련에 군무원이 참가하는 것에 대해 어떻게 생각하는가?

Q14 군무원에게 총기 및 군복을 지급하는 것에 대해 어떻게 생각하는가?

> ✅ PLUS
>
> 1. 군무원의 군인화에 대한 논란이 제기되고 있다. 처우개선이나 근무환경 개선 없이 당직, 경계근무에 투입되고 병사는 보호하면서 군무원은 각종 의무부여와 훈련 참여 등 군인화에 대해 불만이 제기되고 있는 것도 현실이다.
> 2. 군무원인사법에 따라 군무원의 근무환경과 역할에 대해 명확한 규정과 처우 개선이 함께 논의될 필요가 있다.
> 3. 훈련참가에 대해서는 업무의 전문성을 위한 테스트 및 시험 기회로 활용할 수 있다는 측면에서는 도움이 될 것이나 비전투 지원분야로 한정할 필요는 있다고 생각된다.

Q1 성취감 또는 보람을 느꼈던 경험에 대해 말해보라.

> ✔ PLUS
>
> 1. 되도록 단체생활이나 조직생활과 관련된 경험을 이야기하는 것이 좋다.
> 2. 시기·상황·대응 및 결과에 대해 요약하고 핵심을 정리해서 표현해야 한다.

Q2 힘들었던 경험과 어떻게 극복했는지에 대해 말해보라.

> ✔ PLUS
>
> 1. 되도록 수험생활 외의 힘들었던 과정을 극복한 경험을 이야기하는 것이 좋다.
> 2. '어떻게 극복했는지? 극복과정에서 어려운 점은 없었는지?' 등이 답변에 포함되어야 한다.

Q3 갈등해결 경험에 대해 말해보라.

> ✔ PLUS
>
> 1. 단체생활이나 조직생활과 관련된 갈등 경험을 이야기하는 것이 좋다.
> 2. 갈등과정보다는 갈등해결에 초점을 맞추어야 한다.

Q4 실패 경험에 대해 말해보라.

> ✔ PLUS
>
> 1. 사실대로 솔직하게 이야기를 하는 것이 좋다.
> 2. 실패경험, 실수경험, 윤리에 어긋한 행동을 한 경험에서는 느낀 점을 이야기하면서 다시 반복하지 않기 위해 어떤 노력을 했는지가 반드시 포함되어야 한다.

Q5 희생 및 헌신경험에 대해 말해보라.

> ✔ PLUS
>
> 자신의 헌신성이 나타나는 경험을 선택하여 이야기하는 것이 좋다.

Q6 사회생활이나 조직생활하면서 가장 보람있었던 경험에 대해 말해보라.

> ✔ PLUS
>
> 개인적인 결과보다 조직에서 성취, 성과, 성공 등의 경험과 연결시켜 자신의 역할을 표현하는 것이 좋다.

Q7 살면서 겪었던 경험 중 가장 잘했던 경험과 가장 후회되는 경험은?

> **⊘ PLUS**
>
> 1. 이 질문에는 개인적인 선택, 성과 등을 이야기해도 좋다.
> 2. 시기·상황·대응 및 결과에 대해 요약하고 핵심을 정리해서 표현해야 한다.

Q8 리더십 발휘 경험에 대해 말해보라.
└ [기출 및 응용] 리더로서 갖추어야 할 자질은?
└ [기출 및 응용] 리더와 리더십의 차이는?
└ [기출 및 응용] 응시생은 팔로워십과 리더십 중에 어느 유형에 가까운가?

> **⊘ PLUS**
>
> 리더로서의 역할이 드러나도록 이야기해야 한다.

Q9 인생의 좌우명과 그것을 지켰던 경험은?

Q10 봉사활동 경험에 대해 말해보라.

Q11 창의와 혁신의 중요성을 이야기 하고 창의성을 발휘한 경험 혹은 창의성을 높이기 위해 어떤 노력을 할 것인가?

Q12 평소 건강관리는 어떻게 하고 있으며, 만약 스트레스를 받았을 경우에는 어떻게 해결하는지에 대해 말해보라.
└ [기출 및 응용] 군부대 안에서 근무를 하다보면 회식이 잦은 편이다. 회식문화에 대해 어떻게 생각하는가?

Q13 가장 기억에 남는 아르바이트 경험은?

Q14 새로운 도전을 해 본 경험이 있는가? 구체적으로 말해보라.

Q15 남들과 차별화 된 본인만의 경쟁력은 무엇인가? 증명할만한 경험을 바탕으로 이야기해보라.

Q16 남들이 하기 싫은 것 혹은 꺼려하는 일을 적극적으로 해 본 경험은?

Q17 협업의 중요성을 이야기 하고 다른 사람들과 협업을 잘하기 위한 본인만의 방법이 있다면 무엇인가?

Q18 주변사람들이 자신을 어떻게 평가하는가?

Q19 합격한 직렬과 관련된 경험이나 활동이 있다면 말해보라.

06 조직생활

Q1 조직생활에서 가장 중요하게 생각하는 것은 무엇인지 말해보라.
└ [기출 및 응용] 응시생이 인사담당자인데 밑에 후임이 인성이 좋지 않아서 본인 일만 하고 조직에 조화가 잘 안된다면 어떻게 할 것인가?

└[기출 및 응용] 급한 일이 생겨 휴가를 가야하는 상황인데 지금 당장 해야 할 임무가 있을 때 어떻게 하겠는가?
└[기출 및 응용] 결혼을 해야 하는데 상사가 결혼식은 치르되 신혼여행은 취소하고 업무를 하라고 지시를 한다면? 더욱이 해당 업무는 본인밖에 할 수 없다면?

> ✅ PLUS

1. 세상의 변화 속에서 국가 간 경쟁이 심화되고 고객(민원인)의 욕구 또한 다양화되고 있어 이를 해결할 수 있는 경쟁력을 갖추기 위해 유연하고 효율적인 조직화가 필요하다.
2. 조직을 통한 협동적 노력으로 개인이 할 수 없는 일을 달성할 수 있다. 개개인은 모두 다양한 능력을 가지고 있다. 그 개개인의 능력이 조직에서 발휘되면 시너지 효과가 발생하며 개개인이 조직에 기여한 것 이상의 효과를 얻을 수 있다. 조직은 이렇게 목표달성을 위한 효율적인 수단이다.
3. 조직은 목적을 지향한다. 군무원 조직은 공익추구, 국가안보, 시민안전을 목적으로 한다.
4. 조직관련 질문을 받는다면 조직의 중요성, 협력의 필요성, 관계형성의 중요성에 대해 이해하고 있다는 것을 분명하게 말할 수 있어야 한다. 또한 관련된 경험도 준비가 되어야 후속질문(갈등해결경험, 협력경험, 희생경험 등)에 대비가 가능하다.

Q2 급한 일과 중요한 일의 우선순위는 무엇인지 말해보라.
└[기출 및 응용] 사익과 공익이 충돌시 어떻게 할 것인가?

> ✅ PLUS

1. 급한 일은 시급을 다투는 일이므로 먼저 해결해야 한다. 누가 해야 하는지를 정해서 빨리 처리하고 그 후에 중요한 일을 하는 것이 일반적인 순서이다.
   예 산불이 났다면 급한 일이 발생한 경우이다. 누가 불을 끄러 가야할지를 정해서 업무분담을 하고 그 후에 중요한 일을 처리하는 것이 좋다.
2. 자신의 경험 혹은 사례를 활용하는 것도 괜찮다.

Q3 본인의 일과 타부서의 업무협조 중 우선순위는 무엇인지 말해보라.
└[기출 및 응용] 부서 간의 갈등이 발생하는 원인은 무엇이라고 생각하며 이 때 응시생이라면 어떻게 해결하겠는가?
└[기출 및 응용] 상관의 지시, 민원업무, 타부서 협력업무 3가지 일이 동시에 주어졌다. 일처리 순서를 정하고 이유도 말해보라.

> ✅ PLUS

1. 타부서에서의 업무협조를 먼저 처리해주는 것이 부서 간 업무협력과 조직전체의 경쟁력을 만들 수 있다. 타부서의 일을 처리해주지 않으면 그 일로 인해 업무 자체가 지연될 수 있기 때문이다.
2. 본인의 일이 다급하다면 타부서에 기한을 알려주고 그 기한 내에 처리하는 것도 방법이다.

Q4 보고서의 완성도와 기한엄수 중 우선순위는 무엇인지 말해보라.

> **⊘ PLUS**
>
> 1. 일반적으로 보고서의 완성도를 높이는 방향으로 이야기를 많이 한다. 그러나 실제 업무에서는 기한엄수 또한 매우 중요하다.
>   - ➡ 오히려 기한을 엄수하는 것이 더 중요할 수 있다.
> 2. 기한을 지키기 어려운 상황이라면 미완의 보고서를 중간 중간 상사에게 보고하고 그 방향을 잡아가는 것이 완성도와 시간을 동시에 맞출 수 있는 전략이다.

Q5 과장님과 계장님이 동시에 업무지시를 할 경우 어떻게 할 것인가?
➡ 참고로 직급은 과장이 더 높다.

> **⊘ PLUS**
>
> 1. 일반적으로 과장님의 지시업무를 먼저 하는 것이 맞다. 그러나 계장님의 지시업무가 급하고 중요한 일이면 먼저 과장님께 양해를 구해야 한다.
> 2. 조직생활을 잘하는 방법은 항상 상관에게 보고를 잘하는 것이다. 작은 업무라도 보고를 자주 함으로써 자신의 일 처리 능력도 보여주고 상관이 업무의 진척도를 알 수 있게끔 해야 한다.

Q6 본인은 업무 과중상태인데 동료는 일이 없다. 어떻게 할 것인지 말해보라.

> **⊘ PLUS**
>
> 1. 긍정적인 모습을 보여주는 것이 좋다. 업무 과중이라도 일을 책임지고 해낸다는 책임성을 보여주도록 해야 한다.
> 2. 하지만 너무 일이 많다면 상사에게 현재 자신의 업무 과중 상태를 이야기하고 동료들과 업무분담을 해서 처리하는 것이 좋다. 이것이 조직생활이다.

Q7 조직 내 불합리한 관행에 대해 어떻게 대응할지 말해보라.

> **⊘ PLUS**
>
> 1. 관행은 조직 내에서 오랫동안 지속되어온 조직문화이므로 쉽게 개선되기가 힘들다는 것을 인정해야 한다. 조직원들과 충분한 이야기를 해보고 중장기적으로 시간이 걸리더라도 합리적으로 개선해가는 방향을 잡아가야 한다.
> 2. 그 관행이 편법적이고 불합리하다면 적극행정을 통해 개선방향을 이야기해보는 것도 좋다.

Q8 군인과의 갈등은 무엇이 있을 것 같으며 갈등이 생겼을 경우 어떻게 해결할지 말해보라.

> **⊘ PLUS**
>
> 1. 군무원은 군대 내에서 군인과 같이 생활을 많이 한다. 따라서 군인과 갈등상황도 많이 발생할 수 있는데 그런 상황에서 현명하게 갈등을 관리하고 해결할 수 있다는 것을 보여주는 것이 매우 중요하다.
> 2. 평소에 갈등을 어떻게 해결하는지를 경험을 통해 충분히 보여주어야 한다.

Q9 상사와 본인의 의견이 다르다면 어떻게 하겠는가?

  └[기출 및 응용] 상사가 혼자서 감당하기 힘든 과중한 업무를 준다면 어떻게 할 것인가?

  └[기출 및 응용] 상사가 자신이 해야 할 일을 응시생에게 일을 시키면 어떻게 할 것인가?

  └[기출 및 응용] 일을 하게 되면 생소하고 모르는 업무를 맡게 되는 경우가 있다. 이 때 어떻게 대처를 하겠는가?

  └[기출 및 응용] 세대갈등 해결방안은? 그럼 MZ세대로서 상관이 어떻게 해주면 좋겠는가?

> **◈ PLUS**
>
> 일반적으로 공무원은 복종의 의무가 있기 때문에 상사의 의견을 따르는 것이 바람직하다. 그러나 본인의 의견이 더 합리적이라고 판단이 된다면 보고서를 만들어 보고를 통해 상사를 설득할 수 있어야 한다.

Q10 리더십과 팔로워십에 대해 아는 대로 말해보라.

> **◈ PLUS**
>
> 1. 리더에게 필요한 것이 '리더십(leadership)'이라면 조직을 떠받치는 수많은 조직원들에게 필요한 것은 '팔로워십(followership)'이다.
> 2. 리더십은 조직의 목적을 달성하려고 구성원을 일정한 방향으로 이끌어 성과를 창출하는 능력이다. 일반적으로 리더십은 조직의 문제점을 개선하고 조직이 환경 변화에 적응하게 하며 구성원에게 동기를 부여한다.
> 3. 팔로워십(followership) 또는 추종자 정신, 추종력은 어떤 개인이 자신이 속한 조직, 팀, 무리에서 맡은 역할을 뜻한다. 다른 뜻으로 한 개인이 지도자를 능동적으로 따르는 능력을 말한다.
> 4. 조직, 팀의 성공과 실패는 리더가 부하를 잘 이끄느냐만이 아니라 부하가 리더를 얼마나 잘 따르느냐에도 달려 있다. 부하(추종자)의 행동은 조직의 성공과 실패에 중요한 원인으로 작용하며 부하는 지도자에 대해 건전한 비판을 할 수 있어야 한다.
> 5. 리더와 팔로워는 서로 간의 다양성을 존중해 주고 최말단의 팔로워라도 리더의 결정에 다시 한 번 의문을 제기하고 보다 나은 방향으로 결정하는 방법은 없는지 꾸준히 토론하고 의견을 다퉈야 한다. 그러나 조직이 그 역량을 발휘해야 할 시기이거나 경쟁조직, 경쟁국가와 다퉈야 할 시기 또는 조직에 위기 상황이 닥치면 구성원들은 일사분란하게 그 방향성을 통일시켜야 한다.

Q11 본인은 한 조직의 리더이다. 그런데 부하직원 하나가 일을 제대로 안하고 있다. 본인이라면 어떻게 하겠는가?

Q12 개인과 조직 중 무엇이 우선이라고 생각하는가? 무엇이 더 중요하다고 생각하는가?

  └[기출 및 응용] 개인이 추구하는 방향과 조직이 추구하는 방향이 다를 경우 어떻게 하겠는가?

Q13 상사가 모두 퇴근하지 않고 일하고 있는데 집에 행사가 있을 때 어떻게 할 것인가?

Q14 업무가 과중되어 야근을 계속 해야 될 때 어떻게 하겠는가?

Q15 본인도 엄청 바쁜데 동료가 도와달라고 한다. 어떻게 할 것인가?

Q16 조직에서 상사나 동료의 비리를 알게 되었다. 어떻게 할 것인가?

1. 먼저 신고를 한다고 하기 보다는 기본적으로 상사나 동료가 스스로 시정할 수 있는 기회를 주는 것이 도리이다. 시정기회를 거부하거나 시정을 하지 않는다면 그 때 신고 등의 조치를 하더라도 누구도 반대하지 않을 것이다.
2. 전임자의 중대한 실수나 부정행위에 대해서도 스스로 시정하고 사과나 다른 조치를 할 기회를 주어야 한다. 또한 그 실수에 대해 자신이 이제 담당주무관이므로 책임지고 일을 수습하는 모습을 보여주도록 해야 한다.

07 　민원인 대처

Q1 민원인을 대하는 군무원의 자세에 대해 말해보라.

1. 민원인의 권리와 의무를 먼저 생각해봐야 한다.
   ① 권리: 민원인은 행정기관에 민원을 신청하고 신속, 공정, 친절, 적법한 응답을 받을 권리가 있다.
   ② 의무: 민원인은 민원을 처리하는 담당자의 적법한 민원처리를 위한 요청에 협조하여야 하고, 행정기관에 부당한 요구를 하거나 다른 민원인에 대한 민원처리를 지연시키는 등의 공무를 방해하는 행위를 해서는 안 된다.
2. 민원업무의 처리는 최대한 민원인의 입장에서 상황을 이해하려고 노력해야 한다. 그래야 민원인의 상황과 법과 규정의 괴리 상태를 좁힐 수 있고 합법적인 해결방안을 찾을 수 있다.
3. 민원업무는 정해진 처리기한이 있다. 그러나 우리나라 사람들은 성격이 급하다. 되도록 빨리 처리해주는 것이 가장 친절한 방법이다. 이를 위해서는 민원처리의 전문성을 익혀야 한다.
   ➡ 복잡하고 복합적인 민원에 대해서는 팀원들과 협력하여 케이스 스터디를 통해 해결방안을 찾는 것도 좋은 방법이다.

Q2 고성을 지르는 민원인에 대해 어떻게 대응할지 말해보라.

1. 민원인의 고성으로 주변인(다른 민원인이나 공무원 등)들이 놀라지 않도록 목례 등으로 우선 조치를 하는 것이 중요하다.
2. 설득과 경고 중 설득에 무게중심을 두고 고성민원인이 진정할 수 있도록 짧은 시간(2~3분 이내)이라도 여유를 주면서 진정을 유도하고 일반 민원인들의 보호 및 원활한 상담을 위해 격리가 필요하다.

Q3 기관장을 찾는 민원인에 대해 어떻게 대응할지 말해보라.

1. 민원인이 관리자와 상담을 원할 경우 민원인에게 관리자 상담은 언제든 가능하다는 것을 알려주고, 자신이 실무자로서 실제업무를 담당하고 처리하고 있다는 사실을 주지시키고 책임지는 자세를 보여주는 것이 좋다.
2. 민원인이 분명한 사유 없이 관리자 상담을 원할 경우, 경우에 따라 문서 등의 간접적인 면담방법 등을 이용할 필요가 있다.
3. 민원인이 지속적으로 기관장 전화연결을 요청하면 먼저 비서실에 민원내용을 전달한 후에 연결하도록 한다.

Q4 악성(고질) 민원인에 대해 어떻게 대응할지 말해보라.

> **PLUS**
>
> 1. 적법한 절차에 따라 결정한 결과에 불만을 가지고 지속적으로 비이성적인 행태를 표출하는 악성민원인은 기본적으로는 법과 원칙에 따라 대응해야 한다.
> 2. 악성민원이 발생한 배경을 조사해보고 전담팀을 구성하여 대응하거나 전담조사관을 지정하여 대응하는 것도 조직의 효율성을 위해 좋은 방안이다.
> 3. 고질민원인은 민원 초기대응단계에서 대응소홀로 불만이 시작되는 경우가 많다. 따라서 민원인에 대한 친절, 의사소통에 항상 유의해야 한다.
> 4. 고질민원인으로 인해 행정력과 예산이 낭비되고 직원의 스트레스가 가중되지만 그럼에도 민원인이 억울함이 없도록 해결방안을 찾도록 노력하는 자세가 중요하다.
> 5. 악성민원인에 대한 사례나 알고 있는 대응방안에 대해 곁들여 이야기하는 것도 좋은 답변이 될 수 있다.

Q5 법과 규정으로 도와드릴 수 없는 민원인에 대해 어떻게 대응할지 말해보라.
└[기출 및 응용] 근무 외 시간에 민원 발생시 어떻게 하겠는가?

> **PLUS**
>
> 1. 사회적 약자라도 법과 규정을 어길 수는 없다. 대신에 다른 대안을 찾는 적극적인 자세를 보여주는 것이 중요하다.
>   ➡ 다른 분야에서의 지원제도가 가능한지, 민간단체와 연계가 가능한지, 필요하다면 현장을 방문하여 상황을 파악해보고 지원방안을 찾는 것도 좋다.
> 2. 법과 규정대로 일을 처리하는 것만이 공무원의 역할은 아니다. 국민의 삶을 책임지는 모습을 보여주도록 해야 한다.

08 상황형 질문

Q1 새로운 일을 맡아 일처리를 해야 하는데 매뉴얼도 없고 시간이 촉박하다. 어떻게 할 것인가?

> **PLUS**
>
> 1. 2가지 경우로 나누어 생각해 볼 수 있다.
>   ① 임기응변적 대응: 공직가치에 근거하여 합리성과 타당성, 공익성을 생각하며 선례를 찾아보고 선례도 없다면 부서장이나 부서원들과 협의하여 신속히 결정하여 시행한다.
>   ② 임시매뉴얼 작성: 임시매뉴얼 작성시간이 확보된다면 타 지역이나 타 기관 사례를 참고하여 현재 상황에 맞게 신속히 매뉴얼을 만들어 결재를 득한 후 대응하는 것이 좋다.
> 2. 이 질문의 핵심은 담당자로서 책무를 어떻게 완성할 것인가이다. 즉, 현재 상황에서 적절한 대응방안을 찾고 문제가 없도록 조치할 수 있어야 하며 끝까지 책임지는 자세를 보여주는 것이 중요하다.

Q2 본인이 하려는 업무를 주변에서 반대한다. 어떻게 할 것인가?

> **✅ PLUS**
>
> 1. 이 질문은 업무추진력과 대외지지 획득능력, 설득력을 알아보기 위한 내용이다.
> 2. 따라서 주변의 반대를 무릅쓰고 일을 추진해본 경험 또는 남들은 안 될 거라고 예상했던 일을 추진한 경험을 활용하여 이야기하는 것이 좋다.

Q3 주변에 아무도 없다. 혼자서 결정해야 하는 상황이다. 어떻게 할 것인가?

> **✅ PLUS**
>
> 1. 우선 중요한 것은 공무원은 법과 절차를 지켜야 한다.
>   ↪ 법과 절차를 지키는 것은 법규정·매뉴얼 등을 통해 확보할 수 있고 그 다음으로 생각해볼 수 있는 것은 재량행위인지 기속행위인지 여부를 확인하고 재량행위에 대해서는 재량권을 발휘할 수 있어야 한다.
> 2. 민원처리라면 가능한 민원인의 입장에서 처리해 주는 것이 적극행정으로 생각하고 모든 업무처리 과정에 대해서는 기록으로 남기고 나중에 상사에게 보고하는 것이 중요하다. ⇨ 보고는 조직생활에서 아주 중요한 절차이다.

Q4 상사가 부대 차량으로 신호위반을 하고 3개월 동안 과태료를 체납해서 독촉을 받고 있다. 어떻게 할 것인가?

> **✅ PLUS**
>
> 1. 우선 중요한 것은 상황을 구분해서 말할 수 있어야 한다.
>   ① 군용차를 타고 공무를 수행하는 과정에서 신호위반을 했다면 정상참작 사유가 된다. 그 경우 관할 경찰서에 사유서를 제출하면 과태료가 면제된다.
>   ② 군용차를 사적으로 이용하여 신호위반을 했다면 그건 정상참작 사유가 되지 않는다. 그 경우는 과태료를 납부해야 한다.
> 2. 상사에게 보고하면서 상황을 물어봐야 하고 그에 적합한 처리를 하는 것이 중요하다. 상사를 질책하듯이 하면 절대로 안 된다.

---

09 사회이슈

Q1 갑질의 정의와 해결방안에 대해 말해보라.

> **✅ PLUS**
>
> 1. 갑질의 개념에 대해서는 명확하게 설명할 수 있어야 한다. '갑질은 사회·경제적 관계에서 우월적 지위에 있는 사람이 권한을 남용하거나 우월적 지위에서 비롯되는 사실상의 영향력을 행사하여 상대방에게 행하는 부당한 요구나 처우를 의미한다.
> 2. 알고 있는 갑질사례를 활용하여 자신이 생각하는 갑질의 해결방안을 설득력 있게 제시할 수 있어야 한다.

Q2 본인이 갑질을 당하면 어떻게 대응할 것인가?

> **⊘PLUS**
>
> 1. 갑질 대응에 대해서는 부당한 지시 대응과 유사하긴 한데 진짜 갑질인지에 대한 객관적인 확인이나 평가가 있어야 한다. 동료들에게 상담도 해보고 난 후에 정말 갑질이라 판단되면 상관과 자연스러운 자리에서 면담을 해보고 중단을 요청해야 한다. 부당한 지시는 공익과 관련된 내용이기 때문에 그 부당성에 대한 판단은 공익이 되어야 하고 갑질은 본인에 대한 괴롭힘 등이 판단기준이 된다.
> 2. 즉, ① 동료들과 상의를 해본다. ② 상관과의 면담을 한다. 그 후에도 동일한 갑질이 계속된다면 ③ 상담센터에 신고하는 것도 괜찮다.

Q3 이해충돌방지법에 대해 아는 대로 말해보고 이해충돌상황이 발생하면 어떻게 대응할 것인지 말해보라.

> **⊘PLUS**
>
> 1. 이해충돌방지법은 공직자가 수행하는 직무와 사적이익 간에 발생할 수 있는 이해충돌의 상황을 사전에 신고하고 부적절한 상황을 회피·기피하도록 구성되었다.
> 2. <u>이해충돌의 정의 ⇨ 공직자가 직무를 수행할 때에 자신의 사적 이해관계가 관련되어 공정하고 청렴한 직무수행이 저해되거나 저해될 우려가 있는 상황을 말한다.</u>
> 3. 공직자는 자신의 직무와 관련해 사적인 이해관계가 있으면 미리 신고해야 한다. 공직자는 직무관련자가 사적이해관계자임을 안 날로부터 14일 이내에 그 사실을 소속기관장에게 서면으로 신고하고 회피를 신청해야할 의무가 발생한다.
> 4. 이해충돌 예방 및 관리를 위한 10대 행위 기준 ⇨ 사적 이해관계자 신고 및 회피·기피 신청, 공공기관 직무관련 부동산 보유·매수 신고, 고위공직자 민간부문 업무활동 내역 제출, 직무관련자와의 거래 신고, 퇴직자 사적 접촉 신고, 직무관련 외부활동 제한, 가족 채용 제한, 수의계약 체결 제한, 공공기관 물품 등의 사적사용·수익금지, 직무상 비밀 등 이용 금지

Q4 이해충돌방지법과 청탁금지법(일명 김영란법)의 차이에 대해 말해보라.

> **⊘PLUS**
>
> 1. 이해충돌방지법은 공직자의 직무수행과 관련한 사적이익 추구를 금지함으로써 공직자의 직무수행 중 발생할 수 있는 이해충돌을 방지하기 위한 법이고, 김영란법은 공직자 등에 대한 부정청탁 및 공직자 등의 금품 등의 수수를 금지함으로써 공직자 등의 공정한 직무수행을 보장하기 위한 법이다.
> 2. 김영란법 ⇨ (3-5-5 규정) 음식물 3만원, 선물 5만원(농·축·수산물 10만원), 경조사비 5만원으로 제한

Q5 저출산·고령화의 원인과 해결방안에 대해 말해보라.

> **⊘PLUS**
>
> 1. 저출산의 원인은 다양하다. 그 중에서 가장 큰 원인이라고 생각하는 내용과 그 해결방안을 구체적으로 제시하는 것이 좋다.
> ① 합계출산율과 같은 데이터를 근거자료로 활용하는 것도 좋은 방법이다.

② 해결방안은 거시적인 내용보다는 현실적이고 생활에서 직접 접하는 내용이 바람직하며 관련된 경험이 있다면 활용하는 것이 좋다.
2. 고령화에 따른 문제점과 해결방안에 대해서는 노인빈곤, 노인소외문제, 노동력 상실 등의 관점에서 대책을 생각해 봐야 한다.

Q6 MZ세대의 특징에 대해 말해보라.

✅ **PLUS**

1. MZ세대는 1980년대 초반부터 2000년대 초반에 태어난 세대인 밀레니얼세대와 1990년대 중반부터 2000년대 초반에 태어난 세대인 Z세대를 통칭하는 말이다.
   → 밀레니얼세대는 아날로그와 디지털 문화가 혼재된 환경에서 자랐으며 정보기술에 능통하며 대학진학률이 높다는 특징이 있다.
2. MZ세대의 대표적인 특징으로는 업무와 사생활의 구분을 뚜렷하게 하고자 하며 상사가 친근하게 다가가기 위해 사생활에 대해 질문하는 것을 불편하게 여기기도 한다.
3. MZ세대의 업무 방식은 수평적인 의사소통과 사고 체계를 바탕으로 한다.
4. MZ세대는 공정성을 중시한다는 것과 집단보다는 개인의 행복, 소유보다는 공유, 상품보다는 경험을 중시하는 소비 패턴 등 다양한 특징을 가지고 있다.
5. MZ세대는 새로운 트렌드를 빨리 받아들이고 남과 다른 이색적인 경험을 추구하며 SNS 기반의 커뮤니케이션 방식을 선호한다.
6. MZ세대는 자유와 효율성을 추구한다. 자기와 맞는 상대를 찾기 위한 시간이나 노력을 줄이기 위해 MBTI를 활용한다.

Q7 MZ세대와의 세대갈등 원인과 해결방안에 대해 말해보라.

✅ **PLUS**

1. MZ세대와 기성세대의 세대차이로 인한 갈등해결에서 중요한 것이 무엇인지 생각해봐야 한다.
2. MZ세대와 기성세대의 차이점과 공통점을 찾고 조화방안을 이야기할 수 있어야 한다.

Q8 최근 MZ세대의 퇴사율이 높은데 그 원인과 해결방안에 대해 말해보라.

✅ **PLUS**

1. MZ세대의 퇴사율이 높은 이유로는 경직된 조직문화 및 세대차이로 인한 갈등, 워라밸 등 여가를 중시하는 가치관, 급여와 복리후생 불만, 높은 근무강도 등이다.
2. 유연한 조직문화, 워라밸의 제도화, 세대갈등 해결노력, 직무만족도 제고, 자기계발 기회 제공 등의 노력이 필요하다.

Q9 워라밸에 대해 어떻게 생각하는가?

✅PLUS

1. 워라밸의 개념과 왜 이와 같은 신조어가 생기게 되었는지 배경까지 알고 있어야 한다.
2. 워라밸 또는 일과 가정의 양립을 위해 어떤 제도나 정책이 필요한지에 대해 정리가 필요하다.
3. 워라밸이 책임성 회피나 업무스트레스로부터의 도피보다는 오히려 재충전을 통한 업무효율성 향상으로 연결되도록 생각해봐야 한다.

Q10 공무원의 정년연장에 대해 어떻게 생각하는가?

✅PLUS

저출산 고령화에 따른 영향으로 정년 연장 논의가 활발하다. 그 배경에 대해 설명할 수 있어야 하며 정년연장으로 청년일자리가 줄어드는 우려에 대해 어떻게 생각하는지 정리가 필요하다.
Q. 정년연장으로 인한 효과에는 어떤 것이 있는가?
Q. 정년연장을 했을 때 어떤 문제가 예상되는가?
Q. 정년연장으로 인한 기성세대와 청년세대의 갈등을 어떻게 풀어갈 것인가?

Q11 임금피크제에 대해 어떻게 생각하는가?

✅PLUS

1. 고령화의 급격한 진행과 인구감소 사회에 직면하여 임금피크제가 중요한 사회적 이슈가 되고 있다.
2. 임금피크제의 장점은 정년 이후에도 상당기간 일할 수 있고 숙련 인력을 계속 사용 가능하며 고령화에 따른 인력부족 문제 및 사회보장비용 부담을 완화할 수 있다.
3. 임금피크제는 ① 노사합의로 정한 정년을 보장하면서 임금을 인하 또는 동결(고용유지형), ② 기존 정년을 연장하면서 임금을 조정(정년연장형), ③ 기존 정년을 연장하면서 근로시간을 단축(근로시간 단축형), ④ 정년퇴직자를 재고용하면서 임금을 조정(재고용형)으로 구분할 수 있다.
4. 중소기업은 인력난 해소를 위한 고령근로자를 많이 채용하고 있고 정년연장에 따른 인건비 부담을 해소할 수 있는 가장 유효한 정책이 임금피크제이다.
5. 다만, 정년 연장에 따른 청년층 고용 감소가 우려되므로 청년일자리가 위축되지 않도록 하고 청년일자리에 대해서는 새로운 기술집약 산업, IT, 융합, 스타트업 등에서 새로운 일자리를 만들어 가야 한다.

Q12 산업안전보건법과 중대재해처벌법에 대해 어떻게 생각하는가?

✅PLUS

1. 산업안전보건법은 사업장에서의 산재예방을 위한 작업환경 조성, 산업안전과 보건에 관한 기준을 제시한 법이다.
2. 중대재해처벌법은 사업주나 경영책임자 등이 안전, 보건 조치 의무를 위반하여 인명사고가 발생할 경우 처벌하겠다는 법이다.
   ➡ 중대산업재해는 사망자가 1명 이상 발생, 동일한 사고로 6개월 이상 치료가 필요한 부상자가 2명 이상 발생하는 경우이다.

3. 중대시민재해란 공중이용시설 또는 공중교통수단의 설계·제조·관리상의 결함으로 중대재해가 발생한 경우를 말한다.
4. 최근 오송지하차도 침수사고에 대해 시민사회는 중대시민재해로 지자체장과 관리주체인 행복청장을 고발하였다.
5. 중대재해처벌법은 공공영역 및 공직에도 적용이 된다.

10 군이슈

Q1 국방혁신 4.0에 대해 아는 대로 말해보라.

> ✅ PLUS

1. 국방혁신 4.0을 왜 추진하는지에 대해 설명할 수 있어야 한다. 국방혁신 4.0의 키워드는 AI(인공지능)와 드론, 로봇 등 4차 산업혁명 기술 접목으로 전투체계 사이버화이다. 즉, 현행 병력의 양적 규모에 기반을 둔 대규모 군 구조를 전력의 질을 강화한 정예 군 구조로 전환한다는 것이다.
2. 국방혁신 4.0과 4차 산업혁명의 관계에 대해 생각해봐야 한다. 그 과정에서 군무원의 역할에 대해서도 언급이 필요하다.
3. 4차 산업혁명 기술의 국방분야 적극활용이 핵심이다.

Q2 4차 산업혁명 기술의 국방분야 적용방안에 대해 말해보라.

> ✅ PLUS

1. 자신이 생각하는 4차 산업혁명 기술의 국방분야 및 지원분야 적용방안에 대해 이야기할 수 있도록 준비해야 한다.
2. 4차 산업혁명 기술은 군전력의 핵심이 되고 있다. 빅데이터, 인공지능(AI), 클라우드, 사물인터넷, AR 및 VR, Mobile, 드론, 메타버스 등의 기술이 어떻게 활용되면 좋을지에 대해 지원분야에 대한 제안을 준비해야 한다.

Q3 생성형 AI 원리와 문제점에 대해 말해보라.

> ✅ PLUS

1. 생성형 AI는 대화, 이야기, 이미지, 동영상, 음악 등 새로운 콘텐츠와 아이디어를 만들 수 있는 인공 지능의 일종이다. 모든 인공 지능과 마찬가지로 생성형 AI는 기계 학습 모델, 즉 방대한 양의 데이터로 사전 훈련되며 챗GPT도 생성형 AI의 일종이다.
2. 대규모 데이터 학습을 통해 다양한 상황에서의 높은 정확도를 보이고 빠른 응답이 가능하며 핵심내용에 대한 요약에 강점이 있다.
   예 보고서 작성, 자료수집, 프로그램 개발, 업무효율화, 행사기획 등 다양한 분야에 활용할 수 있다.
3. 한계 및 문제점으로는 출처의 불명확, 제공정보의 정확성 검증이 안 된다는 점, 편향성 문제, 비윤리성 문제, 최근 자료에 대한 업데이트 문제, 전혀 존재하지 않는 내용을 그럴듯하게 표현하는 환각현상 발생, 내부 비밀 유출 문제 등이 있다.

Q4 방산비리에 대해 어떻게 생각하는지 말해보라.

1. 방산비리는 전투력과 국방력의 약화로 연결된다. 또한 군에 대한 신뢰를 해치는 심각한 범죄로 인식할 필요가 있다.
2. 각종 무기공급, 방탄복, 전투복 등 다양한 분야에서 청탁과 특혜, 시험성적서 조작, 불량부품 사용, 부품단가 부풀리기 등의 방법으로 비리가 행해지고 있으며 주요 통로는 퇴직 예비역을 통해 이루어지고 있다.
3. 예방과 처벌강화 방안으로 구분하여 대응해야 하며 예방 방안으로는 퇴직자에 대한 사적접촉 금지 및 신고, 군사기밀에 대한 철저한 보호, 실시간 부패감시, 내부고발자 보호, 경쟁입찰, 조달청을 통한 조달방안 등이 있고 처벌강화 방안으로는 비리범죄에 대한 철저한 수사와 엄벌이 요구된다. 특별법을 통한 양형을 강화하는 방안도 검토되어야 한다.

Q5 저출산에 따른 국방인력 감소가 심각하다. 국방력 유지 방안에 대해 말해보라.

1. 육군을 기준으로 병 복무기간은 현재 18개월이다. 당분간 유지될 것으로 보이나 현재의 징병제 병역제도가 유지되었을 때, 2025년에는 병 규모가 30만명, 2040년에는 병 규모가 약 16~17만명 선까지 축소될 것으로 예측된다.
2. 이러한 상황을 극복해 나가기 위해서는 우선 우리 군의 체질을 병력 위주에서 고도화된 과학군 위주로 과감히 전환해야 한다. 전문화되고 노련한 정예군으로 만들어야 한다.
3. 이를 위해 기술부사관, 장기복무 간부 중심으로 집중육성할 필요가 있고, 군수·행정·기술 등 전문분야에 군무원의 전문역량을 강화해 나가야 한다.

Q6 북핵문제에 대해 어떻게 생각하는지 말해보라.

1. 북한이 핵개발을 함으로써 우리나라 안보에 어떤 영향이 있고 이에 대응하기 위해 군무원으로서 어떤 역할을 할수 있는지에 대해 정리가 필요하다.
2. '정부의 북핵문제 대응에 대해 어떻게 생각하는지? 북한 핵개발에도 불구하고 북한에 대한 지원이 필요한지?' 등에 대해 자신의 생각을 소신껏 이야기해야 한다.
3. 현재 북한에서는 7차 핵실험을 준비 중이라는 보도가 나오고 있다.

Q7 대체복무제도에 대해 어떻게 생각하는지 말해보라.

1. 종교적 신앙 등에 따른 병역거부자에 대해 대체복무제도가 시행중이다. 이에 대해 어떻게 생각하는지 의견 정리가 필요하다.
2. 예술 및 체육분야 대체복무제도가 필요한지에 대해 생각을 이야기할 수 있어야 한다.
3. 박사과정 전문연구요원을 포함한 이공계 연구인력의 대체복무가 필요한지도 생각해 보아야 한다.
4. BTS 병역특례(대중문화예술 분야 우수자에 대해 만 30살까지 입영을 연기할 수 있게 하는 제도)에 대한 생각과 이에 대해 병역면제를 해주자는 의견에 대해서도 생각해 보아야 한다.

Q8 군가산점제도 부활에 대해 어떻게 생각하는지 말해보라.

> **✔ PLUS**
>
> 1. 최근 대학생 복무자에 대해 '학점'부여 추진이 논란이 되고 있다. 군복무에 대한 학점인정이 필요한지에 대한 질문에 자신의 소신을 근거를 들어 명확히 이야기할 수 있어야 한다.
> 2. 군가산점을 '주택청약 가점' 등으로 보상하고자 했으나 실효성에 문제를 제기하면서 유야무야되는 상황이다. 어떤식의 군필자에 대한 가산점 방식이 좋을지도 생각해 보아야 한다.

Q9 한반도 주변 외교문제에 대해 어떻게 생각하는지 말해보라.

> **✔ PLUS**
>
> 1. 독도문제, 동북공정 등 한반도 주변의 영토와 외교분쟁은 국가안보에 직결되는 중요한 이슈이므로 한반도를 둘러싼 외교정책에 대해서도 관심을 가져야 하고 그 의미와 생각을 이야기할 수 있도록 준비해야 한다.
> 2. 특히 최근 대만을 둘러싼 외교분쟁에서 우리나라가 어떤 자세를 취해야 할지에 대해서도 생각해봐야 한다.

Q10 군부대 이전이나 군공항 이전에 지역 주민들의 반대로 사업추진이 어려운 경우가 많다. 어떻게 해결해야 할지 말해보라.

└[기출 및 응용] 군 시설 설치시 민원 해결을 위한 기안서를 작성한다면 어떻게 하겠는가?

└[기출 및 응용] 군부대에서 사격 훈련을 매번 하고 있는데 가까운 민가에서 어떤 할머니가 이러한 총소리로 인해 닭장에 있는 닭이 알을 못 낳고 있다고 민원을 본인에게 제기하였다면 응시자 본인은 어떻게 할 것인지 프로세스를 설명해보라.

> **✔ PLUS**
>
> 1. 군부대 이전이나 군공항 이전 등은 이전 지역주민의 반대로 사업추진이 어려운 경우가 많다. 이를 어떻게 해결할 것인가에 대한 방안을 사례를 들어 설명할 수 있어야 한다.
> 2. 민과의 갈등관리는 군무원의 중요한 업무 중의 하나이다.
> 3. 민주주의 시대에 주민이 참여하는 합리적 갈등해결방안을 만들어 나가야 한다.
> 4. 일반적으로 편익과 비용의 불균형으로 발생하므로 기획단계에서 기피시설과 선호시설의 결합을 통해 갈등해결방안을 마련해야 한다.
> 5. 중립적 갈등관리기구를 만들어 민군 이해관계자 간 화해·조정·중재 등 대안을 마련하는 것도 좋다.

Q11 민군 협력방안 및 방향에 대해 말해보라.

> **✔ PLUS**
>
> 1. 4차 산업혁명시대에 국가안보를 위해서는 민군이 협력해야 한다. 우수한 민간업체의 보유기술이 국방분야에 원활하게 활용되고 군납품실적을 토대로 해외수출에 나서는 등 부가가치를 확대할 수 있는 긴밀한 협력 기반 마련이 필요하다.
> 2. 이를 위해 민간업체의 국방분야 진출을 촉진하도록 제도화가 필요하고 국방부처가 민간의 보유기술을 활용할 수 있는 협력기반을 마련해야 한다.
>   > 예 드론이나 로봇분야에서 국방분야 시범운용을 적극지원하고 중장기적으로는 민과 군이 공동으로 활용 가능한 드론·로봇을 개발하고 핵심기술의 개발을 지원하는 방식이 필요하다.

Q12 군내 성추행 문제 해결방안에 대해 말해보라.

└[기출 및 응용] 인사권자가 동료 여직원을 성추행 했는데 그 사실을 목격한 것은 혼자뿐이다. 그런 상황에서 여직원이 소송을 제기하여 소송까지 간 상태에서 인사권자가 본인에게 도와달라고 하는 상황이다. 그럴 때 어떻게 하겠는가?

└[기출 및 응용] 본인이나 주변 인물이 성희롱 등 문제에 휘말리면 어떻게 대처할 것인가?

└[기출 및 응용] 동료가 성희롱·성추행을 당하는 것을 목격했을 경우 대처는?

└[기출 및 응용] 본인이 성희롱·성추행을 당했을 경우 대처는?

✅ PLUS

1. 공군·해군에서의 성추행 피해자 사망과 관련하여 기본적인 해결방안과 성인지 감수성 향상 방안을 이야기할 수 있어야 한다.
2. '성인지 감수성'은 성별 간의 불균형에 대한 이해와 지식을 갖춰 일상생활 속에서의 성차별적 요소를 감지해 내는 민감성을 뜻한다. '감수성'은 우리 사회에서 나타나는 문제나 사건 중 '무엇인가 잘못된 것이 있을 수 있다'고 느끼는 능력이라 말할 수 있다. 성인지 감수성은 여성과 남성 각각의 상황이 불편함은 없는지, 불평등한 것은 아닌지 고려하는 것이다. 즉, 성인지 감수성은 성별에 따라 요구되는 것이 차별과 불평등을 초래할 수 있다고 느끼는 순간부터 시작해 상황을 정확하게 이해하고 차별적인 문제의 본질을 잘 파악하여 해결책을 만들어 실천하는 능력이라고 할 수 있다.

➡ 군 내 성범죄 재발방지를 위한 본인만의 생각을 정리해 두어야 한다.

부대관리훈령(국방부훈령)

제249조 【보고】 ① 모든 군인 및 군무원은 성희롱·성폭력 관련 사실을 직접 목격하거나 타인에게 듣는 등 인지하였을 경우 지체없이 제242조 제5호에 따른 양성평등계선으로 보고하여야 한다. 이때 양성평등계선 보고 외에 상급자(상급부대) 보고 또는 수사기관 등 신고는 피해자 의사에 반하여 할 수 없다.

② 지휘계통에 따르지 아니하고 양성평등계선에 보고 등을 하였다는 이유로 어떠한 불이익한 조치를 할 수 없다.

③ 성폭력 신고를 받은 수사기관은 피해자에게 양성평등계선에서 상담을 받을 수 있다는 사실을 알려야 하며, 피해자 의사에 따라 각 군 본부 및 해병대사령부 성고충예방대응센터(국방부 직할부대 및 합참은 국방부 성폭력예방대응담당관실)에 통보할 수 있다.

④ 각 군 본부 및 해병대사령부 성고충예방대응센터장은 성희롱·성폭력 관련 사실을 접수하였을 경우 국방부 성폭력예방대응담당관에게 보고하여야 한다.

⑤ 국방부 소속기관장 및 직할부대장, 합동참모의장 및 각 군 참모총장, 해병대사령관은 성희롱·성폭력 사건 발생 시 피해자의 명시적인 반대의견이 없으면 지체 없이 그 사실을 국방부장관에게 보고하고 여성가족부장관에게 통보하며, 해당 사실을 안 날부터 3개월 이내에 재발방지대책을 국방부장관에게 보고하고 여성가족부장관에게 제출하여야 한다.

제249조의2 【상담 및 지원】 ① 성희롱·성폭력 피해자는 양성평등계선에 상담 및 지원을 요청할 수 있다.

② 제1항의 요청 또는 제249조의 보고를 받은 양성평등계선은 다음 각 호의 조치를 하여야 한다.

1. 피해자가 성고충전문상담관에게 상담을 받을 수 있도록 조치
2. 피해자에게 사건조사 및 수사기관 수사 신청 등 성희롱·성폭력 사건 처리절차를 구체적으로 설명하여 피해자가 충분히 이해하고 활용할 수 있도록 지원
3. 각 군 본부 및 해병대사령부 성고충예방대응센터에 보고(국방부 직할부대 및 합참의 경우 국방부 성폭력예방대응담당관실로 보고)

③ 제2항 제3호에 따라 보고를 받은 국방부 성폭력예방대응담당관, 각 군 본부 및 해병대사령부 성고충예방대응센터장은 법률조언·인사조치·의료지원 등 피해자에게 필요한 지원이 이루어질 수 있도록 조치하여야 한다.

④ 제1항의 상담 및 지원요청은 방문·면담, 우편, 전자우편, 전화, 문자, 국방망 및 인터넷 홈페이지 등으로 할 수 있다.

11 행정법·행정학 기출질문(행정·군수직만 해당)

Q1 손해보상과 손실보상의 차이에 대해 말해보라.

Q2 합법성과 합목적성의 차이에 대해 말해보라.

Q3 행정행위란 무엇이며 행정행위 사례에 대해 말해보라.

Q4 강제집행의 의미와 종류에 대해 말해보라. 대집행이란 무엇인가?

Q5 불가쟁력·불가변력·기판력에 대해 말해보라.

Q6 양성평등에 대해 군에서 어떻게 적용되는지 아는 대로 말해보라.

Q7 비례의 원칙 4가지에 대해 말해보라.

Q8 주민참여제도에 대해 말해보라.

Q9 행정소송의 종류와 행정심판의 종류에 대해 말해보라.

Q10 처분이란 무엇인가?

Q11 공정력이란 무엇인가?

Q12 철회의 정의와 철회권자는?

Q13 인가란 무엇인가? 인가와 허가의 차이는?

Q14 행정기본법 4가지는? 그중 신뢰보호의 원칙이란?

CHAPTER
03 국방부 직렬별 전공 기출질문

1 행 정

Q. 우리나라 안보의식 수준과 안보의식을 높이기 위한 방안은 무엇인가?

Q. 국방부 조직에 대해 설명해라.

Q. 합법성에 대한 생각을 말해보라. 합법성이 너무 강조되면 발생할 문제점은 무엇인가?

Q. 군부대 설치시 주민들과의 갈등 해결 방법은?

Q. 군인과 군무원과의 갈등시 해결방법에 대해 말해보라.

Q. (행정학) 네트워크 조직 구조란? 그리고 실제 우리 사회에서의 예를 들어보라.

Q. 국민들의 안보의식이 어떻다고 느끼는가? 만일 낮다고 느낀다면 해결방안은?

Q. 지방세 체납자 자동차 번호판 회수에 대한 의견은?

Q. 주변국들과의 관계에 있어서 우리나라가 어떻게 해야 하는가?

Q. 종북세력에 대한 견해

Q. 국방 홍보방안에 대한 생각

Q. 주한미군 주둔에 대한 본인의 생각

Q. 우리나라의 현재 대북정책

Q. 신뢰보호원칙

Q. 국방정책에 대해 아는 것을 말해보라.

Q. 군비행장 소음 문제 해결방안 [2023]

Q. 국방부 정책 중 좋은 것과 나쁜 것을 각각 답해보라.

Q. 군무원이 된다면 10년 후 자신의 모습은?

Q. 군 가산점제에 대해 아는 대로 말해보라. 그렇다면 왜 군 가산점제가 당시에 위헌 판결을 받았는지 아는가?
만약 군 가산점제를 부활한다면 이전과 같이 3~5%를 주는 것이 합당하겠는가?

Q. 우리나라가 자살률이 높다. 이를 해결하기 위한 대책은?

Q. 출산율 증가정책에는 무엇이 있는지 아는가?

Q. 모병제 찬반 여부

Q. 세월호 같은 대형 안전사고 방지책

Q. 최근 군 문제 방지책

Q. 행정업무 중 자신있는 분야 및 그 이유

Q. 국회가 예산에 대해 하는 일

Q. 국방부 슬로건

Q. 국정감사가 열리고 있는데 이것의 역할

Q. 의회와 예산의 역할과 기능

Q. 행정군무원이 하는 일 ⇨ 그런 일 중 자신이 특별히 잘 할 수 있는 분야와 남들과는 다른 본인의 특장점
Q. 자신을 색깔로 표현한다면?
Q. 본인의 국가안보관
Q. 합법성과 합목적성 상충시 해결방안
Q. 요즘 민군협력을 다방면으로 추진 중인데 이에 대한 견해와 아는 바를 말해보라.
Q. 행정학 SWOT 전략분석이론을 실제 근무시 어떻게 적용할 수 있는가?
Q. 서로 다른 법조항이 부딪힐 때가 있다. 이때 해결하는 원칙들이 있는데 설명해보라.
Q. 상위법 우선의 원칙도 있는데 설명해보라.
Q. 4차 산업혁명을 아는 대로 말해보라.
Q. 국방개혁 2.0도 들어보았을텐데 본인이 생각하기에 기억에 남는 부분은 무엇인가?
Q. 최근 국방부 뉴스 본 것이 있으면 얘기해보고 본인의 생각도 말해보라.
Q. 기속행위와 재량행위를 구분하는 실익
Q. 기속행위와 재량행위의 정의와 차이
Q. 님비 문제가 있을 때 군대시설을 설치하기 위해 지역주민을 어떻게 설득할 것인가?
Q. 본인의 장단점이 행정군무원으로 어떻게 적용되겠는가?
Q. 민간인과 군인 관계가 좀 적대적인 면이 있는데 이에 대해 어떻게 생각하는가?
Q. 군 부대 주변 주민들이 소음으로 고통을 받고 있다. 이에 대한 해결 방안은? [2023]
Q. 현재 출산율을 높이기 위해 정부가 노력 중임에도 별다른 효과가 없다. 지원자가 생각하기에 어떤 정책을 펼쳐야 한다고 생각하는가?
Q. 병역의무에 대한 본인의 생각과 양심적 병역거부에 대한 본인 의견을 말해보라.
Q. 자신의 가치를 돈으로 환산한다면 얼마일지 말해보라.
Q. 그럼 10년 후 자신의 가치는 얼마라고 생각하는가?
Q. 민군협력을 위해 우리 군이 해야 하는 일엔 무엇이 있는지 말해보라.
Q. 리더십과 관리의 차이는 무엇이며 리더십과 매니지먼트의 차이는 무엇인가?
Q. 리더와 관리자의 차이는?
Q. 행정소송과 행정심판의 차이는?
Q. 정부실패의 원인과 해결책
Q. 군무원이 되면 어떤 리더십을 발휘하고 싶은가?
Q. 변혁적 리더십 이야기가 나올 때 짝꿍처럼 늘 따라 나오는 다른 리더십은?
Q. 국방개혁2.0에 대해 말해보라.
Q. 모병제 관련 본인 생각
Q. 세대갈등 해결방안 [2021]
Q. 주민들이 군시설 이전에 반대할 때 어떻게 해결할 것인가? [2021]
Q. 리더와 리더십 차이 [2021]
Q. 국방부가 적극행정 우수사례가 많은데 왜 그런 것 같은지 개인적 생각 [2021]
Q. 엽관주의와 실적주의 개념설명과 우리나라에 어떻게 적용되는지 [2021]
Q. 이월의 의미와 종류 [2021]

Q. 손해보상과 손실보상의 차이 [2021]

Q. 합법성과 합목적성, 합법성을 강조할 경우 폐해 [2021]

Q. 양심적 병역거부에 대한 의견 [2021]

Q. 군 낭비시설 해결방안 [2021]

Q. 군 시설 이전하려는데 개인소유의 땅이라면 어떻게 해야 하는지 [2021]

Q. 국가배상법에서 공무원의 사적 행위도 배상해야하는지 [2021]

Q. 중국 동북공정이나 일본 등의 외부 위협에 우리가 어떻게 대처해야하는지 [2023]

Q. 결혼하는데 상사가 결혼식은 치르되 신혼여행은 취소하고 업무를 하라고 부당한 지시를 한다면? 취소하면 500만원 정도 위약금도 물어야하는 상황 [2021]

Q. 본인이나 주변 인물이 성희롱 등 문제에 휘말리면 어떻게 대처할 것인지 [2021]

Q. 코로나 19에 대해 군이 어떻게 대응해야 하는지 [2021]

Q. 행정의 민주화에는 어떤 것이 있을지 [2021]

Q. 1,000억 예산편성을 한다면 어떤 일을 할 것인지 [2021]

Q. 파병 부대 이름과 파병에 찬성하는지 반대하는지 [2021]

Q. 공무원의 의무가 여러 가지 있는데 헌법에는 어떤 근거가 있는지 [2022]

Q. 법치행정이 무엇인지와 왜 행정에서 법치행정이 중요한지 [2022]

Q. 행정입법, 법규명령에 대해 설명하고 부령에 위반해도 위법인지 [2022]

Q. 군부대나 군시설이 민간지역에 들어갈 때 주민과의 마찰이 대체로 심하다. 이때 문제의 핫이슈(쟁점)는 무엇이며 설득할 수 있는 가이드라인을 제시해보라. [2022]

Q. 헌법 이하 법규체계가 어떻게 되는지 [2022]

Q. 징계의 종류 [2022]

Q. 최근 본 국방 관련 기사 [2022]

Q. 헌법에 공무원에 대해 있는 조항 내용 [2022]

Q. 한미 공동 개발 중인 터널탐사로봇, 느낀 점 [2022]

Q. 법의 종류 – 헌법, 법률, 명령, 조례, 규칙 [2022]

Q. 정보공개청구제도 [2022]

Q. 국민들이 공무원에게 바라는 점 [2023]

Q. 리더십을 발휘한 경험, 자기만의 특장점 [2023]

Q. 내부고객, 외부고객에게 어떻게 대할지 [2023]

Q. 중국의 동북공정, 일본 독도문제로 우리나라 상황과 대처방법 [2023]

Q. 최근 읽은 책 같은 것을 보면서 국가를 생각한 적 있는지 [2023]

Q. 어떤 공무원이 되고 싶은지 [2023]

2 건 축

Q. (전공) 표준관입시험

Q. (전공) 슬럼프에 대하여 설명

Q. 하중의 종류를 설명하고 이게 구조물을 설계할 때 어떻게 반영되는지

Q. 군 시설물에 쓰일 수 있는 다른 구조방식에 대해 생각해본 적 있는지
Q. 건축과 다른 종류 산업과의 결합가능성을 생각해본 적 있는지 (예 스마트폰으로 군시설관리)
Q. 병원 신축현장에서 일하게 될텐데 병원건물과 일반건물의 마감의 차이점
Q. 실내와 실외를 개보수 하려고 한다. 어떤 다른 점이 있겠는가?
　└[꼬리질문] (벽체에 대해서 설명드리자) 그럼 창문은?
Q. 생애주기비용에 대하여 단계별로 설명해보라.
Q. 전공이 무엇이었는지
Q. 콘크리트 피복 두께를 유지하는 목적
Q. 캔틸레버보의 정의
Q. 철골구조의 장단점

3 군사정보

Q. 사형제도에 대한 찬반론자들의 견해에 대해 설명하고 본인의 견해를 30초 정도로 말해보라.
Q. 안보관련 질문
Q. 한국 대북정책 관련 질문
Q. 사이버테러 vs 일반테러 차이점을 말해보라.
Q. 백색 정보관과 흑색 정보관의 차이에 대해 말해보라.
Q. 한반도 주변 정세에 대한 본인의 생각을 말해보라.
Q. 군이 국민들에게 좋은 인상을 주기 위한 방법이 무엇인가?
Q. 중국 동북공정에 대한 생각은?
Q. 안보의식에 대해 어떻게 생각하는가?

4 기 계

Q. 감독이 하는 일은 무엇인가?
Q. SI단위에 대해서 말해보라.
Q. 기계공학이란 무엇인가?

5 기술정보

Q. 안테나의 역할은 무엇인가?
Q. am과 fm의 차이는?
Q. 기술정보란 무엇이라고 생각하는가?
Q. (전공) 스트림, 블록 암호화 차이
Q. 신호정보에 대해 아는 대로 말해보라. (예 통신정보, 전자정보 등)
Q. 1만원권 지폐의 주인공은 누구이며, 10만원 지폐 주인공으로 생각하는 인물과 그 이유는?
Q. 감청에 관하여 질문

Q. 신호정보가 무엇이며 신호정보 종류 및 신호정보를 수집할 때 전파를 보내고 받는 원리를 부사관 때 본인 업무와 연관지어서 설명해보라.
Q. 북한을 제외하고 중국과 일본이 현재 우리나라와 겪고 있는 외교적, 정치적 문제와 해결방안
Q. 인포메이션과 인텔리전스의 차이 [2022]
Q. 민간에서 쓰는 기술정보와 우리 직렬에서 쓰는 기술정보의 차이 [2022]
Q. 신호정보에 대해 구체적으로 말해보라. [2022]
Q. 신호정보의 역사적 사례나 예시 [2022]
Q. 보안의 중요성을 후임에게 얘기하듯 편히 말해보라. [2022]

6 방사선

Q. 방사선 CHEST 조사선량이 몇인가? CT원리에 대해 얘기해보고 MRI의 장단점과 원리를 얘기해보라.
Q. CT나 MRI 해봤는가?
Q. 본인이 방사선군무원이 되었을 때 장병들에게 무엇을 해줄 수 있는가?
Q. 군 관련된 기사 알아온 거 있는가? 있다면 그것에 대한 자신의 견해를 말해보라.
Q. 본인이 군무원이 되어야 하는 이유
Q. 방사선 차폐 일반 촬영시 몇 미터 떨어져서 촬영해야하는가?
Q. 사드배치를 반대하는 주민들을 어떻게 설득할 것인가? 면접관을 주민이라고 생각하고 설득해보라.
Q. 퀜칭현상에 대해서 설명해보라.
Q. 병원에서 그만두고 나서 무슨 일을 했는가?
Q. 병원에서 일할 때 무슨 일을 주로 했는가?
Q. 그럼 일반촬영은 CR이나 DR 모두 사용할 수 있는가?
Q. CR과 DR의 차이점이 무엇인가?
Q. CR에서 DR로 변환하려면 장치가 하나 필요한데 그게 무엇인가?
Q. 병원에 의공학팀이 존재하는가? 의료장비가 고장났는데 의공팀이 빨리 오지 않아 검사가 지연되고 있다면 어떻게 할 것인가?
Q. 듀얼 에너지 CT
Q. MRI 코일
Q. 세차운동
Q. 세차주파수에서 RF펄스 말고 관여하는 것이 무엇인가?
Q. 일반촬영장비의 QC 시기는?
Q. KvP, mA, mAs의 각 허용오차 범위는?
Q. 국방부를 영어로 하면?
Q. 국방부장관의 성함

7 병 리

Q. 공직가치 중 중요시 하는 것
Q. 최근에 읽은 책
Q. 채혈 순서
Q. 손 소독 이유와 순서
Q. 임상병리사로 일하면서 보람있었던 일
Q. 민간병원 경력이 있는데 군무원보다는 밖에서 일하는 게 낫지 않은가?
Q. 병원에서 근무할 텐데 군병원 개수가 몇 개인가?
Q. TAT 아는 것을 말해보라.
Q. 소변을 장시간 방치시 변화하는 것
Q. 결핵균 오염시 대처
Q. 검체 채취 주의사항
Q. 새로운 시약 들어왔을 때 하는 검사 [2022]
Q. 혈청과 혈장의 차이 [2022]
Q. 검사기기를 새로 들여왔을 때 확인해야 하는 검사 [2022]

8 사이버

Q. 클라우드 시스템의 장단점 [2022]
Q. 군 조직의 경직화에 대해 어떻게 생각하는지 [2022]
Q. 사이버 직렬에서 하는 일 [2022]

9 시 설

Q. 시설직이 무엇을 하는 직렬인지 아는가?
Q. 경력이 있으면 이야기해보라.
Q. 자격증 취득여부(필요한 자격증을 가지고 있는가?)
Q. 지원 직렬 말고 기술적인 것 말고 무엇을 잘할 수 있는가?
Q. 진급해서 사무관이 되면 행정작업도 필요할텐데 잘할 수 있는가?
Q. 펌프와 송풍기 차이는? 어떤 것이 동력이 더 센가?
Q. HVAC 약자를 풀 영어로 얘기해보라.
Q. 군무원으로서의 필요한 소양
Q. 다른 직렬과 일을 하면서 도울 일이 생긴다. 어떠한 마음가짐을 가지고 돕겠는가?
Q. 혐오시설 유치를 반대하는 주민들을 담당관으로서 어떻게 설득할 것인가?
Q. 국방개혁에 대해 본인 의견을 말해보라.
Q. 흡수식 냉온수기 원리와 안전장치에 대해 말해보라.
Q. 캐리오버란 무엇인가?

Q. 블로우다운이란 무엇이고 해주는 이유는 무엇인가?

Q. 빙축열 시스템에 대해서 아는 대로 말해보라.

Q. 지열 시스템에 대해서 아는 대로 말해보라.

Q. 자동제어에 대해서 아는 것이 있으면 말해보라.

Q. 스팀트랩은 무엇이고 종류는 어떤 게 있는가?

Q. 과열도란 무엇인가?

Q. 냉매관리시스템이란 무엇이고 그렇게 하는 이유와 관계법령은 무엇인가?

Q. 지구환경변화와 관련한 냉매의 향후 전망에 대해서 말해보라.

Q. 자격증을 많이 갖고 있는데 남들과 비교해서 본인만의 경쟁력은 무엇인가?

Q. 통기관이 무엇이며 무슨 역할을 하고 종류는 어떤 것들이 있는가?

Q. 부대에 건축공사가 들어오면 어떤 방식으로 관리 및 감독을 해야 하는가?

Q. 요새 에어컨에서 사용하는 냉매는 무엇인가? 소형냉장고 냉매는? 냉매에 관한 재원?

Q. 냉동기 싸이클과 각각의 역할은?

Q. 사용중인 에어컨이 고장났다면 어떤 조치를 취해야 하는가?

Q. 제어에 대해서도 알아야 하는데 제어는 아는가?

Q. 시퀀스제어에 대해 설명해보라.

Q. 스팀트랩에 대해 설명해보라.

Q. ghp에 냉매 흡수제 말해보라.

Q. 프레온 냉매의 종류

Q. 벽속 배관이 터졌을 때 어떻게 할 것인가?

Q. R22냉매에 대해 말해보라.

Q. 냉동시스템에 대해 말해보라.

Q. 시설관리란?

Q. 에너지의 종류 ⇨ 전기, 가스, 냉매 등

Q. 폐가스 등 폐기물 줄이는 방안 ⇨ 신재생 에너지를 이용한 설비 필요

Q. 설비 미세먼지 줄이는 방안

Q. 국방부 2.0 관련 시설물 관리 방안

Q. 현재 4차 산업혁명이 이슈화 되고 있는데 시설직렬과 관련하여 어떻게 적용시킬 수 있겠는가?

Q. 전공이 시설관련이라 묻는다. BIM과 BEMS에 대해서 알고 있는가?

Q. 최근 지구온난화, 미세먼지 등의 환경 문제가 발생하는데 국방부 차원에서 할 수 있는 일은?

Q. 만일 임용한다면 미세먼지와 관련해서 군 부대에서 일할 때 이 문제를 완화시킬 아이디어가 있는가?

Q. 국방개혁 2.0을 시설에 연관하여 어떻게 진행해야 할 것인가?

Q. 해외에 블라인드 건물 밖에 설치하는 것이 있는데 알고 있는가?

Q. 알고 있는 해외의 에너지 절약사례를 말해보라.

Q. 시설공사를 하는 순서에 대해 말해보라.

Q. 대기오염을 줄일 수 있는 방안 및 시설에 연관해서 말해보라.

10 영 상

Q. 영상판독을 전혀 모르는 사람에게 어떻게 설명할 것인가?
Q. 국방기사 관련 최근에 본 내용 중 기억나는 것을 말해보라.
Q. 영상정보 획득 방법에 대해 구체적으로 설명해보라.
Q. 공무원 청렴제도 관련해서 알고 있는가?
Q. 영상판독 업무에서 가장 중요하다고 생각하는 것은?
Q. 양곡저장 시설과 사일로를 식별하는 방법은?
Q. 조직 내에서 업무개선 관련하여 노력한 본인의 사례는?

11 의 공

Q. 의료장비 구매시 의사가 특정장비를 구매해달라고 했을 때 어떻게 할 것인지?
Q. 입찰을 해서 의사가 원하지 않았던 장비가 낙찰이 됐을 때 어떻게 할 것인지?
Q. 공무원 조직도 서비스 관련해서 많이 바뀌고 있는데 고객이 누구인지?
Q. 제일 잘 고치는(자신 있는) 장비가 어떤 것인지?
Q. 소독기를 잘 고치는지?
Q. 병원에서 제일 중요한 부서가 어디라고 생각하는지?
Q. 심전도기의 원리는?
Q. 심전도를 이용해서 알 수 있는 것이 있다면 무엇을 알 수 있는가?
Q. 기피시설 공사를 맡는다면 주민들을 어떻게 설득시킬 것인가?

12 인 쇄

Q. ux는 무엇인가?
Q. ui는 무엇인가?
Q. 디자인의 요소는 무엇인가?
Q. 전 직장에서 했던 편집 업무를 설명해보라.
Q. 본인의 창작물 중 가장 기억에 남는 것은?

13 전 기

Q. 접지의 목적(전공)
Q. 군무원의 역할
Q. 자격증 소유 여부와 그에 따른 경력
Q. 한전에서 수전 받는 전압이 220V와 380V가 있는데 이 전압의 오차 범위는?
Q. MOF의 명칭 및 역할은?
Q. COS의 명칭 및 역할은?
Q. 전선의 굵기에 따른 장점은?

Q. 저압~특고압의 범위는?

Q. 전류허용 규격과 전선굵기에 대해 설명해보라.

Q. 1층과 3층의 조명을 개별 동작시킬 때 어떤 스위치를 써야하는가?

Q. COS교체 업무를 할 수 있겠는가?

Q. 이 질문에 답은 없으니 소신껏 대답해보라. 아내와 자식이 둘 다 물에 빠졌는데 한 명만 구할 수 있고 나머지 한명은 죽게 된다면 누구를 구할 것인가?

Q. 현장 경험이 없는데 근무지 배치가 되면 어떻게 할 것인가?

Q. 북한이 핵 실험과 미사일 실험을 하고 있는 와중에 수해가 발생했는데 도와주어야 하는지 아닌지에 대해 견해를 말해보라.

Q. 김영란법에 공무원이 포함되는 것에 대해 어떻게 생각하는가?

Q. 전기직 군무원이 하는 일을 알고 있는가?

Q. 태양광과 관련해 우리나라에서의 장단점에 대해 말해보라.

Q. 만약 근무하는 부대에 태양광을 설치해야 한다면 어떻게 할 것인가?

Q. 공통접지, 독립접지에 대해 설명하고 특징들에 대해 말해보라.

Q. 정전 발생시 전원 공급을 할 수 있는 장치들에 대해 아는 대로 말해보라.

Q. 고조파를 제거할 수 있는 방법에 대해 말해보라.

Q. 커패시터가 방전됐을 때의 커패시터에서의 전위차는?

Q. 커패시터와 DC전지로 구성된 회로에서 스위치를 열고 닫는 순간의 전압과 전류가 어떻게 변하는가? ⇨ 전기이론-과도현상 내용

Q. 접지를 하는 이유, 원리, 종류에 대해 말해보라. ⇨ 전기기사-전기설비기준 내용

Q. 군무원의 전기직이 되기 위해 자신이 해 온 노력을 말해보라.

Q. 가공지선로의 특징

Q. 표피효과에 대해서 설명해보라. 표피효과시 저항의 크기는 어떻게 되는가?

Q. 전선의 크기를 구하는 법

Q. 주파수와 저항의 관계

Q. 표피효과

Q. 전력계통에 대해 설명

Q. AI가 무엇인가?

Q. IoT를 설명해보고 현재 어떻게 사용되는지

Q. 알칼리 축전지 차이

Q. V결선이란?

Q. 접지저항 어떻게 측정

Q. 군 시설 님비현상 발생시 대처방법

14 전 산

Q. DB정규화 설명
Q. DB정규화 해본 적 있는지
Q. 자바와 자바스크립트 관계
Q. 자신이 직장에서 가진 기술로 국방부에 어떤 도움을 줄 수 있는지
Q. 국군의 날이 언제인지
Q. 변경된 군무원 근무규칙은 아는지
Q. ipv4에 비해 ipv6의 장점
Q. ipv4에서 사용가능한 ip개수는 몇 개인가?
Q. 군무원 인사법에 관해서 아는 대로 말해보라.
Q. 주변국(중국, 일본 등)과의 분쟁에 대해서 말해보고 이에 대한 견해와 해결방안을 말해보라.
Q. jsp와 javascript 차이점
Q. 동북공정 독도영토분쟁
Q. Secure OS에 대해 말해보라.
Q. 모션인터넷이란?
Q. ISP에 대해 아는가?
Q. 개발해본 사이트는?
Q. 전산직을 선택한 이유
Q. 전산직과 관련된 업무 및 경험이 있는지
Q. 사용할 줄 아는 소프트웨어가 있는지
Q. 빅데이터에 대해서 알고 있는가? IoT란?
Q. C와 JAVA의 차이점에 대해 설명해보라.
Q. 의무사령부 의료시스템에 대해서 알고 있는가?
Q. 프로그래밍 경력은?
Q. 외부 교육을 받았는데 프로그래머로서의 프로젝트 경험은?
Q. 군인도 전산직이 있는데 군무원을 준비한 이유는?
Q. 김영란법에 대한 생각은?
Q. IT분야(프로그래밍, 보안 등) 중 자신있는 분야는?
Q. UDP 설명
Q. 독도문제에 관해 군무원으로서 할 수 있는 것
Q. 오버로딩/오버라이딩 설명
Q. 서버/클라이언트 설명
Q. 프레임워크 종류 및 프레임워크 사용이유
Q. 데이터센터가 무슨 일을 하는지 알고 있는가?
Q. 전산분야가 네트워크나 통신 쪽 말고도 다양하다. 개발을 시킨다면 할 수 있겠는가?
Q. 전공에서 다뤄 본 소프트웨어가 있다면?
　ㄴ[꼬리질문] 그렇다면 그것과 관련해서 해본 프로젝트가 있는가?

Q. 인공지능에 관련된 영화를 최근에 본 적이 있는가?

Q. 인공지능에서 가장 중요한 요소는 어떤 것이라고 생각하는가?

Q. 실제로 영화에 나오는 정도로 발달된 인공지능이 현실화 될 수 있다고 보는가?

Q. 모바일앱분석 과정

Q. 대형전산마비 같은 경험이 있는가?

Q. 버퍼 오버플로우의 정의 및 이를 예방 방지하는 함수

Q. sql 인젝션의 정의 및 종류

Q. 스테가노그래피의 정의 및 그렇게 정보를 숨기는 이유

Q. 본인이 운영했던 시스템 설명

Q. IoT 기술이 군에 적용된다면 거기서 본인이 할 수 있는 역할

Q. 7급 3분발표 질문 ⇨ 국방개혁 2.0에 따라서 군무원 …에 따라서 군무원의 능력향상의 필요성이 생겼다. 어떻게 하면 군무원의 능력향상을 할 수 있겠는가? (13분간 발표문 작성)

Q. 군에서 군무원을 위해 할 수 있는 것이 무엇인가?

Q. AES와 HASH의 차이점을 설명해보라.

Q. 블록체인이 무엇인가? 장단점은?

Q. 블록체인이 그런 점에도 불구하고 광범위하게 안 쓰이는 이유가 무엇인가?

Q. DES AES HASH 알고리즘 비교 설명

Q. 기술발전이 너무나 빠르다. 빠르게 변화하는 기술에 어떻게 대비할 생각인가?

Q. SSO 장단점

Q. http와 https 차이점 및 장단점

Q. 객체지향언어에 대해 이야기 해보고 예를 들어 설명해보라.

Q. 프로젝트 진행시 오류가 많이 발생하는데 어떻게 해결하였는가?

Q. 사이버작전사령부 역할

Q. 드라이버 관련 개발해봤는가?

Q. 어셈블리어를 다룰줄 아는가?

Q. 컴파일 과중 중 생성된 바이너리 파일의 구조에 대해 설명해보라.

Q. 디컴파일에 대해 설명해보라.

Q. 정적분석 툴을 사용해본 경험

Q. 정적 라이브러리와 동적 라이브러리의 차이점

Q. 리버싱 엔지니어링에 대해 설명해보라.

Q. 프로세스와 프로그램의 차이점

Q. 쉘스크립트 사용 경험

Q. 사용해본 리눅스 종류 및 유닉스 경험

Q. 씨큐어 코딩

Q. OS 프로그래밍 중 pe란?

Q. Osi 7계층 그중 3계층 [2021]

Q. 오만원권의 인물은 누구인가? 그럼 10만원에 어떤 인물을 넣고 싶은가? [2021]

Q. 자연재해가 났다. 전산직 군무원으로서 무엇을 해야하는지 [2022]
Q. 머신러닝, 딥러닝 설명 [2022]
Q. 데이터베이스, WAS, 웹서버 설명 [2022]
Q. 4차 산업혁명 관련하여 제안해보기 [2022]
Q. 클라우드를 사용한다면 장점과 단점 [2023]

15 전 자

Q. 정류회로에 대해서 설명해보라.
Q. 지원직렬이 무엇을 하는지 알고 있는가?
Q. 최근 군 관련 기사나 책을 읽은 것이 있는가?
Q. 숙지해야 될 업무가 많은데 어떻게 숙지할 것이며 모르는 업무는 어떻게 할 것인가?
Q. OP AMP의 이상적인 특징은?
Q. CMRR이 한국어로 무엇인가?
Q. 트랜지스터의 특징에 대해 설명해보라.
Q. BJT가 증폭으로 동작하는 모드는 어떤 것인가? 활성모드의 조건은?
Q. 전압의 관계는 어떻게 되는가?
Q. 4차 산업 혁명의 특징은?
Q. 4G, 5G의 특징이 무엇인가? 그럼 두 개의 속도 차이는 얼마나 나는가?
Q. DC는 진동수가 얼마인가?
Q. 아날로그 통신에서 무엇이 있는가? FM의 전송방식은 무엇인가?
Q. OPAMP가 무엇인가?

16 차 량

Q. (전공) 에어컨 고압 및 저압 이상시 원인
Q. 스테빌라이저가 무엇에 쓰는 물건인가?
Q. 릴레이 핀번호를 아는가?
Q. 파워 윈도 고장시 조치는?

17 토 목

Q. 아스콘과 콘크리트 도로의 장단점
Q. 토지보강공법
Q. 혐오시설을 들여와야 되는데 면접관을 지역주민이라 생각하고 설득해보라.
Q. 교량에 대해 설명해보라.
Q. 건축과 토목 차이점
Q. 프리스트레스 특징
Q. 콘트리트와 강재의 차이점과 특징

18 통 신

Q. AM과 FM이 무엇이고 차이점이 무엇인가?

Q. 변조가 무엇인가?

Q. 군생활 할 때 중계장비(VHF)를 사용했을텐데 VHF랑 AM의 차이는?

Q. 자신을 색깔로 비유한다면?

Q. 자격증은 무엇이 있는가?

Q. 10만원권 지폐를 만든다면 누구를 넣을 것인가?

Q. 김영란법에 대한 본인의 생각을 말해보라.

Q. 사드관련 본인의 생각을 말해보라.

Q. 사물인터넷에 대하여 설명해보라.

Q. 무선랜에 대하여 설명해보라.

Q. 아날로그 변조를 하는 이유는?

Q. 광통신에 대해서 아는가?

Q. 사람들이 컴퓨터중독이나 도박중독같이 중독에 걸리는 이유가 무엇이라고 생각하는가? 중독문제를 어떻게 해결해야 하겠는가?

Q. 광케이블 구성요소

Q. 광통신이 외부 간섭이 적은 이유

Q. 샘플링할 때 어떤 기준으로 샘플링하는가?

Q. 전파에 대해 이야기해보라.

Q. 핸드오프가 무엇인가?

Q. 해군과 육군의 통신의 차이점을 이야기하고 그에 따른 보안은 어떻게 해야하는지 말해보라.

CHAPTER
04 육군 직렬별 전공 기출질문

1 일반행정

Q. 대학의 전공은 무엇이었는가? 졸업 후 전공과 관련된 활동을 한 경험이 있는가?
Q. 한미동맹에 대한 본인의 생각은?
Q. 군무원으로서 가장 중요한 자질은 무엇이라고 생각하는가?
Q. 한미상호방위조약에 관한 의견
Q. 공공기관에서 사용하는 공문서 종류
Q. 공공기관에서 사용하는 결재시스템 종류
Q. 보고서 작성원칙과 문서통합시스템에 대해서 아는가?
Q. 갈등의 순기능과 해결방법은 무엇인가?
Q. 개인발전과 국가발전의 상관관계
Q. 직렬, 직류, 직군, 직급의 뜻과 차이점
Q. 우리나라 국가안보를 높일 수 있는 방안이 무엇인가?
Q. 군내 문서 결재시스템이 무엇인가? 보고서를 작성할 때 원칙이 무엇인가?
Q. 행정통합시스템에 대해서 들어본 적 있는가?
Q. 군 인사법과 군무원 인사법을 보았는가?
Q. 대한민국 헌법에 '군무원'이라는 단어가 몇 번이 들어가는가?
Q. 법만을 고집하면 현실과 충돌하는데 해결책은?
Q. 행정이란 무엇인가?
Q. 헌법에 군무원 관련 규정을 아는 게 있는가? 군무원인사법, 국가공무원법을 아는가?
Q. 응시생이 생각하는 '정의(justice)'란 무엇인가?
Q. 북핵에 대해서 어떻게 생각하는가?
Q. '직렬'이란 개념이 무엇인지 설명해보라.
Q. 예산의 기능에 대해서 설명해보라.
Q. 응시생이 생각하는 대한민국에서 가장 악한 사람의 유형과 그 다음으로 악한 유형 그리고 눈에 잘 띄지는 않지만 악한유형을 말해보라.
Q. 상관이 밥값을 카드깡으로 해결하라고 한다. 응시생은 어떻게 할 것인가?
Q. 군무원이 되기 위해 어떤 노력을 했는가?
Q. 군무원이 되면 어떤 분야를 발전시키고 싶은가?
Q. 법적용원칙(상위법우선, 신법우선, 특별법우선 등)
Q. 특정직공무원과 특수경력직 공무원의 차이
Q. 국방개혁 2.0에 대해 간략히 설명해보라.

Q. 4차 산업혁명이란?

Q. 경력직과 특수경력직에 대해 간단한 설명과 예시

Q. 양심적 병역거부에 대한 본인의 생각은?

Q. 병역특례제도에 대한 본인의 생각은?

Q. 군공항기지 민원에 대한 실무자라면 어떻게 행동하겠는가?

Q. 군무원으로서 용기란?

Q. 군무원 업무에 어떤 것이 있는가?

Q. 징계 종류 및 정직에 대해서 자세하게 설명해보라.

Q. 직무관련 법령이나 규정을 아는 대로 말해보라.

Q. 군무원과 현역의 갈등시 해결방안

Q. 전문성 기르기 위해 한 것

Q. 소급입법원칙

Q. 김영란법은 무엇이며 김영란법을 위반한 상사를 보았을 때 어떻게 대처할 것인지?

Q. 현재 가장 이슈되는 시사문제 하나를 정해 자신의 의견을 말해보라.

Q. 본인이 지원한 군무원은 어떤 직인지? 그중 내가 잘 할 수 있는 것은 무엇인지?

Q. 금융사고를 막기 위한 가장 좋은 방법이 있다면?

Q. 민간과 군의 장점을 서로 조화시켰을 때 군에서 바뀌어야 할 점이 있다면?

Q. 존경하는 독립운동가는 누구인가?

Q. 의사결정과 정책결정의 공통점과 차이점

Q. 공무원 13대 의무

Q. 정보공개청구법의 개념

Q. 공무원의 종류 및 경력직 공무원을 분류해서 설명해보라. 기술직군은 어디에 속하는가? ⇨ 일반직 또는 특정직
　　└[꼬리질문] 특정직 공무원에 대해 분류해보라. 그렇다면 연구직은 어디에 속하는가?

Q. 도전에 대한 생각 및 경험

Q. 국가공무원법

Q. 육군의 개선점과 개혁방안 및 군무원의 개선점과 개혁방안

Q. 갈등의 순기능과 갈등의 해결방안

Q. 비례원칙의 4가지에 대해 설명해보라.

Q. 수권법

Q. 용기란 무엇이라고 생각하는가? 실제로 용기를 내 본 경험이 있는가? 용기와 만용에 대해 설명해보라.

Q. 자소서 관련 질문 ⇨ 자세한 설명 요구

Q. 직위분류제에 대해 설명해보라.

Q. 인간관계에서 제일 중요한 것이 무엇이라고 생각하는가?

Q. 도전 및 혁신에 대해 어떻게 생각하는가?

Q. 현재 우리 사회의 문제점과 해결방안은?

Q. 식량산업에 대해서 설명해보라.

Q. 군무원 조직 중 어떤 부서에서 역량을 발휘할 수 있겠는가?

Q. 업무를 수행할 때 상하부조직에서 많은 문서가 오는데 어떻게 할 것인가?

Q. 행정업무 중에 어떤 업무가 하고 싶은가?

Q. 행정업무를 위해 최근 읽은 책이나 자격증 있는가?

Q. 법령이 소멸되는 사례에 대해 설명해보라.

Q. 새로운 것에 대한 변화에 대해서 어떻게 생각하는가?

Q. 경력직 공무원에 대해서 말해보라.

Q. 군 조직의 문제점

Q. 군무원만의 메리트

Q. 의사결정과 정책결정의 차이점

Q. 한일관계에 대해 해결방안

Q. 행정전문성을 어떻게 발휘할 것인지

Q. 보고서 작성원칙

Q. 직장과 행복이란?

Q. 행정행위란? 행정행위 사례를 들어보라. [2021]
　└[추가질문] 법률적 행정행위와 준법률적 행정행위의 차이
　└[추가질문] 준법률적 행정행위의 종류
　└[추가질문] 처분과의 차이점

Q. 강제집행의 의미와 종류는 무엇이며 대집행이란? [2021]

Q. 취소소송의 기속력 [2021]

Q. 상사가 부대차량으로 과속을 했는데 3개월 동안 과태료를 체납했고 그 사실이 걸렸을 때 어떻게 처리할 것인가? [2021]
　└[추가질문] 작전 상황이었다면 어떻게 할 것인가?
　└[추가질문] 과태료에 대해 이의제기를 하고 싶다고 하면 어떻게 할 것인가?

Q. 기관소송과 헌법재판소의 권한쟁의심판의 차이 [2021]

Q. 행정소송이 국민에게 어떤 영향을 미치는가 [2021]

Q. 인사권자가 동료 여직원을 성추행 했는데 그 사실을 목격한 것은 나혼자 뿐이다. 그런 상황에서 여직원이 소송을 제기하여 소송까지 간 상태에서 인사권자가 나에게 도와달라고 하는 상황이다. 그럴 때 어떻게 하겠는가? [2021]

Q. 불가쟁력/불가변력/기속력/기판력 [2021]

Q. 행정벌과 강제집행에 대해 말해보라. [2021]

Q. 공정력이란? [2021]

Q. 옴부즈만제도란? [2021]

Q. 양성평등에 대해 군에서 어떻게 적용되는지 [2021]

Q. 비례의 원칙 4가지 [2021]

Q. 군정책의 평가대상은? 군정책의 성공지표는? [2021]

Q. 개방형인사제도란? 단점은? 개방형인사제도와 직업공무원제도 관계 [2021]

Q. 주민참여제도 종류 아는 대로 말해보라. [2021]
  ㄴ[추가질문] 주민투표에 대해 설명해보라.
  ㄴ[추가질문] 주민소환은 언제 하는가?
Q. 민간위탁이란? 사례는? [2021]
Q. 행정소송의 종류/행정심판의 종류 [2021]
  ㄴ[추가질문] 부작위위법확인소송의 정의
  ㄴ[추가질문] 의무이행심판이 무엇인지
Q. 군무원의 비전에 대해 말해보라. [2021]
Q. 공공성이란? [2021]
Q. 행정행위의 성립요건/효력요건 [2021]
Q. 부관의 정의와 종류 [2021]
  ㄴ[추가질문] 부관 중 부담이 적용되는 예시
Q. 정책수용과 불응 [2021]
  ㄴ[추가질문] 국방정책에 대한 불응
Q. 공유지의 비극에 대해 설명하고 해결방안을 말해보라. [2021]
Q. 법령이 소멸하는 경우는? [2021]
Q. 변혁적 리더십 [2021]
Q. 국가배상법(상사가 부하를 이유 없이 구타했는데 이걸 어떻게 배상해줘야 하는가? 국가배상법의 충족 요건은?) [2021]
Q. 징계의 종류 [2021]
Q. 정보공개제도 [2021]
Q. 행정법 일반원칙 중 신의성실의 원칙 [2021]
Q. 도덕적 해이 [2021]
Q. 특정직 공무원인 군무원의 특징 [2021]
  ㄴ[추가질문] 특정직 공무원의 예시는?
Q. 처분이란? [2021]
Q. 행정에 있어서 가장 중요한 가치가 무엇이라고 생각하는지 [2021]
Q. 직위분류제, 임금피크제 [2022]
Q. 진정소급, 부진정소급 [2022]
Q. 공무원 징계에 대해 아는 대로 말해보라. [2022]
Q. 행정벌과 집행벌의 차이 [2022]
Q. 기속력과 재량권, 기속행위와 재량행위에 대해 설명해보라. [2022]
Q. 기속행위와 재량행위가 위법 또는 부당할 시 둘 다 법원의 절차에 따라 구제받을 수 있는지 [2022]
Q. 추가경정예산과 사유 [2022]
Q. 행정소송 종류, 행정심판과 행정소송의 차이점 [2022]
Q. 공정력이란? 공정력에 대해 알고 있는 사례는? [2022]
Q. 악성 민원인 대처방안 [2022]

Q. 대집행이란? [2022]

Q. 상관업무, 본인업무, 민원업무, 유관부서협력업무 동시 요청시 어떤 업무를 우선할지

Q. 법률행위적 행정행위, 준법률행위적 행정행위 [2022]

Q. GDP란? GNP와의 차이는? [2022]

Q. 리더의 조건은? 리더십 발휘한 경험은? [2022]

Q. 한계효용체감의 법칙이 무엇인지 [2022]

Q. 이용, 전용, 이월의 뜻이 무엇인지 [2022]

Q. 신뢰보호의 원칙이 무엇인지 [2022]

Q. 적극행정을 하다가 타부서 업무를 침범했을 때 어떻게 할 것인지 [2022]

Q. 군무원 임용 후 어떤 일을 하고 싶은지? 행정업무에서 개선할 점이 있다면 무엇이라고 생각하는지? [2022]

Q. 행정상 강제집행이란? [2022]

Q. 강등과 강임의 차이 [2022]

Q. 직업공무원제란? [2022]

Q. 이중배상금지란? [2022]

Q. 육군의 비전과 그걸 위해 준비한 것은? [2022]

Q. 성희롱 당하는 동료를 본다면? [2022]

Q. 상사나 동료의 부정행위를 목격한다면? [2022]

Q. 상사나 동료와 갈등이 생겼을 때 어떻게 할 것인가? [2022]

Q. 임금피크제의 정의 [2022]

Q. 행정벌과 징계벌에 대해서 말해보라. [2023]

Q. 어떤 경우에서 행정처분을 할 때 이유제시를 생략할 수 있는가? [2023]

Q. 현재 나타나고 있는 안보 중 겉으로 드러나는 안보위협과 잠재적 위협에 대해 설명해보라. [2023]

Q. 준예산 제도가 무엇이고 어떻게 운영되는지 설명해보라. [2023]

Q. 예산의 성립 시기는 언제인가? [2023]

Q. 엽관주의의 장점과 단점에 대해 설명해보라. [2023]

Q. 안보관과 안보문제를 어떻게 해결할 것인가? [2023]

Q. 일반 공무원과 군무원의 차이점은 무엇인가? [2023]

Q. 행정심판 기한과 행정심판을 해야 하는 경우는? [2023]

Q. 과태료, 과징금 차이는? [2023]

Q. 경영학 기본 4가지 요소는? [2023]

Q. 매몰비용이 무엇이며 그 원리는? [2023]

Q. 기속행위와 재량행위의 차이점과 사법심사와 관련하여 설명해보라. [2023]

Q. wilson의 규제에 대해 설명해보라. [2023]

Q. 완전경쟁시장의 조건에 대해 설명해보라. [2023]

Q. 공무원 정년연장에 대해서 어떻게 생각하는가? [2023]

Q. 현대 시대에 맞춰 군무원이 해야 할 것은? [2023]

Q. 포스트 모더니즘의 4가지 특징 [2023]

Q. 행정심판의 대상 [2023]
Q. 과거 회계처리방식과 현재 회계처리방식 이름은? [2023]

2 건 축

Q. 군무원으로 들어온다면 어떻게 일을 하고 싶고 무엇을 개발시키고 싶은가?
Q. 보안의식에 대해 말해보라.
Q. 조립식 구조의 장단점을 말해보라.
Q. 군대정신이 무엇인가?
Q. 취미는 무엇이며 그 취미와 연관된 에피소드는?
Q. 건폐율 및 용적률
Q. 결로 방지 대책
Q. 신축/증축/개축/재축
Q. 피복두께 정의

3 군사정보

Q. 군사정보지원 사유
Q. 현대사회의 문제점
Q. 정보에 대해 설명
Q. 군에서 가장 중요한 정보는 무엇인가?
Q. 실전에서 이론과 다르면 어떻게 해쳐나갈 것인가?
Q. 정보의 정의와 종류, 정보 수집 방법
Q. 첩보의 정의, 정보의 종류
Q. 본인이 군사정보에 잘 맞는 이유
Q. 자식에게 창의적이게 하려면 어떻게 교육하겠는가?
Q. 정보와 첩보의 차이 및 정보의 순환체계
Q. 사회정보와 군사정보의 차이
Q. 정보수집방법에 대해 설명해보라.
Q. 정신보안이 무엇인가?
Q. 세대차이란? 세대 간 갈등을 어떻게 생각하는가?
Q. 군정이란 직렬을 어떻게 알게 되었는가?
Q. 군정직렬이 하는 일이 무엇인지 아는가?
Q. 새로운 변화를 어떻게 생각하는가?
Q. 군인과 군무원의 차이는?
Q. 변화와 혁신이란?
Q. 정보활동 4가지 종류는?
Q. 정보의 환류가 왜 중요한가?

Q. 정보가 어디에 사용되는가?
Q. 정보의 종류와 그 중에서 가장 자신있게 설명할 수 있는 정보에 대해 말해보라.
Q. 바이러스와 웜의 차이는?
Q. 바이러스와 웜으로 인해 발생한 사건을 말해보라.
Q. 스마트폰 보안 확보 방법
Q. 정보 자료 첩보를 설명해보라.
Q. 아날로그 정보와 디지털 정보의 차이 [2021]
Q. 디지털정보 보안 방안 [2021]

4 군 수

Q. 군수 품목(10종 품목)
Q. 군수가 하는 일
Q. 천안함 피격과 연평도 포격에 대한 생각
Q. 우리의 주적
Q. 현대사회의 문제점
Q. 종북단체에 대해 느낀 점
Q. 군수 8대 기능
Q. 군무원이 되기 위해서 한 노력
Q. 능력보다 어려운 일이 주어진다면?
Q. 본인의 발전과 국가발전의 상관관계
Q. 새로운 변화에 대해 어떻게 생각하는가?
Q. 갈등의 긍정적 및 부정적 측면
Q. 아웃소싱에 대한 견해 [2020]
Q. 방산 비리에 대한 문제와 해결책을 말해보라.
Q. 자격증은 무엇이 있는가?
Q. 우리 사회가 해결해야 할 사회문제에 대해 말해보라.
Q. 육군 군수사령부에 대해 아는 것을 말해보라. 군수사령부 비전 2030은?
Q. 군수직 업무 중 기획업무가 구체적으로 어떤 업무인지 설명해보라.
Q. 학과랑 군수직과 어떠한 연관이 있는가?
Q. 군 보급물자가 여유있지 않은 경우 보급해야 할 곳은 많은데 물자가 부족하다면 어떻게 나누어주겠는가?
Q. 최근 우리나라의 문제점은?
Q. 현역시절 군수분야의 애로사항과 개선점은?
Q. 원주사령부의 구조에 대해 알고 있는가?
Q. 군수란 무엇인가?
Q. 자신을 한마디로 표현한다면?
Q. 군수직 발령시 행정 또는 현장으로 갈 것인데 어떻게 일할 것인가?
Q. 군수의 정의 및 군수직을 수행하는데 가장 중요한 사항은?

Q. 군수 업무에 대하여 말해본 후 그중 본인이 가장 잘 할 수 있는 업무와 그 이유는?

Q. 군수의 8대 기능을 말해보고 px업무가 어디에 속하는가?

Q. 보급과 지원이 왜 일맥상통하는가?

Q. 국방의 의무와 병역의 의무를 아는가? 여성의 징병제에 대해서는 어떻게 생각하는가?

Q. 전투지원에 대해 들어보았는가?

Q. 국내외조달이란 무엇인가? 국내 및 국외 조달 물품은?

Q. 군무원이 되면 어떤 자부심이 있겠는가?

Q. 수요와 소요의 차이 [2020]

Q. 만약 선례가 없는 새로운 일을 본인에게 맡겼다면 어떻게 해결할 것인가?

Q. 상사 또는 상급 부대에게 갑질을 당했다면 어떻게 할 것인가?

Q. 군무원만의 장점은 무엇이라 생각하는가?

Q. 내부조달과 외부조달이 무엇인지 아는가? 내부조달과 외부조달의 방법에는 무엇이 있는가?

Q. 군수직을 하면 어느 부서에서 일하고 싶은가?

Q. 조달의 구체적인 품목과 시스템을 말해보라.

Q. 군수직 군무원으로 육군의 발전 방향을 말해보라.

Q. 군수에서 어느 분야를 발전시킬 것인가?

Q. 군수 1종부터 10종까지 말해보라.

Q. 본인에 대해 SWOT 분석을 한다면 약점이 무엇이라고 생각하는가? 본인을 SWOT 분석으로 분석해보았을 때 본인의 S가 무엇인 것 같은가?

Q. FMS가 무엇인가?

Q. 유통이 무엇인가?

Q. 양보와 배려의 차이는 무엇인가?

Q. 영업과 마케팅의 차이는? 광고와 홍보의 차이는? 상담과 대화의 차이는?

Q. 호봉급과 성과급 중 무엇이 더 효율적인가? 성과급제가 좋다면 어떻게 구체적으로 기준을 세울 것인가?

Q. 군대에서 창의성이 묵살되는 이유와 해결방안은?

Q. 정년연장에 반대하는 의견을 제시해보라.

Q. 우리 군에 군무원이 왜 필요한가?

Q. 우리 육군에서 개선되어야 할 부분을 말해보라.

Q. 조직의 갈등이 왜 필요한가?

Q. 군수 업무를 발전시킬 방안

Q. 군무원 조직 개선방안

Q. 6시그마는? [2021]

Q. 4차 산업혁명에 대해서 말했는데 3차랑 무슨 차이가 있는가? 그럼 2차는?

Q. 일하면서 성과를 낸 적이 있는가?

Q. 조달과 획득에 대해 설명해보라.

Q. 우리나라 총예산과 최저시급 및 올해 국방예산은?

Q. 재고번호가 무엇인지 아는가?

Q. 국방표준화에 대해 아는대로 이야기해보라.

Q. 코로나 현상으로 인한 님비현상 등 현재 갈등이 많은데 갈등의 긍정적 영향으로는 무엇이 있겠는가?

Q. 군수 수송수단 3가지

Q. 핌비현상이란?

Q. 군수사 비전 2030에 대해 말해보라.

Q. 군수품의 전달방식

Q. 자격증이나 자기계발 노력에 대해 말해보라.

Q. 최근에 자기계발서를 읽은 것이 있는가?

Q. 모병제와 징병제에 대한 생각

Q. 군의 개선점

Q. 린시스템

Q. 한일관계 갈등에 대한 생각

Q. SCM [2020 · 2021]

Q. 군이슈에 관해 아는 것

Q. 국방예산에는 전력운영비와 방위산업비가 있다. 전력운영비와 방위산업비의 차이가 무엇인가?

Q. 진정한 용기란?

Q. 사회현상 중에서 변화가 필요한 곳은 무엇인가?

Q. 남자만 군역을 담당하는 것에 대한 질문으로 여자가 군 복무를 하지 않는 것이 타당하다고 생각하는가?

Q. 일본이 독도를 자기 땅이라고 주장하는 이유를 역사적 사실과 근거를 들어서 설명해보라.

Q. 군수의 중요성에 대해 얘기해보라.

Q. 정의라는 책 읽어보았는가? 본인이 생각하는 정의는?

Q. 전방 지역 9급 군수 군무원들의 근무환경에 대해서 실질적으로 아는가?

Q. 군수업무 중에 하고 싶은 업무가 무엇인가?

Q. 군수장교로 복무하면서 물류분야나 군수분야에 본인이 새로운 것을 제안하거나 발전시킨 업무가 있는가?

Q. 현재 회사에서의 창의적 경험은?

Q. 갈등의 순기능은 무엇인가?

Q. 아웃소싱에 대해 설명하고 그걸 적용했을 때 장점 [2020]

Q. 이중배상금지원칙 [2020]

Q. 인가란 무엇이며 인가와 허가의 정의 [2020]

Q. 마케팅에서 4P란 무엇이고 재고관리는 무엇인지 [2020]

Q. 철회의 정의와 철회권자 [2020]

Q. 광고와 홍보의 차이 [2020]

Q. 정부총예산 [2020]

Q. 국가배상 [2020]

Q. 사고이월 [2020]

Q. 경영혁신 3S가 무엇인가? 3S를 군수업무에 어떻게 적용할 것인지? [2020 · 2021]

Q. 군수업무에 있어 창의적인 제안이 있다면? [2020]

Q. 군수직을 위해 개인적으로 준비하고 있는 게 있다면? [2020]

Q. 부당이득이란? [2020]

Q. 4차 산업혁명과 군수를 어떻게 연관지을 수 있을지 [2020]

Q. 군수분야 중 개혁할 분야 [2020]

Q. 고정비와 변동비의 개념은 무엇이며 업무할 때 이를 줄이는 방법 [2021]

Q. 손익분기점 [2021]

Q. 조직구조와 이에 미치는 요소 [2021]

Q. 경영 기본 원리 3개 [2021]

Q. 군수물자 계약과 일반물자 계약에 있어서 다른 점 [2021]

Q. 군수품 계약에 있어서 신경써야 될 것 [2021]

Q. 수익적행정행위 [2021]

Q. 재량과 기속의 차이 [2021]

Q. 훈령 정의 [2021]

Q. 수직적 통합의 정의와 그 예시 및 종류 [2021]

Q. 생산성/효율성/경제성/능률성/효과성을 각각 설명해보라. [2021]

Q. TQM 집행정지 요건 [2021]

Q. FMS/SCM, SCM과 군수의 유사점 [2021]

Q. 생산성/경제성/이익성의 개념 차이 [2021]

Q. 본인의 장단점과 본인이 생각하는 남들과는 차별화된 경쟁력 [2021]

Q. 군수 8종에 대해 말해보라. [2021]

Q. 민간 업체에서 물품을 받기로 하였는데 당일에 갑자기 사정이 생겨 오늘 입고를 못한다고 할 경우 어떻게 대처할 것인가? [2021]

Q. 공법상 부당이득이란? [2021]

Q. 재고관리의 궁극적 목적 [2021]

Q. 인가란? [2021]

Q. 법률유보원칙 [2021]

Q. 수요와 소요에 대해 말해보고 둘의 관계는 무엇인지 [2021]

Q. 이중배상금지 [2021]

Q. 조직구조에 대해서 아는 것 모두 다 이야기해보라. [2021]

Q. 무효와 취소의 정의와 구별 실익 [2022]

Q. 허가와 특허 [2022]

Q. 기속력/기판력을 각각 설명하고 인용 및 기각판결이 어디에 미치는지? [2022]

Q. 감가상각비 정의와 구하는 방법 [2022]

Q. 집단지성, 집단사고 차이점 [2022]

Q. 운송-효율성, 효과성 중 어떤 것이 중요한지 [2022]

Q. 본인이 생각하는 리더십의 조건 [2022]

Q. 행정법의 일반원칙은? 일반원칙 중 두 가지에 대한 설명(평등, 자기구속의 원칙) [2022]

Q. 서번트＋변혁적 리더십의 정의, 조직에서 성과를 어떻게? [2022]

Q. 과태료와 과징금의 차이 [2022]

Q. 행정지도 [2022]

Q. 행정법 질문 이유제시－생략가능한 경우에는 어떤 것이 있는지 [2022]

Q. 행정학 질문 직위분류제의 구성요소는 무엇인지 [2022]

Q. 군수품의 종류(px, 종 등) [2022]

Q. 적극행정이란? [2022]

Q. 국방혁신에서 군무원이 갖추어야할 자질이나 역할은? [2022]

Q. 레버리지란? [2022]

Q. 고정비, 변동비 [2022]

Q. 감가상각비, 정책법, 정률법, 정의와 차이점 [2022]

Q. 법이 소멸하는 경우 [2022]

Q. 대집행, 대체작 작위 등을 군에 어떻게 적용할 것인가? [2022]

Q. 행정심판/행정소송의 차이점 [2022]

Q. 통치 행위 [2022]

Q. 민간인력(아웃소싱) 활용방안 및 문제시 해결방안 [2022]

Q. 케인즈 유효수요 원리에 대해 설명 [2022]

Q. 행정소송법 중 소송의 종류는? 공법상의 계약해지는 어떤 소송으로 진행해야 하는가? [2022]

Q. 기속행위와 재량행위의 정의 [2022]

Q. 행정과 경영의 차이점은? [2022]

Q. SWOT 분석이란? [2022]

Q. 대리비용 [2022]

Q. 방어적 M&A는? [2023]

Q. 애국심을 가질 수 있는 것은? [2023]

Q. 브레인스토밍과 델파이 기법은 무엇인가? [2023]

Q. 대리인 비용 종류 [2023]

Q. 법률우위와 법률유보의 원칙은? [2023]

Q. 감가상각의 종류는?

Q. 경제성의 원리는? [2023]

Q. 규모의 경제란? [2023]

Q. 범위의 경제란? [2023]

Q. 효율성이 중요시되는 상황은 어떤 것이 있는가? [2023]

Q. 아웃소싱에 대해서 이야기해보라. [2023]

Q. 아웃소싱의 장점으로 비용절감쪽을 답변하였는데 관련 사례를 이야기해보라. [2023]

Q. 재고재산에 대해 말해보라. [2023]

Q. 감가상각비에 대해 이야기해보라. [2023]

Q. 정액법 및 정률법 차이에 대해 이야기해보라. [2023]

Q. 정액법 및 정률법 둘 다 감가상각금액 총액은 같은가? [2023]

Q. 집행정지의 요건은? [2023]

Q. SCM에서 채찍 효과를 줄이는 방안은? [2023]

Q. 군수의 기능 중 전시상황에서 필요한 기능은? [2023]

Q. ERP란? [2023]

Q. 유연생산과 설계생산은?

Q. 매몰비용의 오류와 매몰비용은? [2023]

Q. 레버러지는 무엇인가? [2023]

Q. JIT란? [2023]

Q. 행정지도는 무엇이고 그에 필요한 원칙은? [2023]

Q. 소급효에 대해 말하시오. [2023]

Q. 재고의 종류와 기능 [2023]

Q. 고정비와 변동비는 무엇이며 고정비를 줄일 수 있는 방안은? [2023]

Q. 집행정지의 적극적 요건과 소극적 요건을 말하시오. [2023]

Q. 마이클포터의 경쟁원리 [2023]

Q. 군수의 3대 기능을 아는 대로 말하시오.[2023]

Q. 대리인 비용은 무엇인가? [2023]

Q. 손익분기점은 무엇인가? [2023]

Q. 유기적 기계적 구조를 간단히 설명해보라. [2023]

Q. 군수가 중요하다고 했는데 그렇게 생각하는 것에 역사적 혹은 일반적 사례가 있는가? [2023]

Q. 행정개입청구권에 대해 말해보라. [2023]

Q. 법원이란? 각 법원의 역할에 대해 설명하시오. [2023]

Q. 조직몰입이란? 업무 동기와 연관지어 설명하시오. [2023]

Q. 계획능력과 유효능력은? [2023]

Q. 자재관리 업무를 했다고 했는데 주문모형에 대해 설명해보라. [2023]

Q. SWOT 법칙 [2023]

Q. 행정절차에서 의견을 묻는 방법 [2023]

Q. 군인들은 군형법을 적용받는데 군무원은 무엇을 적용받는지 [2023]

Q. 철회와 취소의 차이 [2023]

Q. 허가와 특허의 차이 [2023]

5 금 속

Q. 숟가락과 젓가락은 철금속인가? 비철금속인가?

Q. 최근 북의 도발이 빈번한데 이에 대한 군무원으로서의 마음가짐은?

Q. 강괴의 종류에 대해 아는가?

Q. 금속직이 육군에서 어떠한 일을 하는지 공부한 적 있는가?

Q. 산화, 환원 설명 [2021]

Q. 크롬침투법 설명 [2021]

6 기 계

Q. 참모총장 성함은 무엇인가?

Q. 명장/기술사/기능장에 대해 설명해보라.

Q. 오늘 부속품 15개를 하루 안에 깎아야하는데 어떻게 하겠는가?

Q. 현장경험이 없다. 그런데 그 많은 양을 어떻게 처리하겠는가?

Q. 드릴머신의 가공 방법

Q. 상향절삭과 하향절삭에 대해 설명하시오.

Q. 절삭칩 종류 4가지 명칭 및 설명

Q. 드릴가공 종류 및 설명

Q. 선반가공방법

Q. 경도와 강도의 차이

Q. 경도계의 여러 종류

Q. 선반의 구성요소

Q. 공구소모 판별법

Q. 공구수명 판정방법

Q. 구상인선에 대해 말해보라.

Q. 자격증의 개수가 몇 개인가?

Q. 자격증을 언제 땄는지 말해줄 수 있는가?

Q. 군무원이 되었을 때 본인이 어떻게 기여하겠는가?

Q. 인발, 전조, 압출, 압연에 대한 설명을 간단하게 해보라.

Q. 기계직에 지원한 이유

Q. 기계직이 하는 업무와 원하는 업무

Q. 소성가공의 반대는 무엇인가?

Q. 3D 프린터 종류

Q. 군인과 군무원의 차이가 무엇이라고 생각하는가?

Q. 김영란법에 대해서 아는가?

Q. 선반 가공 종류

Q. 측정기에 대해서 설명해보라.

Q. CAD/CAM에 대해 설명해보라.

Q. 전공서적을 본 적이 있는가? 있다면 가장 기억에 남는 부분은 무엇인가?

Q. 만약 장비를 수리해야 하는데 업체에서 원하는 날짜 안에 부품이 안 온다. 우리가 판단하기에 자체적으로 가공할 수 있을 것 같으면 어떻게 하겠는가?

　ㄴ[추가질문] 만일 자체적으로 가공해서 문제가 생겨 상급자가 본인보고 책임지라고 한다면?

Q. 본인이 해보지 않은 일인데 상급자가 본인을 콕 집어 언제까지 하라고 하면 어떻게 할 것인가?

Q. 선반으로 가공할 수 있는 것

Q. 계측기 본인이 사용할 수 있는 것

Q. 구성인선에 대해 설명해보라.

Q. 끼워맞춤에 대해 설명해보라.

Q. 후크의 법칙을 응력 변형률 선도와 함께 설명해보라.

Q. 응력과 외력의 차이

Q. 응력의 단위를 말하고 응력이 의미하는 것이 무엇인지 설명해보라.

Q. 선반의 종류

Q. 소성가공과 탄성

Q. 취성과 연성

Q. 연삭숫돌

Q. 열간가공과 냉간가공에 대해 설명해보라.

Q. 조금 찢어진 A4용지와 멀쩡한 A4용지가 있다. 이 때 조금 찢어진 용지를 양쪽에서 당겼을 때 멀쩡한 용지
   보다 더 쉽게 찢어지는 이유를 역학적으로 설명해보라.
   └[추가질문] 이 종이가 어떤 힘에 의해 찢어진 것인지 설명해보라. (종이를 찢음)

Q. 공구를 제작하는 재료는 어떤 것들이 있는가?

Q. 공구 제작 방법은?

Q. 응력집중

Q. 나사의 풀림방지 방법

Q. 나사가 풀리지 않으려면 어떤 조건을 만족해야 하는가?

Q. 드릴링 머신의 종류 [2021]

Q. 스프링 백 현상 [2021]

Q. 열간가공과 냉간가공 나누는 기준과 표면이 더 깨끗한 것, 그 이유 [2021]

7 기 체

Q. 페일세이프에 대해 아는가?

Q. 알루미늄 합금의 장단점?

Q. 그럼 연료셀에 대해 설명해보라.

Q. 정비 중 가장 자신 있는 부분은?

Q. 렌딩기어

Q. 회전익과 고정익차이

Q. 회전익 동력전달 과정

Q. 육군 항공 청이랑 그 하위에 무슨 부대가 있는지?

Q. 테일로터의 역할

Q. 회전익 항공기 타이어 장/탈착 해보았는가?

Q. 항공기 연료에 대해 말하시오.

Q. JP4와 JP8의 차이점은?

Q. 와이어트위스터를 왜 사용하는가?
Q. 항공기 정비란 무엇인가?
Q. 와이어트위스트 1인치당 몇 회 꼬아야하는가?
Q. 오버홀 정비란 무엇인가?
Q. 1차 조종면에 대해 아는가?
Q. 군무원이 된다면 어떤 목표가 있는가?
Q. 헬기종류랑 항공기연료

8 방사선

Q. 방사선 등가선량이란? [2021]
Q. 방사선의 정의 [2021]
Q. 10만원 신권이 만들어진다면 들어가야 할 인물과 그 이유 [2021]

9 병 리

Q. 진단 검사의학과에서는 무엇을 했는가? 심전도 해보았는가?
Q. 의료인증평가나 검진기관평가 받아보았는가?
Q. cbc가 무엇이고 cbc채취시 주의할 점과 실온방치가 변화는 것들
Q. 정도관리에 대한 질문
Q. 저출산 문제에 대한 생각
Q. 군인과의 트러블
Q. 군대의 코로나(감염병) 신고 및 보고체계에 대해서 설명 [2021]

10 사이버

Q. 정보보호의 3요소와 그것을 위해 어떤 조치가 필요한가? [2021·2022]
Q. apt 공격 [2021]
Q. 랜섬웨어 [2021]
Q. 대칭키와 공개키 [2021]
Q. Nac에 관련된 기술질문[2021]
Q. UTM [2021]

11 수 사

Q. 미수(장애미수, 중지미수, 불능미수)를 종류별로 정의하고 불능미수의 위험성에 대한 판례의 입장 [2021]
Q. 종범(교사범, 방조범)의 성립요건에 대해 설명해보라. [2021]
Q. 국방개혁 2.0의 방향과 궁극적인 목표 [2021]

12 시 설

Q. 군대가 필요한 이유는? 그리고 군대예절에 대해 말해보라.

Q. 펌프의 종류 3가지는?

Q. 보일러 종류 3가지는?

Q. 국가와 국민 그리고 군대의 연관성에 관해 말해보시오.

Q. 특수펌프에 관해 말해보시오.

Q. 공조방식 2가지를 설명하시오.

Q. 냉동방식 2가지를 설명하시오. 냉동의 기본원리는?

Q. 개별 및 지역난방의 차이점을 장단점으로 설명하시오.

Q. 트랩에 대해서 아는가? 신축이음이 무엇인가?

Q. 에어컨 냉매 주입시 압력은? 노통연관보일러 특징 및 단점과 밸브의 종류와 특징을 아는 대로 설명해보라.

Q. 피뢰침이란 무엇이며 피뢰침의 표준 저항은 얼마인가?

Q. 시설경력 중에 소변기나 대변기 등 3D 경험 있으면 구체적으로 말해보라.

Q. 환기의 종류는? 1, 2, 3종 환기법은?

Q. 화재의 종류(소화기에 표시된) ⇨ A, B, C, D형 화재

Q. 공사관리나 감독 경력이 있으면 구체적으로 어떻게 했는가? ⇨ 공사단가 책정 등 방법이나 실무 등 시설관리 공사에 대한 개념과 단가계산 질문

Q. 본인이 시설직 군무원에 합격하면 어떤 식으로 일을 하겠는가?

Q. 환기방식에 대해서 설명해보라.

Q. 사기업 시설관리는 어떤 업무를 하였고 직접적으로 수리(냉동기, 보일러) 경험을 말해보라.

Q. 시설직이 새벽이나 휴일에 비상 출동도 자주하는데 그 부분에 대해서는 어떻게 생각하는가?

Q. 지금 본인이 꼭 시설직 군무원이 되어야 하는 이유가 무엇인가?

Q. 시설직 군무원은 무슨 일을 하는지 알고 있는가?

Q. 군무원에 있어서 용기란?

Q. B급 화재란 무엇이며 대책은?

Q. 제2종 환기와 제3종 환기

Q. 시설보수는 어떻게 할 것인가?

Q. 자격증은 무엇이 있는가?

Q. 전공 외에 따로 공부한 것이 있는가?

Q. D급 화재란?

Q. 공조냉동기능사를 군무원 시설직 업무에 어떻게 접목시킬 수 있는가?

Q. 건축학적 입장에서의 시설관리란?

Q. 화재종류 및 대처방법, 보일러 유류배관 파손시 대처법

Q. 군무원이 되어 어떻게 부대에 공헌할 것인가?

Q. 옹벽에 대해 아는가?

Q. 사회에서 소방업무와 군내부에서 소방업무의 차이점은 무엇인가?

Q. 소방업무와 현재의 경력의 연관성을 설명해보시오.

Q. 화재 유형별 설명 ⇨ A~D급, K급 설명 [2021]

Q. 증기보일러 신축이음에 대해 종류와 원리는? [2021]

Q. 냉동기 4가지 구성에 대해 설명해보라. [2021]

Q. 냉동기의 원리에 대해 설명해보라. [2021]

Q. FCU에 대해서 설명해보라. 유인유닛이랑 차이점은? [2021]

Q. 공조기에 대해 어떻게 알고 있는가? [2021]

Q. 영선업무가 무엇인지 알고 있는가? [2021]

Q. 개별난방과 중앙난방의 차이점 [2022]

Q. 복사난방의 장단점 [2022]

Q. 냉동방식 [2022]

13 영 상

Q. 아웃소싱이란?

Q. 화이트밸런스란?

Q. 패닝에 대해 아는 대로 설명해보라.

Q. 피사계 심도 질문

Q. 북핵대응에 대해 아는대로 답해보라.

Q. 인간관계에서 중요하다고 생각하는 것

Q. 해당 직렬이 하는 일을 알고 있는지

Q. 예의의 사전적 정의와 그것을 삶에서 어떻게 실천하고 있는지

Q. 카메라가 무거울텐데 젊어지고 일할 수 있겠는가?

Q. 영상 경험이 있는가?

Q. 직업교육받고 바로 지원한 것인가? 전 직장이 영상쪽이랑 연관이 있었는가?

Q. 해상도란?

Q. 컷편집이란?

Q. 영상처리란?

Q. 교과형 CBT에 대해 말해보라.

Q. 컷전환에 대해 아는대로 말해보라.

Q. AR, VR을 설명해보라.

Q. 아날로그 카메라 및 디지털 카메라의 특징과 차이점 [2021]

Q. 아날로그에서 디지털로 전환되었는데 그 특징을 설명해보라. [2021]

Q. 그렇다면 디지털 이미지 포맷에는 무엇이 있는가 [2021]

Q. 디졸브란 무엇인가 [2021]

14 영양관리

Q. 유당불내증의 원인과 증상 및 해결방안 [2021]

Q. 해썹 정의와 7원칙 [2021]

Q. 동료의 부정행위를 알게 된다면? [2021]

Q. 일하다 보면 악성민원이 많을 텐데 대처방법 [2021]

Q. 과중한 업무 받게 된다면? [2021]

Q. 보존식 보관방법 [2021]

Q. 육군 한끼 식사 금액은? [2021]

Q. 영양사 업무 중 중요한 것은? [2021]

Q. 야채소독 방법 [2021]

Q. 일반 사회생활과 군무원 생활은 무엇이 다를 것 같은가? [2021]

Q. 군무원과 공무원 다른 점 [2021]

Q. 상사와 일하다 불만이 생겼다면 어떻게 할 것인가? [2021]

15 용 접

Q. 경력은 얼마나 되는가?

Q. 비파괴시험 종류에 대해 아는 대로 말해보라.

Q. 군인이나 병사들과 트러블이 생길 수 있다. 어떻게 하겠는가?

Q. 전공은 무엇인가?

Q. 북핵대응에 대해 아는대로 답해보라.

Q. 인간관에 대해 질문

Q. 용접결함에 대한 질문/원인과 해결책에 대해 말해보라. ⇨ 균열, 변형

Q. 알루미늄의 특성

Q. 텅스텐 종류는 어떤 게 있는가?

Q. 용접 중 화재사고 발생시 대처

16 유도무기

Q. 우리의 주적이 누구라고 생각하는가?

Q. 적외선에 대해서 말해보라.

Q. 최근 사회적 이슈에 대해 아는 대로 말해보라.

Q. 공군의 적외선이 쓰이는 개념에 대해 말해보라.

Q. 왜 유도무기 직렬로 지원하였는가?

Q. 자이로 장치에 대해서 말해보라.

Q. 주파수란 무엇인가? 우리나라 상용 주파수는?

Q. 열상장비에는 어떤 것이 있는가?

Q. 병사들이 예의 없게 행동할 때 어떻게 할 것인가?

Q. 간부와 병사들과의 관계는 무엇이라고 생각하는가?

Q. 학교 전공이 무엇인가?

Q. 군생활은 어디에서 했으며 주특기가 무엇이었는가?
Q. 군무원에게 필요한 소양은?
Q. 뉴턴의 물리법칙에 대해서 설명해보라.
Q. 레이저 장비란 무엇인가?
Q. 자격증 무엇을 가지고 있는가?
Q. 대물렌즈가 무엇인가?
Q. 정류회로가 무엇인가?
Q. IR카메라가 무엇인가?
Q. 유도무기에 대해 아는 것이 있으면 말해보라.
Q. 전자쪽 많이 사용하는데 오실로스코프를 본 적 있는가?
Q. 박격포 정비는 해봤는가?
Q. 근거리 방어체계에 대해 알고 있는가?
Q. 키르히호프의 법칙(전압보존에 관하여) [2021]
Q. 플레밍의 전자기 유도 [2021]
Q. 압출과 인발의 차이 [2021]
Q. 트렌지스터의 공핍층이 생기는 이유 [2021]
Q. 열상장비가 무엇이며 언제 사용하는지 [2021]
Q. 레이더, 다이오드 [2021]
Q. 역방향 다이오드, 순방향 다이오드 설명 [2021]
Q. 레이더, 적외선 사용방법과 차이점 및 종류 [2021]
Q. 크리프한도(한계)를 아는지 [2021]
Q. 주파수란? [2021]
Q. 유도무기가 하는 일 [2021]

17 의 공

Q. 초음파의 5가지 특성 및 주의할 점
Q. 초음파를 사용하면 안되는 곳
Q. 군무원이 되기 위해 노력한 점과 군무원이 되어서 군조직을 위해 발전시킬 수 있는 분야 및 계획
Q. 바이오센서의 특징 및 특성
Q. 사회불만이나 문제를 해결한 경험 및 사례
Q. 생체삽입 센터에 필요한 주의사항 3가지
Q. 의공직이 하는 일
Q. 의공직무를 할 때 본인이 내세울 수 있는 것
Q. 인체 삽입하는 의료기기 사용시 주의사항
Q. 의공 업무에 사용하는 장비

18 인쇄

Q. 통꾸밈의 3가지 방법과 적정 압력
Q. 잉크용제가 몸에 해로운데 괜찮은지
Q. 종이 종류를 아는 대로 설명해보라.
Q. 인쇄압이 높으면 일어나는 현상
Q. 업무와 관련된 본인의 장점
Q. 디자인전공자인데 인쇄기계 잘 다룰 수 있는지
Q. 보유 자격증 무엇이 있는지
Q. 인생의 역경과 대처경험

19 재활치료

Q. 급성 발목 염좌시에 어떻게 치료를 할 것인가?
Q. 1급 감염병의 종류에 대해서 아는 대로 말해보라.
Q. 콜레스 골절이 무엇인가? 그리고 후유증이나 같이 오는 증상은 무엇인가? [2023]
Q. 콜레스 골절을 어떻게 치료할 것인가? [2023]
Q. 보통 환자들이 치료받고 나서 낫는데 얼마나 걸리는지 많이 물어볼 것 같은데 이 콜레스 골절 환자에게는
   뭐라고 말해줄 것인가? [2023]
Q. 콜레스 골절 환자분에게 차후에 어떤 관리를 해줄 것인가? [2023]
Q. glenohumeral rhythm이 무엇인지 설명해보라. [2023]
Q. glenohumeral rhythm 비율을 아는가? [2023]

20 전 기

Q. 충성이 무엇이라고 생각하는가?
Q. 감전방지법과 감전사고 대비책
Q. 전기사고로 인해 화재가 발생하게 되는 사례를 말해보라.
Q. 접지공사종류 및 접지저항값
Q. 비상발전기
Q. 전기직을 택한 이유
Q. 전기직을 택했는데 평소에 직렬에 대해 어떤 것들을 해왔는가?
Q. 부하는 어떤 것을 써야하는가?
Q. 전선의 굵기를 결정하는 방법
Q. 접지공사와 접지 단면적
Q. 북한이 군사적 도발을 계속 하는 이유는 무엇이며 전기직 군무원으로서 어떻게 할 것인가?
Q. 전기직 군무원에게 필요한 요건은 무엇이라고 생각하며 응시자는 어떤 것을 준비했는가?
Q. 직류와 교류에서 저압과 고압의 전압범위
Q. 역률이란 무엇인가?

Q. 우리의 주적은 누구인가?
Q. 남들보다 뛰어난 강점을 1개 말하시오.
Q. 교류일 때 전압범위(저압, 고압, 특고압)
Q. 직류일 때 전압범위(저압, 고압, 특고압)
Q. 특고압 실제로 취급해 본 적이 있는가?
Q. 북한이 핵을 가지는 것에 대해 어떻게 생각하는가?
Q. 전기관련 경험이 있는가?
Q. 직류전압의 종별
Q. UPS관련 질문
Q. 한미동맹에 관하여 질문
Q. 전공이 무엇인가? 왜 전기직렬을 선택했나? 실무에서 할 수 있겠는가?
Q. 접지종류에 대해 설명해보라.
Q. 군무원이 되어 군에 기여할 수 있는 부분
Q. 단상과 3상의 차이
Q. 전기쪽 자격증이 있는가?
Q. 델타결선과 와이결선의 차이점을 아는가?
Q. 진정한 용기란?
Q. 접지란? 접지목적과 접지공사종류는?
Q. 태양광발전과 led에 대해서 아는 것이 있는가?
Q. 군대 내에 발전하고 싶은 것
Q. COS 차단할 때 사용하는 막대기 명칭
Q. 1차축전지랑 2차축전지 차이점이 무엇인가?
Q. 우리나라 미래 축전지 산업에 대해서 어떻게 생각하는가? (전기차)
Q. 발전방식 중 가장 효율적인 것은 무엇이라고 생각하는가?
Q. 전기자동차관련 질문
Q. AI(인공지능)관련 질문
Q. 현재 가장 필요한 전기관련 기술
Q. VR이란?
Q. 전기배선공사 과정 중 중요한 것 [2021]
Q. 변압기 중성점 접지 목적 [2021]

21 전 산

Q. 빅데이터가 무엇인가?
Q. 클라우드가 무엇이며 장단점은? [2023]
Q. 도전에 대해 어떻게 생각하는가?
Q. 임베디드가 무엇인지 설명해보라.
Q. IoT란?

Q. ipv4, ipv6와 차이점은 무엇이며 왜 ipv6 대신 ipv4를 쓰는가?

Q. 분산처리시스템이 무엇인지 설명하고 분산처리시스템의 활용에 대해 말해보라.

Q. 컴퓨터 사용시 보안을 위해 무엇을 할 수 있는가?

Q. 서버복구방법

Q. 프로그래밍에 관심이 많은데 그럼 개발직에 종사하고 싶은 것인가?

Q. 서버에 대해서 잘 아는가? 서버와 PC의 차이는?

Q. 서버PC와 클라이언트PC의 차이점은?

Q. DB와 파일시스템의 차이는?

Q. 서버장비와 PC장비의 차이는?

Q. 서버 OS와 PC OS의 종류를 말하고 PC와 서버의 차이를 말해보라.

Q. AR과 VR의 차이가 무엇인가? 가상현실에 대해 아는대로 말해보라.

Q. ip란?

Q. 왜 ipv6를 쓰는가?

Q. AMD와 인텔의 차이는?

Q. 4차 산업혁명이란 무엇이며 4차 산업혁명 관심분야는?

Q. 정규화의 내용과 목적은?

Q. 전산직 중 관심 있는 분야와 그 것을 일에 어떻게 접목시킬 것인가?

Q. 전산직을 위해 어떤 노력을 했는가?
    └[꼬리질문] IT관련 랜섬웨어, 웜, 바이러스의 차이는 무엇인가?

Q. 자바언어에 무엇이 있는지 말해보라.

Q. 자바를 썼다고 했는데 자바랑 객체지향 언어가 무엇인지 설명해보라.

Q. 교육받았을 때 DB를 어떻게 사용했었는지 말해보라.

Q. 프로젝트 관련 경험이 있으면 말해보라.

Q. 본인이 발령받아 하고 싶은 업무가 무엇인가?

Q. 직장생활을 했었다는데 어떤 업무를 했었는가?

Q. 랜섬웨어에 대해 랜선웨어 정의, 감염경로, 예방법에 대해 말해보라.

Q. 전산직으로서 군에 어떻게 기여할 것인가?

Q. 다룰 수 있는 언어가 있는가?

Q. 바이러스와 웜에 대해 설명 [2020]

Q. DB 정규화의 목적 및 정규화 과정 [2020]

Q. 4차 산업 관련하여 군에 기여하고 싶은 업무 [2020]

Q. 데이터베이스언어에 대해서 말해보라. [2020]

Q. 백업과 복구에 대해 설명해보라. [2020]

Q. 빅데이터 [2020]

Q. 4차 산업혁명을 전산직렬로서 어떻게 적용할 것인지 [2021]

Q. UDP, TCP 특징과 차이점 [2021]

Q. 정규화에 대해 설명하고 정규화 단점에 대한 이유 [2021]

Q. 정보보호 요소 3가지와 가용성에 대한 설명 [2021]

Q. DBMS와 DB를 연관해서 설명하고 빅데이터의 중요성을 말해보라. [2022]

Q. 랜섬웨어란 무엇인가? [2022]

Q. 교착상태의 발생 조건 4가지와 교착상태가 발생하지 않기 위한 방법 [2022]

Q. 대칭키의 문제를 해결하기 위한 방법 [2022]

Q. XP의 10가지 원칙 [2022]

Q. DBMS란 무엇이며 왜 사용하는지 이유 2가지 이상 [2022]

Q. 객체지향언어와 절차지향언어에 대해 설명하고 무슨 언어가 있는지 말해보라. [2022]

Q. 운영체제의 목적을 말하고 각각에 대해 자세히 설명해보라. [2022]

Q. 정보보호의 3요소 [2023]

Q. 프로세스 스케줄링 중 RR 방법 [2023]

Q. 프로세스 스케줄링 방법 중 큐를 사용하는 방법 [2023]

22 전 자

Q. 육군 전자직렬이 무슨 일을 하는지 아는가?

Q. 변조방식에 대해서 말해보라.

Q. 전파란 무엇인가? 종류와 특성을 말해보라.

Q. 본인과 인류가 추구하는 가장 중요한 것이 무엇인가?

Q. 본인은 통신직렬도 맞는 것 같은데 왜 전자직렬을 선택했는가?

Q. 전파원리 전파란 무엇인가?

Q. 무전기원리

Q. 최근 동북아시아 정세에 대해서 또 그에 따른 군무원으로서 자세는?

Q. 회로의 단면도 볼 줄 아는가?

Q. 자격증이 있는가?

Q. 현재 남북관계에 대해 설명하라.

Q. 인생의 터닝포인트는?

Q. 필터 회로 구성경험이 있는가?

Q. 트렌지스터 동작원리를 아는가?

Q. 멀티미터기에 대해 아는가? 무엇을 측정하는데 쓰며 사용법은 알고 있는가?

Q. 디지털 멀티미터와 아날로그 멀티미터 차이점은 무엇인가?

Q. 부궤환이 무엇인가?

Q. 드론 제작 경험이 있다고 하는데 드론 제작 과정을 설명해보라.

Q. 오실로스코프의 특성 및 기능에 대해 말해보라. [2020 · 2022]

Q. 전자직 군무원으로서 하는 일(하고 싶은 일)을 말해보라.

Q. 현재 취득한 전공자격증을 말해보라.

Q. 측정장비의 종류를 설명해보라.

Q. 멀티미터로 측정할 수 있는 것 3가지

Q. 멀티미터로 저항을 측정할 때 '전기를 꽂은 상태'에서 측정하는 것과 '전기를 안 꽂은 상태'에서 측정한 수치가 같은가 다른가?

Q. 본인이 군무원이 된다면 군 내에서 무엇을 바꾸고 싶은가?

Q. 전자 장비(군용 특수장비)의 정비에 대해서 자세히 알고 있는 것이 있는가?

Q. 사용해 본 측정장비는?

Q. 전자장비를 다룬 경험은?

Q. 단상과 3상의 차이점에 대해 말해보라.

Q. UPS(무정전전원장치)에 대해 설명해보라.

Q. 불량제품을 수리하는 방법을 설명해보라.

Q. 멀티테스트기의 기능은 무엇인가?

Q. 전자직 군무원이 하는 역할은?

Q. 터널다이오드는 무엇인지 이론을 설명해보라.

Q. 트랜지스터 안전성을 크게 좌우하는 3가지가 무엇인지 [2021]

Q. 멀티플렉스와 디멀티플렉스의 차이 [2021]

Q. 연산증폭기 기능 [2021]

Q. 스펙트럼분석기 [2021]

Q. 푸리에 정의 [2021]

Q. 오실로스코프 기능 [2021]

Q. 맴돌이전류 [2021]

Q. C와 L 위상차가 다른 이유 [2021]

Q. 회로에 사용되는 ic칩셋의 종류 [2021]

Q. 트렌지스터 동작원리 [2021]

Q. NE555의 구동원리 [2021]

Q. 오실로스코프의 리사주 도형 [2021]

Q. 복조와 변조의 차이 [2022]

Q. 직류와 교류의 차이 [2022]

23 전 차

Q. 본인이 군무원이 되어야 하는 이유 3가지

Q. 자동차 배기가스 종류

Q. 배기가스 저감장치에는 어떠한 것들이 있는가?

Q. 자동차(또는 자동차의 기능)의 핵심이 무엇이라고 생각하는가?

Q. 차량의 안전에 있어서 중요하게 생각하는 부분(또는 부품)이 무엇이라고 생각하는가?

Q. DOHC이란? 배기가스 저감장치 종류는?

Q. 군무원의 단점은?

Q. 전차 군무원이 하는 일은?

Q. 보유한 자격증은 무엇이 있는가?

Q. 군무원에게 필요한 정신은 무엇이라고 생각하는가?

Q. 배출가스 저감대책을 순서대로 부위별로 얘기하고 해당 저감되는 가스를 말해보라.

Q. DLI 장치란?

Q. 배전기가 있는 방식의 문제점

Q. 수냉식엔진 과열원인

Q. 전차에 대해 아는 대로 말해보라.

Q. 전차의 나아갈 방향

Q. 흑색 배기가스의 원인

Q. 장갑차 제동장치 고장시 점검사항 및 검은 매연 현상 이유

Q. 자주포에 매연이 검은색인 원인

Q. 자이로에 대해 설명해보라.

Q. 국가의 주된 역할은 무엇인가?

Q. 국가안보라 하는데 국가안보가 무엇인가?

Q. 군무원이 무엇인지 정확히 알고 있는가?

Q. 변화와 혁신이란?

Q. 전차의 종류는?

Q. 전차직을 위해 한 것은 무엇이고 합격 후에 어떻게 할 것인지 말해보라.

Q. 전공이 무엇인가?

Q. 전공하고 전차하고 관련이 없는데 어떻게 업무를 수행할 것인가?

Q. 클러치 기능을 말해보라.

Q. 변속기 기능을 말해보라.

Q. 군무원과 군인의 차이점

Q. 엔진 냉각방법

Q. 전차의 회전 방법

Q. 보기륜의 정비방법

Q. 오실로스코프가 무엇인가?

Q. 업무가 미숙할 때 과도하게 업무가 들어온다면 어떻게 할 것인가?

Q. 전차직 군무원이 되기 위한 본인의 노력

Q. 전차 엔진 배기 관련 유로6랑 관련해서 엔진 발전 또는 개발에 대해 어떻게 할 것인가?

Q. 공냉식과 수냉식의 차이

Q. 궤도 조향 변경 방법

Q. 수냉식 엔진에 대해서 설명해보라.

Q. 보기륜 점검에 관해서 설명해보라.

Q. 전차가 조향할 때 어떤 식으로 조향하는지에 대해 설명해보라.

Q. 장갑차 출력저하시 원인 및 해결책

Q. 국가 비상상황시 국가와 가족 중 더 중요한 것과 그 이유는?

Q. 처음 하는 일인데 어떻게 적용할 것인지 구체적으로 생각한 것이 있으면 말해보라. 그리고 왜 이 일에 본인이 적합한 사람인지 말해보라.

Q. 현재 육군이 나아지기 위해서 해야 할 일은?
Q. 전차에 배기터빈이 있는데 왜 있는가?
Q. 추운 곳에서 시동을 걸면 일어나는 현상이나 증상은?
Q. 전차의 회전방법
Q. 전차부품 명칭
Q. k2에 대해 아는 대로 말해보라. [2021]
Q. DLI 장치 [2021]
Q. 수냉식엔진 과열원인 [2021]
Q. ABS가 무엇인지 [2021]
Q. 주행시 핸들이 상하로 움직이는 원인 [2021]
Q. 배터리 충전 불량 원인 [2021]
Q. Ecu기억소거방법 [2021]
Q. 엔진오일의 조건 [2021]
Q. 배터리방전으로 시동이 걸리지 않을 경우 무엇이 잘못되었는지 [2021]
Q. 장도조절 방법 및 원리 [2021]
Q. 중립해제버튼 잠금 시기 [2021]

24 지 도

Q. 군인과 군무원의 차이
Q. 수치지도
Q. 이미지 bmp 형식 차이
Q. 벡터와 래스터
Q. 해상도
Q. 영상측량

25 차 량

Q. 디젤 연료공급계통
Q. 디젤 자동차 연료공급계통의 가장 중요한 부품
Q. 군 관련 뉴스 관심 있게 본 것
Q. 차량정비 개선방향
Q. 윤활유의 역할
Q. 디젤기관의 연료 공급 순서
Q. 디젤기관 연료흡입계통
Q. 엔진오일 누유부위
Q. 브레이크 고장부위
Q. 배출가스 감소방법

Q. 동력장치 계통

Q. 오일 누수시 확인방법

Q. 공기빼기 순서

Q. 차량 군무원이 되기 위해서 했던 노력

Q. 브레이크 공기빼기가 무엇인가?

Q. 공기빼기 작업하는 방법을 말해보라.

Q. 브레이크 스폰지 현상이 무엇인가?

Q. 스폰지 현상 발생시 해결요령은 무엇인가?

Q. 조향장치가 무엇인가?

Q. 조향장치의 동력이동 경로에 대해 말해보라.

Q. 조향장치에서 가장 중요한 부품은 무엇인가?

Q. 자동차 슬립

Q. 동력발생장치가 무엇인가?

Q. 동력발생은 어떻게 되는가? 4행정을 예로 설명하라.

Q. 동력전달 순서는?

Q. L차동장치가 무엇인지 아는가?

Q. 기동전동기 구비요건

Q. 브레이크 패드 갈아보았는가? 교환순서 및 교환 후 주의점은?

Q. 연료전달 순서

Q. 자동차 허브베어링 교체방법

Q. 자동차가 배터리와 기동전동기의 고장구분방법은?

Q. 배터리 점검방법

Q. 배터리 용량테스터 사용방법에 대해 설명해보라.

Q. ABS 작동원리와 그 목적은 무엇이며 기동 전동기가 갖추어야 할 기능은?

Q. 동력 전달 계통에 대해 말해보라.

Q. 차량 일조 점호시 차량 브레이크 오일이 누유되고 있다면 어떻게 조치할 것인가?

Q. 차량정비계통의 경력이 있는가?

Q. 디젤연료계통-연료계통에서 제일 중요한 것

Q. 차량 브레이크가 듣지 않을 때 이유는 무엇이며 정비방법은?

Q. 테라칸 브레이크가 배력식 브레이크인데 배력식 브레이크에 대해 말해보라.

Q. 배터리가 다 된 이유는?

Q. 배터리가 다 된지 알 수 있는 전압(저항) 같은 것은 무엇인가?

Q. 북한이 SLBM을 쐈는데 이에 대해 어떻게 생각하는가?

Q. 최소회전반경이 무엇인가?

Q. 릴레이를 장착하는 이유가 무엇인지 아는가?

Q. 변속기의 기능 4가지

Q. 배터리의 기능 4가지

Q. 하이드로백의 작동원리

Q. 발전기 충전에 대해서 정전압 충전이 무엇인지 설명해보라.

Q. 오버러닝 클러치가 무엇인지 설명해보라.

Q. 하이드로백을 점검하는 방법을 말해보라.

Q. 배터리의 3대 기능

Q. 밸브오랩에 대해 설명해보라.

Q. 전기장치 헤드라이트 작동방식이 전기식과 기계식이 있는데 차이점과 작동방식에 대해 설명해보라.

Q. 배터리 용량 중 큰 용량 사용시 문제점

Q. 쇽업쇼바의 구조방식과 작동원리

Q. 라디에이터 캡 2가지 밸브 명칭과 역할

Q. 브레이크의 작동 원리

Q. 자동차 배터리의 역할

Q. 자동차 타임벨트 교체작업 경험 유무

Q. 클러치 동력 전달 순서 상세하게 설명해보라.

Q. k-511브레이크 실린더교체 작업을 앞에 차가 있다고 생각하고 설명해보라.

Q. 정비 중 위험했던 작업이 무엇이었는가?

Q. 군무원이 가져야 할 정신자세와 다른 직업과의 차이가 무엇인가?

Q. 차량직이 하는 업무는?

Q. 하이드로백 정의/하이드로백 점검법/옴의 법칙

Q. 차량 조향장치 원리와 기능

Q. 차량정비/차량물품관리/차량행정

Q. 정비지침서 읽어본 적이 있는가?

Q. 차량직군무원은 이동정비를 할 상황이 생긴다. 같이 간 정비병 2명이 당신을 능력부족으로 험담하는데 이에 대한 대처법은?

Q. 주무관이 되었을 때 출장정비시 본인과 따라가면 힘든 일을 한다고 병사들이 기피하면 어떻게 하겠는가?

Q. 차량의 부조현상(찐빠)이 일어나는 원인이 무엇인가?

Q. 동력계통전달 순서를 설명하시오.

Q. 폐유와 폐보루 처리 규정

Q. 배터리의 점검방법

Q. 디젤, 가솔린 기관 피스톤 차이 [2020]

Q. 클러치란? [2020]

Q. 마스터실린더란? [2020]

Q. 엔진 오일이 정상인데도 불구하고 엔진이 가열되는 원인 [2020]

Q. 퓨즈에 대해 말해보라. 왜 퓨즈가 존재하는가? [2020]

Q. 베이퍼록이란? [2020]

Q. 제동시 쏠림현상-조향장치 이상 없을 경우 [2020]

Q. 파스칼의 원리 [2020]

Q. 에어컨 냉매의 순환경로 [2020]

Q. 터보차저란? [2020]

Q. 토인이란? 사이드슬립이란? [2020]

Q. 터보차저와 인터쿨러 역할 [2020]

Q. 배기가스 재순환장치란? [2020]

Q. DPF [2020]

Q. SCR [2020]

Q. 휠얼라인먼트 (2020, 2022)

Q. 4륜 조향장치 설명 [2020]

Q. 유압브레이크 작동순서 [2020]

Q. VVT란? VGT란? [2020]

Q. 가솔린 기관 노킹 원인 2가지 [2020]

Q. 캠버 [2020]

Q. 키르히호프의 법칙 [2020]

Q. 유체역학에서 난류(Turbulence)에 대해 간략히 설명 [2020]

Q. 너클 암이 무엇이고 어디에 있는지 [2020]

Q. 자동차가 과열하는 원인 2가지 [2020]

Q. CVI란? [2020]

Q. 킥다운 [2020]

Q. 최근 전기차 및 수소차가 활성화되고 있다. 정부에서도 적극 장려하고 있다. 군용차량에도 이를 활용할 수 있겠는가? [2021]

Q. 전기차는 일정 기준온도에서 최적의 성능이 발현되는데 겨울에 영하로 날씨가 떨어지면 효과가 떨어질텐데 그럴 경우는 어떻게 하겠는가? [2021]

Q. 차량의 안전에 있어서 중요하게 생각하는 부품 [2021]

Q. 배기가스 저감장치에는 어떤 것들이 있으며 그 이외에 배출가스를 저감할 수 있는 방법은 없는가?

Q. 냉각수 확인시 색이 이상하다면 그 이유는?

Q. 5030이 무엇인가?

Q. 냉각수에 오일이 유입되는 원인은 무엇인가?

Q. 조향장치 순서

Q. 허브베어링 교체방법

Q. 전기차 직렬형, 병렬형

Q. 전기차 바퀴모터 직·병렬여부

Q. 에어컨 순환경로, 퓨즈 및 릴레이의 역할

Q. 겨울철에 배터리 효율이 떨어지는 이유

Q. 엔진오일의 교체 이유 및 주기

Q. 디젤 연료공급장치 및 순서

Q. 산소센서가 무엇인가?

Q. 차량 시동이 꺼졌을 때 원인이 무엇인가?

Q. 라디에이터에 기포가 생기는 원인

Q. 토인

Q. 엔진오일이 흰색/검정색일 때 이유

Q. 엔진오일교체를 했는데 엔진온도가 높을 때 문제점

Q. 컴프레셔 작동순서

Q. 제동거리에 영향을 주는 요인

Q. 액츄에이터가 무엇인가?

Q. 핸들 스티어링? 핸들락?

Q. 가솔린차와 디젤차의 차이점

Q. 배기량이 무엇인지 [2022]

Q. 라디에이터 캡에 이물질이 있는 이유 [2022]

Q. 전기차가 시동이 안 걸리는 이유 [2022]

Q. 도로교통법(횡단보도 녹색신호시 우회전에 관해) [2022]

Q. 대형차 파워스위치 역할 [2022]

Q. 요소수의 역할 [2022]

Q. 한미연합훈련에 군무원도 참가했는데 본인의 생각 [2022]

Q. PX 공무직 파업사태에 대한 생각 [2022]

Q. 허브베어링 교체방법 [2022]

Q. 냉각 계열 [2022]

Q. 유압 브레이크 [2022]

Q. 연료필터 교체법 [2022]

Q. 퓨즈 및 릴레이의 역할 [2022]

Q. 수소차의 핵심 부품 및 수소차의 단점 [2022]

Q. 국방혁신4.0 핵심내용 [2022]

Q. 브레이크패드 마모량 확인법과 교체방법 [2022]

Q. 엔진오일 6대작용 [2022]

Q. 냉각수에 오일이 유입되는 원인 [2022]

Q. 엔진과열시 원인 [2022 · 2023]

Q. 라디에이터 캡을 열었는데 냉각수에 기름이 떠있는 이유 [2022]

Q. 엔진오일의 교체 이유 및 주기 [2022]

Q. 자동차의 대후에 대해 아는지 [2023]

Q. 클러치 페달의 유격이 작을 때 어떤 현상이 일어나는지 [2023]

Q. 디젤 노킹 원인 [2023]

Q. 배기가스 유해물질 3가지 [2023]

Q. NCX 저감을 위한 장치 [2023]

Q. 수동 변속기 슬립 원인 [2023]

Q. 엔진오일 점검 방법 [2023]

Q. 블로바이/블로백/블로다운
Q. PCV밸브와 PCSV밸브

26 총 포

Q. 군대 성문화에 대해서 어떻게 생각하는가?
Q. 총과 포의 구분 방법
Q. 음주운전에 대해 어떻게 생각하는가?
Q. 부대 내 장교, 부사관, 준사관 등 부류가 있는데 군무원생활에 어떻게 적응할 것인가?
Q. 실제 총포관련 정비를 하지 않았는데 어떻게 극복할 것인가?
Q. 총포 군무원이 하는 일
Q. 군무원의 역할과 자질
Q. 총포 지원 3가지 이유
Q. 총포란 어떤 것인가?
Q. 총포 정비병으로 복무하면서 느낀 군무원의 단점이나 안좋은 점
Q. 해군/육군 총포 종류에 대해서 말해보라.
Q. 소총의 중요기능이 무엇인가?
Q. 열처리란?
Q. 수정발진기가 무엇인가?
Q. 총기 풀림자용 문제원인
Q. 소총의 가장 많이 발생하는 문제점
Q. 총포 직렬에 지원하기 위해 사회에서 배운 것이 무엇이 있는가?
Q. 총기 작동방법
Q. 포의 종류에 대해서 알고 있는 것은 무엇인가?
Q. 주물사는 어떤 종류로 해야 하는가?
Q. 계측장비 및 토크렌치의 역할
Q. 기술개선 사항에 대해서 말해보라.
Q. 창정비 공정에 대한 기술적인 것에 대해서 말해보라.
Q. 총포의 비전은 무엇인가?
Q. 금속들의 공통적인 특징은?
Q. 박격포의 부분 장비명을 아는가?
Q. 일반열처리에 대해서 설명해보라.
Q. 유도무기란?
Q. 연삭기란?
Q. 총기 종류
Q. 포방렬순서와 4.2인치박격포 제원
Q. 발칸에 대해 아는 대로 말해보라.
Q. 총과 포의 차이점에 대해 말해보라.

Q. 정비일(기름때란 표현을 쓰셨음)을 해야 하는데 알고 지원했는가?
Q. 총포에서 ERP가 사용되고 있는데 총포에서 어떻게 사용되는지 아는가?
Q. 갈등의 긍정적 측면 및 갈등의 해결방안
Q. 취득한 자격증
Q. 총포의 분류방법
Q. 함포와 육군의 포 차이점 ➡ 해군출신이라 질문
Q. 소총의 작동원리 8단계
Q. 탄약에 대해 설명해보라.
Q. 총포에 대해 아는 것이 있으면 말해보라.
Q. 열처리 과정 4가지
Q. 유압모터
Q. 사출에 대해서 말해보라.
Q. FET 트렌지스터란?
Q. 정역학과 기구학의 차이점
Q. 풀림과 불림 차이점 [2022]
Q. 키르히호프 법칙에 대해 설명해보라. [2022] ➡ 1법칙, 2법칙 각각 설명
Q. 업무분장이 잘 안될 때(누군 10%, 누군 30%의 업무) 어떻게 하겠는가? [2022]

27 탄 약

Q. DODIC가 무엇이며 사용목적은?
Q. 재래식탄약과 기타 특수탄약의 종류를 아는 대로 설명하라.
Q. DAIS를 사용하는 제대는 어디서부터 어디까지인가?
Q. DAIS에 메뉴 및 사용하는 방법은?
Q. 도딕이란? 사용용도는?
Q. 변화에 대해 어떻게 생각하는가?
Q. LOT란? 사용목적은?
Q. 화약이란? 화약의 구분 및 화약의 4가지 분류
Q. 탄약대에서 하는 일
Q. 탄약직 군무원이 된다면 어떤 방식으로 일을 해나갈 것인가?
Q. 노이만 효과
Q. 화약의 법적분류는 어떻게 되고 정의가 무엇인가?
Q. 자연발화의 원인은 무엇인가? 자연발화의 조건을 말해보라.
Q. 탄약의 분류방법을 설명해보라.
Q. 탄약고 종류에는 무엇이 있으며 장단점은?
　└[꼬리질문] 그럼 각각 탄약고에 어떤 탄약을 저장하는지 아는가?
Q. 화약의 조건을 말해보라.
Q. 장약과 작약의 차이 및 장약의 구조

Q. 지발전기뇌관에 대해 아는 대로 설명해보라.
Q. 신입 탄약 군무원으로서 탄약 분야의 발전 방향에 대해서 말해보라.
Q. 좋은 화약이 되기 위한 조건
Q. 현재 우리나라의 안보상황에 대한 본인의 생각
Q. 탄약의 특징
Q. 탄약의 분류 방법
Q. 자신이 어떻게 탄약직 군무원으로 기여할 수 있고 탄약직 업무에 도입할 수 있는 기술이 있다면 어떤 것이 있을지 말해보라.
Q. 군인들과 근무를 하게 될텐데 어떻게 갈등 없이 업무를 수행할 것인지 이와 관련된 경험도 말해보라.
Q. 백린탄에 대해 아는 대로 말해보라.
Q. 가역반응을 엔트로피와 연관하여 설명해보라.
Q. 탄약에 도료를 입히는데 왜 바른다고 생각하는가?
Q. 성형작약탄과 APFSD의 차이
Q. 현열과 잠열의 차이
Q. 열역학 제2법칙
Q. 이글루형 탄약고에서 무슨 현상이 생긴다고 했는데 그 현상을 설명해보라.
Q. 열역학에서 배운 내용 중 탄약직 업무에 적용할 수 있는 부분이 어디라고 생각하는가?
Q. 탄약고에 설치하는 피뢰침 종류는 무엇인가?
Q. 피뢰침은 무슨 역할인가?
Q. 이상기체란? 이상기체가 가지고 있는 2가지 특성은? [2021]
Q. 화학평형이란? [2021]
Q. 화약 혼합화약과 화합화약 차이 [2021]
Q. 어떻게 폭발이 일어나는가 [2021]
Q. 열역학 제1법칙에 대해 설명/열역학 제2법칙이란? [2021]
Q. 엔트로피는 가역 반응일 때 증가하는가? 감소하는가? [2021]
Q. 도폭선과 도화선의 차이 [2021]
Q. 탄약고란? [2021]
Q. 임계점이란? [2021]
Q. 흑색화약과 무연화약의 차이 [2021]
Q. 저성폭약과 고성폭약의 차이 [2021]
Q. 폭연과 폭굉의 차이 [2021]
Q. 화약을 용도로 분류시 4가지가 있는데 이 4가지가 무엇인지 [2021]
Q. 포탄 구성요소 [2021]

28 토 목

Q. 토공사시 가장 중요한 점
Q. 토압의 종류와 크기

Q. 군기지를 이전해야하는데 마을 사람들이 반대한다. 면접위원 5인을 마을 주민이라 생각하고 설득해보라.

Q. 국방기사 중에서 인상 깊었던 것

Q. 아웃소싱의 장단점

Q. 군무원과 군인의 관계는 무엇이라고 생각하는가?

Q. 토목직 군무원으로서의 본인의 역할은 무엇이라고 생각하는가?

Q. 보일링, 히빙의 정의와 대책

Q. 기초의 종류를 설명해보라.

Q. 철근콘크리트구조물의 장단점 및 균열시 대책 [2022]

Q. 파이핑 원인 및 대책 [2022]

Q. 장경간 콘크리트구조물 조인트 종류 기능 [2022]

Q. SPT 시험 실시방법/결과 이용하는 방법 [2022]

Q. 싱크홀 원인 및 대책 [2022]

29 통 신

Q. CDMA란 무엇인가?

Q. 무인타격기(지원 종목이었으므로)에 대해 아는 대로 설명해보라.

Q. 우리나라 통신의 발전방향에 대한 본인의 생각

Q. FDM과 TDM에 대해 설명해보라.

Q. 사드를 설치하는 과정에서 아쉬웠던 점

Q. 디지털신호를 만드는 과정을 설명해보라.

Q. 5g에 대해 아는가? 그 기술들을 군에 접목시킬 수 있는 방법은?

Q. 통신기술 중 군대에 적용했으면 좋겠는 기술은?

Q. 군장비 무엇을 다뤄보았으며 그 장비에 대해 설명해보라.

Q. 블록체인이 군에서 어떻게 쓰일지 설명해보라.

Q. 유·무선 장비에는 무엇이 있는가?

Q. 군무원이 무슨 일을 하는지 아는가?

Q. IoT를 군에 접목할 때 생각해본 것이 있다면 말해보라.

Q. 군무원은 무엇이라고 생각하는가?

Q. 군무원이 되기 위해 어떤 노력을 해왔는가?

Q. 군무원과 군인의 차이점은 무엇이라고 생각하는가?

Q. 육군 통신장비 아는 것이 있는가?

Q. 자격증이 있는가?

Q. 전파란 무엇인가?

Q. 다중화 방법을 말해보라.

Q. LTE란 무엇인가?

Q. 군무원으로서 군 통신발전에 어떻게 기여할 것인가?

Q. 선로부호화를 사용하는 이유와 HDB3란 무엇인가?

Q. 아날로그신호를 디지털변조하는 방식에 대해 알고 있는가?

Q. 다중화란 무엇이며 무슨 종류가 있는가?

Q. am과 fm의 차이

Q. 평활회로, 정류회로에 대해 설명해보라.

Q. 교류, 직류에 대해 설명해보라.

Q. 저항, 전류, 전압에 대해 설명해보라.

Q. 통신직 군무원이 된다면 어떤 분야에 투입되고 싶은가?

Q. 즉시 투입되어야 하는 무전기가 고장났다. 최대한 신속히 수리해야 한다. 어떻게 할 것인가?

Q. 전원회로 안에 있는 여러 회로의 종류와 역할

Q. 멀티미터의 용도

   └[꼬리질문] 그러면 멀티미터로 전압을 재는데 병렬연결을 해야 하는가? 직렬연결을 해야 하는가?

Q. 옴의 법칙을 설명해보라.

Q. 전파의 생성원리가 어떻게 되는가?

Q. RLC가 무엇인지 용어를 설명해보라.

Q. 공진주파수가 언제 발생하는가? 임피던스는 언제 최대가 되는가?

Q. 군용 통신 장비 아는 것이 있는가?

Q. 무슨 원리로 주파수를 흔드는지 설명해보라.

Q. 무선수신기의 회로구성 원리를 설명해보라.

Q. 군무원의 개선사항

Q. 전자기파와 전자파 차이

Q. 신호와 정보란?

Q. 다중화란? 다중화의 종류는? 그럼 FDM이란 무엇인가?

Q. 아날로그에서 디지털변환을 하는 과정은? 그 과정에서 양자화란?

Q. 채널코딩을 하는 이유

Q. 전파란 무엇이며 특징은? [2021]

Q. 오실로스코프와 스펙트럼 분석기 화면의 x, y축이 각각 무엇인지

Q. 푸리에 변환이란? 푸리에 변환을 하는 이유는?

Q. 주파수 대역에 대해서 설명해보라.

Q. 기저대역통신에 대해서 설명해보라.

Q. 주파수 변별기가 무엇인가?

Q. 무선통신 요소가 무엇인가?

Q. 코덱이란? [2021]

Q. PCM이란? [2021]

Q. 디지털과 아날로그 차이 [2021]

Q. 안테나 이득과 효율 관계 [2021]

Q. 공진주파수 [2021]

Q. IOT에 대해 설명하고 군에 적용할 수 있는 방향과 용도에 대해 생각을 말해보라. [2021]

Q. 방송과 통신의 차이점 [2021]

Q. 5g에 대해 설명 [2021]

Q. CDMA란? [2021]

Q. 단방향과 양방향 [2021]

Q. 주파수 대역의 정의와 전송송도랑 파장의 관계 [2021]

Q. 샤논의 법칙에 대해 이야기하고 관련 4가지 설명 [2021]

Q. 나이키스트법칙에 대해 설명 [2021]

30 항공기관

Q. 군에서 정비 일을 했는데 힘들었던 점은 무엇이며 극복은 어떻게 했는가?

Q. 연소실의 구비조건

Q. 연료탱크의 벤트라인이 있는 이유

Q. 항공정비란?

Q. 터빈 냉각방법 4가지

Q. 기체특기인데 기관지원 이유

Q. 오일분광검사에 대해 아는 것을 말해보라.

Q. 정비 3단계를 말해보라.

Q. 창정비는 무엇을 하는 곳인가?

Q. 항공정비분야 공부한 것 중에 기억에 남는 문구가 있는가?

Q. 정비실무경험이 있는가?

Q. 현재 문제시 되는 사회문제가 무엇인가?

Q. 제트기관은 뉴턴의 어떤 법칙에 의해 추력을 얻는가?

Q. 압축기 실속 관련 압축기 실속이 초래하는 현상

Q. 항공기 엔진 관련

Q. 터빈 온도에 관한 질문

Q. TIT를 말했는데 풀네임이 무엇인가?

Q. 정비란 무엇인가?

Q. 본인의 정비실수가 있었다. 항공기는 문제없이 비행을 마쳤지만 조종사가 정비실수를 발견하여 누가 실수를 했는지 묻는다면 어떻게 대처할 것인가?

Q. 칼리브레이션

Q. 고정익과 회전익 차이

Q. 윤활유 구비조건

Q. 연소실 종류

Q. 터보샤프트 엔진 구동 방식

Q. 오일의 역할 [2021]

Q. 연료 오일 열교환기 역할 [2021]

31 화학분석

Q. 식품검사는 어떻게 하는지 아는가?
Q. 창의적으로 아이디어를 내서 변화를 일으킨 사례
Q. 이전 직장에서 하던 일이 지금 군무원이 되었을 때 도움이 되는가?
Q. 역가가 무엇인가?
Q. NaOH 1몰 제조법
Q. 기기분석을 했다는데 어떤 기기를 써봤는가?
Q. 유효숫자 문제 ⇨ 법적 허용치가 0.04ppm일 때 0.045ppm은 허용치에 적합한가?
Q. 가장 안정한 기체 2종류를 말해보라.
Q. 이상기체가 잘 적용되는 법칙
Q. 화학분석 군무원으로서 어떻게 근무를 할 것인가?
Q. 북이 핵실험하는 이유는 무엇이며 화학분석 군무원으로 어떻게 할 것인가?
Q. 주기율표상 가장 안정한 원소 2개
Q. 반응 메커니즘을 설명해보라.
Q. 일과 가정 중 균형(야근시)
Q. 열역학 법칙 [2021]
Q. 아레니우스 방정식 [2021]
Q. 중금속 검출방법 [2021]
Q. 분광학기기 설명 [2021]

32 환 경

Q. 환경직군무원이 되면 처음에 무엇을 할 것인가?
Q. 환경직 업무 중 어떤 업무를 맡고 싶은가?
Q. 토양측정 3단계
Q. 하천으로 유류누출문제가 발생할 경우 어떻게 해결해야 하는가?
Q. 조경직 군무원이 되기 위해 어떤 과정을 거쳐 왔는가?
Q. 지정폐기물이란?
Q. 군대에서 환경업무는 무엇을 하는가?
Q. 토양오염물질의 종류 [2021]
Q. 검댕처리법 3가지 [2021]

33 치 무

Q. 치무직 군무원이 하는 일 [2023]
Q. 알지네이트의 장단점 [2023]
Q. 치아가 빠지면 나타나는 증상 [2023]
Q. 치과에서 치과위생사 관련하여 본 이슈가 있는지? 그리고 그것에 대한 본인의 생각은?

CHAPTER 05 해군·해병대 직렬별 전공 기출질문

1 일반행정

Q. 단체생활에서 가장 중요하다고 생각하는 것은?
Q. 공정력의 정의
Q. 노블레스 오블리주
Q. 추가경정예산이란? 추가경정예산 편성사유는 무엇인가?
Q. 악성댓글에 대해 어떻게 생각하며 그에 대한 해결책은?
Q. 살아오면서 예상치 못한 위기가 닥쳤을 때 어떻게 극복했는가?
Q. 여성군무원들이 처리해야할 업무가 많을 때에도 동료를 생각 안하고 육아휴직이나 매달 한 번 있는 휴가, 연가 등을 쓰는 것에 대해서 어떻게 생각하는가?
Q. 그레샴의 법칙
Q. 예기치 못한 상황에 대처해 본 적이 있는가?
Q. 육·해·공 중 해군에 지원한 이유
Q. 국정조사와 국정감사의 차이점
Q. 독도가 우리 땅인 이유
Q. 강제집행의 의미와 종류
Q. 파킨슨 법칙
Q. 북한이 핵무기를 포기할 것 같은가?
Q. 특별지방행정기관이란 무엇인가?
Q. 이어도 문제
Q. 센카쿠 열도 분쟁에 대해 아는 게 있는가?
Q. 주한미군 철수 문제에 대해 어떻게 생각하는가?
Q. 통일에 대해 회의적인 시각이 요새 늘어나고 있는데 본인의 통일에 대한 생각은 어떤가?
Q. 군사옴부즈만 찬반입장
Q. 행정학도로서 사회보장제도에 대한 견해 및 4대 보험의 종류와 그에 대한 설명을 해보아라.
Q. NLL이 무엇인가?
Q. 군무원인사법 아는가?
Q. 헌법에 군무원이 들어있는가?
Q. 군인과 군무원의 차이점
Q. 군인은 행정형벌도 받고 군 내에서 징계도 받는데 이중처벌이라고 생각하지 않는가?
Q. 합격을 해서 내일이 첫 출근날이라면 오늘 무엇을 할 것인가?
Q. 최근에 읽은 책 5권을 말하고 그중 한권에 대해 말해보라.

Q. 정치적 중립의 의무가 무엇이라 생각하는가?
Q. 행정직이 어떤 일을 하는지 알고 있는가?
Q. 해군을 위해서 본인이 할 수 있는 일
Q. 행정직 업무 중에 본인이 무엇을 가장 잘 할 수 있는가?
Q. 행정벌과 징계벌
Q. 김영란법의 원래 이름은 무엇인가? 김영란법 찬반 논란이 있다. 이 법에 대해 본인의 생각은?
Q. 김영란법이 공직에 미친 영향은? 국회의원은 포함되는가?
Q. 징계의 종류 중 정직은 무엇인가? 감봉에 대해서도 말해보라.
Q. 북한과의 관계에 대한 생각은?
Q. 현재 남북관계가 평화체제로 이어지고 있는데 통일은 어떻게 이루어져야 하는가?
Q. 변혁적 리더십이란?
Q. 한일 관계에 대해서 어떻게 생각하는가?
Q. 예의의 중요성
Q. 공무원의 의무 중 중요하다고 생각되는 의무와 이유
Q. 민주주의의 중요한 가치 (해병대)
Q. 국기에 대한 경례를 하는 이유 (해병대)
Q. 해병의 긍지를 아는지 (해병대)
Q. 자신이 해병대에 무엇을 기여할 수 있는지
Q. 예의를 한 줄 정의해보라.
Q. 정책오류란?
Q. 군대 내 성범죄가 일어나는 이유와 근절방안 [2022]
Q. 직위분류제에 대해 설명 [2022]
Q. 행정업무 중 가장 어려운 것은 무엇이라 생각하는지 [2022]
Q. BTS의 병역특례에 대한 생각 [2022]
Q. 자신이 예산을 편성 및 집행할 때 절감해야 한다면? [2022]

2 군사정보

Q. 북한군의 참모장 이름은?
Q. 북한에 핵무기가 얼마나 있다고 생각하는가?
Q. 본인이 아는 정보의 종류가 무엇인가?
Q. 해군에 있어 어떤 정보가 가장 중요하다고 생각하는가?
Q. 인포메이션과 인텔리전스의 차이가 무엇인가?
Q. 군에서 사용하는 정보체계에는 무엇이 있는가?
Q. 정보의 실질적 효용에 대해 어떻게 생각하는가?
Q. 전시와 평시를 구분지어 말해보라.
Q. 영상정보는 무엇으로 수집하는가?
Q. 영상정보 장단점은?
Q. 영상정보 수집하는 국내장비는?

3 군 수

Q. 군수 8대기능 중 하고 싶은 분야는?
Q. 물자관리 해본 적 있는가?
Q. PBL이 무엇인가?
Q. 당신이 군수분야에서 발휘할 수 있는 역량은?
Q. 군수품 10종 중 중요한 3가지는?
Q. 군수직 관련 법령을 알고 있는가?
Q. 군수품 10종은? [2023]
Q. 수요와 소요 차이는? [2023]

4 수 사

Q. 수사의 단서
Q. 미란다 원칙
Q. 조직생활에서 무엇이 가장 중요한 것 같은가?
Q. 수사직이라도 컴퓨터 다루는 능력은 중요할 것 같은데 어떻게 할 것인가?
Q. 군무원이 되면 자기계발 어떤 것을 할 것인가?

5 선거 · 선체

Q. 도크의 종류
Q. 샌드블라스팅 설명
Q. 캐비테이션(Cavitation) 현상이란 무엇이고 선박에 어떤 영향을 미치는가?
Q. 일본제품 불매운동 관련하여 어떻게 생각하는지와 해결방안을 말해보라.
Q. 호깅 설명과 의장품 전개하는데 3가지에 대해서 설명해보라.
Q. 해군에 대한 장점을 이야기 해보라.
Q. LBP가 무엇인지 설명해보라.

6 시 설

Q. 보유 자격증
Q. 신축이음의 사용 목적
Q. 트랩의 목적과 종류
Q. 3종 환기방식이란? 어디에 사용하는가?
Q. 보일러 과열시 발생하는 화재의 종류는?
Q. 유류 화재의 대처방법은?
Q. 시설직은 어떤 업무를 하는가?
Q. 공사감독은 어떤 일을 하는가?

Q. 모르는 일이 있으면 어떻게 하겠는가?

Q. 군무원에게 용기란?

Q. 오지에 있는 부대에 시설지원은 어떻게 할 것인가?

Q. 증기보일러 수처리과정 [2022]

7 영 상

Q. 독도가 대한민국의 영토라고 생각하는 이유

Q. 미러리스와 DSLR의 차이

Q. 타임랩스 촬영방법

Q. 보유카메라와 렌즈

8 유도무기

Q. 레이더의 매질

Q. 변조를 하는 이유

Q. 전지의 원리

Q. 정류란?

Q. 회로 볼 줄 아는가?

Q. 오실로스코프와 멀티미터의 기능에 관한 질문

Q. 전자기학 회로이론 책 본 적 있는가?

Q. 해군 유도무기 종류와 설명을 해보라.

Q. 정류회로에 대해 설명하고 종류를 말해보라.

Q. 오실로스코프에 대해 설명해보라.

Q. 순항미사일과 탄도미사일차이는?

Q. 지상유도 무기와 수중유도 무기 유도방식의 차이는?

Q. 수중유도 방식이 호밍유도라고했는데 소나도 그러한 방식이 있지 않은가?

Q. SLBM이 왜 위험한가?

Q. SLBM에 사용되는 전자파는?

Q. 유도방식에는 GPS, 호밍유도 등 방식이 있는데 유도방식 아는 것 있으면 설명해보라.

Q. 한미동맹이 우리에게 주는 이점은?

Q. 통일 방향에 대해 말해보라.

Q. 유도무기 군무원이 된다면 어떠한 도움을 줄 수 있는가?

9 ■ 잠 수

Q. 청해부대에 대해서 아는 대로 말해보라.
Q. 스쿠버장비 중 개방식 호흡기의 특징은?
Q. 군무원에게 필요한 자질은?
Q. 양심적 병역거부에 대한 생각은?
Q. 잠수 작업 전 안전점검 절차는?
Q. 군무원 생활 중 매너리즘에 빠지면 어떻게 할 것인가?
Q. 일본과의 문제 해결방안
Q. 군부대의 문제점과 대책방안

10 ■ 전 기

Q. 정전사태에 대해서 발생원인과 앞으로의 대처방안
Q. 사람이 느낄 수 있는 전류치
Q. Y결선의 권선전압이 220V인데 그럼 선간전압은 어떻게 되는가?
Q. 블랙아웃이 무엇이며 원인은 어떻게 되고 그에 따른 대책을 얘기해보라.
Q. Y결선시 220V에서 상전압은 얼마인가?
Q. 제3고조파제거방법
Q. 와이결선과 델타결선의 장단점
Q. 스마트그리드
Q. 전동기를 역회전시키려면 어떻게 해야 하는가?
Q. 전동기 Y결선에 대해서 이야기해보라.
Q. NLL이 무엇이라 생각하는가?
Q. 자신이 해군에 기여할 수 있는 점이 무엇이라 생각하는가?
Q. 통일이 되어야 한다고 생각하는가? 몇 년 안에 통일이 되어야 한다고 생각하는가?
Q. 본인의 삶에 영향을 준 책이나 인물이 있다면 소개해보라.
Q. 3상 모터 회전방향, 반대로 하려면 어떻게 해야 하는가?
Q. 독도가 우리나라 땅인 이유를 설명해보라.
Q. 유접점과 무접점에 대해 설명해보라.
Q. 3상 동기발전기 왜 Y결선하는지
Q. 3상유도기 역회전 방법
Q. PLC란 무엇인지 설명해보라.
Q. 교류와 직류의 차이점을 설명해보라.
Q. 발전기와 전동기의 차이는 무엇이며 발전기의 발전 3가지 조건은?
Q. 저출산에 대한 생각은?
Q. 한일관계에 대해 군무원으로서 할 수 있는 것은 무엇인가?
Q. 존경하는 독립운동가가 있는가?

Q. 전압, 전류 측정방법
Q. 멀티테스터기 사용방법
Q. 유도전동기가 역상회전시 복구하는 방법
Q. 브릿지회로에 대해 아는 대로 설명해보라.
Q. 유접점회로와 무접점회로 설명
Q. 3상농형 유도전동기 기동법

11 전 산

Q. DDoS에 대해서 말해보라.
Q. SDLC(소프트웨어생명주기)
Q. 6.25가 언제 일어났는지 아는가?
Q. 통일이 왜 되어야 한다고 생각하는가?
Q. 독도는 누구 땅인가?
Q. 자기계발을 위해 앞으로 무엇을 하겠는가?
Q. 데이터베이스 DDL 설명해보라.
Q. 4차 산업관련 질문

12 전 자

Q. 쿨롱의 법칙을 설명해보라.
Q. 발광다이오드를 설명해보라.
Q. 6.25가 언제 일어났는지 아는가?
Q. 통일에 관한 견해는?
Q. (일본을 넣어서) 독도에 관해 설명해보라.
Q. 트랜지스터 활성영역 설명해보라.
Q. 클리퍼 회로가 무엇인가?
Q. 최근 읽은 책은 무엇이며 추천하고 싶은 책은?
Q. 근무 당시 레이더가 무엇이었는가?
Q. 트랜지스터 기능은 무엇이 있는가?
Q. 변조의 종류에는 무엇이 있는가?
Q. 자격증은 무엇이 있는가?
Q. TR의 역할
Q. 아날로그 통신과 디지털 통신에 대해 설명해보라. ➡ 아날로그 FM, PM, AM, 디지털 PSK 등
Q. 전탐장비나 레이더 등 배에 들어가는 장비를 보거나 만져본 적이 있는가?
Q. 전자관련 경력이 있는가?
Q. 전자직이 무엇을 하는 직렬인지 아는가?
Q. GPS의 원리를 아는가?

13　탄 약

Q. 흑색화약과 무연화약의 장단점 및 차이점
Q. 정전기 방지 방법
Q. 팀워크에 관한 질문
Q. 어려움이 닥쳤을 때 극복할 수 있는 방안
Q. 매너리즘에 대해 말해보라.
Q. 화약의 특징에 대해 말해보라.
Q. 육군·해군·공군 중에 해군을 선택한 이유
Q. 남북정상회담 등 평화적인 분위기에 대한 본인의 통일관에 대해 말해보라.
Q. 일반탄과 유도탄의 차이
Q. 상사와의 마찰이 일어났을 경우 어떻게 할 것인가?
Q. 4대 보험에 무엇이 있는가?
Q. 조직생활을 하면서 가장 중요하다고 생각하는 것은?
Q. 자격증은 무엇을 갖고 있는가?
Q. 전공이 무엇인가?
Q. 탄약의 결함종류
Q. 탄약의 업무
Q. 탄약의 구조
Q. 해군탄약종류
Q. 신관의 종류
Q. Dodic
Q. 로트번호가 무엇인가?
Q. 해군에서 사용하는 근접방어 무기 시스템 [2022]
Q. 해군에서 사용하는 탄 종류 아는 것 전부 [2022]
Q. 계측기 사용할 줄 아는지 [2022]
Q. 양성평등에 대한 본인의 생각 [2022]

14　통 신

Q. 통신 관련 자격증 유무
Q. 통신 군무원의 직무 내용
Q. 대학 전공

15　함정기관

Q. 배기색, 배기가스 색깔별 원인
Q. 디젤노킹의 원인과 예방책

Q. 바다를 어떻게 생각하는지 한마디로 표현해보라.

Q. 선박의 구조물 중 가장 중요하다고 생각하는 것 하나만 골라보라.

Q. 터보차저, 슈퍼차저

Q. CPP

Q. 케비테이션

Q. 피스톤 O/H 이면 커넥팅로드도 같이 뽑는가?

Q. 군무원이 되면 자격증준비는 어떻게 할 것인가?

Q. 가솔린 기관과 디젤 기관의 차이점

Q. 배기색이 흑색일 경우 무엇을 보고 원인을 판단할 수 있는가?

Q. 함정기관 군무원은 전문성이 많이 필요한데 본인의 전문성을 어떻게 발휘할 것이며 또한 전문성을 어떻게 기를 것인가?

Q. 저출산에 대한 본인의 견해와 대책

Q. 함정기관 군무원이 많이 어렵고 힘든데 어떻게 근무할 것인가? 자신의 포부와 함께 말해보라.

Q. 군무원으로서의 자질은 무엇이 있을지 본인의 포부와 연결해서 답해보라.

Q. 청렴에 대해 그 청렴을 지키기 위해 어떤 노력을 할 것인가?

Q. 과급기에 대해 설명해보라.

Q. 동료와의 마찰이 생길 때 어떻게 해결하겠는가?

Q. 군무원 생활을 할 때 어려운 일이 닥친다면 어떻게 할 것인가?

Q. 가버너 관련 질문

Q. 창의성이 무엇인가? 창의성을 발휘한 경험이 있는가?

Q. A는 일이 힘들고 사람이 좋다. B는 일이 쉽고 사람이 힘들다. 어떤 곳을 가겠는가?

Q. 군부대의 문제점 및 해결방안

Q. 군무원이 되면 어떤 자세로 임할 것인가?

Q. 배기가스의 원인은?

Q. 크랭크축의 구성요소는?

Q. 청해부대에 대해서 아는가? 청해부대가 파병을 나가 있는 이유는?

16 항 해

Q. 팀과의 조화를 위한 자질

Q. 통일관

Q. 타력에 대해 하나 설명해보라. ➲ 타력의 종류

Q. 터그의 종류

Q. 보유하고 있는 항해 자격증은?

Q. 일본의 한국에 대한 화이트 국가제외 조치에 대해 어떻게 생각하는가?

Q. 군무원으로서 필요한 자질은?

Q. 천수항해 중 천수효과

17 환경

Q. 환경권이란?

Q. 오수수질항목

Q. 군부대 환경문제

Q. 석유오염물질 종류

Q. 6.25는 언제 일어났으며 그럼 휴전은 언제인가?

Q. 물환경보전법 개정이후 COD 대신 바뀐 항목 [2022]

Q. 비점오염원과 점오염원의 차이 [2022]

Q. 개인오수처리시설 방류기준 2가지 [2023]

Q. 물환경보전법 개정으로 COD에서 다른 항목으로 바뀌었는데 무엇인지

Q. 대기오염기준항목에서 실내공기질 오염기준이 있는데 이에 대해 아는 대로 말해보라.

Q. 지정폐기물에 대해 아는 대로 말해보라.

Q. 온실가스에 대해 아는 대로 말해보라.

CHAPTER
06 공군 직렬별 전공 기출질문

1 일반행정

Q. 창의성을 발휘한 경험은?

Q. 예산집행순서는?

Q. 갈등 상황과 어떻게 해결했는지

Q. 인생에 영향을 미친 사람

Q. 개인 발전과 공군 발전의 상관관계

Q. 군무원으로서 갖추어야 하는 자질

Q. 최근 군 관련 이슈 한 가지 말하기

Q. 본인이 공군 조직에 뽑혀야 하는 이유

Q. 공군의 이미지는 어떤지

Q. 10명의 팀원이 있다. 퇴근길에 업무지시가 내려져 일을 처리해야 한다. 근데 한명이 먼저 퇴근을 했다. 그 사람을 어떻게 생각하겠는가?

Q. 42인치 TV가 있다. 이것을 옮겨야 한다. 어떻게 옮기겠는가?

Q. 나이 많은 상사가 계속해서 컴퓨터를 가르쳐 달라고 한다. 한두번도 아니고 계속 부른다. 어떻게 하겠는가?

Q. 행정업무가 무엇이 있는지 알고 있는가?

Q. 행정업무 수행을 위해 필요한 자기계발은?

Q. 상사가 비효율적인 방법으로 일을 시킨다면 어떻게 하겠는가?

Q. 행정직으로서 준비한 것은 무엇인가?

Q. 군무원이 되기 위해 자격증 같은 어떤 노력을 하였는가?

Q. 본인이 다른 사람들보다 특별하다고 생각하는 것은 무엇인가?

Q. 전공이 무엇이고 군무원 행정과의 연관성은?

Q. 리더십을 발휘해 본 경험은?

Q. 내부고발자에 대해 어떻게 생각하는가? 내부고발자가 조직 내에 미칠 수 있는 악영향은?

Q. 군조직에 협치를 적용시켜보아라.

Q. 공무원 징계 종류

Q. 특별지방행정기관이란? 군에서 특별지방행정기관을 어떻게 활용할 수 있는가?

Q. 책임운영기관이란? 군에서 어느 분야에 책임운영기관제도를 적용할 수 있는가?

Q. 기속행위와 재량행위에 대해 설명해보라.

Q. 위법과 부당에 대해 설명해보라.

Q. 공군에 대해 최근에 본 기사

Q. 특정직에 속하는 다른 공무원을 말해보라.

Q. 군무원이 공무원 분류 중 어디에 속하는가?

Q. 군무원과 군인의 차이는?

Q. 군무원이 왜 필요한가?

Q. 위계질서가 강한 군대조직에서 어떻게 생활할 것인가?

Q. 조직생활에서 소통때문에 어려웠던 상황이 있는가?

Q. 뉴스는 보는가? 최근 외교·군사적으로 이슈가 되었던 사건이 있다면 말해보고 그에 대한 우리 정부의 대처가 어떠했다고 생각하는지도 말해보라.

Q. 본인의 장점은 무엇이 있는가? 그리고 그 장점이 업무에 어떤 긍정적 영향을 줄 수 있는가?

Q. 살면서 힘들었던 경험이 있는가? 어떻게 극복했는가?

Q. 비례의 원칙은?

Q. 방탄소년단의 병역면제에 대해 어떻게 생각하는가?

Q. 법치주의란 무엇이며 법치주의에서 행정의 역할은?

Q. 위법과 부당의 차이는?

Q. 공군관련 기사를 본 것이 있다면 이야기해보고 그에 대해 느낀 점도 말해보라.

Q. 공군의 4대가치가 무엇이며 무엇이 가장 중요한가? [2021]

Q. 직무성과급제란 무엇인가? [2021]

Q. 신행정론 정의와 적실성의 정의 [2021]

Q. 행정 직렬이 하는 일과 전문성을 기르기 위한 노력 [2021]

Q. 이해충돌방지법 [2021]

Q. 임금피크제의 정의와 이 제도를 시행하는 이유 [2021]

Q. 신공공관리론에 대해서 말해보라. [2021]

Q. 왜 국민들은 국가에 높은 도덕성을 요구한다고 생각하는가? [2021]

Q. 임금피크제의 의미 및 장단점

Q. 거버넌스의 정의는? [2023]

Q. 파생적 외부효과는? [2023]

Q. 규제는 강화해야 하겠는가? [2023]

2 건 축

Q. 민원을 해결했던 경험과 방법

Q. 건물의 독립과 통합

Q. 계약서상의 요구사항보다 과다한 요구를 할 경우 대처

Q. 건폐율/용적률/대수선

Q. 공군가치 4가지 중에 중요시 여기는 것과 이유

3 군사정보

Q. 영상정보에 관해서 아는 것
Q. 공직에서 창의성이 필요한 이유
Q. 직장 내 갑질문화가 생기는 이유
Q. 상관이 비효율적으로 업무를 시킬 경우 대처
Q. 사회정보와 군사정보의 차이
Q. 정보수집방법에 대해 설명해보라.
Q. 군사정보의 지원동기와 하는 일은?
Q. 자료 첩보 정보란?
Q. 6.25 학도병에 대해 알고 있는가? 이와 관련해서 느낀 점을 말해보라.
Q. 군무원의 단점에 대해 말해보라.
Q. 수집출처에 따른 정보종류
Q. 정보직 업무 중 보안업무를 제외하고 어떤 업무가 있는지 아는 대로 말해보라.
Q. 군 내 성인지가 일반사회와 어떻게 다르다고 생각하는지 말해보라. [2022]
Q. 4차 산업혁명을 군에 어떻게 접목시킬 수 있겠는가? [2022]
Q. 첩보와 정보의 차이를 알고 있는가? [2022]
Q. 위성으로 영상정보 수집시 발생하는 장단점에 대해 말해보라. [2023]

4 군 수

Q. 6시그마를 배웠는가?
Q. 공군 홍보하는 것을 본 적이 있는가?
Q. 대학 전공은 무엇이며 전공이랑 군수랑 무슨 관련이 있는가?
Q. 공무원과 군무원의 차이는?
Q. 군무원으로 중요한 요소와 그중 본인이 중요하게 생각하는 요소는?
Q. 군수란 무엇인가?
Q. 군수 1종~10종 질문
Q. 소요량 수요 차이, 소요의 의미 [2021]
Q. 군수 관련 책은 읽어보았는가?
Q. 군수기능에 대해 설명해보라.
Q. 공군의 4대가치 중 가장 중요하다고 생각하는 것
Q. 군수론에 대해서 말해보라.
Q. 조달의 원칙을 아는 대로 말해보라.
Q. 군수직 군무원으로서 가장 중요한 자질
Q. PBL은 성과기반 군수이다. 이에 대해 아는가? [2023]
Q. 갑질이 왜 일어난다고 생각하는가(직장 내 괴롭힘 방지법)? 민원인이 갑질했다고 민원을 넣으면 어떻게 하겠는가?

Q. 상사가 워라밸을 부정적으로 생각한다면?
Q. 군수는 무슨 업무를 하는가?
Q. 본인의 인생 가치는?
Q. 이해충돌방지법에 대해 아는가?
Q. 임금피크제에 대해 말해보라.
Q. 군무원으로서 무엇을 기여할 수 있는가?
Q. 태풍이 왔을 때 군수품의 안전을 위해 어떻게 하여야 하는가? [2022]
Q. 4차 산업혁명에 대해 말해보고 어디에 어떻게 활용되면 좋을 것 같은지 이야기해보라. [2022]
Q. 보급대에서 1,000개의 수리부속품에 대해 재고를 얼만큼 가지고 있어야 하는가? [2022]
Q. 4차 산업혁명의 일상적인 사례를 말해보라. [2023]
Q. 수요예측에 대해 설명해보라. [2023]
Q. PBL은 무엇인가? [2023]

5 기 계

Q. PRO-E가 무엇인가?
Q. 해석툴 다뤄본 것 있는가?
Q. FEA/FEM이 무엇인가?
Q. 항공기에 어떤 재료가 쓰이는가?
Q. 공군의 핵심가치 네 가지 중 무엇이 제일 중요하다고 생각하는가?
Q. 일반기계직이 무슨 일을 하는지 알고 있는가?
Q. 본인을 사물이나 색에 비유하자면?
Q. 임용되면 본인이 공군에 기여할 수 있는 것은?
Q. 창의성을 높이려면 어떻게 해야 하는가?
Q. 시사 뉴스 관련된 것 이야기해보라.
Q. 4차 산업관련해서 3D프린트 기술이 군에서도 이슈인데 3D프린트가 무엇인지 설명하고 방법(종류)에 대해 말해보라.
Q. 리벳과 용접의 특징 및 차이와 장단점
Q. 엔트로피와 엔탈피를 설명해보라.
Q. 임계점이 무엇인지 설명해보라.
Q. 절삭저항 3분력의 종류를 말해보라. 그중 가장 큰 저항력은 어떤 것인가? 그 이유는 무엇인가?
Q. 경도측정 방법의 종류와 그 특징을 설명해보라.

6 기 체

Q. 자신을 동물이나 색깔로 표현하자면 무엇이며 그렇게 생각하는 이유는?

Q. 성취 또는 성공한 경험

Q. 실패한 경험과 극복한 경험

Q. 육군·공군·해군 중에서 공군에 지원한 이유

Q. 근무지 내에서 갈등이나 고충은 어떻게 해결할 것인가?

Q. 군무원이 된다면 어떻게 할 것인가?

Q. 군무원에 임용되면 어떤 자세로 일하겠는가?

Q. 기체특기가 하는 일이 무엇인가?

Q. 완벽하게 본인이 할 수 없는 업무를 맡았을 때 어떻게 대응할 것인가?

Q. 조직생활에서 중요한 게 무엇인가?

Q. 창의력이란 무엇인가?

Q. 본인에게 직업이란 무엇인가? 다른 이들에게 어떻게 알려줄 것인가?

Q. 토크렌치

7 수 사

Q. 위법과 부당의 차이는?

Q. 공군의 창립기념일은?

Q. 공군의 4대 가치 중 가장 중요하게 생각하는 것은? ➡ 공군의 4대 가치(도전, 헌신, 전문성, 팀워크)

Q. 창의성은 무엇이라 생각하며 본인이 창의성을 발휘해 본 경험은?

Q. 본인이 합격해서 일하게 된다면 어떤 점에서 역량을 발휘할 수 있겠는가?

Q. 공군에서 중요하게 생각하는 가치는?

Q. 자신이 인생에서 제일 중요하게 생각하는 것은?

Q. 수사관의 위법한 수사에 대한 생각은?

Q. 범죄예방교육은 어떻게 실시할 것인가?

Q. 상황문제 ➡ 면접시작 5분 전 면접장 앞 신호에 걸릴 경우 위반할 것인지

Q. 동북공정에 대해 설명하고 그에 대한 생각을 말해보라.

Q. 북한이 우리의 주적이라 생각하는가? 일본과 중국은 어떻게 생각하는가?

Q. 군사법원법 개정 내용을 아는 대로 설명해보라. [2021]

Q. 형사소송법의 기본이념 [2021]

Q. 위법수집증거에 대해 설명해보라. [2021]

Q. 리더유형 중 가장 바람직한 리더유형은 무엇인가? [2021]

Q. 공군의 핵심가치는 무엇이며 그중 무엇이 가장 중요하다고 생각하는지 말해보라. [2021]

Q. 군 사법개혁 내용이 무엇인가? [2023]

Q. 사법경찰관과 특별사법경찰관의 차이는? [2023]

Q. 성인지 감수성은 무엇인가? [2023]

Q. 군대가 성인지 감수성이 낮은 이유는 무엇인가? [2023]

8 시 설

Q. 보일러 종류, 밸브 종류, 배관 종류
Q. 수격작용
Q. 시퀀스제어에 대해 설명해보라.
Q. 공군의 4대가치 중 경험한 것 ⇨ 도전, 헌신, 전문성, 팀워크 중 말해보라.
Q. 매일 해야 하는 업무(보일러 점검)를 선임이 하지 말라고 한다면 어떻게 할 것인가?

9 영 상

Q. 직렬분야에서 무슨 일을 하는지 아는 것을 말해보고 본인이 어떤 도움이 될 수 있을지 말해보라.
Q. 10컷의 영상을 찍는다면 어떻게 하겠는가?
Q. 다룰 줄 아는 프로그램은 무엇이 있는가?
Q. 팀으로 하게 되는 일에서 갈등이 생길 수도 있는데 어떻게 할 것인가?
Q. 남들보다 잘할 수 있는 것은?
Q. 영상사진 경험은?
Q. 대한민국에 대해 어떻게 생각하는가?

10 용 접

Q. 불량 중에 언더컷의 원인과 대책을 설명해보라.
Q. TIG용접시 산화를 방지할 수 있는 방법으로 무엇이 있겠는가?
Q. 알곤 퍼지와 질소 퍼지가 있다고 말했는데 (파이프가 아닌 경우) 완전 퍼지를 할 수 없는 경우 그나마 산화를 덜 시킬 수 있는 방법은?
Q. 군무원으로서 군대의 사병들과 어떻게 지낼 것인가?
Q. 공군핵심가치 아는가? 4가지 핵심가치 중 본인이 중요시 여기는 것과 그 이유는?
Q. 공군 용접직렬이 하는 일을 알고 있는가?
Q. 변형교정법이란?
Q. 여태까지 살면서 제일 가치 있었던 것은 무엇인가?

11 유도무기

Q. 공군유도무기 아는 것에 대해 말해보라.
Q. 오실로스코프의 정의
Q. 왜 공군에 지원했는가?
Q. 유도무기란 무엇이라고 생각하는가?
Q. 우리 직렬 관련해서 최근 아는 소식이 있는가?
Q. 머신러닝이 무엇인가?
Q. 군생활 경험 중 성과를 낸 내용은?
Q. 함수를 썼는가? VBA를 썼는가?

12 인 쇄

Q. 통꾸밈의 3가지 방법과 적정 압력

Q. 잉크용제가 몸에 해로운데 괜찮은지

Q. 종이 종류를 아는 대로 설명해보라.

Q. 인쇄압이 높으면 일어나는 현상

Q. 업무와 관련된 본인의 장점

Q. 디자인전공자인데 인쇄기계 잘 다룰 수 있는지

Q. 보유 자격증 무엇이 있는지

13 전 기

Q. 피뢰기가 무엇이고 어디에 설치하는가?

Q. 본인이 하는 업무가 무엇인지 아는가?

Q. 인생에서 가장 중요하게 생각하는 것이 무엇인가?

Q. 본인이 전공분야에 대해 얼마나 준비되어 있다고 생각하는지 상중하로 말해보라.

Q. 직류, 교류의 전압 범위를 말해보라. [2022]

Q. 메타버스가 군대에서 어떻게 쓰일 수 있을지 말해보라. [2022]

Q. 전기직 군무원이 무슨 일을 하는지와 지원 동기를 말해보라. [2022]

14 전 산

Q. 코드난독화

Q. 응집도와 결합도/테스트박스(화이트박스와 블랙박스 종류)/SDLC(소프트웨어생명주기)

Q. 프로젝트 경험은 있는가?

Q. 최신 IT 쪽에 관심이 많은가?

Q. 클라우딩

Q. active x가 왜 위험한가?

Q. 공군 전산이 하는 일

Q. 보안코딩이 필요한데 버퍼오버플로우에 대하여 설명해보라.

Q. 프로그램 개발을 하고 있다고 했는데 폭포수 모델링과 애자일 모델링을 비교 설명해보라.

Q. 요즘 회사에서 갑질 논란이 많은데 어떻게 생각하는가?

Q. 군무원이 된다면 거래 업체들이 생길텐데 업체에서 본인이 갑질했다고 클레임이 들어오면 어떻게 할 것인가?

Q. 정보보호에 대해 말해보라.

Q. 4차 산업혁명에 대해 말해보라. 3차 산업혁명과 4차 산업혁명을 나누는 가장 큰 기준(차이점)은?

Q. 정보보안 4가지 목표

Q. 4차산업 기술 [2022]

Q. 프로그래밍 언어 [2022]

15 전 자

Q. 펌웨어가 무엇인가?
Q. 최근이슈 한 가지를 말해보라.
Q. 자격증 취득과정을 이야기해보라.
Q. 공군에서 운용중인 항공기 기종이 무엇이 있는지 아는가?
Q. 공군의 정비 체계에 대해서 아는가?
Q. 예측불가능 결함에 대한 대책은? ➔ 트러블슈팅 관련
Q. 재머가 무엇인지 아는가?
Q. 서울에서 부산까지 가는 가장 빠른 방법이 무엇이라고 생각하는가?
Q. 동북아 정세에 대해 어떻게 생각하는가?
Q. 공군에 대해서 얼마나 알고 있는가?
Q. 기술개발이 하고 싶다고 했는데 기술개발이 필요한 이유는?
Q. 빅데이터가 무엇이며 업무에 어떻게 적용할 것인가?
Q. 본인이 면접관이라면 무엇을 물어볼 것인지 그에 대한 답변을 해보라.
Q. 공군에 대한 뉴스 최근에 본 것
Q. 공군의 핵심가치 중 가장 중요하다고 생각하는 것
Q. 군인과의 관계 갈등시 해결 방법
Q. 자기의 역량으로 무슨 기여를 할 수 있는가?
Q. 대학 전공과 직무의 연결성은 무엇이며 무엇을 배웠는가?
Q. 저항을 두 가지로 나눠서 설명해보라.
Q. 트랜지스터의 기능
Q. 상사가 비효율적으로 업무를 지시할 때 어떻게 할 것인가?
Q. 6개월의 시간이 주어지면 무엇을 할 것인가?
Q. 네트워크 보안체계를 아는가?
Q. 동기식 전송과 비동기식 전송의 차이점
Q. 위성통신에서 회선 할당 방식
Q. 증폭, 스위칭기능이 어떤 식으로 작용되는가?
Q. 좌우명은 무엇인가?

16 차 량

Q. 자동차의 매연이 많이 나온다고 고객에게 어떻게 설명하겠는가?
Q. 판금, 도장 해본 적 있는가?
Q. cvvl 장치에 대해 설명해보라.
Q. 군무원이 된다면 자기계발은 할 것인가?
Q. 엔진오일이 가솔린용, 디젤용 나눠져 있는데 같이 사용하면 안되는가?
Q. 요새 차량 튜닝을 많이 하는데 이에 대해 어떻게 생각하는가?

Q. 수막현상이 무엇인가?
Q. 자신이 차량군무원으로서 공군에 기여할 수 있는 것은?
Q. 점도와 점도지수가 무엇이며 어떤 것이 좋은가?
Q. 클러치 설치목적은?

17 탄 약

Q. 탄약고에 대해서 아는 대로 설명해보라.
Q. 와셔 탄약이 무엇인가?
Q. 탄약직과 관련된 전문용어 질문
Q. 탄약직이 아닌 다른 직무가 주어진다면 어떻게 하겠는가?
Q. 자격증과 전공이 직무수행에 어떻게 도움이 되는가?
Q. 직무수행시 어려움이 발생하면 어떻게 할 것인가?

18 토 목

Q. 가소성포장과 강성포장의 차이점
Q. 사면안정공법
Q. 기초의 종류 및 역할
Q. 토량환산계수
Q. 활주로는 무근 콘크리트인데 왜 그런가? ⇨ 일반도로(고속도로)는 연속철근 콘크리트
Q. 활주로나 인근 건물이 폭파될 시에 어떻게 해야 하며 자연재해는 어떤 것이 있고 어떻게 해야 하는가?
Q. 자재 두 개가 있는데 하나는 품질이 좋고 비싸며 하나는 품질이 안 좋고 저렴하다. 이 상황에서 상관이 품질
   이 떨어지는 것을 사라고 지시했다. 이럴 경우 어떻게 하겠는가?
Q. 기능적 업무를 할 수도 있는데 어떻게 할 것인가?
Q. 공군 활주로에는 아스팔트 포장이 안 쓰이고 대부분 콘크리트 포장이 쓰이는데 왜 그런가?

19 통 신

Q. 4차 산업이 무엇인지 설명하고 자기 직렬과 관련하여 어떻게 적용하겠는가?
Q. 통신직이 무엇을 하는지 아는가?
Q. OSI 7계층을 설명해보라.
Q. 동기식과 비동기식에 대해 설명해보라.
Q. 유비쿼터스란?
Q. 디지털변환에 대해서 설명해보라.
Q. 내가 면접관이라면 무엇을 묻고 싶은가?
Q. 공군의 4대가치는?
Q. 최근 공군에 대한 기사를 본 적 있는가?
Q. 잘 모르는 업무를 하라고 지시한다면?

Q. 네트워크 보안체계를 아는가?
Q. 위성통신에서 회선 할당 방식
Q. 인간관계에서 중요하다고 생각하는 것
Q. 프로토콜이란? 프로토콜 3대 요소는?
Q. 통신선로에는 R, L, G, C로 구성되어 있다. R, L, G, C가 무엇인지 말해보라.
Q. 전파는 선로를 통해 움직이게 되는데 전파에 가장 큰 영향을 주는 성분이 무엇인가?
Q. 유선 무선 위성통신 특징은? [2023]
Q. 4차 산업혁명 기술을 공군에 어떻게 적용할 것인가? [2023]
Q. 유선 무선 위성통신으로 공군을 어떻게 할지에 대한 아이디어는? [2023]
Q. UHF 대역이 어디에 쓰이는가? 주파수는 Hz 사용하는가? [2023]
Q. 5G 속도는 몇인가? [2023]

20 항공기관

Q. 항공기관의 터빈에 종류 및 구성 등에 대해서 설명하시오.
Q. 항공기관의 압축기에 대해서 설명하시오.
Q. 군부대에서의 군무원에 대한 역할에 대해서 말해보시오.
Q. 군무원과 공무원의 차이는 무엇인가?
Q. 항공관련 자격증은 가지고 있는가?
Q. 항공부대 근처에서 항공기 소음관련 문제의 해결방안은?
Q. 공군에서 쓰는 항공기들의 엔진은 무엇인가?
Q. 터빈제트와 터빈팬 엔진의 차이점을 말하되 터빈팬의 장점을 위주로 말해보라.
Q. 군에서 터보팬을 사용하는 이유는?
Q. 군에서는 터보팬만 쓰는가? 헬기나 기타 등
Q. 압축기 실속 현상과 그에 대한 질문
Q. 공군 핵심가치와 그에 대한 경험
Q. 창의력이 무엇이라고 생각하는가?

21 항공보기

Q. 항공보기가 무엇인가?
Q. 군대의 필요성은?
Q. 군무원이 무엇이며 군무원의 자세가 무엇인가?
Q. 다른 직렬도 있는데 왜 항공보기인가?
Q. 유압밸브 설명
Q. 일본과의 관계에 대해 그리고 앞으로 어떻게 해야하는지 본인의 생각
Q. 창의력이란?
Q. 지난 1~2년 간 가장 힘들었던 일은?

Q. 본인이 생각하기에 가치있는 일은 무엇이라 생각하는가?
Q. 연료 냉방 많은 계통이 있는데 그중에서 자신있는 것 알고있는 것을 이야기해보라.
Q. 직장 내 따돌림이나 갑질에 대한 본인의 의견
Q. 본인 전공을 항공보기에 어떻게 활용할 수 있을 것인가?
Q. 진대기고도, 등대기고도는 무엇인가?
Q. 순항고도는 무엇인가?
Q. 엔진 2개 중에서 1개가 고장난다면?

22 의무기록

Q. 의무기록 서식에 포함되어야 할 내용 5가지 이상을 말하시오. [2023]
Q. 개인정보보호법 중 한 가지를 설명해보라. [2023]
Q. 부정부패의 원인 [2023]

MEMO

2024
스티마 면접
군무원

행정법 및 행정학

PART 10 행정법 및 행정학

✔ **POINT** 2023년 기출질문을 기반으로 아래 표와 지역별 기출 위주로 숙지해 두어야 한다.

1 기속행위와 재량행위의 구분 ★★★

(1) '기속행위'는 '법이 정한 요건이 충족되면 법이 정한 효과로서의 일정한 행위를 반드시 하거나 해서는 안 되는 경우의 행정행위'를 의미한다. 기속행위는 위반시 위법이며 행정소송이 가능하고 부관을 붙이는 것이 불가능한 반면 '재량행위'는 '법령이 행정청에 그 요건의 판단 또는 효과의 결정에 있어 독자적 판단권을 부여하고 있는 경우 이에 따른 행정행위'를 의미한다. 재량행위는 위반시 부당하며 행정소송이 불가능하고 부관을 붙일 수 있다는 면에서 구별 실익이 있다.

(2) 기속행위와 재량행위 비교

기속행위	재량행위
• 법이 정한 요건이 충족되면 법이 정한 효과로서의 일정한 행위를 반드시 하거나 해서는 안 되는 경우의 행정행위 • 법규상 구성요건에서 정한 요건이 충족되면 행정청이 반드시 어떠한 행위를 발하거나 말아야 하는 것 • 행정기관에게 재량의 여지를 주지 아니하는 것 • 행정기관이 법규의 내용을 그대로 집행하는 조세과징 행위와 같은 것 • 법에서 '~하여야 한다' 또는 '~말아야 한다'고 규정하고 있는 경우 • 재량행위의 반대 개념	• 행정 법규가 허용하는 범위 안에서 행정청에서 일정한 선택이나 판단의 권한을 부여하는 것 • 행정청이 법률에서 규정한 행위 요건을 실현함에 여러 가지 행위 간의 선택의 자유가 인정되어 있는 행정 행위 • 법령이 행정청에 그 요건의 판단 또는 효과의 결정에 있어 독자적 판단권을 부여하고 있는 경우 이에 따른 행정행위 • 법률 등이 행정청에 그 행위를 할 것인지 여부나 다수의 행위 중에 어떤 행위를 할 것인지에 대해 독자적 판단권(재량권)을 부여한 행위 • 법령이 행정행위의 요건에 관한 판단이나 효과의 선택에 관하여 행정청에 선택의 여지(재량권)를 인정하고 있어 일정한 법적 한계 내에서 선택의 자유가 인정되는 행정행위 • 법에서 '~할 수 있다'고 규정하고 있는 경우 • 기속행위의 반대 개념

(3) 기속행위와 재량행위 판례

기속행위로 본 판례	재량행위로 본 판례
• 건축법상 건축허가 • 식품위생법상 일반음식점영업허가 • 학교법인이사 취임승인 • 음주측정거부시 운전면허취소 • 국유재산 무단점유 등에 대한 변상금 징수	• 개발제한구역 내의 건축물의 용도변경허가, 건축허가 • 귀화허가 • 자동차운송사업면허 • 민법상 비영리법인 설립허가 • 학교환경 위생정화구역 내에서의 당구장영업, 유흥주점영업행위 등 금지

2 행정법지식 기본사항 ★★

(1) 부 관

부관의 종류에는 조건, 기한, 부담, 철회권 유보, 법률효과 일부배제 등이 있으며 부담은 행정행위의 주된 내용에 부가하여 그 행정행위의 상대방에게 의무를 부과하는 부관을 말하며 다른 부관과 달리 그 자체가 독립된 행정행위이다.

(2) 행정심판과 행정소송의 종류 ★★

① 행정심판: 취소심판, 무효 등 확인심판, 의무이행심판

② 행정소송: 공법상의 법률관계에 관한 분쟁에 대하여 하는 재판절차

  ㉠ 당사자소송: 형식적 당사자소송, 실질적 당사자소송

  ㉡ 항고소송: 취소소송, 무효확인소송, 부작위위법확인소송

  ▶ 부작위란 행정청이 당사자의 신청에 대해 상당한 기간 내에 일정한 처분을 해야할 법률상의 의무가 있음에도 불구하고 처분을 하지 않는 것을 말한다.

> **◇ PLUS**
>
> **기속력 및 기판력**
>
> **1. 기속력**
> 원고승소 판결이 확정되면 소송당사자인 행정청과 관계행정청이 그 판결 내용에 따라 행동할 실체법적 의무를 지게 되는데 이러한 실체법상의 구속력을 말한다.
>
> **2. 기판력**
> 확정된 법원의 판결에 대해 소송당사자 또는 다른 법원은 이에 구속되어 그 판결에 반하는 주장이나 판단을 할 수 없게 하는 소송법적 효력을 말한다.

(3) 행정형벌의 종류

행정형벌의 종류에는 형법에 형명이 있는 벌칙(사형, 징역, 금고, 벌금, 구류, 과료, 몰수, 자격상실 자격정지 등)이 있다. 그런데 행정형벌은 형법과 달리 통고처분(행정청이 정식 재판에 갈음하여 벌금 또는 과료에 상당하는 금액 납부를 명하여 간단 신속하게 처리하는 제도)이라는 예외적 과벌 절차가 있다.

3 **휘슬블로우어**(내부고발자) ★★

(1) 내부고발자의 의의

기업이나 정부기관 내에 근무하는 내부자로서 조직의 불법이나 부정거래에 관한 정보를 신고하는 사람을 말한다. 미국·영국 등에서는 '내부고발자를 보호하는 법'이 제정되어 있으며 우리나라의 부패방지법(2002년 1월부터 시행)은 공공기관의 내부고발자 보호에 대한 내용을 담고 있다. 한편 내부고발자는 '딥 스로트(Deep Throat)'와 '휘슬블로어(whistle-blower)'라고도 불린다.

(2) 내부고발자 보호 방안

① 내부고발자는 신분노출로 인한 불이익조치를 가장 두려워 한다는 점에서 익명신고나 변호사를 통한 대리신고를 검토해야 한다.

② 내부고발자에 의한 공익신고 활성화를 위해서는 공익신고로 불이익조치를 받지 않고 설령 불이익조치를 받는다 하더라도 신속하게 회복시키는 것이 무엇보다 중요하다.

③ 공익신고자의 인적사항이나 공익신고자임을 미루어 짐작할 수 있는 사실의 공개를 금지하고, 위반 시 처벌을 강화해야 한다.

✎ Check point

내부고발

1. 의 의

내부고발(휘슬 블로잉 whistle blowing)은 조직 내부의 사람이 자신이 속한 조직이 안고 있는 법적 도덕적 문제를 조직 외부에 알리는 행위다. 문제는 내부고발이 도덕적으로 정당화될 수 있는가이다. 이에 대해 찬성과 반대가 존재한다. 찬성하는 측에선 사회 전체의 공익이 우선적으로 보호돼야 하므로 내부고발은 정당하다고 주장한다. 하지만 자신이 몸담고 있는 조직에 대한 충직 의무를 저버리는 것이라서 도덕적으로 정당화될 수 없다는 반론도 만만찮다. 내부고발을 놓고 공익과 충직 의무가 정면충돌하고 있는 것이다. 민주 사회에서 국민의 알 권리와 국가기밀 간에 어떤 균형이 필요한지도 논란거리다.

2. 공익에 심각한 손해를 끼치는 비리일 때 정당성 발생

내부고발을 할 만한 내용은 공익에 엄청난 손해를 끼칠 만큼 심각하고 중대한 것이어야 한다. 아무리 비리라고 하더라도 시시콜콜한 것은 내부고발 거리가 되지 않는다. 일반대중에게 심각한 해악을 끼칠 것이 확실시되는 중대한 사안일수록 내부고발의 정당성은 커진다. 특히 일회성이 아니라 지속적이고 관행적으로 해 온 비리라면 내부고발은 더 큰 의미가 있다. 내부고발에 해당할 만한 사례는 많다. 펑크날 위험이 높은 타이어를 만들고 있다거나 건축물을 불법으로 개·보수해 붕괴위험이 높다거나 정유소나 주유소에서 함량 미달의 기름을 생산 판매하거나 인체에 해로운 이물질이 들어있는 식·의약품을 만들거나 핵폐기물이 불법으로 처리되거나 상수원에 폐수를 무단 방류하거나 하는 것이 모두 내부고발을 할 만한 것이다. 그렇다면 내부고발은 어떻게 정당화될 수 있을까. 전문가들은 내부고발 정당화의 조건으로 몇 가지를 꼽는다.

첫째, 어떤 조직이 그 정책이나 상품·서비스를 통해 일반대중에게 심각하고 중대한 해악을 끼쳐야 한다.

둘째, 비리가 있는 경우 먼저 자신의 직속상관에게 보고를 해야 한다. 내부고발은 조직에 해를 끼치기 때문에 극단적 방법을 선택하기 전에 조직 자체적으로 교정할 수 있는 기회를 만들어야 한다.

셋째, 만약 직속상관이 아무런 조치를 취하지 않으면 그 윗사람에게 비리 사실을 보고해야 한다. 이때 조직 내 상급자들이 보고한 사람에게 보복할 수 있다는 문제가 있긴 하다. 그러나 내부고발은 조직 내부의 자정 노력이 가능하지 않을 때 사용돼야 할 최후의 수단이란 점을 명심해야 한다.

만약 위 세 가지 조건을 만족한 상태에서 다시 아래 두 가지 조건이 충족된다면 내부고발은 '해도 좋고 안 해도 그만'인 게 아니라 반드시 해야 한다는 주장도 있다. 내부고발자가 합리적인 제3자를 설득할 수 있는 문서화된 증거를 가지고 있고, 외부에 폭로함으로써 조직과 사회의 변화가 일어날 것이란 확신이 있는 경우다.

3. **공익을 우선한다고 해서 충직 의무를 저버리는 게 항상 정당하진 않음**
내부고발은 근본적으로 충직 의무를 저버리는 행위라서 정당하지 않다는 지적도 많다. 내부고발자는 심판이 아닌데도 자신이 속한 팀에 파울을 선언하는 호루라기를 부는 사람과 같다. 조금 전까지도 같은 팀으로 뛰다 갑자기 파울을 선언하는 것은 결코 좋은 모양이 아니란 얘기다. 내부고발로 인해 고통받게 될 동료와 제3의 피해자를 생각하면 더 그렇다. 공익이 우선한다고 해서 소속 조직에 대한 충직 의무를 위배하는 게 항상 정당하진 않다는 지적이다. 현실에선 정당한 조건을 다 갖춘 내부고발이 드물다는 점도 문제로 꼽힌다. 내부고발의 동기가 순수하고 도덕적이어야 한다지만 실제론 조직에 대한 증오, 조직 내부 특정인에 대한 복수심이 완전하게 배제된 경우를 찾기 쉽지 않다. 인사상 불이익을 받지 않았더라면, 무능력으로 해고되지 않았더라면, 개인적 손실을 유발시킨 사건이 없었더라면, 내부고발이 없었을 경우가 많다. 물론 양심적인 사람들의 정당하고 용감한 내부고발이 전혀 없는 것은 아니다.

4 형평과 공평의 차이 ★★★

공평은 절차상의 정확한 평등을 뜻한다. 한 가지 예로 달리기를 하는데 누구는 앞에 서고 누구는 뒤에 서서는 안 되고 똑같은 선상에서 출발을 해야 한다는 것이다. 이에 반해서 형평이라는 것은 실질적 평등을 뜻하는데 예를 들면 아이하고 어른하고 달리기 시합을 하는데 공평하게 같은 출발선에 달리면 게임이 안 되는 것이다. 즉, 아이를 앞에서 달리게 하는 것이 형평성에 맞는 것이 된다.

5 손해배상과 손실보상의 차이 ★★★

(1) 손해배상

① 위법(違法)한 행위에 의하여 타인에게 끼친 손해를 전보(塡補)하여 손해가 없었던 것과 동일한 상태로 복귀시키는 일이다.

② 적법한 공권력의 행사에 의하여 가하여진 경제상의 특별한 희생(공용징수)에 대하여 행정주체가 행하는 재산적 보상인 손실보상(損失補償)과 구별된다. 민법상 손해배상의무를 발생시키는 원인으로서 가장 중요한 것으로는 위법행위 즉, 채무불이행과 불법행위가 있다. 원료를 살 계약을 체결하였는데도 원료를 가져오지 않아 공장에서 작업을 하지 못하여 손해를 본 경우는 채무불이행의 예이고 도로 옆의 집에 트럭이 뛰어들어 가구를 파괴하여 손해를 보게 한 경우는 불법행위의 예이다. 손해배상의무는 위와 같은 법률의 규정에 의하여 발생하는 것 이외에 당사자 간의 계약(손해담보계약·손해보험계약 등)에 의하여 발생할 수도 있다.

③ 손해배상을 위해서는 위법성(즉, 고의나 과실 등)을 입증해야 한다.

(2) 손실보상

① 국가 또는 공공단체의 적법한 공권력 행사에 의하여 사유재산권에 특별한 손실이 가하여진 경우에 그 손실에 대하여 지급되는 전보(塡補)이다.

② 손실보상 사례 ⇨ 공익사업을 위한 토지 등의 수용에 대한 보상

③ 행정작용의 적법성을 전제로 하므로 그 위법성을 전제로 하는 손해배상과 다르고 공권력의 행사에 대한 것이므로 비권력적 작용에 대한 대가와 다르며 특별한 희생에 대한 전보이므로 일반적 희생인 조세 등과 다르다. 손실보상은 행정주체가 행정목적을 위하여 개인에게 가한 특별한 희생을 정의와 공평에 입각하여 보상한다는 데에 이론적 근거를 두고 있다. 그 특별한 희생은 재산권에 내재하는 사회적 제약을 넘은 손실을 말하나 구체적 기준에 대하여는 침해행위의 강도와 본질의 실질적 기준을 주로 하면서 더불어 침해를 받는 자가 일반적인가 특정적인가 하는 형식적 기준도 참작하여 판단하여야 한다고 본다.

6 행정규칙과 행정입법 ★★★

(1) 행정규칙은 행정주체가 제정한 법규의 성질을 가지지 않은 일반적인 규정이다.

(2) 행정기관이 제정한 일반적인 법규범을 행정규칙이라고 총칭하는 점에 주의하여야 한다. 행정규칙은 행정조직 내부와 공법상의 특별관계에 관한 조직·활동을 규율한다. 사무의 분배와 같은 국민의 권리·의무에 관계없는 규정 또는 특별권력관계에 의한 규정 예컨대 훈령, 예규, 고시, 공고 등이 그 예이다. 행정규칙의 제정은 행정권에 당연히 따르는 권능이며 법률의 수권(受權)을 필요로 하지 않는다.

> ✓ PLUS
>
> **행정규칙**
> **1. 훈 령**
> 훈령은 상급행정기관이 하급행정기관에 대하여 장기간에 걸쳐 그 권한 행사를 일반적으로 지시하기 위하여 발하는 명령이다.
> **2. 예 규**
> 예규는 행정사무의 통일을 기하기 위하여 반복적 행정사무의 처리기준을 제시하는 법규문서 외의 문서이다.
> **3. 고 시**
> 고시는 법령이 정하는 바에 따라 일정한 사항을 일반에게 알리기 위한 문서를 말한다. 고시는 그 내용에 따라 일반적·추상적인 규율인 경우에만 행정규칙에 해당하며 고시의 내용이 단순한 사실의 통지인 경우에는 행정규칙으로 보기 어렵다.
> **4. 공 고**
> 공고는 일정한 사항을 일반에게 알리는 문서를 말하며, 고시와 마찬가지로 그 내용에 따라 일반적·추상적인 규율인 경우에만 행정규칙에 해당하며 공고의 내용이 단순한 사실의 통지인 경우에는 행정규칙으로 보기 어렵다.
> **5. 지시와 일일명령**
> 지시는 상급행정기관이 직권 또는 하급행정기관의 문의에 따라 하급행정기관에 개별적·구체적으로 발하는 명령이고 일일명령은 당직·출장·시간외근무 등 일일업무에 관한 명령이다. 그런데 지시와 일일명령은 일반적·추상적인 규율이라 할 수 없으므로 행정규칙의 일종으로 보기 어렵다.

(3) 행정입법은 행정 주체가 법조(法條)의 형식으로 법규정을 정립하는 것을 말한다.

(4) 근대 법치국가에서는 국민의 권리와 의무에 관한 규정은 국회에서 법률 형식으로 입법하도록 요구되었으나 시간이 흐르면서 행정부의 입법권을 현실적으로 인정하기에 이르렀다. 행정입법에는 법률에서 구체적으로 범위를 정해 위임받은 사항에 관한 규정을 마련하는 위임명령과 법률을 집행하기 위해 필요한 사항에 관해 발하는 집행명령 등이 있다. 행정입법에는 이와 같이 법규의 성질을 가지는 위임명령과 집행명령 이외에 법규의 성질을 지니지 않는 훈령·지시·명령 등의 행정명령이 있다. 법규명령은 제정기관에 따라 대통령령·총리령·부령 등으로 나뉜다.

✅PLUS

행정지도 및 행정명령

1. 행정지도
① '행정지도'라 함은 행정기관이 그 소관사무의 범위 안에서 일정한 행정목적을 실현하기 위하여 특정인에게 일정한 행위를 하거나 하지 아니하도록 지도·권고·조언 등을 하는 행정작용을 말한다(행정절차법 제2조 제3호).
② 행정지도는 임의적 협력을 전제로 하기는 하지만 협력이 이루어지지 않을 경우, 사실상 강제력이 발휘될 수 있도록 각종 법적 장치로 뒷받침되어 있는 경우가 많다.
③ 강제력을 발할 수 있는 법적 장치로는 행정지도에 불복하는 자에 대한 후속조치로서의 이행명령, 벌금부과와 같은 규제적 조치와 행정지도에 따르는 자에 대한 지원조치로서의 보조금의 지급, 조세지원 등과 같은 조성적 조치 등 다양한 조치가 사용되고 있다.

2. 코로나19 상황에서의 행정권고, 행정지도 및 행정명령 사례
① 코로나19 감염위험이 높다고 판단한 시설에 대해 운영중단 행정권고
② 운영중단을 권고한 교회 등 종교시설, 헬스장 등 실내 체육시설, 클럽 등 유흥시설이 불가피하게 운영을 지속할 경우 방역지침 이행여부를 점검
③ 코로나19 방역지침을 위반한 콜센터, 종교시설, 유흥시설 등에 대해 1차적으로 행정지도 실시
④ 특히 위반행위가 심각하다고 평가된 곳에 대해서는 2차적으로 벌금부과 등의 행정명령 실시
⑤ 행정권고를 어길 경우 영업금지, 일시적 시설폐쇄 등의 행정명령도 가능

---

7 허가·인가·특허 ★★★

1. 허 가

(1) 법령에 의하여 일반적으로 금지되어 있는 행위를 특정의 경우에 특정인에 대하여 해제하는 행정처분이다.

(2) 법령상으로는 허가·면허·인가 등의 용어가 함께 사용되고 있으나 이들은 단지 국민의 자유 활동에 과해졌던 제한을 해제하고 그 자유를 회복시키는 행위일 뿐 새로이 권리를 설정하는 특허나 다른 행위의 법률적 효과를 보충하는 인가와 구별된다. 다만 특정인에게 허용되는 것이기 때문에 사실상 독점적 이익이 보장되며 이해에 영향을 미치게 되는 경우가 많으므로 허가과정에는 여러 규제조치가 취해지고 있다. 따라서 허가를 받지 않고 금지된 행위를 하면 대개는 처벌을 받게 되는데 허가를 받지 않았다는 이유로 그 사법상의 효력이 부인되는 일은 없다.

(3) 현행법상 허가를 요하는 것으로는 여관·전당포·대중목욕탕·음식점 등의 영업허가 외에 의사나 약제사의 면허, 화약류제조의 허가, 집회·시위에 관한 허가 등의 다종다양한 것이 있다.

2. 인 가

(1) 국가가 국민과 국민 간의 계약을 승인하여 주는 제도이다.

(2) 예를 들어 버스요금 인상문제의 경우 버스업체가 불특정 다수가 이용하는 버스요금을 마음대로 인상하면 이를 이용하는 일반 시민들은 따를 수밖에 없다. 그래서 국가가 버스요금 인상시 인가를 받도록 하고 또 이를 승인하여 준다.

3. 특 허

행정법 이론상의 특허라 함은 특정인을 위해 특정한 권리를 설정하는 형성적 행정행위를 말한다. 즉, 특정인을 위해 법률상의 힘을 부여하는 행정처분을 말한다.

4. 개념비교

구 분	강학상 개념	현행법상 특징
허 가	일반적으로 금지되는 행위를 특정한 경우에 해제하는 것	금지−해제의 관계가 명백하게 규정되지 않은 경우가 많음
특 허	특정인에게 일정한 권리나 법률관계를 설정하는 것	특허라는 용어는 거의 사용하지 않고 면허란 용어를 주로 사용함
인 가	타인의 법률행위의 효력을 보충하여 법률상의 효력을 완성시키는 것	특허적 성격이 강한 사업에 대한 허가의 의미로 사용되기도 함
등 록	일정한 사실이나 법률관계를 행정기관에 갖추어둔 장부에 등재하고 그 존부(存否)를 공적으로 증명하는 것	허가와 신고의 중간에 속하는 인·허가로 운영되는 사례가 많음
신 고	특정한 사실이나 법률관계의 존부를 행정청에 알리는 것	신고에 따른 수리(受理) 제도를 두어 완화된 허가제로 운영되는 사례가 많음

✎ Check point

허가 · 인가 · 특허의 차이점

① 허가: 금지되어 있는 행위를 특정인에게 허용하는 행정처분(예 음식점 허가, 토지거래허가)

② 인가: 법률행위를 보충하여 그 법률상 효력을 완성시켜주는 행정행위(예 법인설립의 인가, 조합설립인가, 사업양도의 인가, 외국인 토지취득인가 등)

③ 특허: 특정인에게 권리나 법률관계를 설정하는 행위(예 면세점 특허, 어업권)

④ 등록: 일정한 법률사실이나 법률관계를 특정한 등록기관에 마련해 둔 장부에 기재하는 일로 등록은 행정청의 수리행위가 있어야만 효력이 발생(예 사업을 개시할 때 하는 사업자 등록, 주민등록, 공장등록 등)

⑤ 신고: 일정한 행위를 하고자 할 때에 그러한 행위를 한다고 알리는 기능으로 신고는 행정청의 수리가 필요 없이 신고만 하면 효력이 발생 (예 주민등록신고, 전입신고, 출생신고)

8 조리와 조례의 차이점 ★★★

조리는 보통사람이 일상생활에서 지켜야 하는 생활규범을 말하고 조례는 각 지방자치단체에서 정하는 법률에 준하는 효력을 가지는 규칙을 말한다. 즉, 조리는 이치·원칙·규범정도의 뜻을 가지는 말이다.

9 행정법의 일반원칙 ★★★

➲ 행정기본법의 내용을 참고하도록 한다.

1. 행정의 자기구속의 원칙(평등의 원칙)

행정의 재량행사에 관한 일정한 관행이 형성되어 있는 경우 동일한 사안에서 행정은 앞선 관행과 동일한 처분을 내려야 한다는 것이다. 예컨대 앞서 동일한 수준의 식품위생법 위반행위를 했던 식당주인 A나 B에게 2개월의 영업정지처분을 내렸다면 그와 같은 수준의 위반행위를 했던 C에게도 2개월의 영업정지처분을 해야지 C에게만 3개월의 영업정지처분을 해서는 안 된다는 것이다. 결국 평등의 원칙과도 밀접한 관련이 있는 원칙임을 알 수 있다.

2. 비례의 원칙

행정주체가 행정목적 달성을 위해 일정한 수단을 동원하는 경우 목적과 수단은 합리적인 균형관계에 있어야 한다는 원칙이다. 예컨대 식당주인이 식품위생법상 경미한 의무위반을 했다는 것을 들어 행정청이 영업장폐쇄를 명한 경우가 비례의 원칙에 반하는 경우이다. 그러한 경미한 의무를 준수토록 하기 위하여 영업장폐쇄라는 지나친 수단을 사용하는 것은 비례적이지 않기 때문이다.

3. 신뢰보호의 원칙

행정의 일정한 선행조치로 인하여 사인이 보호가치 있는 신뢰를 갖게된 경우 그 신뢰가 보호되어야 한다는 것이다. 예컨대 세무사시험을 주관하는 부처가 세무사시험의 통과기준은 전 과목 평균 60점 이상자로 한다고 공고하였고 세무사시험 준비생들은 그 점수를 넘으면 되겠다는 신뢰를 가지고 시험을 준비하여 왔는데 시험 직전에 통과기준을 변경한다면(예컨대 상위 200등까지만 선발한다는 식으로) 이는 신뢰보호의 원칙에 반할 것이다.

4. 부당결부금지의 원칙

행정청이 행정작용을 하면서 그것과 실질적으로 관련이 없는 사인의 반대급부와 결부시켜서는 안 된다는 원칙이다. 예컨대 건설업자가 일정 지역에 아파트를 건설하려고 하는데 관계행정청이 아파트건설허가를 하는 대신 전혀 다른 지역에 있는 건설업자의 토지를 기부채납 하도록 하는 경우가 부당결부금지원칙에 반하는 경우이다. 전혀 다른 지역에 있는 건설업자의 토지를 행정에 넘기도록 하는 것은 당해 지역의 아파트건설허가와는 실질적 관련성이 없기 때문이다.

10 행정소송 ★

(1) 행정법규의 적용에 관련된 분쟁이 있는 경우에 당사자의 불복제기에 의거하여 정식의 소송절차에 따라 판정하는 소송이다.

(2) 행정소송은 행정법규의 적용에 관련된 분쟁(공법상 분쟁)의 판정을 목적으로 하는 점에서 국가의 형벌권 발동을 위한 소송절차인 형사소송(刑事訴訟)이나 사법상(私法上)의 권리관계에 관한 분쟁의 판정을 목적으로 하는 민사소송(民事訴訟)과 구별된다. 또 독립한 판정기관에 의한 신중한 소송절차를 거쳐 행하여지는 정식쟁송(正式爭訟)인 점에서 약식쟁송에 불과한 행정심판과 구별된다.

11 행정행위

(1) 행정권에 의하여 행정법규를 구체적으로 적용·집행하는 행위를 행정행위라 한다. 실정법상의 용어는 아니며 실정법의 이론구성상 발달한 학문상 개념이므로 여러 가지 견해가 있는데 최협의로는 행정주체가 법에 근거하여 구체적 사실에 관한 법집행으로서 행하는 권력적 단독행위인 공법행위의 뜻으로 사용된다. 실정법상의 행정처분이라는 용어가 대체로 이에 해당한다. 행정행위도 법적 행위라는 데서 사법행위와 본질적인 차이는 없으나 상술한 바와 같은 행정행위는 그 성립·효력 등에 있어서 사법의 원리와는 다른 공법상의 특수한 법원리가 적용된다. 여기에 행정행위의 개념을 정립하는 의의가 있다.

(2) 행정행위는 그 행위의 요소인 정신작용이 효과의사인지의 여부에 따라 법률행위적 행정행위(法律行爲的 行政行爲)와 준법률행위적 행정행위(準法律行爲的 行政行爲)로 분류되며 법률행위적 행정행위에는 명령적 행위와 형성적 행위가 있고 준법률행위적 행정행위에는 확인행위, 공증행위, 통지행위 및 수리행위가 있다.

12 행정행위의 철회·취소 ★★★

(1) 하자 없이 완전 유효하게 성립한 행정행위의 효력을 사후에 생긴 새로운 사유에 의하여 장래에 향하여 소멸시키는 행정행위이다. 사후에 생긴 사유에 의하는 데서 처음부터 하자를 내포한 행위에 대하여 소급적으로 효력을 상실케 하는 취소와는 다르다. 행정은 공익에 적합하여야 하므로 행정행위가 공익에 적합하게 행하여진 뒤에도 새로운 사정의 발생으로 그것이 공익에 적합하지 않게 될 때에는 그 행위의 철회가 원칙적으로 가능한 것이다. 그러나 행정행위의 공익성에 비추어 그 철회는 기속재량에 속하고 특히 확정력 있는 행위는 철회를 할 수 없다. 또한 행위의 철회는 원칙적으로 처분청만이 할 수 있다.

(2) 부담적 행정행위의 철회와 수익적 행정행위의 철회에 대하여 개념과 함께 구분할 수 있어야 한다.

13 고의와 과실의 차이 ★★★

(1) 고의와 과실은 일반적으로 이해하기 어려운 개념은 아니다. 고의는 어떠한 의도를 가지고 하는 행위의 사를 말하며 과실은 그러한 의도 없이 실수로 특정한 결과를 초래한 경우를 의미하는 것이다.

(2) 대부분의 경우 고의와 과실을 구별하기 어렵지 않지만 때로는 구별이 어려운 경우도 있다. 바로 인식 있는 과실과 미필적 고의의 한계 영역이다. 인식 있는 과실은 특정 행위를 하면서 위험한 결과가 발생할 수 있는 가능성을 예측하기는 하였지만 그러한 일이 발생하지 않을 것으로 믿은 경우를 의미하며 미필적 고의는 위험한 결과의 발생 가능성을 충분히 인식하였고 그러한 결과가 발생해도 할 수 없다는 감수 의사를 의미한다(다수설인 감수설에 따른 내용).

14 무효와 취소 ★★★

(1) 법률행위의 무효란 이미 성립한 법률행위가 어떤 원인으로 인하여 당초부터 그 본래적 효과를 발생하지 못할 것으로 확정되어 있는 경우를 말한다. 취소란 취소할 수 있는 상태의 법률행위이다. 즉, 특정인이 그 의사표시의 효력을 소멸하게 하려고 주장함으로써 효력이 행위시로 소급하여 소멸되는 법률행위이다.

(2) 즉, 무효는 특정인의 주장이 필요없이 당연히 효력이 없으며 취소는 특정인의 주장(취소행위)이 있어야 효력이 없는 것으로 되며 무효는 처음부터 효력이 없는 것으로 취급되지만 취소는 취소가 없는 동안은 효력이 있는 것으로 취급된다. 또한 무효는 그대로 두어도 효력이 없는 것이 변함이 없지만 취소는 그대로 두면 무효로 할 수 없게 된다.

> **⚡ PLUS**
>
> **행정무효와 행정취소 ★★★**
> 1. 행정처분이 그 유효요건을 갖추지 못하여 중대한 법규를 위반했고 그 하자 정도가 외관상 명백한 때 무효사유가 되고 그에 이르지 못하면 취소사유에 불과하다. 무효사유에 대해선 항고소송 중 무효확인소송을 제기해야 하고 취소사유에 불과한 때는 취소소송을 제기해야 한다.
> 2. 행정처분이 유효하게 그 효력을 발생하기 위해선 그 성립요건과 유효요건을 갖추어야 한다. 이런 요건을 갖추지 못한 행정처분을 하자있는 행정처분이라 한다. 이때 그 하자가 중대한 법규의 위반이고 위반의 정도가 중대하며(중대성) 그 하자를 일반인도 명백히 인식할 수 있을 정도면(명백성) 그 행정처분은 아무런 효력이 없는 무효인 행정처분이다. 그렇지만 하자의 정도가 그에 이르지 못하면 단지 취소사유에 불과한 행정처분이 된다. 취소소송은 이런 취소사유 있는 행정처분에 대해 제기해야 한다. 무효사유인 행정처분에 대해선 무효확인소송을 제기해야 한다. 이런 구별이 중요한 것은 취소소송의 경우 일정한 소의 제기기간이 있어 그 기간이 지나면 다시 소송을 제기할 수 없으나 무효확인소송의 경우 제소기간의 제한이 없어 언제나 제기할 수 있기 때문이다(행정소송법 제20조).

15 공정력과 구성요건적 효력 ★

(1) 공정력(행정행위의 잠재적 통용력)

과거에는 적법성을 추정하는 효력으로 이해했으나 오늘날에는 적법성을 추정하는 효력은 아니며 행정행위의 위법 여부를 묻지 않고 권한 있는 기관에 의해 취소 전까지 잠정적 통용하는 힘에 불과 실체법이 아닌 절차법상의 효력이라 볼 수 있다.

(2) 구성요건적 효력

① 행정행위가 존재하는 이상 비록 흠 있는 행정행위일지라도 무효가 아닌 한 제3의 국가기관은 법률에 특별한 규정이 없는 한 그 행정행위의 존재 및 내용을 존중한다.

② 스스로의 판단의 기초 내지는 구성요건으로 삼아야 하는 구속력이 있다.

③ 예를 들면 법무부장관의 귀화승인은 무효가 아닌 한 공무원자격을 가지므로 국적을 이유로 공무원 채용을 거부할 수 없다.

16 불가쟁력과 불가변력 ★★

(1) 행정행위의 효력 중 확정력이란 ① 불가쟁력과 ② 불가변력을 말한다.

(2) 그중 불가쟁력이란 "행정행위의 상대방으로부터 더 이상 그 효력을 다툴 수 없는 힘"을 말하며 형식적 확정력이라고도 한다. 행정행위에 불가쟁력이 있기 때문에 행정행위에 대하여는 법정기간 내에 한하여 쟁송이 허용되며 그 법정기간이 지나면 그 행정행위에 흠이 있다고 하더라도 더 이상 다툴 수 없는 불가쟁력이 생기는 것이다.

(3) 행정행위의 불가변력이란 "행정청이 행정행위를 취소·변경 또는 철회할 수 없는 힘"을 말하며 실질적 확정력이라고도 한다. 행정행위의 불가변력에 의하여 행정청이라 하여도 행정행위를 자유로 취소·변경 또는 철회할 수 있는 것이 아니고 수익적 행정행위, 확인적 행위, 행정행위에 의하여 정하여진 법률관계의 내용이 그 뒤의 당사자 간의 법률관계의 기준이 되는 경우 등에는 일정한 제한을 받게 되는 것이다.

17 직위분류제 ★★

(1) 조직 내의 직위를 각 직위가 내포하고 있는 직무 종류별로 분류하고 또 직무 수행의 곤란성과 책임성에 따라 직급별·등급별로 분류해 관리하는 인사행정 제도를 말한다. 사람을 중심으로 하여 공직구조를 형성하는 계급제와는 달리 직무의 특성이나 차이를 중심으로 하여 공직의 구조를 형성하는 직무 지향적 공무원 제도(job-oriented career system)다. 직위분류제를 채택하고 있는 나라는 미국을 비롯한 캐나다·파나마·필리핀·호주·뉴질랜드 등이다.

(2) 직업공무원제(career civil service system, 職業公務員制)는 젊은 인재들이 공직에 들어와 평생에 걸쳐 명예롭게 근무하도록 조직·운영되는 인사 제도를 말한다. 직업공무원제에서는 젊은 인재를 최하 직급으로 임용해 단계적으로 승진시키므로 응시자의 학력과 연령은 엄격히 제한되며 선발 기준으로는 전문적인 직무수행능력보다는 장기적인 발전 가능성을 중시한다. 유럽에서의 직업공무원제는 절대군주 국가 시대부터 발달하기 시작했다.

(3) 헌법 제7조에서 '공무원은 국민 전체에 대한 봉사자이며, 국민에 대하여 책임을 진다'라고 규정하고 있는데 이것은 공무원이 주권자인 전체 국민을 위해 봉사해야 한다는 민주적인 직업공무원제도를 강조한 것이다.

PLUS

직렬·직급·직위·직책의 구분

1. **직렬(職列)**
   "직렬"이라 함은 직무의 종류가 유사하고 그 곤란성과 책임도의 정도가 상이한 직급의 군을 말한다. 직무의 종류가 유사하고 책임과 어려움의 정도가 다른 직급의 계열이다. (예 세무직렬, 건축직렬, 검찰직렬)

2. **직급(職級)**
   "직급"이라 함은 직무의 종류·곤란성과 책임도가 상당히 유사한 직위의 군으로서 동일한 직급에 속하는 직위에 대하여는 임용자격·시험·보수 기타 인사행정에 있어서 동일한 취급을 할 수 있는 것을 말한다. 직책이나 직업상에서 책임을 지고 담당하여 맡은 사무의 등급이다. (예 9급 3호봉, 7급 2호봉 등)

3. **직위(職位)**
   "직위"라 함은 1인의 공무원에게 부여할 수 있는 직무와 책임을 말한다. 직무에 따라 규정되는 사회적, 행정적 위치이다. (예 과장, 팀장 등)

4. **직책(職責)**
   보직이 부여되어 있는 경우이다. (예 팀장, 본부장 등)

---

18 개인정보보호제도와 정보공개제도 비교 ★★

(1) 개인정보보호제도

정부는 1991년 5월 10일부터 행정기관들이 컴퓨터에 수록한 개개인에 대한 각종 자료가 자신들의 의사와는 달리 외부로 유출되는 것을 막는 것을 주 내용으로 하는 개인정보보호제도를 시행했다. 국무총리 훈령으로 마련된 「전산처리 되는 개인정보보호를 위한 관리지침」은 다음과 같다.

① 행정기관이 전산망에 입력키 위해 수집하는 개인정보는 정보 수집을 할 때 본인에게 사전 통지하거나 직접 수집하는 것을 원칙으로 한다.

② 국민들은 자신에 관한 행정기관의 정보를 열람하고 사실과 다를 경우 고쳐주도록 요구할 수 있다.

③ 이들 정보가 공공목적 외에 상업적인 목적 등으로 오용되지 않도록 외부유출을 사전에 규제·관리토록 되어 있다.

(2) 정보공개제도

공공목적상 필요성이 인정될 경우 국민이면 누구나 국가기관이 보유하고 있는 정보를 열람할 수 있게 하는 제도이다. 행정기관의 게시 의무를 명시한 것이며 국민의 '알 권리'를 보호하는 제도이다. 정보공개제도는 선진국에서는 이미 시행되고 있다. 미국의 경우 1966년에 정보공개법이 입안되었고 1974년에는 워터게이트 사건으로 보다 확장된 정보공개법 개정안이 입법되었다.

---

19 엽관제

(1) 공무원의 임면 및 승진을 당파적 정실에 의하여 행하는 정치관습에서 나온 제도이다. 엽관주의라고도 하며 성적제에 대응하는 개념이다. 정권을 획득한 정당이 관직을 그 정당에 봉사한 대가로 분배하는 정치적 관행에서 발생한 것으로서 이러한 관행을 정당정치가 발달한 영·미에서 시작되었고 특히 19세기 초 미국에서 성행하였다. 이 제도로 인하여 행정능률의 저하, 행정질서의 교란 등의 폐단이 발생하였고 이러한 폐단을 제거하기 위해 성적제가 대두하게 된 것이다.

(2) 우리나라는 직업공무원제도를 채택하고 있는데 이는 공무원이 집권세력의 논공행상의 제물이 되는 엽관제도(獵官制度)를 지양하고 정권교체에 따른 국가작용의 중단과 혼란을 예방하고 일관성 있는 공무수행의 독자성을 유지하기 위하여 헌법과 법률에 의하여 공무원의 신분이 보장되는 공직구조에 관한 제도이다.

20 관료제

(1) 관료제의 의의

관료제란 전문적 지식을 갖추어 임명된 관료(현재 공무원)집단이나 사회집단 등에서 관료집단 내부에서의 기능적 장애 및 병적 행동양식이나 의식 형태를 말한다.

(2) 관료제의 문제점

먼저 내부에서의 문제점은 상하계급화에 따른 갈등과 비능률, 파벌형성 및 책임전가 현상을 들 수 있고 외부관계에서의 비밀주의와 보수주의 및 특권의식을 꼽을 수 있다. 즉, 관료제가 상사에 대한 복종의 형태로 변질되면서 그것이 특권의식을 갖게 하여 업무에서의 비능률성을 증가시키고 조직 내의 파벌을 형성케하여 파벌 간 또는 상하 간의 갈등 및 책임전가의 현상이 벌어질 수 있다. 또한 자기 집단만의 비밀을 만들고 변화를 바라지 않는 보수의식을 높이며 외부로의 특권의식을 분출하여 관존민비(官尊民卑)의 형태를 보인다.

(3) 관료제의 장점

업무가 전문화 되어 있어서 효율성을 도모할 수 있으며 조직 내의 모든 권한과 책임이 위계적으로 서열화 되어있어 많은 업무를 신속하게 처리한다. 또 문서로 규정된 규약과 절차가 분명하여 누구든지 그 업무를 처리할 수 있도록 하고 있다. 즉, 관료제는 업무처리의 효율성과 신속성, 조직의 안정성 등의 장점을 가지고 있다.

21 추가경정예산 ★★

(1) 예산의 성립 후에 발생한 사유로 인하여 이미 성립된 예산을 추가·변경하여 작성한 예산이다.

(2) 헌법 제56조에서는 "정부는 예산에 변경을 가할 필요가 있을 때는 추가경정예산을 편성하여 국회에 제출할 수 있다"고 규정하고 있다. 일반적으로 정부는 예산안을 편성할 때 미리 예비비를 두어 예산 성립 후에 일어나는 예비지출에 대비하고 있으나 예비비만 가지고 충족할 수 없는 경우에는 추가경정예산안을 편성하여 국회의 심의를 받아야 한다. 또한 지방재정법 제36조는 지방자치단체로 하여금 예산 성립 후에 발생한 사유로 인하여 이미 성립된 예산에 변경을 가할 필요가 있는 경우에는 추가경정예산을 편성할 수 있도록 허용함으로써 지방재정의 여건변화에 신축적으로 대응할 수 있는 장치를 마련하고 있다.

(3) 추가경정예산의 성립이전에 경비를 사용하는 때는 상위 지방자치단체의 장 또는 상급기관의 장에게 그러한 상황을 지체 없이 보고하도록 의무화하고 있다.

이용 · 전용 · 이월

1. 이 용

입법과목(장, 관, 항) 간에 상호융통(국회의결 필요)

2. 전 용

행정과목(세항, 목) 간에 상호융통(국회의결 불필요)

3. 이 월

당해 회계연도 예산의 일정액을 다음 연도에 넘겨서 사용하는 것으로 명시이월, 사고이월 등이 있음

22 준(準)예산

국가 예산이 법정기간(12월 31일) 내 국회에서 의결되지 못한 경우, 정부가 일정 범위 내에서 전 회계연도 예산에 준하여 집행하는 잠정적 예산을 말한다.

23 규 칙

◎ 규칙은 헌법이나 법률에 근거하여 정립되는 성문법의 한 형식이다.

(1) 헌법에 의해 그 제정이 인정되는 규칙으로서는 국회규칙 · 대법원규칙 · 헌법재판소규칙 · 중앙선거관리위원회규칙 등이 있으며 법률에 의해 그 제정이 인정되는 규칙으로서는 감사원규칙 · 자치규칙 · 교육규칙 · 노동위원회규칙 · 공정거래위원회규칙 등이 있다.

(2) 우리나라 법 적용 원칙 중 최우선시 되는 '상위법 우선의 원칙'에 따라 순서는 헌법 ⇨ 법률 ⇨ 명령 ⇨ 조례 ⇨ 규칙 그리고 헌법 또는 법률의 근거가 없더라도 행정기관이 행정목적의 달성을 위해 필요한 한도 내에서 직권으로 제정할 수 있는 행정입법(行政立法)으로서의 행정규칙이 있다. 규칙은 헌법과 법률의 하위규범이므로 헌법과 법률에 위반되는 내용을 규율할 수 없으며 자치규칙이나 교육규칙은 당해 자치단체 조례(條例)의 범위 내에서 제정되어야 하고 행정규칙은 일반 국민의 권리 · 의무에 관한 법규사항(法規事項)을 포함할 수 없다.

24 조 례 ★★★

◎ 지방자치단체의 의회에서 제정되는 자치법규로 지방의회에서 만드는 법률의 명칭이다.

지방의회에 의한 조례는 법령에 의하여 위임된 경우뿐만 아니라 지방자치단체 자체의 발의에 의한 제정도 가능하다는 점에서 지방자치단체의 장에 의해 제정되는 규칙과 구별된다. 지방자치단체의 조례는 자치권의 전권능성 때문에 자치업무의 수행에 관한 모든 사무 분야를 대상으로 하는 포괄성을 갖는다. 그러나 법질서의 통일성을 위하여 '법령의 범위 안에서'만(헌법 제117조 제1항, 지방자치법 제15조) 조례의 제정이 인정되며 시 · 군 및 자치구의 조례는 시 · 도의 조례나 규칙에 위반되어서는 안 된다(지방자치법 제17조). 또한 주민의 권리제한 또는 의무부과에 관한 사항이나 벌칙을 정할 때에는 법률의 위임이 있어야 한다(지방자치법 제15조 단서).

25 거버넌스와 거버먼트 ★★★

(1) 거버먼트(통치, government)는 정책결정이 특정개인이나 소수집단에 의해서 행해지며 강제력을 배경으로 하여 사회의 질서와 안정을 도모하는 통합의 방식이다. 이념적으로는 자치와 대립되며 오늘날 보통 협치(協治)로 해석되는 거버넌스(governance)와 구별된다.

(2) 거버넌스는 협치로 보면 되고 오늘날의 행정이 시장화·분권화·네트워크화·기업화·국제화를 지향함에 따라 종래의 집권적 관료구조에 바탕을 둔 전통적 행정을 대체하는 개념으로 사용된다. 민·관의 협력적 네트워크 또는 자기조직화 네트워크, 민·관의 파트너십, 공공서비스의 민·관 공동생산, 신공공관리 (new public management) 기법의 도입 및 기업적 거버넌스, 최소국가(minimal state), 사회적 인공지능 체계(socio-cybernetic system) 등을 들 수 있다.

> ### ✎ Check point
> 1. 거버넌스의 의미에 대해 명확히 이해해야 하며 거버넌스 행정 사례도 알고 있어야 한다. 지방자치가 강화될수록 거버넌스 행정은 더욱 더 발달할 것이다.
> 2. 민간참여를 생각하면 된다. 주민참여예산제, 시민안전파수꾼 제도, 고독사 예방 민관협업프로젝트, 복지사각지대 발굴 민관협업 등이다.

26 법규명령

(1) 행정권에 의하여 정립되는 법규로서의 성질을 가지는 일반적 명령을 말한다. 법규명령은 법규로서의 성질을 가지기 때문에 국가와 국민에 대하여 일반적인 구속력을 가지는 규범이다. 이는 행정권에 의하여 정립되는 명령이라는 점에서 행정명령과 같으나 대외적·일반적 구속력을 가지는 법규로서의 성질을 가진다는 뜻에서 행정명령과 다르다. 즉, 국민에게 의무를 과하고 국민의 권리를 제한하는 것을 내용으로 하는 명령을 말하는데 위임명령·집행명령 등이 이에 속한다.

(2) 법규명령은 개인의 권리·의무에 관계될 뿐만 아니라 추상적·계속적 법규로서의 성질을 가지는 것이기 때문에 행정명령과는 달리 일정한 형식과 공포를 필요로 하며 반드시 헌법과 법률에 그 근거가 있어야 한다.

27 행정구제제도 ★

(1) 법률에 의한 행정의 원리하에서 행정은 법이 명하는 바에 따라야만 하는데 행정현실에 있어서는 행정청이 법에 반하는 자의적인 활동을 하거나 권한의 행사를 해태하는 경우 또는 적법한 공권력의 행사를 통해 국민의 권리, 이익을 침해하는 경우가 있게 된다. 이러한 경우에 관련된 국민이 그러한 위법상태의 배제를 구하거나 손해의 전보를 받을 수 있도록 하는 제도가 행정구제제도이다.

(2) 행정구제의 방법으로는 다음과 같은 것이 있다.
　① 손해보전제도 ⇨ 국가배상(손해배상), 손실보상
　② 행정쟁송제도 ⇨ 행정심판, 행정소송
　③ 과태료, 이행강제금부과처분 등 금전부과처분에 대해서 행하는 비송사건절차법에 의한 재판 등

(3) 참고로 이것은 사후적 구제수단이고 행정절차(에서의 청문, 의사제시 등), 정당방위, 청원 등이 사전적 구제수단이라고 볼 수 있다.

28 계선(Line)과 막료(Staff)의 차이 ★

(1) 조직에는 조직의 목표달성기능을 직접적으로 수행하는 기관과 이를 간접적으로 지원하는 기관이 있는데 전자를 계선조직, 후자를 막료조직이라 한다. 계선조직과 막료조직은 조직의 목표달성을 효과적으로 수행하기 위한 상호보완의 관계를 갖도록 하는 것이 본래의 의도이나 현실적으로 양자는 알력과 불화의 관계를 초래하거나 막료조직의 계선조직화가 초래된다.

(2) 계선은 행정체계에 있어서 중추적인 위치에 있으며 계선기관은 법령을 집행하고 정책을 결정하며 국민에게 직접적으로 봉사한다. 따라서 계선은 조직체의 존재목적을 달성하는 데 직접적으로 기여하는 것이다. 즉, 계선은 실질적인 업무수행을 목적으로 하는 조직체의 명령계통을 뜻하며 조직체를 운영하기 위한 예속조직체의 분할을 뜻하므로 행정조직 내에서는 행정수반을 비롯하여 각부장관, 그 밑의 국장, 과장, 계장, 계원 등의 계선으로 그어지는 것이다. 따라서 계선의 명령과 지휘계통은 수직하강적이며 하위 또는 동등한 계층의 타인으로부터 명령과 지휘를 받지 않는다.

(3) 막료란 계선에 대응하는 개념으로서 조직의 목적달성에 간접적으로 기여하며 대내적으로 관리적 기능과 정책조언 기능을 수행하는 참모조직으로서 최고책임자에게 전문적 지식을 통하여 조언·권고·협의·정보제공 등을 행하는 기관을 말한다.

(4) 즉, 막료는 조직 목표를 직접적으로 달성하는 계선조직이 원활하게 기능을 수행할 수 있도록 지원·조성·촉진하는 기관으로 자문·권고·협의·조정·정보의 수집과 판단·기획·통제·인사·회계·법무·공보·조달·조사·연구 등의 기능을 수행한다.

29 집단사고와 집단지성 ★

(1) 집단사고란 말 그대로 유사성과 응집성이 높은 집단에서 나타나는 의사결정을 위한 사고인데 이 과정에서 반대 정보를 차단하거나 문제점을 고려하지 않고서 만장일치를 추구하는 결과가 나타난다고 보았다. 동일한 집단 구성원 간에 의사결정이 일어날 때, 그 문제 상황과 관련하여 나타날 수 있는 가능한 대안이나 반대되는 정보를 고려하기 어려운 사고 과정에서 문제가 생긴 것이다. 쉽게 말해서 비슷한 생각을 하는 사람들은 어떤 문제에 대해 쉽게 합의하는 경향이 있어서 그로 인한 문제점을 심사숙고하기 어렵다는 것이다.

(2) 요즘 들어 이런 사고의 문제를 피하기 위해 아예 다른 분야 전문가를 의사결정 과정에 참여시키려는 경향들이 있다. 대표적으로 어떤 기술을 개발하는 공학자 집단의 의사결정에 심리학자나 인문학자들이 참여하여 그들의 결정에 문제를 제기하는 것이 대표적이다.

(3) 이와 달리 집단지성이라는 것이 있다. 이것은 다수의 개체들이 서로 협력을 통해 지적 능력의 결과물을 얻는 것을 말한다. 이것은 곤충학자인 윌리엄 휠러 교수가 개미를 관찰한 결과에서 제시한 것으로, 개미는 미약하지만 공동체를 이루어 협업을 할 경우 개미집과 같은 위대한 결과물을 만들 수 있다는 것이다.

(4) 즉, 전문가 집단이 아니더라도 다수의 일반인들이 다양한 의견을 낼 경우 전문가들의 의사 결정보다 훨씬 더 값진 의견을 구성할 수 있는 것도 바로 집단지성 때문이라는 것이다. 제도화된 사회는 전문가 집단을 중요하게 여기고, 전문가 집단 간의 의사결정을 통해 정책을 집행하는 경우가 대부분이다. 그러 므로 현대 사회는 과거에 비해 집단지성보다는 집단사고를 더 선호하고 이에 따라 집단사고의 위험성 또한 더 높은 사회이다.

> ### ✎ Check point
>
> 1. 요즘 집단지성이란 말이 많이 사용된다. 집단지성의 장점과 단점에 대해서도 알아보자. 집단지성 사례로는 위키백과사전, 클라우드 펀딩, 공론화토론 등이 해당된다.
> 2. 집단지성이란 다수의 사람들이 서로 협동하거나 경쟁하면서 얻게 되는 능력으로 데이터가 뛰어난 소수집단보다 훨씬 더 정확하고 훌륭할 수 있다는 것이다.

30 심의와 의결 ★★

(1) 심의와 의결은 그 목적이 조직의 의사결정에 신중을 기하고 민주성을 확보하기 위한 것이라는 데 공통 점이 있으나 그 심의·의결결과가 가지는 효력 또는 구속력에 차이가 있다.

(2) 심의결과에 대해서는 기관의 장이 따를 수도 따르지 않을 수도 있지만 의결결과는 기관의 장이 따라야 한다. 그러나 법규에서 의사결정을 하기 전에 심의를 거치도록 되어 있다면 그 결과의 구속 여부와 무관 하게 사전 심의절차는 반드시 거쳐야 한다.

31 강행규정 및 임의규정 ★★

(1) 강행규정

법령 중의 선량한 풍속 기타 사회질서와 관계있는 규정을 강행규정이라 하고 이는 당사자가 마음대로 그 규정을 변경할 수 없다. 예를 들어 임대인이 임차인과 임대차계약을 하면서 계약기간을 1년만 하자 고 하는 것은 인정이 되지 않는다. 경제적 약자에게 불이익이 되기 때문에 임대차보호법에서 최단 기간 2년으로 하며 이는 강행규정이다. 쉬운 예로 평생 동안 결혼을 하지 않는다는 조건으로 회사에 취직을 강요한다면 이런 것들은 선량한 사회풍속에 반하기 때문에 회사 사장님과 사원이 합의를 해도 그것은 무효가 된다.

(2) 임의규정

법령 중의 선량한 풍속 기타 사회질서에 관계없는 규정이다. 당사자가 그 적용을 배제할 수 있는 규정을 임의규정이라 한다. 예를 들어 집을 팔면서 하자가 있으면 책임을 져야 한다고 법에 명시되어 있다. 그런데 매도인과 매수인 사이에 합의하여 "우리는 책임을 지지 않는다"고 계약을 할 경우 이는 임의규 정에 해당하여 아무런 문제가 되지 않는다.

32 효력규정 및 단속규정 ★★

(1) 구 분

강행규정은 효력규정과 단속규정으로 구분된다.

(2) 효력규정

사법상의 효력까지 무효가 되는 규정이다. 효력규정을 위반하면 법률행위가 무효가 된다. 예를 들어 토지거래허가구역 내의 토지에 대해 매매계약을 했을 경우 토지거래허가구역 내의 토지거래는 허가를 먼저 받아야 하는 사항이므로 허가를 받지 않은 상태에서 매매계약은 무효가 된다. 또 다른 예를 들면 퇴직금청구권을 사전에 포기하거나 민사상 소송을 제기하지 않겠다는 특약을 하는 것은 근로기준법에 위반되어 무효이다. 이는 효력규정 위반으로 사전에 퇴직금 포기약정을 하였더라도 소송을 제기할 수 있다는 것이다.

(3) 단속규정

강행규정 중 일정한 행위를 단속할 목적으로 만들어진 단속규정을 위반한 행위는 일정한 제재를 가할 뿐 그 효력에는 영향을 미치지 아니한다. 예를 들어 무허가 음식점의 음식물 판매행위는 단속규정 위반으로 일정한 처벌을 받게 되지만 판매행위 자체는 무효가 아니라 유효하다는 것이다. ⇨ 무허가음식점임을 알고 무전취식하면서 판매행위가 무효라고 주장할 수는 없다는 것이다. 즉, 손님에게 음식값의 청구는 할 수 있다.

33 국정감사

(1) 국정감사란 국회가 국정 전반에 관한 조사를 행하는 것으로 이것은 국회가 입법 기능 외에 정부를 감시 비판하는 기능을 가지는 데서 인정된 것이다.

(2) 대상기관은 국가기관, 특별시·광역시·도, 정부투자기관, 한국은행, 농·수·축협중앙회 그리고 본회의가 특히 필요하다고 의결한 감사원의 감사 대상기관이다.

(3) 국정감사의 효율적인 수행을 위해 위원회에 관련서류 제출 요구, 증인 감정인 참고인의 출석요구, 검증, 청문회의 개최 등의 권한이 부여되어 있으며 누구든지 이에 협조해야 한다.

34 고시 및 공고 ★★★

(1) 고시와 공고는 다 같이 공고문서로서 행정기관이 일정한 사항을 일반에게 알리기 위한 문서이며 연도표시 일련번호(제2016-○○호)를 사용한다.

(2) 실정법상 명백하게 구별하고 있지 않는 경우가 많지만 엄격하게 구별해보면 다음과 같다.
  ① 공고: 일시적 또는 단기간의 일정한 사항을 알리는 경우 구속력을 가지지 않는 사항이다.
  ② 고시: 법령이 정하는 바에 따라 일정한 사항을 알리기 위한 문서로 일단 정한 후 개정 또는 폐지되지 않는 한 계속적으로 효력이 있는 사항을 알리는 경우 구속력을 가지는 사항이다.

(3) 법령에 고시 또는 공고하도록 되어 있는 경우에 이를 하지 않고 한 행정행위는 하자있는 행정행위로서 무효 또는 취소의 요건이 되는 경우가 있다.

(4) 고시·공고는 다른 법령 및 공고문서에 특별한 규정이 있는 경우를 제외하고는 고시 또는 공고가 있은 후 5일이 경과한 날부터 효력이 발생한다(사무관리규정 제8조 제2항).

35 TF(Task Force) ★★★

(1) 테스크포스라고 칭하며 다른 말로는 '프로젝트팀'이라고도 하며 '특별전담조직'으로 이해하면 된다. 어떤 과제를 성취하기 위해 필요한 전문가들로 구성되고 기한이 정해진 임시조직으로 정의된다.

(2) 모든 조직은 각 부서마다 고유의 업무가 있다. 하지만 특별한 상황이 발생하여 문제를 해결해야 할 경우 '특별팀'을 꾸린다. TF를 만들면 각 부서에서 필요한 담당자를 뽑아와 하나의 팀을 만든다. 그리고 그 일이 해결되면 팀은 해체되고 다시 일하던 부서로 복귀하게 된다.

36 횡령 및 배임 ★★★

➡ 횡령죄는 재물, 배임죄는 재산상의 이익으로 배임죄의 적용범위가 더 넓다.

(1) 횡령죄

① 타인의 재물을 보관하는 자가 그 재물을 횡령하거나 그 반환을 거부한 때에 적용되는 범죄이다. ➪ 불법적으로 타인의 재물을 고의로 취득할 의사를 가지고 취득하는 것

② 만일 타인의 재물을 보관하지 않는 사람이 다른 사람의 재물을 강탈하거나 탈취한다면 이는 횡령죄가 아닌 절도죄나 강도죄로 처벌받게 된다.

(2) 배임죄

① 타인의 사무를 처리하는 자가 그 임무에 위배하는 행위로 재산상의 이익을 취득하거나 제3자로 하여금 이를 취득하게 해 본인에게 손해를 가한 경우 적용되는 범죄이다.

② 업무상의 임무에 위배하여 재산상 이익을 취득한 경우 업무상배임죄가 성립된다.

37 명시이월 및 사고이월 ★★★

(1) 명시이월

세출예산 중 경비의 성질상 당해 연도 내에 그 지출을 끝내지 못할 것이 예측될 때에 그 취지를 세입세출예산에 명시하고 의회의 승인을 얻어 다음 연도에 이월하여 사용하는 것이다.

(2) 사고이월

세출예산 중 해당 회계연도 안에서 지출의 원인행위를 하고 불가항력적인 불가피한 사유로 인하여 그 회계연도 내에 지출하지 못한 사업의 경비와 지출원인행위를 하지 아니한 그 부대경비의 금액을 다음 회계연도로 이월해서 사용하는 방법이다.

(3) 계속비 이월

연도별로 소요되는 경비의 금액 중 해당 회계연도 안에 지출하지 못한 금액을 사업의 완성이나 종료가 되는 회계연도까지 해당 계속비를 이월하여 사용하는 방법이다.

38 하자의 승계 ★★★

(1) 하자의 승계론

둘 이상의 행정행위가 일련의 절차를 이루고 있는 경우, 선행처분의 하자가 있으나 그에 대해 불가쟁력이 발생했을 때 후행처분 자체는 적법함에도 불구하고 후행처분 자체를 대상으로 하여 그에 대해 선행처분의 하자를 이유로 다툴 수 있는가의 문제이다. 여기서 선행처분의 하자에 대해 후행처분의 단계에서 이를 다툴 수 있는 것을 하자의 승계라 한다.

(2) 하자의 승계가 긍정되는 경우

대집행절차 즉, 대집행계고통지, 대집행영장통지, 대집행실시, 비용징수 사이는 승계를 긍정한다. 강제징수절차(독촉, 압류, 매각, 청산 등)도 동일한 법률효과를 따르는 일련의 처분이므로 학설에 의할 때 하자의 승계가 인정될 것이다.

(3) 하자의 승계가 부정되는 경우

① 대체적 작위의무 부과명령(건물철거명령 또는 원상회복명령 등)과 대집행절차(대집행계고처분 등) 사이, ② 과세처분과 체납처분(압류, 매각, 청산 등) 사이, ③ 경찰관직위해제처분과 면직처분 사이, ④ 사업인정과 수용재결처분 등이 있다.

39 법률적합성 ★★★

(1) 법에 의한 지배를 의미하는 법치주의는 행정의 영역에서도 당연히 지켜야 한다. 행정이 법률에 적합하게 이루어져야 한다는 원칙을 행정의 법률적합성원칙(또는 법치행정의 원리)이라고 한다. 행정의 법률적합성원칙에는 세 가지 세부적인 원칙이 있다.

(2) 첫 번째 원칙인 법률의 법규창조력은 국민의 권리·의무 관계의 규율에 관한 규범인 법규는 국민의 대표기관이 국회가 법률로 만들어야 한다는 것이고, 두 번째 원칙인 법률우위의 원칙은 모든 행정작용은 법률에 위반되어서는 안 된다는 것을 의미하고, 세 번째 원칙인 법률유보의 원칙은 일정한 행정권을 발동하기 위해서는 법률의 근거가 있어야 한다는 것을 의미한다.

(3) 법률 유보의 원칙 ⇨ 행정부처에서 일하는 공무원이라고 하더라도 마음대로 일을 할 수는 없고 법률에 근거 있는 행동을 해야 한다. 예를 들어 법률에 운전면허 취소사유로 정해져 있지 않은데도 담당 공무원이 자의적으로 운전면허를 취소해 버리면 안 되는 것이다. 참고로 법률유보(法律留保)원칙에서 '유보(留保)'는 일시적 유보에서와 같이 어떤 일을 당장 처리하지 아니하고 나중으로 미루어 둔다는 의미로 이해하기보다는 행정권 발동의 근거가 법률에 보존되어 있어야 한다는 의미이다.

40 국가배상 ★★★

(1) '국가배상'의 의의
공무원 또는 공무를 위탁받은 사인(이하 '공무원'이라 함)이 직무를 집행하면서 고의 또는 과실로 법령을 위반하여 타인의 권리가 침해된 경우에 국가 또는 공공단체가 그 배상책임을 지는 것을 말한다.

(2) 국가배상청구의 제한
군인·군무원·경찰공무원 또는 예비군대원이 전투·훈련 등 직무 집행과 관련하여 전사(戰死)·순직(殉職)하거나 공상(公傷)을 입은 경우에 본인이나 그 유족이 다른 법령에 따라 재해보상금·유족연금·상이연금 등의 보상을 지급받을 수 있을 때에는 「국가배상법」 및 「민법」에 따른 손해배상을 청구할 수 없다 (「국가배상법」 제2조 제1항 단서).

(3) 외국인의 배상 제한
외국인이 피해자인 경우에는 해당 국가와 상호 보증이 있을 때에만 「국가배상법」이 적용된다(「국가배상법」 제7조).

🖉 Check point

이중배상 금지의 원칙
헌법 제29조 제2항 및 국가배상법 제2조 제1항 단서에 근거하여 군인·군무원·경찰공무원 향토예비군대원과 같이 업무 자체에 내재한 본질적 위험성이 높은 특정 직무종사자에 대하여는 개별 법령에 사회보상적 보상제도를 별도로 마련하고 그와 경합되는 의미에서 국가에 대한 손해배상청구를 금지하는 제도를 두고 있는데 이를 이중배상금지의 원칙이라고 한다.

---

41 부당이득 ★★★

(1) 법률상 원인관계 없이 타인의 재산 또는 노무로 인하여 얻은 이익을 말한다.

(2) 부당이득이 인정되면 파생하는 법률효과로 손실자는 수익자(부당이득자)에 대해 '부당이득반환청구권'을 가지게 된다. 수익자는 원물을 반환하거나 원물을 반환할 수 없을 때에는 그에 상응하는 가액을 반환해야 한다.

(3) 민법 제748조에 따라 선의의 수익자는 받은 이익이 현존하는 한도 내에서 반환 책임이 있는 반면 악의의 수익자는 이익에 이자를 붙여 반환하고 손해가 있으면 배상해야 한다.

42 합법성·합목적성 ★★★

(1) 합법성은 법에 맞게 이루어져야 한다는 것이고 합목적성은 행정의 목적에 맞게 이루어져야 한다는 것을 의미한다.

(2) 합법성은 행정의 모든 활동이나 과정이 법(法)에 근거를 두고 법에 의하여 규제됨으로써 행정의 자의성이나 위법성(違法性)을 방지하고자 하는 것을 말한다. 이는 법치 행정의 원리와 법의 지배의 원리를 근거로 한 것이다.

(3) 합목적성은 행정의 합법성의 이념을 지나치게 강조하게 되면 행정의 소극화를 유발하게 되고 적극적인 국가발전목표를 수행할 수 없기 때문에 합법성의 한계를 극복하기 위하여 나온 이념이 합목적성의 이념적 가치이다. 행정의 합목적성이란 모든 행정활동들이 목표와 수단의 연쇄관계로 연결되어 있기 때문에 행정의 궁극적인 목표를 지향해야 한다는 것이며 합법성만을 강조하여 형식적인 법만을 지키는 것이 아니라 입법의 본래(本來)의 취지(趣旨)까지도 적극적으로 해석하여 행정활동을 수행할 것을 촉구하기 위하여 대두된 것이다.

(4) 합법성은 행정의 필요조건은 되지만 충분조건은 되지 않는다. 즉, 합법성만 따져서 행정을 하면은 안 된다는 것이다. 우리나라 법이 모든 행정부분을 다 커버할 수도 없고 또한 법이 만능이라고 할 수는 없기 때문이다. 그래서 법에 규정이 없다면 법이 의도하는 목적 즉, 합목적성에 따라 행정을 하여야 한다. 합목적성이 법의 충분조건에 포함된다고 보아야 한다.

(5) 오늘날 행정 재량의 확대, 행정의 복잡화, 전문화, 기술화, 위임 입법의 증대 등 행정국가화 경향하에서 행정의 합목적성이 요청되고 있어 양자의 조화가 문제되고 있다. 행정에 있어서 합법성이 지나치게 강조되면 동조과잉, 형식주의, 목표전환 등의 현상이 나타나 행정을 경직화시킬 우려가 있다.

43 행정의 민주성 ★★★

(1) 민주성이란 행정과정의 민주화를 통하여 국민의사의 우월성(優越性)을 인정하고 국민의사를 존중·반영시키는 행정 소수의 이익이 아니라 국민전체의 복지를 위한 행정, 국민에게 책임을 지는 행정 등을 의미하고 대내적으로 조직 내의 인간관계를 민주적으로 행하는 것을 말한다.

(2) 민주성의 개념은 정치·행정이원론 또는 기계적 능률성을 지양(止揚)하고 정치·행정일원론과 1930년대의 인간관계론(사회적 능률)으로서의 전환과 때를 같이하여 국민의사의 존중과 책임행정이 상종되면서 대두되었다.

✎ Check point

합리성과 효과성

1. 행정의 합리성이란 행정상의 특정의 목표달성이나 문제해결을 지향하는 최선의 수단선택과 관련된 개념이다. 합리성은 이성에 합치하는 정도를 말하며 따라서 비합리적이고 감정적인 측면이나 초합리적인 측면은 배제된다. 합리성의 행정 이념적 가치가 중시된 것은 비합리적이고 초합리적인 풍토로 인하여 행정의 비효율성과 행정의 부패현상이 초래되고 있기 때문이다.

2. 효과성이란 목표달성의 정도를 의미한다. 따라서 효과성은 과정보다는 산출(産出) 결과에 관심을 갖는다. 효과성은 능률성과 유사한 점이 있다. 즉, 능률성에 있어서 투입에 대한 산출의 비율로서의 산출과 효과성에 있어서 목표달성의 결과로서의 산출의 면은 동일한 것이다. 그러나 목표성취를 강조한다는 점에서 능률성과는 구별된다. 또 효과성이 목표달성도를 의미한다면 능률성은 목표성취에 들어가는 비용과의 관계를 비교한다는 점에서 차이가 있다. 즉, 효과성이 자원과 비용과 같은 조건을 고려하지 않고 목표달성의 결과만을 고려한다면 능률성은 비용의 문제가 개입된다. 이와 같이 효과성은 목표달성의 정도라는 결과를 중시하나 능률성은 투입이라는 과정 내지 수단을 강조한다. 한편, 능률성과 효과성을 합쳐 효율성이라는 용어를 사용하기도 한다.

44 기관소송 vs 헌법재판소의 권한쟁의심판 ★★★

(1) 기관소송이란 국가 또는 공공단체의 기관 상호간에 있어서의 권한의 존부 또는 그 행사에 관한 다툼이 있을 때에 이에 대하여 제기하는 소송을 말한다.

(2) 형식에 있어 기관소송은 행정소송이나 권한쟁의심판은 헌법재판이고 대상에 있어 기관소송은 공법상의 법인 내부에서의 법적 분쟁을 대상으로 하는 데 반해 권한쟁의심판은 공법상의 법인 상호간의 외부적인 분쟁을 대상으로 한다.

45 도덕적 해이(Moral hazard) ★★★

(1) 국민들의 민생안정과 복리증진을 위해 최선을 다해야 할 국회의원 또는 공무원이 공익(公益)보다는 사익(私益)을 최우선적으로 추구하는 비도덕적인 행위가 모럴 헤저드의 대표적인 사례이다.

(2) 우리 사회에서 공무원이 수행하는 역할과 그 영향력은 어느 영역보다도 크고 중요한 것으로 국민들에게 인식되고 있다. 이로 인하여 일반 국민들은 공무원들이 가지고 있는 가치관이나 의사결정 그리고 행동에 대하여 매우 민감하게 반응한다. 그리고 공무원의 그릇된 행동이 미치는 사회적 영향력 또한 매우 크다는 점에서 공무원의 바람직한 의식과 행동을 요구하고 있다.

(3) 국민 전체에 대한 봉사자인 공무원들에 대해서는 국민의 높은 기대감과 더불어 강한 상징성이 또한 부여되어 있는 것이 사실이다. 따라서 공무원들에게는 일반 국민들에게 기대되는 것 보다 높은 수준의 사고와 도덕성이 요구된다. 일반 국민들과 비교하여 '축소(절제)된 사생활의 원칙'이 적용되며 도덕적 기준 또한 엄격함을 요구받고 있다.

46 신공공관리론 ★★★

(1) 신공공관리론(New Public Management)은 전통적인 관료제를 극복하고 작은 정부를 구현하기 위해 개발된 행정학 이론이다.

(2) 1980년대 마거릿 대처 정부와 로널드 레이건 정부가 추진한 시장지향적인 정부 개혁에서 비롯되었다.

(3) 그 골자는 경쟁의 원리에 기반한 시장 체제를 모방해 정부 관료제의 효율성을 높이자는 것이다.

(4) 주요 정책 수단으로 인력 감축, 민영화, 재정지출 억제, 책임운영기관, 규제 완화 등이 있다.

47 진정소급·부진정소급 ★★★

(1) 진정소급
  ① 과거에 이미 완성된 일에 대해 새로운 법을 적용하는 것이다.
  ② 원칙적으로 허용되지 않는다. 그러나 소급입법을 예상할 수 있는 경우, 공익상의 사유가 소급입법을 정당화하는 경우는 예외로 허용될 수 있다.

(2) 부진정소급

① 과거에 시작되었지만 아직 완성되지 않고 진행중인 일에 대해 새로운 법을 적용하는 것이다.

② 원칙적으로 허용된다. 단, 소급효를 요구하는 공익상의 사유와 신뢰보호의 요청 사이에서 신뢰보호 원칙의 이익이 더 크다면 허용되지 않는다.

48 행정벌 · 집행벌 · 징계벌 ★★★

(1) 행정상의 의무위반에 대하여 과하는 제재로서의 벌을 행정벌이라고 하며, 이는 그 처벌내용에 따라 행정형벌과 행정질서벌로 나누어진다. 행정벌로서 형법에 정해진 형(징역, 벌금 등)이 과하는 것을 행정형벌이라고 하며, 과태료가 부과되는 경우를 행정질서벌이라고 한다. 행정형벌은 행정상의 의무를 위반함으로써 직접적으로 행정목적을 침해하는 경우에 과하여지는 것임에 반하여 행정질서벌은 행정상의 신고, 등록 등의 의무를 태만히 하는 것과 같이 간접적으로 행정목적의 달성에 장해를 미칠 위험성이 있는 행위에 과해지게 된다.

(2) 집행벌은 이행강제금이라고도 하며 장래의 의무이행을 확보하기 위한 행정상 강제집행으로 과거의 의무위반에 대한 제재로서 벌인 행정벌(과태료, 벌금 등)과 다르다. 서로 성질이 다르므로 이행강제금은 행정벌과 병과될 수 있다.

(3) 징계벌은 공무원 관계의 질서유지를 목적으로 공무원법상의 의무 위반에 대해 국가가 공무원에 대한 사용자로서의 지위에서 신분상의 불이익을 과하는 행정상 제재이다. ● 공무원의 징계 참조

(4) 징계벌과 행정벌은 별개로 부과되는 제재이다. 재판 결과에 반드시 기속될 이유가 없다. 징계벌과 형사벌을 병과하더라도 일사부재리 원칙에 저촉되지 아니한다. 다만, 형사재판 결과 금고 이상의 형 확정(집행유예 등 포함) 등으로 당연퇴직 사유가 발생하면 공무원 신분 관계가 소멸되므로 공무원 신분 관계를 전제로 한 징계벌은 과할 수 없다.

(5) 국가안전보장과 국토방위의 의무를 수행하는 군의 특수성에 비추어 징계벌로는 규제할 수 없는 군 내의 정당한 명령이나 규칙위반행위를 형사처벌할 수 있도록 규정한 것이 헌법 제37조 제2항에 위반된다고 할 수 없다.

> 군형법 제47조【명령위반】정당한 명령 또는 규칙을 준수할 의무가 있는 자가 이를 위반하거나 준수하지 아니한 때는 2년 이하의 징역이나 금고에 처한다.

49 강등 · 강임 ★★★

(1) 강등은 징계 중 하나로 신분상 지위를 1계급 내리는 것을 말한다. 경력이나 승진과 관련하여 3개월을 제외하는 것이다.

(2) 강임은 같은 직렬 내에서 하위 직급에 임명하거나 다른 직렬의 하위 직급으로 임명하는 것으로 강임은 의사에 반하는 불리한 처분을 말한다.

(3) 강등은 공무원의 계급 즉, 1~9급으로 되어있는 일반직공무원의 계급이 내려가는 것을 말하고 강임은 계급은 그대로 유지한 채 하위직급으로 바뀌는 것이다.

50 ▌ SWOT 분석 ★★★

(1) SWOT는 Strength(강점), Weakness(약점), Opportunities(기회), Threats(위협)의 합성어이다. SWOT 분석이란 SWOT를 이용하여 조직이나 당면상황의 본질을 분석하는 것이다.

(2) SW(강점과 약점)는 내부환경 분석 ⇨ (경쟁자와 비교하여) 나의 상황

(3) OT(기회와 위협)는 외부환경 분석 ⇨ 자신을 제외한 모든 것

MEMO

2024
스티마 면접
군무원

11

면접후기〔우수사례 포함〕

CHAPTER 01 국방부

CASE 01 전산 9급(2023)

1. 면접장소 및 시간

면접은 오전조와 오후조를 나눴습니다. 면접장소는 서울 시립 보라매청소년센터였습니다. 저는 오전조로 9시까지 가야해서 6시에 집에서 출발해서 보라매공원 정문 주차장에 주차한 후 8시 반쯤까지 차에서 대기하다 면접장소로 갔습니다. 기다리면서 면접관님으로 보이시는 분들도 보였습니다. 입구에 군무원 면접시험장소라는 안내문이 있었습니다. 입구에서 현직 군무원으로 예상되는 분이 안내를 해주셨습니다. 면접 대기 장소에 도착하니 입구에서 신분증 확인을 하고 스마트폰을 맡기고 대기장소로 갔습니다.

2. 대기 장소

총괄 책임자로 보이는 분의 간단한 면접안내가 있었습니다. 대기 장소에서 면접을 준비할 수 있는 시간이 있습니다. 대기장소에서 기다리다 안내요원이 호명을 하면 면접호실 위치를 알려주고 면접을 봅니다.

3. 면접실

면접실은 1~6번방까지 있었습니다. 면접위원은 군무원 한 분, 교수님 두 분인 것 같았습니다.

4. 질의응답

면접관 군무원에 지원하게 된 동기와 그게 군무원인 이유는 무엇인가요?

응시생 사기업에서 13년 동안 근무하면서 일과 삶의 경계가 무너진 삶을 살았고 1년에 두 달은 해외 출장으로 해외에 나가 있었습니다. 연차사용도 많이 못할 때가 많았고 설이나 명절 때도 부모님께 못 갈때가 많았습니다. 부모님도 점점 연세가 드시고 저도 앞으로 가정을 꾸리거나 하면 이렇게 지내면 안 된다고 생각이 들었고 그러던 중에 군무원으로 퇴직한 친지분께서 군무원에 대해 이야기 해주셨습니다. 그래서 군무원에 대해 알아보았는데 제가 원하는 전산직 일도 하면서 워라밸도 지키고 개인적으로 더 좋다고 생각하는 부분은 협력하여 일하는 데에 있습니다. 저는 개인적으로 혼자 일하는 것보다 같이 일할 때 재미있게 일하는 것 같습니다.

면접관 군무원에 대해 좋은 점만 이야기 하는데 상사가 퇴근하려고 하는데 일을 많이 시킨다면요?

응시생 저는 항상 일찍 퇴근해야 하는 것을 강조한 것은 아닙니다. 일을 하다보면 당연히 바쁘게 해야 할 때가 있고 그렇지 않고 일찍 퇴근할 수 있을 때도 있을 것이라고 생각합니다. 저는 일과 삶을 51 대 49 정도로 생각하고 있습니다. 일을 해야 할 때는 하고 쉴 때는 쉬도록 하겠습니다.

면접관 사기업에 비해 연봉이 적은데 이에 대해 어떻게 생각하나요?

응시생 개인적으로 집에 어려움이 있어서 대학교 졸업을 하고 바로 취업을 해서 일을 하였습니다. 하지만 모두 정리가 되었고 부모님께서도 지금 조금 일을 하고 계십니다. 저도 저 혼자 먹고 사는데 충분하다고 생각하고 있습니다. 그리고 연차가 쌓이면 호봉도 올라가는 것으로 알고 있습니다. 그리고 아직 가보지 않았지만… PX에 가보면 생활에 조금 보탬이 되지 않을까 생각합니다. (면접관님들 웃음;;;)

면접관 나이가 어린 선배가 일을 시킨다면 어떨 것 같은가요?

응시생 사기업에서 일할 때 나이에 상관없이 '~님'으로 호칭하면서 일을 했었습니다. 물론 군무원은 군무원 안에서의 호칭이 있겠지만 새로 들어오는 어린 분들을 보면 IT쪽으로 더 많이 알고 그쪽으로 빠른 걸 느끼고 더 많이 배워야겠다는 생각이 들었습니다. 실제로 일할 때 저 보다 어린 후배가 리더로 일했던 적도 있고 선배가 어리다고 해도 별로 어렵지 않을 것 같습니다.

면접관 오지에서 근무하게 되면 어떻게 할 것인가요?

응시생 솔직히 국방부라서 오지에 갈 가능성은 낮은 것으로 알고 있는데요. 아까 말씀드렸듯이 저는 1년에 두 달은 해외에 출장으로 더운 나라 추운 나라 다 돌아다녔습니다. 그리고 발령도 여기저기 나서 이사도 많이 다녔습니다. 그래서 그곳에서 새로운 사람을 사귀는 것도 익숙하고 적응하는 것에도 빠를 것 같습니다. 요즘에 오지 근무 때문에 군에서 문제가 되는 것 같은데 하나 건의를 드린다면 요즘 OTT로 문화생활을 많이 할 수 있는 것 같습니다. 가능하다면 OTT 요금을 지원해 주는 식으로 하면 오지 근무에 조금 도움이 될 것 같습니다. (또 웃으심;;;)

면접관 클라우드를 사용한다면 장점과 단점은 무엇인가요?

응시생 클라우드를 사용하면 장점으로는 인터넷이 가능한 곳 어디서나 접속이 가능한 장점이 있습니다. 그렇기 때문에 여러 부대에서 접속해서 협업이 가능합니다. 그리고 일정한 리소스만 사용해서 과금하기 때문에 비용부분에서도 장점이 있습니다. 단점으로는 인터넷 접속이 안 되면 사용이 불가하다는 것이고 보안에 취약한 문제가 있습니다.

면접관 2년간 공부했다고 했는데 공부가 쉬워요 아니면?

응시생 프로그래밍이 더 재미있습니다.

면접관 자신의 좌우명과 그 좌우명대로 했던 적이 있나요?

응시생 저의 좌우명은 '다른 사람에게 도움이 되는 사람이 되자'입니다. 전에 팀에서 프로젝트 두 개를 동시에 해야 했을 때가 있었는데 A, B 프로젝트가 있었는데 A프로젝트는 고과도 잘 받을 가능성이 높고 중요도가 높은 프로젝트였습니다. B프로젝트는 사람도 1명밖에 할당이 안 되고 아무도 하지 않으려고 했습니다. 아무도 지원하지 않는 상태였고 제가 지원해서 그 일을 했습니다. 고과는 잘 받지 못했지만 프로젝트 끝난 후에 팀장님께 칭찬을 받았던 기억이 있습니다.

면접관 마지막으로 하고 싶은 말씀 해보세요.

응시생 저는 고등학교 때 남들은 수학, 영어 학원에 다닐 때 컴퓨터에 관심을 보이고 컴퓨터 자격증을 땄습니다. 대학교 때는 부모님의 강요로 수학과에 진학했지만 컴퓨터에 대한 관심으로 컴퓨터 동아리에 들어가기도 했고 1학년 2학기 때 컴퓨터 학과 수업을 듣고 1등을 해서 학과 교수님과 상담 후 컴퓨터 공학을 복수전공하였습니다. 4학년 때 1년간 인턴 생활을 하였고 13년 동안 소프트웨어 회사에서 경력을 쌓았습니다. 앞으로 전산직 군무원이 되어 전산직 업무를 하고 싶습니다. 감사합니다.
(나오면서 선생님이 알려주신대로 크게 인사하면서 "좋은 하루되세요"하고 나왔습니다.)

CASE 02 │ 행정 9급(2022)

1. 분위기

엘리베이터를 타고 10층에 내리자마자 본인확인 및 핸드폰, 전자기기 수거절차 후 대기실 입장. 대기실에서 20분 정도 총책임자가 OT 진행해주셨는데 긴장을 풀어주시려고 많이 노력하시는 게 보였습니다. OT를 진행하면서 국방부 면접조의 경우 각 조별로 80.6의 평균점을 맞추어 구성하였고 개인별로 편차가 2점 정도로 맞추어지도록 무엇보다 '공정성'에 신경써서 조를 편성했습니다. 각 조별 질문도 동일하게 진행해달라고 면접관분들께 사전 안내드렸다고 강조하여 말씀해주셨습니다.

면접관은 총 3분, 군무원 현직자 1, 전공교수 2로 구성되었고 대체적으로 편안한 분위기였고 면접관분들도 굉장히 친절하시고 질문도 혹시 못 알아들을까봐 우려하시는 듯 잘 풀어서 설명해주셔서 답변하기가 수월했습니다.

2. 질의응답

면접관 (아이스 브레이킹) 마지막 순서인데 오래 기다리느라 고생했습니다. 지원동기를 최대한 구체적으로 말씀해주세요.

응시생 스타트업 코파운더로 4년간 일하면서 행정 다방면에서 실무경험을 쌓았습니다. 특히 기획팀을 이끌며 창의력, 기획력을 발휘하여 사업투자를 받고 회사를 성장시키는데 기여했습니다. 군가족으로서 군부대 내에서 살며 누구보다 군인과 군무원의 헌신과 노고에 대해 잘 알고 있습니다. 이제껏 받아온 국방서비스에 보답하고 국가와 군발전에 저도 기여하고 싶어서 지원하게 되었습니다. (이후 스타트업 관련하여 구체적으로 어떤 역할을 했는지도 물으셨습니다.)

면접관 군가족이라면 군에 대해 잘 알고 격오지에도 적응을 잘 할 것 같네요.

응시생 그렇습니다. 격오지, 비연고지에 살아봤고 적응에도 문제없고 충분히 현실을 잘 알고 지원했으며 격오지를 기피하는 경향이 심한데 격오지에도 단점만 있는 것이 아니라 여러 장점들이 있습니다. (세분 모두 고개 끄덕끄덕해주심)

면접관 (공통) 상관이 명백하게 위법한 지시를 내리면 어떻게 하겠나요?

응시생 명백히 위법한 지시는 따르면 안 된다고 단호하게 답변드리겠습니다. 법률에 근거하여 공익을 위해서 일해야 하고 아무리 상관의 명령에 따른 것이라 해도 책임을 면할 수 없기 때문에 상관께도 잘 말씀드리려 설득하겠습니다. (끄덕끄덕)

면접관 (공통) 공무원의 의무가 여러 가지가 있는데 헌법에는 어떤 근거가 있나요?

응시생 긴장해서 조문 전문이 기억나지는 않지만 헌법 제7조의 충성의 의무가 있습니다. (면접관님이 "그렇죠. 헌법 제7조의 국민 전체에 대한 봉사자이며 책임을 진다는 내용이 있죠."라고 말해주셨습니다. 중간에 생각나서 국민의 봉사자이며 책임을 진다는 내용을 거의 교수님이랑 같이 눈 마주치면서 함께 말했습니다.)

면접관 (전공) 법치행정이 무엇인가요? 왜 공행정에서 법치행정이 중요한가요?

응시생 [법률적합성의 원칙(법치행정의 원칙)에 대해 설명했고, 사행정과 달리 공행정은 공익을 실현하는 것이 목적이기 때문이라고 부가 설명하였습니다.]

면접관 (전공) 행정입법, 법규명령에 대해 설명해보세요. 부령에 위반해도 위법인가요?

응시생 ["부령도 법규명령이므로 위반시 위법(대외적 효력 설명)＋다만, 부령이 제재/기준에 해당하는 내용일 때는 행정규칙으로 보기도 함. 원칙적으로는 법규명령이므로 위반시 위법효과"로 답변했습니다.]

면접관 군부대나 군시설이 민간지역에 들어갈 때 주민과의 마찰이 대체로 심합니다. 이때 문제의 핫이슈(쟁점)는 무엇이며 설득할 수 있는 가이드라인을 제시해보세요.

응시생 가장 큰 핵심 쟁점은 국가안보와 지역주민의 건강관 또는 생명권의 충돌이라고 생각합니다. 어느 한쪽을 포기할 수 없는 문제입니다. 구체적 사례로 공군부대 소음공해나 사드시설의 레이더 장비에서 나오는 전자파 문제 등이 있습니다. 이를 해결하기 위한 방법은 크게 두가지 방향이 있을 것 같습니다. 첫째, 전문성에 기반한 투명성 확보 예를 들어 사드시설이라면 몇미터 범위에서 정확히 어느 정도의 전자파가 방출되는지 또 그것이 얼마만큼 건강에 영향을 미치는지에 대한 데이터에 기반한 전문적 의견이 투명하게 공개되어야 합니다. 둘째, 이를 기반으로 한 열린 소통채널과 지자체 및 주민과의 협치가 필요합니다. 저는 대학과 대학원에서 ADR과정을 수료하였습니다. 이를 기반으로 만약 제가 이 직무를 맡게 된다면 전문성을 발휘하여 잘할 수 있을 것 같습니다. (이때 질문하셨던 교수님이 "오, ADR 저거에요." 하면서 중간 군무원분께 말씀하셨습니다.)

면접관 마지막 할 말 있으면 해주세요.

응시생 행정의 다방면의 실무경험을 활용하여 어떤 부서에 가든지 어떤 업무를 맡든지 잘 해낼 자신이 있습니다. 부서에서 꼭 필요한 인재가 되어 열심히 일하겠습니다.
[마지막 순서라 퇴장할 때는 좀 각을 풀고? 면접관분들께 하루종일 고생 많으셨다고 편하게 인사드리고 웃으면서 끝났습니다.
마지막이라서 앞 지원자들 면접시간을 대충 알 수 있었는데, 보통 12－15분 정도였는데 긍정적 시그널인지 부정적 시그널인지는 모르겠지만 저는 상대적으로 시간이 짧았던 것 같습니다(10분 정도). 편안하게 볼 수 있도록 해주셔서 만족스럽게 퇴장했습니다.]

CASE 03 기술정보 9급(2022)

1. 질의응답

면접관 봉사활동 경험이 있다면 말씀해주세요.

응시생 코로나로 등교가 중단된 초등학생들을 시립센터에서 가르쳐주는 봉사를 했습니다. 뉴스로만 교육적으로 소외된 시례를 보다 실제로 접하니 안타까웠습니다. 하지만 국방은 달라야 합니다. 국가는 국민을 지켜야 하는 의무를 다해야 하고 국방에 사각지대가 없도록 군무원으로서 제 위치에서 업무에 최선을 다할 것입니다. (이때 다들 끄덕하신 것 같아요.)

면접관 우리나라와 중국과 일본과의 관계에 대한 의견을 말씀해주세요.

응시생 얼마 전 뉴스에서 중국이 우리나라 역사 연대표에 고구려와 발해를 빼 동북공정 논란이 다시 재점화된 것을 보았습니다. 이런 일은 절대로 있어서는 안 되며 즉각적으로 항의해야 합니다. 일본의 경우에는 위안부 문제와 독도 문제가 있는데 위안부 문제는 외교적으로 대화하며 해결하되 항의해야 할 부분은 즉각하고 독도는 일본의 목적이 사법재판소에 넘겨지는 건데 이걸 막기 위해 이슈화되는 것에 대응해선 안 됩니다.

면접관 학력위조와 위장취업 근절방안은 무엇이 있을까요?

응시생 (학력위주로 줄을 세우는 사회구조를 비판하며 능력제를 지향해야 한다는 식으로 말했습니다.)

면접관 친한 친구를 소개해보세요.

응시생 (친구 중 제 감정에 공감을 잘해주고 면접까지 도와주며 응원해주고 선물을 준 친구를 소개했습니다. 웃으시면서 선물은 무엇을 받았냐고 물어보셨습니다.)

면접관 [꼬리질문] 친구가 도와준 것 말고 반대로 본인이 도와준 경우가 있나요?

응시생 학창시절 같은 반에 신체적 장애가 있는 친구의 급식시간이나 이동시간에 도와주고 다른 친구들과 친하게 지낼 수 있도록 가교역할을 하였습니다.

면접관 마지막 할 말 있으면 해주세요.

응시생 이 어려운 코로나 시기에 불편하실텐데 마스크 써가시며 제 말 경청해주셔서 감사합니다. (이때 웃으셨어요) 아침에 면접보러 지하철 타고 오면서 직장인들 출근하는걸 보니 너무 부러웠고 저도 사회구성원으로 열심히 일하고 싶습니다. 이런 저의 간절함이 면접관님들께 잘 전달이 됐으면 좋겠습니다.

2. 전공질문

면접관 신호정보에 대해 구체적으로 말씀해보세요.

응시생 (구체적으로 다 설명했습니다.)

면접관 신호정보의 역사적 사례나 예시를 말씀해보세요.

응시생 러시아-우크라이나 전쟁으로 우크라이나 국민들이 통신정보인 핸드폰을 통해 전쟁의 참혹함을 알리고 전자파를 이용해 러시아 기지를 발견하였습니다.

[이 문제는 책에 있는 2차대전 때 짐머만같은 사건을 물어본 것 같아요. 근데 저는 그게 기억이 안나서 러-우크라이나로 했어요. 이때 가운데 면접관(군무원분)이 마지막 마무리 하려고 하시니까 왼쪽 교수님이 손들고 하나만 더 물어보자고 하셨어요.]

면접관 보안의 중요성을 후임에게 얘기하듯 편하게 이야기해보세요.

응시생 현재 4차 산업혁명이 발전하면서 보안에 여러 위협 요소들이 새롭게 등장했다. 그중 북한은 사이버 전력 세계 3위이다. 이에 대응하기 위해 블록체인을 이용해 보안강화를 해야 한다. 블록체인은 중앙서버가 없고 각 정보를 분산시켜서 해킹이 어렵다. 이런 보안으로 암호화키 공개키가 있다. (이때부터 설명 버벅거리면서 끝까지 했어요. 근데 이 질문도 제가 다른 관점에서 얘기한 듯해요.;;)

CASE 04 군사정보 7급(2020)

1. 면접분위기

처음에 노크하고 들어가서 가볍게 목례.

책상 옆에 서서 정식인사 후 군사정보 7급에 지원한 수험번호 ○○번 ○○○입니다.

그리고 나서 발표문 나눠드리는데 한 분께 순간적으로 원본을 드렸다가 이거 말고 사본으로 줘야한다고 말씀하셔서 죄송합니다하고 다시 드렸습니다.

다시 의자 옆에 섰더니 착석하라고 하셨습니다.

가운데 면접관분들이 긴장풀라고 말씀해주셨습니다. 가운데 중년의 여성 면접관분이 긴장풀 때 어떻게 하냐고 물어보시면서 심호흡하라고 하시길래 저도 심호흡으로 긴장을 푼다고 말씀드리고 심호흡하였습니다. 면접 질문에 대한 대답만 간략하게하고 불필요한 내용의 언급은 지양하라고 말씀하셨습니다.

2. 질의응답

면접관 1분간 자기소개 해보세요.

응시생 (자기소개는 정말 많이 연습한 것이라 토시하나 안 틀리고 막힘없이 말씀드렸습니다.) 안녕하십니까? 끈기와 집념 그리고 도전정신으로 무장한 ○○○라고 합니다.

저는 2013년 전부터 국방부 군무원 시험에 도전해왔습니다. 그 과정에서 여러 가지 시행착오를 겪었고 처음에는 교도관으로 공직생활을 시작하게 되었습니다. 국가를 위해 일한다는 공통점은 저에게 많은 만족과 위안을 주었지만 국가안보의 중심에서 일하고 싶은 마음은 여전했습니다. 그래서 4년간 교도관 생활을 하면서도 처음 목표한 바를 이루고자 계속해서 노력했습니다. 그 과정 중에 작년 추가채용 때는 육군 군무원에 합격하기도 했지만 저의 최종 목표는 국방부 군사정보에 합격하여 군사안보지원사령부로 가는 것이었고 이를 끝까지 포기하지 않았기에 결국 여기까지 올 수 있었습니다. '인생은 속도가 아니라 방향이다'라는 말처럼 얼마나 빨리 도달하느냐가 아니라 어떻게 도달하느냐가 더 중요하다고 생각합니다. 제가 그동안 쌓아온 경험과 역량들을 국방부의 일원이 되어 아낌없이 발휘하고 싶습니다. 감사합니다.

(다만 처음에 아이컨택을 면접관분들 세분께 골고루 안배하는 것이 힘들었습니다.

이후 바로 발표문 발표를 시키셨습니다. 한 장 꽉 채워 작성을 했었고 무난하게 읽어나가며 발표하였습니다. 이에 대한 추가적인 질문은 없었습니다.

발표주제는 '국방개혁2.0에 따른 군무원 증원이 되고 있는데 그에 따른 군무원 위상제고 방안'이었습니다. 아래는 제가 서술한 내용인데 기억이 가물가물합니다. 대략적인 서술 구조는 이렇습니다. 실전에서 분량은 한 장을 꽉 채워썼습니다.)

Q. 국방개혁2.0이란?

1. 목 표
   ① 평화와 번영의 대한민국을 힘으로 뒷받침하는 강한 군대 조기구현이 목표
   ② 전방위 안보위협에 주도적 대응, 최첨단 과학기술로 정예화, 선진화된 국가에 걸맞는 군을 만드는 것이 세부목표

2. 추진배경
   ① 인구절벽으로 인한 병역자원 부족이 심화
   ② 4차 산업혁명의 최첨단 과학기술의 도입 활용으로 양보다는 질적인 기술집약적 군대를 만들어야할 필요가 있음
   ③ 군무원 증원을 늘리는 것도 개혁의 일환

3. 위상제고 방안
   ① 아직 군무원에 대해 잘 알지 못하거나 편견을 가지고 있는 국민들의 인식을 바꾸기 위해 모집시에 장교나 부사관처럼 홍보포스터나 영상을 제작하는 등 국가적 차원에서 홍보방안을 강화할 필요
   ② 군무원으로서 자부심을 고양하기 위해 군무원에 대한 교육을 더 강화하고 체계화할 필요성
   ③ 군무원의 명칭을 타 공무원처럼 ○○직 공무원처럼 국방공무원으로 명칭을 바꾼다면 이미지 재고를 할 수 있다고 생각

면접관 [본인시점에서 오른쪽 면접관(중년남성, 외부교수)께서 자기소개에 교도관생활을 한 것에 대해 언급하시며] 교정직에 비해 군무원 처우가 좀 부족하지 않나요(봉급, 격오지 근무 기타 등)?

응시생 (제가 둘 다 경험해 본 바로는 각자의 장단점이 있다고 간단히 말씀드리고 이에 대해 더 질문하실 줄 알고 더 대답하려는데 이에 그냥 동의하시고 다음 질문하셨습니다.)

면접관 안보지원사로 가는 것을 희망한다고 했는데 왜 희망하나요?

응시생 [인생의 궁극적인 목표를 언급하고 국방과 안보분야에 보다 전문적이고 체계적으로 다루는 곳에서 꿈을 펼치고 싶다는 지원동기를 말씀드렸습니다. 현직으로 근무하고 있다고 하니 어디 현직이냐고 반문하셨고 육군소속이라고 말씀드렸습니다. 어디에서 근무하냐고 다시 한 번 물어보시며 경북 울진에서 연대급부대에서 보안업무담당을 맡고 있다고 하였습니다. 동일직급이냐고 물어보셔서 동일직급 동일직렬이라고 말씀드렸습니다. (자기소개 때 육군군무원 합격했다는 얘기를 놓치신 것 같았습니다.)]

면접관 상급부대로 가시기를 희망하시는 것 같은데 육군에서 일하면서 안보지원사로 갈 수 있는 다른 방법은 없나요?

응시생 시험이 유일한 방법이라서 선택했습니다.

면접관 안보지원사에 대해 많이 알 것 같은데 육군과 비교해서 설명해보고 관련 법령도 말씀해보세요.

응시생 (질문이 길어서 비교해서 얘기를 하라고 하신건지 안보사에 대해 설명만 하라는 것이었는지 애매해서 우선 안보지원사가 하는 일쭉 말씀드리고 현재 현직으로 보안업무일을 맡고 있기 때문에 보안업무쪽에 기여할 수 있고 교도관일 때 형사절차에 따른 업무를 해왔기 때문에 안보수사파트에도 기여할 수 있다고 말씀드렸습니다. 법령질문에 대한 대답을 빼먹어서 다시 물어보셨고 "군사안보지원사령부령으로 알고 있는데 정확하게 다시 알아보도록 하겠다"고 말씀드리는 찰나 "그거 맞아요"라고 말씀하셔서 "제가 긴장을 많이 했나봅니다. 감사합니다."라고 대답하였습니다.)

면접관 (가운데 여성면접관께서) 군에서 지휘관이 파벌이나 이런 것으로 인한 갈등을 본인에게 해결하라고 지시하면 어떻게 해결하겠나요?

응시생 우선 각자의 의견을 들어보고 의견을 수렴하여 중재하고 설득해보겠습니다. 갈등이라는 게 마냥 부정적인 게 아니고 갈등을 통해서 더 나은 방향으로 나아갈 수 있는 긍정적인 부분도 있습니다. (좀 버벅거림)

면접관 (왼쪽면접관 중년남성, 외부교수께서) 중국동북공정을 비롯해서 일본과의 관계도 안 좋습니다. 이에 대해서 어떻게 해나가야 할까요?

응시생 중국, 일본뿐 아니라 한반도의 지정학적 위치때문에 여러가지 문제가 있습니다. 이 두 나라와 역사적인 감정의 골이 깊지만 저는 국방과 안보를 최우선으로 하는 국가관을 가지고 있고 역사적인 감정을 앞세우기보다 이 부분을 최우선으로 해서 국제적인 협조를 해야합니다. (좀 버벅거림)

면접관 면접 진행하면서 부족한 부분이나 더 하고 싶은 말이 있으면 해보세요.

응시생 긴장을 많이 해서 면접관분들께서 어떻게 생각하실지는 모르겠지만 최선을 다했다고 생각합니다. 마지막으로 할말 말씀드려도 되겠습니까? (해보라고 하심.) 지난 8년 동안 지금 이 순간을 너무나도 간절히 바래왔습니다. 목표하는 곳에 도달하는 방법은 여러 가지가 있다고 생각합니다. 저는 다른 사람과는 달리 조금은 다른 방향으로 먼 길을 돌아 지금 이 자리에 도착했습니다. 하지만 그 시간은 결코 아깝거나 쓸모없는 시간이 아니었고 그 시간 속에서 겪은 시행착오나 일련의 과정들은 바로 지금 이 순간을 위한 준비단계가 아니었나 생각합니다. 저의 간절한 꿈을 위해서 그리고 결혼까지 미뤄가며 저를 믿고 기다리고 있는 예비신부, 가족들을 위해서 이번 면접에 꼭 합격하고 싶습니다. 마지막으로 저의 말을 경청해주신 면접관분들께 진심으로 감사드립니다.
(이 부분 또한 자기소개만큼 많이 연습한 부분이라 막힘없이 진행하였습니다.
좋은 결과 있길 바란다고 말씀해주셨고 감사하다고 말씀드렸습니다. 일어나서 공손하게 천천히 90도 인사하고 물러났습니다. 90퍼센트 가까이 복기된 것 같습니다. 긴장을 좀 한편이었고 생각보다 질문을 많이 안하시고 현직임에도 디테일하게 안 물어보셔서 그게 좀 걸립니다. 그리고 생각해보니 발표할 때 내용을 보느라 면접관분들과 아이컨택을 많이 못한 것 같습니다. 같은 조 사람들한테 물어보니 대체적으로 질문은 적었다고 하네요.)

CHAPTER

02 육 군

CASE 01 육군 행정 9급(2023)

면접관 밥은 먹고 오셨어요?

응시생 네, 제가 긴장을 많이 하면 배가 아파서 먹지는 못했는데 끝나고 맛있게 먹겠습니다! (다 웃으심)

면접관 현재 겉으로 나타나고 있는 안보위협과 잠재적 위협에 대해 설명해보시겠어요?

응시생 (전혀 준비 안했던 거라 살짝 당황) 네, 겉으로 드러난 안보위협에는 북한이 있습니다. 아무래도 아직 저희가 전시상황에서 휴전상태이기 때문에 북한의 도발 같은 것들을 더욱 예의주시할 필요가 있을 것 같습니다. 잠재적 위협에는 미국이나 중국을 둘러싼 외교관계 같은 것들을 더 잘 살펴서 경제적으로 외교적으로 피해가 없게끔 하는 것이 중요할 것 같습니다.

면접관 겉으로 드러나는 건 북한의 핵미사일 같은 것이 있고 잠재적인 건 미국이나 중국과의 관계 같은 것이라는 말인가요? (내가 한말 정리해주시는 느낌)

응시생 네, 아무래도 그런 잠재적인 위협에 대해서는 다른 어떤 나라보다도 우리나라가 가장 북한에 대해 잘 알고 있는 나라이기 때문에 미국과 중국, 일본과의 사이에서 중간자 역할을 잘 해내면서 그런 북한의 핵도발 같은 문제를 조율하는 것이 중요하다고 생각합니다. (면접관님 끄덕끄덕)

면접관 행정벌과 징계벌에 대해서 말씀해보세요.

응시생 행정벌은 과거의 행위에 대한 제재조치입니다. 징계벌은… (행정법 질문에 갑자기 행정학 나와서 내가 당황함)

면접관 징계벌 아세요?

응시생 아, 네. 징계벌. 그… 국가공무원법상… 징계 말씀하시는 걸까요?

면접관 네, 그 종류 말해보세요.

응시생 견책… 감봉, 정직, 강등, 파면, 해임이 있습니다. (생각하면서 어버버 말하긴함)

면접관 네, 그러면 행정처분을 할 때 이유제시를 생략할 수 있는 경우가 있잖아요? 어떤 경우가 있을까요?

응시생 네, 일단 긴급한 경우가 있습니다. 예를 들어 대집행을 해야 하는데 건물이 무너지기 직전인 경우 위험하기 때문에 이유제시를 하지 않고 대집행을 들어갈 수 있습니다. 그리고 단순 경미한 처분인 경우 상대방이 그 이유를 알고 있기 때문에 이유제시 생략을 할 수 있습니다. 그리고 신청 그대로 해주는 처분인 경우에도 상대방이 그 이유를 알고 있기 때문에 생략이 가능합니다. (끄덕끄덕)

`면접관` 혹시 수험기간이 얼마나 되었나요?

`응시생` 저는 1년 공부하였습니다.

`면접관` 1년 공부하셨는데 이제 만약 들어가시면 조직역량이 있고 개인역량이 있어요. 둘 중에 뭐가 더 중요할 것 같나요?

`응시생` 저는 조직역량이 더 중요하다고 생각합니다. 저는 혼자 할 수 있는 일은 없다고 생각합니다. 팀원들이 서로 도우면서 함께 잘하려고 노력하면 개인의 역량도 자연스럽게 같이 올라갈 수 있을 것이라고 생각합니다.

`면접관` 만약에 상관이 본인이 일을 되게 잘한다고 생각해요. 그래서 일을 엄청 줘요. 그런데 그 상황이 지속되어서 본인은 힘든 상황이에요. 어떻게 하실 건가요?

`응시생` 일단 상관님께서 저를 그만큼 믿어주시고 일을 주시는 것이기 때문에 최대한 맡은 일을 해내려고 노력할 것입니다. 그런데 만약 그런 상황이 너무 지속되고 업무가 과중해서 제가 체력적으로 힘들고 다른 업무에도 영향이 미칠 수 있습니다. 만약 그런 상황이 온다면 상관님께 솔직하게 저의 업무 상황을 말씀드리고 체력적으로 힘든 부분을 말씀드리면서 혹시 다른 동료에게 업무 배분이 가능할지 요청드려 볼 것 같습니다.

`면접관` 준예산 제도가 있어요. 이것이 무엇이고 언제 하는지 설명해보시겠어요?

`응시생` (준비 안해서 매우 당황) 네, 준예산은 예산이 성립되기 전에 예산을 써야할 상황이 있을 때 쓰는 예산입니다.

`면접관` (내가 이렇게만 대답하니까) 네. 그리고 또요?

`응시생` 아, 또… (말을 잘 못함)

`면접관` 그러면 준예산이 우리나라에서 사용된 적이 있나요?

`응시생` 5공화국 때 있었던 것 같습니다. (틀린 대답같음)

`면접관` 그러면 원래 예산의 성립시기는 언제인가요?

`응시생` 아, 네. 그…

`면접관` 그 국회 의결되기 몇일 전 이런 거 있잖아요?

`응시생` 네, 120일 전입니다.

`면접관` 왜 다들 120일 전이라고 하죠? 예산은 ~해서 그 때 120일 전이면 성립이 될 수가 없겠죠?

`응시생` 아, 네. 제가 착각한 것 같습니다. (대충 이렇게 어버버거림 민망해서 조금 웃으면서 대답함)

`면접관` 그러면 엽관주의에 대해서 장점과 단점까지 같이 설명해보시겠어요?

`응시생` 네, 엽관주의는 행정과 정치가 같이 가는 것이고 미국에서 처음 시작하였습니다. 장점은 국민의 여망이나 바라는 것들을 더 잘 반영할 수 있다는 장점이 있습니다. 단점은 아무래도 정치적인 상황이 바뀌거나 정권이 바뀌면 행정부도 같이 싹 바뀌기 때문에 안정성이나 지속성 측면에서 불안하다는 단점이 있습니다.

면접관 그러면 우리나라에 엽관제가 있는 기관이 있을까요?

응시생 (또 당황) 제가 긴장해서 그런데 잠시 생각해봐도 괜찮을까요?

면접관 네.

응시생 기관은 제가 생각이 나지 않지만 현재 우리나라에서 엽관제에 실적주의를 가미한 형태를 하고 있는 것으로 알고 있습니다.

면접관 만약 본인이 업무를 하실 때 아무도 그 의견에 동의하지 않아요. 이 때 어떻게 하실 건가요?

응시생 제가 사실 국제예술제 홍보팀에서 일할 때 이와 비슷한 경험이 있었습니다. 당시 홍보물품을 제작할 때 실장님께서는 기존에 하던대로 예술제 로고만 넣어서 홍보물품을 만들자고 하셨습니다. 그런데 저는 조금 더 디자인이 들어가면 홍보효과가 클 것 같아 대리님께 이걸 한번 말씀드렸습니다. 저는 제 의견을 설득하기 위해 단순히 디자인이 들어가면 좋겠다고 말씀드리는 것이 아닌 제가 직접 포토샵으로 디자인이 들어간 A안, B안, C안 이렇게 다양한 옵션을 만들어 실장님께 보여드렸고 실장님께서도 (좋아하시며?) 그 중에 하나를 고르셨습니다. 어떤 새로운 의견을 말할 때 아무 근거 없이 하는 것보다 그것이 구체화되었을 때 실현화되었을 때 어떨지 다양한 선택지를 드리면 상관님께서도 조금 더 부담 없이 의견을 수긍하실 수 있을 것 같습니다.

면접관 그런데 만약 그렇게 했는데도 상관이 본인 의견에 부정적이면요?

응시생 그랬을 때에는 분명히 상관님께서 저보다 이 분야의 훨씬 경력자이시기 때문에 상관님 말씀이 맞다고 생각합니다. 그 때는 저의 욕심을 내려놓고 상관님께서 하시는 일에 대한 서포트를 더욱 하려고 노력할 것 같습니다. (끄덕끄덕)

면접관 마지막으로 하고 싶은 말 해보시겠어요?

응시생 행정직렬은 많은 업무를 경험하면서 다양한 사람들과 협업해야 합니다. 저는 노무사 1차 자격증을 따면서 인사관리나 경영학에 대한 지식을 취득하였습니다. 또한 영상제작 피디로 일하면서 영상 제작을 스스로 하였고 홍보팀에서는 보도자료 작성 등을 해보았습니다. 저의 이런 경험을 바탕으로 전문성이 있는 군무원이 되고 싶습니다. 감사합니다. (인사 꾸벅하고 나가려고 하는데 면접관 한분께서 약간 웃으시면서 "왜 노무사 1차를 마지막에 말하셨어요~" 하자 다들 웃으셨습니다. ㅎㅎ)

CASE 02   육군 행정 9급(2023)

면접관 안보관과 안보문제 어떻게 해결할지 말씀해보세요.

응시생 우리나라는 표면적으로 북한의 핵, 미사일 등 비대칭 전력으로 인한 전쟁의 위험이 있고 그 밖에 지정학적으로 주변 국가들에 견제를 많이 받는 상황입니다. 이를 통해 동맹이나 국방력 강화에 더욱 힘써야 한다고 생각합니다. 다만 이런 내용을 군무원 면접을 준비하면서 알게 되었고 교육적인 측면이 부족하다고 생각해서 학교에서 교육을 하는 등 경각심을 가져야할 필요가 있습니다.

면접관 군무원 지원동기는 무엇인가요?

응시생 외국어 전공으로 정세에 따라 달라지는 일자리 기회와 사회적 인식으로 두려웠습니다. 그러던 중 공공기관의 인턴을 하면서 잘 짜여진 조직 내에서 근무하는 것이 잘 맞다고 생각하였고 원칙과 규정을 중시하는 군의 환경과도 잘 맞을 것이라 생각해 지원하였습니다. 조직 체계와 역량에 대해 공부 중이고 이를 통해 적응력이 빠른 군무원이 되고 싶습니다.

면접관 군은 위계질서가 확실한데 이에 대해 어떻게 생각하고 상관의 의견과 다를 때 어떻게 해결할 것인가요?

응시생 위계질서 및 복종은 유사시 가장 효율적으로 명령을 수행할 수 있기 때문에 이런 제도를 유지한다고 생각합니다. 기본적으로 상관의 의견을 따르겠지만 제가 확실히 옳은 의견이라면 뉴스나 논문을 통해 자료를 만들고 설득이 어려울 수 있으니 동료나 의견을 동의하는 사람들을 먼저 모아 같이 보고서를 올리겠습니다.

면접관 격오지 근무나 전투 훈련은 괜찮나요?

응시생 면접 준비하면서 이것이 군무원 면직 사유 중 가장 큰 부분을 차지함을 알게 되었습니다. 저는 해외 경험 및 4남매 중 늦둥이라는 성장환경을 통해 적응력과 붙임성이 좋아서 충분히 잘 적응할 수 있습니다. 국방부에서 인사상 가점 및 이동시 희망 지역 우선 발령을 해주시는 걸로 알고 있는데 이런 부분도 메리트 있다고 생각합니다.

면접관 지금 당장 그 이점을 주는 게 아닌데도요?

응시생 네, 그렇지만 저는 격오지 자체는 잘 적응할 수 있어서 문제없습니다.

면접관 인생에서 성공사례와 실패사례를 말하고 느낀 점과 조직에서 어떻게 활용할지 답변해주세요.

응시생 성공사례는 처음 해보는 사보 제작 업무를 맡게 되었으나 퇴근 후 학원을 다니고 상사께 여쭤보며 완성한 것입니다. 뭐라도 하려는 노력이 결국 하나의 역량이 되었습니다. 이렇게 모르는 업무는 앞으로 학원을 다니거나 여쭤보며 수행하겠습니다.
실패사례는 한 달이 걸린 프로젝트에서 컴퓨터상의 문제로 발표를 망친 적이 있습니다. 당연히 프로그램이 설치되었다고 생각하였던 저의 안일함을 반성하게 되었으며 앞으로 조직에서 기본적이고 환경적인 것도 고려하기 위해 일찍 도착하고 여러 번 확인하겠습니다.

면접관 상사가 부당한 지시를 한다면 어떻게 할 것인가요?

응시생 부당한 지시는 개념이 모호하고 추상적일 수 있어서 검토하겠다고 답변 후 자리로 돌아가 메뉴얼이나 선례를 파악하겠습니다. 부당한 것이 맞다면 조심스럽게 가서 불편한 점을 말씀드리고 이러한 부분이 갑질 등으로 이어질 수도 있고 오해를 살 수도 있다고 넌지시 말씀을 드릴 것 같습니다.

면접관 (전공) 공유지의 비극과 해결방안, 비례의 원칙과 하위원칙, 통치행위의 정의와 인정 사례에 대해 답변해주세요.

응시생 (나머지는 잘 대답했는데 통치행위의 경우 사례를 잘 못 들었더니 그게 확실하냐는 식으로 다시 물어보셔서 잠시 기억이 안났다고 좀 횡설수설하며 다시 설명했습니다. ㅠㅠ)

면접관 마지막으로 하고 싶은 말씀해주세요.

응시생 군무원을 단순히 후방 지원 조직으로만 생각했는데 이 직업에 도전하면서 얼마나 군 장병분들과 군무원이 다양한 분야에서 힘 쓰시고 있는지를 알게 되었습니다. 이러한 노고를 국민들에게 꼭 알리고 싶고 제 역량을 통해 잘 할 수 있을 것 같습니다. 합격한다면 저 또한 군무원의 얼굴이라고 생각하여 정직하게 근무하겠습니다. 경청해주셔서 감사합니다.
(면접관분들 전부 유하시고 웃으면서 진행하셨습니다. 압박 질문은 하나도 없었고 꼬리 질문도 거의 없었습니다. 저는 오히려 평이한 질문뿐이라 장점이나 노력들을 어필하지 못한 것 같아 아쉽습니다. 그냥 무난하게 본 느낌입니다.)

CASE 03 육군 재활치료 9급(2023)

면접관 (아이스 브레이킹) 오시느라 많이 힘드셨죠? 일찍 오셨나요?

응시생 네, 일찍왔습니다!

면접관 자기소개 1분정도로 해주세요, 앞으로 군무원이 된다면 어떻게 하고 싶은지까지도 구체적으로 이야기해주세요.

응시생 네, 안녕하십니까. 육군재활치료직렬 지원자 알맹이가 꽉찬 땅콩 ○○○입니다! 저는 두 가지 강점을 가지고 있습니다. 첫째 전문성입니다. 재활병원에서 2년 5개월간 근무하면서 통증치료, 운동치료, 도수치료 등 다양한 치료를 경험해보았습니다. 또 운동치료 전문 자격증인 PNF자격증을 취득했습니다. 둘째 적극성입니다. 재활병원 근무당시 무릎수술 환자를 맡아서 치료했던 경험이 있습니다. 단순히 진단명만 보고 무릎관절 각도만을 늘릴 수도 있지만 저는 환자분이 왜 무릎이 아프게 되었는지 근본원인을 파악하고 싶었습니다. 그래서 환자분의 걸음걸이를 관찰한 결과 걸음걸이에 문제가 있다는 것을 파악하고 그에 맞는 운동치료를 통해 재발을 방지했던 경험이 있습니다. 제가 재활치료 군무원이 된다면 이런 저의 전문성과 적극성을 발휘하여 부상당한 장병들의 증상뿐만 아니라 근본원인까지 파악하여 육군의 의료체계 향상에 기여하는 군무원이 되겠습니다.

면접관 2년 5개월 정도 병원에서 근무해보셨다고 했는데 그러면 군무원으로서 병원에 근무할 때 가장 중요한 가치가 무엇이라고 생각하시나요? (질문이 잘 기억이 안납니다.;;)

응시생 책임감이라고 생각합니다. 국민들이 그들의 권한과 권리를 넘겨주어 공무원들이 공익수행을 위해 업무를 할 수 있는 것이기 때문에 책임감이 중요하다고 생각했습니다. 저는 병원에 근무하면서 2년간의 긴 치료생활에 지쳐 치료를 포기하려는 환자분께 책임감을 가지고 끝까지 치료하여 성공적인 결과를 낸 적이 있습니다. 환자분께서는 발이 앞으로 나가지 않는 것을 힘들어 하셨는데 저는 환자분과 걸으면서 발을 밀어드리며 하루에 한 바퀴씩 6개월을 걸었습니다. 6개월 후에는 환자분께서는 제가 발을 밀어주지 않아도 발이 나가는 변화를 보이셨습니다. 군무원이 되어서도 항상 맡은바 업무에 최선을 다해서 업무를 처리해서 상사분께서 업무를 맡기실 때 믿고 맡길 수 있는 후배가 되겠습니다.

면접관 콜레스 골절이 무엇인가요?

응시생 손등으로 짚고 넘어질 때 발생하는 골절로 노뼈 먼쪽이 뒤로 전위되는 골절입니다! 앗, 아니 손바닥으로 넘어질 때입니다!

면접관 그렇죠? 그럼 후유증이나 같이 오는 증상이 무엇인가요?

응시생 손모양이 포크모양으로 변하는 포크모양 변형입니다.

면접관 또 없나요?

응시생 아마 노뼈 먼쪽이 뒤로 전위되면서 radial nerve가 손상받을 것 같습니다. 그래서 그로인해 radial nerve가 지배하는 근육인 손목 폄근이나 손가락 폄근에 약화가 올 수 있다고 생각합니다. (틀림. medial nerve였습니다.)

면접관 그럼 이 콜레스 골절을 어떻게 치료하실 건가요?

응시생 우선 골절 편이 뒤로 빠져있기 때문에 잘 맞추도록 하고 근력도 약해졌을 것이기 때문에 건측과 환측을 비교해서 근력의 기준을 세워 손으로 막아서 근력운동을 할 것 같습니다. 또 나사 돌리기나 수건 짜기 등의 훈련을 해볼 것 같습니다. (대략 이렇게 말하긴 했는데 이게 맞는지 모르겠습니다. 하지만 치료법에 정답이 없기는 합니다.)

면접관 보통 환자들이 치료받고 나서 낫는데 얼마나 걸리냐고 많이 물어볼 거 같은데 이 콜레스 골절 환자에게는 뭐라고 말해줄 건가요?

응시생 3개월이라고 말씀드릴 것 같습니다. 병원에 다니면서 무릎수술 환자분 재활시에도 보통 3개월 정도라고 말씀을 드렸습니다. 근골격계 환자분의 경우 회복하시는데 보통 3개월이 걸린다고 알고 있습니다. 또 콜레스 골절은 radial nerve가 손상되었을 수 있기 때문에 손상된 신경이 회복되는 데 시간이 걸리기 때문에 3개월이라고 말씀드릴 것 같습니다.

면접관 그럼 콜레스 골절 환자분에게 차후에 어떤 관리를 해줄 건가요?

응시생 골절편이 또다시 뒤로 빠지지 않도록 보조기 등을 통해 고정하여 재발을 막겠습니다.

면접관 glenohumeral rhythm이 무엇인지 설명해주세요.

응시생 어깨가 flexion할 때 180도 각도가 정상 각도입니다. 여기서 어깨와 위팔뼈 관절에서 120도 어깨뼈 관절에서 60도가 일어나 180도가 되는 것을 말합니다.

면접관 그럼 그 비율을 아시나요?

응시생 네. 2:1입니다.

면접관 군병원에서는 물리치료와 사무업무 등 다양하게 업무를 하게 될 수 있습니다. 병원에서 본인이 새로운 방식을 적용해 업무를 해본 경험이 있나요?

응시생 네, 저는 1년차 때 아침에 일찍 병원에 출근해 11명의 동기들과 치료를 준비하는 업무를 맡은 적이 있습니다. 그때 유독 한 명의 동기가 업무에 제대로 참여하지 않아 저는 왜 업무에 잘 참여하지 않는지 물었습니다. 동기는 사실 아침에 일찍 오는 것이 집이 멀어 너무 힘들다고 말했습니다. 저는 동기의 말을 들으니 동기의 상황이 이해가 갔습니다. 그래서 동기도 업무에 참여할 수 있도록 오전조와 오후조로 업무조를 다시 편성해서 모두가 업무에 참여할 수 있도록 도왔던 경험이 있습니다.

면접관 군대 내에서 부당지시를 하면 사실 이것을 막기가 어렵습니다. 이런 것을 개선하기 위한 방안이 있을까요?

응시생 음… 7·8·9급 군무원들을 모아 부당지시에 대한 의견을 들어보고 어느 것이 부당지시라고 생각하는지 의견을 모아 6급 이상의 군무원들과 이야기를 통해 해결하겠습니다. 또 필요하다면 부당지시위원회를 열어 조사를 통해 해결하겠습니다. (얼버무림;;)

면접관 네, 고생하셨습니다. 이제 나가보셔도 됩니다.

응시생 저 마지막 말 한번만 해도 될까요?

면접관 네, 하세요!

응시생 네, 면접답변을 하면서 치료에 대한 제 열정과 전문성을 보여드리기 위해 노력했습니다. 재활병원에서 일했던 경험으로 지금·당장 업무에 투입 될 준비가 되어있습니다! 평생을 군가족으로 살아오면서 군인과 군무원의 헌신과 노고에 대해 잘 알고있기 때문에 제…제…제… (답변 막힘. 원래 제 능력으로) 제 것으로 도울 수 있도록 하겠습니다. 감사합니다!

면접관 고생하셨습니다.

응시생 (전 사실 나오고서 엄청나게 못 봤다고는 생각 안했는데 부당지시가 제가 평소 듣던 문제가 아니라 조금 당황해서 저 답을 맞게 한건지 궁금합니다. 전공질문이 생각보다 꼬리질문이 엄청 많아서 놀랐습니다. 전공은 기본적인 내용은 어느 정도 맞고 치료법은 좀 이상하긴한데 병원에 저런 진단명으로 오셔서 치료받지 않기 때문에 다른 지원자들도 비슷할 것이라고 생각합니다.;;)

CASE 04 육군 군수(2023)

면접관 (아이스 브레이킹) 계룡에 와본 적 있으세요?

응시생 아, 아뇨. 계룡은 오늘 처음 와보고 대전은 와봤습니다.

면접관 대전은 자주 와보셨어요?

응시생 아뇨, 딱 한번 와봤습니다.

면접관 계룡 어떤 것 같은가요?

응시생 좋은 것 같습니다. 오다가 문화축제 되어있던 장소를 봤는데 신기했습니다.

면접관 그렇군요. 혹시 밥은 드셨나요?

응시생 네, 긴장이 되어서 2그릇 먹고 왔습니다.

면접관 긴장되면 보통 아침에 잘 안 먹고 이거 끝나고 드시는 분들이 많은데ㅎㅎ

응시생 저에겐 밥은 정말 중요해서 먹고 왔습니다.

면접관 그러면 자연스럽게 자기소개 1분 내로 부탁드릴게요.

응시생 네, 안녕하십니까. 저는 파워 계획형의 특징을 가진 육군 군수지원자 ○○○입니다. 놀이동산에서 식료품 판매관리를 하면서 재고관리 업무를 맡았던 적이 있습니다. 당시 남들보다 30분정도 일찍 출근하여 재고를 체크하는 습관을 길렀습니다. 이후 업무를 하면서 재고관리를 좀 더 효율적으로 하기 위해 재고관리시스템 표를 직접 제작하여 실시간으로 공유하는 성과를 냈었습니다. (가운데분 끄덕임) 이후 우수사원으로 선정돼 장학금을 얻었습니다. 저는 이외에도 계획성과 꼼꼼함을 대학교 생활 4년 내내 성적장학금과 수석졸업의 명예를 이룰 수 있었습니다. (세분 다 쳐다봄.) 저는 육군 군수직의 전문성을 길러 저의 능력을 발휘해보고 싶습니다. 또한 6.25 참전용사셨던 친할아버지의 국가적 사명감을 이어받아 국가에 이바지하는 맞춤 인재가 되고 싶어 지원하게 되었습니다. (이때도 쳐다보심.)

면접관 지원동기도 말씀해주세요.

응시생 네, 답변드리도록 하겠습니다. 우선 저는 앞에서도 말씀 드렸듯이 6.25 참전용사신 친할아버지와 당시 피란민의 상황을 겪으셨던 할머니의 영향을 굉장히 많이 받고 자랐습니다. 이에 자연스럽게 직업군인에 대한 존경심을 많이 가지게 되었습니다. 이후 스타트업 회사에서 재고물품관리의 업무를 수행하면서 재고의 오류를 최소화하고 재고의 대체품을 찾는 업무를 하면서 성취감이 오랫동안 남아있었습니다. 이후 자연스럽게 할아버지의 국가적 사명을 이어받기 위해 군대 내에서 관련 직렬을 찾아 작년부터 올해 군수직에 도전하여 지금 이 자리까지 오게 되었습니다.

면접관 (전공질문 행정법) 과징금과 과태료의 차이점과 예시는 무엇인가요?

응시생 (준비했던 질문이라 함박웃음 짓고 답변) 우선 과태료에 대해서 말씀드려도 되겠습니까? (네.) 과태료는 벌금과 비교해볼 수 있습니다. 벌금은 전과기록이 남는 금전적인 제재입니다. 반대로 과태료는 행정질서법에 의거한 금전적인 제재인데도 불구하고 전과기록이 남지 않는 특징을 가집니다. 대표적인 예시로는 신호과속을 하고나면 다음 날 노란우편이 오는 경우가 과태료에 해당합니다. 과징금은 부당한 이득을 환수하려는 목적이 크고, 각 세법에 적용된 금액에 따라 금전적인 제재를 가하는 것입니다. 이처럼 과징금의 대표적인 예시로는 사업의 비리, 탈세 등으로 부당한 이익을 한 경우 환수하려는 것이며 이러한 목적이 가장 큰 차이점이며 적용되는 법이 다르다는 것도 차이점입니다. (교수님 엄청 끄덕이시고 아이컨택하고 꼬리질문 없이 바로 넘어갔습니다. 이때부터 자신감 얻었습니다.)

면접관 (전공질문) 경영학 기본 4가지 요소에 대해 답변해주세요.

응시생 네, 답변드리도록 하겠습니다. 우선 제가 아는 경영학의 기본 4가지 요소는 구성요소, 중요요소 등이 있습니다. 우선 구성요소에는 직무, 직위, 상호관계설정, 책임과 권한이 있습니다. (이때 교수님이 살짝 갸우뚱한 거 같았음) 이외에 중요요소로는 인적, 물적자원, 인적자원, 전략이 있습니다. (이때도 대답을 안 끊은거 보니 원하는 대답이 아닌 거 같았음) 마지막으로 제가 아는 것으로는 투입, 프로세스, 산출… 산출… 피드백!!!이 있습니다. 이외에 4가지 요소는 제가 잘 모르는 것 같습니다. (근데 이게 정답인거 같았음. 이 역시 꼬리질문 안하시고 바로 넘어가심. 기본요소 4개가 너무 방대해서 그냥 내가 아는 거 다 최대한 말하고 하나라도 걸리라는 심정으로 말함. 포기하지 않길 잘한 거 같음)

면접관 (전공질문) 매몰비용과 매몰비용의 원리에 대해 답변해주세요.

응시생 (준비 안한건데 재무가 나올 거라고는 생각을 못했습니다.ㅠㅠ) 네, 답변드리도록 하겠습니다. 우선 매몰비용은 과거에 이미 지급했던 비용으로 알고 있습니다. 이 외에 제가 매몰비용에 대해서는 제대로 알아보지 못해 입직하기 전까지 공부하여 꼭 숙지하도록 노력하겠습니다. (숙지한다고 했지만 괜찮은 게 정의가 다행히 맞았습니다. 그 짧은 시간에 온 기억을 끄집어내서 정의라도 말했고 이후에 전공질 문은 아예 없었습니다.)

면접관 격오지 근무는 괜찮은가요?

응시생 네, 답변드리도록 하겠습니다. 당연히 군무원을 작년부터 준비하면서 격오지 근무에 대해서는 잘 알고 있습니다. 우선 저는 중국에서 경험했던 적이 있어 중국인 분들과 소통하려는 노력을 하여 적응력을 잘 끌어올릴 수 있었고 (이때도 교수님들이 반짝이는 눈빛으로 쳐다봄) 초·중·고·대학교 모두 타 지 역에서 기숙사, 자취생활을 하며 적응력을 강화시켜 왔습니다. 이는 격오지 관련 지역 특색과 문화에 잘 융합하여 군조직 내에서 분명 도움이 될 것이고 저만의 힐링스폿으로 생각해 잘 적응할 자신이 있 습니다.
(여기서 가운데 분이 "말 잘하시네요~"하셨어요.)

면접관 자기계발을 위해 어떤 노력을 했나요? 수험생활 제외하고 답변해주세요.

응시생 (자기계발 지속적으로 한 걸 물어보는 거 같아서 제가 준비했던 장점을 꺼냄) 네, 저는 우선 남들보다 아니 전반적으로 강인한 체력을 가지고 있습니다. 어렸을 때부터 달리기를 좋아해서 중학생 때 경기도 내 육상대회에서 3등을 입상한 경험이 있습니다. 이후 고등학교를 진학하여 백두대간 완등 프로그램 을 자발적으로 참여했던 적이 있었습니다. 이렇게 저는 지금도 아버지와 주말마다 등산을 즐기고 있습 니다. 저는 군무원이 체력이 가장 중요하다고 생각하며 이러한 체력을 기른다면 정신적으로도 큰 도움 을 받을 수 있을 것이라고 생각해 꾸준히 계발하고 있습니다.

면접관 백두대간이요? 그거 엄청 힘든 건데 기간은 어느 정도걸렸나요?

응시생 네, 정말 힘듭니다. 새벽 4시에 등반을 시작해서 대부분 오후 4~5시에 완료됩니다. 기간은 원래 2년 정도인데 저는 1년 정도 참여했습니다.

면접관 리더십 활동이 있다면 답변해주세요.

응시생 네, 답변드리도록 하겠습니다. 저는 우선 대학생 때 총학생회 홍보부 축제팀장총괄을 맡았던 적이 있 습니다. 제가 맡았던 업무는 팜플릿, 포스터, 현수막 등을 전문프로그램을 활용해 학생들에게 홍보해 야하는 것이 주목적이었습니다. 하지만 저의 임원들은 관련 프로그램들을 다루지 못해 소통에 있어 어려움을 겪었던 적이 있습니다. 그래서 임원들의 시간표를 얻어 빈 시간에 노트북을 들고 찾아가 임 원들에게 매주 1회 정도 관련 프로그램을 다룰 수 있도록 과제를 내주었습니다. 이후 임원들 스스로 관련 홍보물을 제작하여 SNS에 홍보물을 올릴 수 있게 되었습니다.

면접관 홍보면 구체적으로 어떤 일을 했나요?

응시생 학교 축제와 관련된 팜플릿, 포스터, 현수막 등을 제작하는 업무를 맡았었습니다.

면접관 군수업무는 기한을 지키는 것과 완성도를 높이는 것 두 개 모두 중요합니다. 자신이 중요하게 생각하는 것 그리고 자신의 아이디어가 있다면 무엇인가요?

응시생 네, 답변드리도록 하겠습니다. 우선 군수업무는 비상상황에 돌입하여 필요한 물품을 신속하고 정확하게 군인들에게 전달해야 합니다. 그렇기 때문에 저는 원칙적으로 기한을 지키는 것이 가장 중요하다고 생각합니다. 이후 상사님에게 기한을 좀 더 늘려달라고 말씀 드린 후 업무의 완성도를 높일 수 있도록 더 노력할 것 같습니다.

면접관 마지막 할 말이 있다면 해주세요.

응시생 네, 사실 준비했습니다. ㅎㅎ

면접관 네, 그러신 거 같아서 질문드렸어요. ㅎㅎ

응시생 (모든 원기옥을 모아서 대답함) 네, 우선 저의 부족한 답변을 경청해주신 면접관님께 정말 감사합니다. (이때부터 오른쪽 경영학 교수님 빤히 나를 쳐다봄) 저는 군무원 군수직에 최종합격하게 된다면 카멜레온 같은 인재가 되고 싶습니다. 카멜레온이란 시시각각 변화하는 환경에 따라 자신의 몸 보호색을 바꾸는 능력을 가진 동물입니다. (가운데분이 진짜 너무 인자한 미소지으심) 저는 이렇듯 국가적 상황에 맞게 국군 장병들과 군인들에게 필요한 자질과 재능을 뒤에서 최대치로 끌어올릴 수 있도록 지원해주며 성장하겠습니다. 정말 마지막으로 저는 육군 군수사령부 홈페이지에 있는 오늘의 현장 군수인에 선정되는 것이 작은 목표입니다. 감사합니다.

면접관 더 하실 말씀 없으신 건가요? 다 하신 거죠?

응시생 네!!

CASE 05 육군 군수직(2023)

면접관 (아이스 브레이킹) 안녕하세요. 시간이 이래서 밥 먹었냐고 물어보기도 그렇고… 식사는 하셨습니까?

응시생 네, 오는 길에 휴게소에서 맛있는 김치찌개를 먹고 왔습니다.

면접관 그럼 한번 시작해보겠습니다. 심호흡 한번 하시고! 군인과 군무원의 차이는 무엇인가요?

응시생 네, 명목상 군인은 군인사법의 적용을 군무원은 군무원인사법의 적용을 받습니다. 그리고 군인이 실제로 전투에 참여하는 전투요원이라면 군무원은 전투력유지를 위해 기술분야, 행정분야를 책임지는 전투지속지원이라고 할 수 있습니다. 다만 저희는 국가방위, 국민수호, 전투력유지라는 공통목표를 가지고 부대라는 같은 공간에서 근무를 한다는 점에서 공통점이 있습니다.

면접관 군무원으로서 필요한 역량은 무엇인가요?

응시생 네, 저는 책임감이라고 생각합니다.

면접관 (갸우뚱)

응시생 죄송합니다. 다시 말씀드리겠습니다. 저는 계획적 사고라고 생각합니다. (끄덕) 저는 건설회사에서 근무하면서 조달계약업무를 수행하였습니다. 부대 입찰시스템이나 조달청 나라장터시스템에 투찰을 하고 낙찰이 되면 계약서류부터 정산서류까지 일련의 과정을 직접 진행하면서 저는 계획적 사고를 키워왔습니다. 군부대에는 군수통합정보체계와 52주 부대운영계획이 있습니다. (갸우뚱) 저의 계획적 사고를 바탕으로 그런 부분을 세밀하게 파악하여 군수물자보급관리를 선제적인 태도로 추진하겠습니다.

면접관 아니 52주 부대계획을 어떻게 알아요?

응시생 공부를 많이 하였습니다!

면접관 무슨 일을 맡고 싶은가요? (이 부분이 기억이 흐려요.;;)

응시생 저는 조달업무를 해보았기 때문에 잘 할 수 있다고 생각합니다. 하지만 신입군무원으로서 조달계약업무를 잘하지 않는다는 것을 알고 있습니다. (끄덕) 따라서 제가 앞선 기업들에서 근무를 했을 때 실무적인 부분은 금방 따라가지만 어느 회사든 용어적인 부분에서 습득이 필요하다는 것을 느꼈습니다. 따라서 저는 군수품 품목관리… 아이템매니저를 담당해보고 싶습니다.

면접관 (전공질문) 대리인비용이 무엇인가요?

응시생 네. 경영자는 소유경영자와 전문경영자가 있습니다. 소유경영자는 소유와 경영이 일치하며 전문경영자는 소유와 경영이 불일치합니다. 이 불일치의… (2초 정적) 상충상황에서 대리인비용이 발생하게 됩니다. 대리인비용에는 감시비용, 확증비용, 잔여손실비용이 있습니다. 감시비용은 주주가 대리인을 감시하는 비용, 확증비용은 대리인이 자신이 잘하고 있다는 것을 확인시키는 비용, 잔여손실비용은 대리인이 자신이 최선의 선택을 하지 못하였을 때 그 손실비용입니다.

면접관 손익분기점이 무엇인가요?

응시생 (단어가 생각 안나서 3초 정적) 손익분기점은 투자 대비 수익이 같아지는 생산량을 의미합니다. 구하는 공식은 고정비를 공헌이익으로 나누어 계산합니다. 공헌이익은 가격에서 변동비를 빼서 구합니다. 따라서 고정비와 변동비가 올라가면 손익분기점 또한 올라갑니다.

면접관 그러면 손익분기점 분석에서 사업자 입장에서 재무재표분석을 위해 평가를 단기로 해야 좋나요? 장기로 해야 좋나요? (질문 잘 기억안남)

응시생 (정적) 네, 저는 성과가 잘 드러나야 되니 단기로 평가해야 좋다고 생각합니다. (답인지 모름)

면접관 그럼 투자자의 입장에서는요?

응시생 투자자의 입장에서도 성과확인을 위해 단기라고 생각합니다. (이것도 모름.;;)

면접관 유기적, 기계적 구조를 간단하게 설명해주세요.

응시생 네, 기계적 구조는 복잡성, 집중화, 공식화가 모두 높은 조직입니다. 복잡성이란 부서의 분화, 집중화는 권력의 집중정도, 공식화는 문서의 표준화 중도를 의미합니다. 유연조직은 복잡성, 집중화, 공식화가 모두 낮은 조직입니다. 조직구조는 기능별구조−사업부제구조−매트릭스구조−네트워크구조−프로세스 구조로 갈수록 유연조직입니다. 죄송합니다. 네트워크와 프로세스를 순서를 바꿔 말씀드렸습니다.

면접관 그럼 현대조직구조는 어떻다고 생각하나요?

응시생 네, 저는 현대조직구조는 유기적 구조에 가깝다고 생각합니다. 왜냐하면 코로나 이후로 조직구조는 급변하고 있습니다. 따라서 애드호크라시와 같은 유기적 구조가 늘어나고 있습니다. (끄덕)

면접관 전공이 뭐예요?

응시생 저는 경영학을 전공하였습니다.

면접관 그런데 경영학과 나왔는데 왜 행정직렬 안가고 군수직렬 왔어요?

응시생 (경영학과라서 온 건데 새로운 질문에 당황;;) 저는 경영학과가 군수직렬과 관련이 있다고 생각합니다. 경영학은 기업목적을 달성하기 위해 한정된 자원을 최적배분 하는 의사결정을 지원하는 학문입니다. 그리고 군수는 군사목적을 달성하기 위해 국가자원을 동원하고 사용하는 총체적인 역할을 담당합니다. 그러한 국가자원을 어떻게 최적배분할 것인지에 대해 경영학이라는 학문이 제시해줄 수 있다고 생각합니다. 예를 들면 생산운영관리에서 EOQ와 같은 공식을 이용하여 군수품 경제적 주문량을 도출할 수 있을 것입니다.

면접관 혹시 군대계급 아세요?

응시생 네, 하하. 한번 해보겠습니다.
일반병사 이등병 일병 상병 병장
부사관 하사 중사 상사 원사
준사관 준위
위관장교 소위 중위 대위
영관장교 소장 중장 대장 아 죄송합니다. (끄덕) 소령 중령 대령입니다.
장군 준장 소장 중장 대장
그리고 국가원수입니다.

면접관 잘 아시네요. 마지막 할 말 있으면 해주세요.

응시생 먼저 긴 시간 동안 저의 이야기를 들어주셔서 감사드립니다. 저는 추후에 가능하다면 육군 군수사령부 군수계획처에서 군수물자 전반에 관해 계획설계를 담당하여 보고 싶습니다. (가운데 면접관님 완전 갸우뚱) 그러기 위해서는 군수물자 전반에 대해 통합적인 이해가 필요하다는 것을 너무 잘 알고 있습니다. 그 목표를 향해 매순간을 정진하겠습니다. 감사합니다!

면접관 아니 근데 군대 조직에 대해 너무 깊게 아시는데요?

응시생 네! 정말 공부를 많이 했습니다!! (끄덕)
[제가 여자임에도 군대용어를 쓰고 내부조직구조를 아니 계속 어떻게 아냐고 물어보셨습니다. 한 달 동안 직무이해에 집중했는데 그 부분에 대해 많이 나왔고 인성문제는 분위기 흐름상 나오지 않았네요. 격오지 질문조차 안 받았습니다. 제가 좀 신기하셨던 거 같습니다. 다만, 시선처리를 확실히 하진 못했습니다. 정말 편안하게 면접볼 수 있도록 면접관님들이 배려를 많이 해주신 거 같습니다. 후기들을 보니 제가 따뜻하신 분들과 함께했네요. 분위기는 아주 따스했습니다. 스톱워치를 켜놓고 들어갔는데 12분 27초였습니다. (입장순간부터 나오기까지) 아이스 브레이킹과 이것저것 빼면 10분 정도 면접 보았습니다.]

면접관 (아이스 브레이킹) 긴장하지 마시고 편안하게 답변하시면 됩니다. 혹시 긴장하셨나요?

응시생 아니요. 긴장하지 않았습니다!

면접관 혹시 어디서 오셨어요?

응시생 저는 ○○에서 왔습니다.

면접관 그럼 새벽 기차타고?

응시생 아닙니다. 전날 숙소를 잡아 있다가 왔습니다.

면접관 아, 그렇군요. 혹시 식사는 하셨습니까?

응시생 네, 저는 아침 간단히 먹고 왔습니다.

면접관 그럼 1분 이내로 자기소개 해보실까요?

응시생 안녕하십니까. 성실함과 조직을 위해 헌신하는 마음을 지닌 지원자 ○○○입니다. 저는 사령부 보좌관실 행정병으로 군 복무를 마쳤습니다. (여기서 관심있어 하시는 눈치가 보여 속으로 꼬리질문 예상) 제가 주로 했던 업무는 지휘관 일일계획표 작성, 문서 업무, 접견 준비 등으로 계획적이면서도 임기응변 능력을 요하고 무엇보다도 의사소통 능력이 중시되는 업무였습니다. 평소에도 사람들과 소통 하는 것을 좋아하여 군 생활에 빠르게 적응할 수 있었고, 전역할 때 즈음에 부서 내 간부님께서 이제 국방의 의무는 다했으니 군무원을 해보는 게 어떻겠느냐고 해서 저는 바로 타부서 행정직 군무원분을 찾아가 대화를 나누었습니다. (이거 말할 때 좋은 표정을 지어주심) 대화를 나눠보니 그 분께서 하시는 일이 저와 직무적합도가 높다고 생각하여 작년부터 열심히 준비한 결과 지금 이렇게 면접관님들 앞에 설수 있게 되었습니다.

면접관 행정직 군무원을 지원한 이유는 무엇인가요?

응시생 다른 직렬에 비해 다재다능해야 한다는 점이 좋았고, 아무래도 행정병으로 복무를 하며 계획적인 성향을 지닌 저와 잘 맞다고 생각하여 지원하였습니다. (가장 늦게 복기한 질문이라 정확한 답변 뉘앙스가 잘 기억이 나질 않음)

면접관 합격해서 입직하게 되면 주로 어떤 업무를 하는지 알고 있나요?

응시생 국방행정이나 인사, 재정쪽 업무를 다루는 것으로 알고 있습니다.

면접관 격오지로 발령되면 어떨 것 같은가요?

응시생 물론 저도 사람인지라 연고지에 발령되면 좋겠지만 격오지에 가더라도 괜찮습니다. 대학시절부터 자취를 하였고 본래 외로움을 많이 타지 않습니다. 또한 월세 문제가 있을텐데 대학 때부터 아르바이트를 하여 월세 정도는 문제없습니다.

면접관 공기업에 비해 보수가 적은데 군무원에 지원한 이유는 무엇인가요?

응시생 국가와 국민을 위해 일한다는 점이 좋았고 일반 공무원이 아닌 군무원에 지원한 이유도 저는 군생활에 있어 정말 좋은 기억들이 많이 남아있기 때문입니다. 배울 점이 많은 분들이 있었고 그게 후임이라 할지라도 예외는 아니었습니다. 저는 사람들을 만날 때 누구나 장점이 있다고 생각합니다. 그 장점들 중에 제가 배워야할 점이 있다면 습득하여 배우는 자세를 가졌습니다.

면접관 (전공질문) 필기 공부하시면서 행정학, 행정법, 경제학을 하셨을텐데 질문 드리겠습니다. 기속행위와 재량행위의 차이점을 사법심사와 관련하여 설명해보세요.

응시생 기속행위는 법에 규정되어 재량의 여지가 허용되지 않는 행정행위입니다. 재량행위는 행정청의 재량이 허용되는 행정행위입니다.

면접관 [꼬리질문] 정의 말고 사법심사와 관련하여 설명해보시겠어요?

응시생 그 부분은 제가 기억이 잘 나지 않아 면접장을 나가면 바로 숙지하도록 하겠습니다.

면접관 그러면 wilson의 규제에 대해 설명해보세요.

응시생 wilson의 규제정치로는 이익집단의 정치, 운동가의 정치, 다수의 정치, 고객의 정치로 구성되며 로비가 가장 많이 일어나는 곳은 고객의 정치입니다.

면접관 [꼬리질문] 운동가의 정치의 예시에 대해 말씀해보세요.

응시생 배출환경권 제도입니다.

면접관 [꼬리질문] 이익집단의 정치에 대해 설명해보세요.

응시생 이익을 추구하는 집단이 모여 편익이 집중되고 비용이 집중됩니다. (여기서 살짝 버벅임)

면접관 완전경쟁시장의 조건에 대해 설명해보세요.

응시생 모든 재화에 완전한 정보가 있어야 하고, 일물일가의 법칙이 성립하여야 합니다.

면접관 사령부 어디 사령부였어요?

응시생 ○○사령부였습니다.

면접관 그러면 CP병이었나요? 육군○○사령부?

응시생 아닙니다. 공군이었습니다.

면접관 공무원의 정년 연장에 대해서 어떻게 생각하나요?

응시생 현직이나 새로 입직하려는 사람 모두에게 정년을 보장하여 그 기간만큼 더 근무를 할 수 있기 때문에 월급부분에서도 좋은 것 같습니다.

면접관 [꼬리질문] 그러면 지원자님의 상황이라면 어떠실 것 같은가요?

응시생 저 또한 그만큼 정년이 늘어나는 만큼 공직에서 더 일을 할 수 있어 좋은 것 같습니다.

면접관 [꼬리질문] 아까 자기소개 때 임기응변 능력이 필요하다고 하였는데 군 생활해보면 암암리에 원칙을 벗어나는 일을 하지 않겠습니까? 근데 원칙을 중시하는 사람이라면 너무 딱딱하지 않은가요? 지원자님은 어떻게 하실 건가요?

응시생 저는 원리원칙대로 일을 수행하는 것이 필요하나 항상 계획대로 되지 않기 때문에 법을 위반하지 않는 범위 내에서는 재량을 발휘하는 것도 필요하다고 생각합니다. 실제로 복무 중에 원칙을 어긋나게 행동을 하는 사람이 있었는데 그것은 잘못된 행동이라고 바로 잡아주었습니다.

면접관 본인의 10년 뒤 모습은 어떨 것 같나요?

응시생 직장 선배에게는 일 잘하는 후배, 동료에게는 고민이나 고충을 털어 놓을 수 있는 편한 동료, 후배에게는 배울 점이 있는 선배가 되어있을 것 같고 가정에서는 책임감과 성실함을 지닌 남편이자 아버지가 되어 있을 것 같습니다.

면접관 유튜브와 같이 뒷광고 논란이 있었는데 이에 대해 어떻게 생각하세요?

응시생 저도 유튜브에 영상을 올려본 적이 있는데 정직하게 올리는 사람들 보다 관심을 끄는 데에만 주목하여 거짓으로 광고를 하는 사람들이 조회수가 더 잘나오는 게 아이러니 했습니다. 하지만 뒷광고는 소비자를 기만하는 행위이기 때문에 정직하게 소비자의 관심을 끌 수 있는 방안에 대해 연구하여 일을 진행하는 것이 맞다고 생각합니다.

면접관 현재 시대에 맞춰 군무원이 해야할 것은 무엇일까요?

응시생 4차 산업혁명 시대인 만큼 꾸준히 자기계발을 하는 것이 필요합니다. 특히나 군대와 같은 공조직 사회에서는 관료주의로 인해 주어진 업무에만 매달리지 않고 끊임없이 자기계발을 하는 것이 필요해보입니다.

면접관 말씀을 상당히 잘하시네요. 그렇다면 군무원에게 필요한 역량이 무엇인가요?

응시생 저는 여러 가치가 있겠지만 그 중에서도 도전 정신이라고 생각합니다. 혹시 도전 정신을 발휘했던 경험을 말씀드려도 되겠습니까?

면접관 네, 말씀해보세요.

응시생 저는 군복무 시절에 공부동아리인 ○○을 만들어 운영했던 경험이 있습니다.
원래 동아리라고 하면 고등학교나 대학교에 있는 것인데 자기계발을 하기 위해 만들었습니다. 선례가 없던지라 처음에는 운영에 있어 어려움을 겪었지만 팀원들과 화합하여 제가 부족한 점을 채워주고 팀원들이 부족한 점을 채워주는 방식으로 운영한 결과 연말에 우수동아리에 선정되었습니다.

면접관 네, 수고하셨습니다.

응시생 감사합니다.

면접관 식사는 하고 오셨나요?

응시생 네, 든든하게 김밥 두 줄 먹고 왔습니다!

면접관 그럼 자기소개부터 해주실 수 있나요?

응시생 네, 시작하겠습니다. 저는 육군 차량직에 지원한 준비된 인재 ○○○입니다. 저는 경기도 포천에서 차량정비병으로 군생활을 시작하여 임기제 부사관으로 2년 동안 추가복무 후 지난 달에 전역하였습니다. 군 복무 중에는 55대의 전투차량과 민수용차량 특수차량의 부대정비를 담당하였고 정비업무만 담당한 것이 아닌 배차관리, 정비지시서 작성 등의 행정업무를 담당한 경험이 있습니다. 이를 통해 전반적인 차량의 정비 지식과 업무에 대한 노하우를 습득할 수 있었습니다. 더 높은 전문성을 가지기 위해 자격증을 취득하고자 하였고 자동차 정비기능사, 건설기계 정비기능사를 취득하였고 지난 주에는 지게차운용기능사 필기시험에 합격하였습니다. 앞에서 말한 내용을 통해 입직 후 어떤 업무를 담당하게 되더라도 빠르게 적응할 수 있는 인재가 되겠습니다.

면접관 자기소개 하신 거에서 봤을 때 자기개발을 위해서 힘쓰신 거 같은데 계속해서 어떤 노력을 하실 건가요?

응시생 저는 우선 제가 가지고 있는 자격의 상위 자격증을 따기 위해 노력하겠습니다. 이후 군과 협약을 맺은 많은 대학이 있는 것으로 알고 있습니다. 이 제도를 통해 학사·석사학위 취득 후에 박사학위를 취득하여 제가 맡은 분야에서 전문가가 되도록 하겠습니다.

면접관 임기제 부사관으로 근무하면서는 본인이 리더와 팔로워 둘 중 어느 부류였나요?

응시생 저는 현장에서 정비 업무를 진행하며 용사들이 모르는 점이나 에러사항이 있으면 해결하고 교육하는 업무를 담당했기 때문에 리더의 역할이었습니다.

면접관 자동차의 대후에 대해 아시나요? (현장에서 사용하는 용어라 업무경험 테스트 하려 물어본 거 같습니다.)

응시생 네, 대후라 함은 차동기어 장치와 종감속기어 장치를 말하는 현장용어입니다. 구성요소로는 차동기어, 차동피니언기어, 종감속기어 등이 있습니다.

면접관 클러치 페달의 유격이 작을 때 어떤 현상이 일어나나요?

응시생 클러치 페달이 클 때는~ (답변이 기억이 안납니다.)

면접관 전방에서 군생활을 하셨는데 합격하면 전방 말고 후방으로 가고 싶죠?

응시생 아닙니다. 저는 전방에 오히려 배치되고 싶습니다. 군생활 동안 만들어온 인연들이 있기 때문에 업무하는 데 있어 빠르게 적응할 수 있기 때문입니다.

면접관 진심인가요?ㅎㅎ

응시생 진심으로 말씀드리는 것입니다!

면접관 네, 고생하셨습니다.

(아이스 브레이킹으로 "어깨 힘 풀고 큰 숨 한번 쉬고 시작합시다."라고 하신 후)

면접관 자기소개 해보세요.

응시생 맡은 일에 철저함과 꼼꼼함을 가지고 노력하는 육군 군수직에 지원한 ○○○입니다. 저는 500명의 전교생이 참가한 체육대회에서 비품관리팀으로 일한 적이 있습니다. 체계적이고 효율적인 예산사용을 위해서 필요한 물품들을 계획안을 작성해 구매했고 각 종목에 사용될 기구를 직접 안전 점검 후 보급하고 꼼꼼히 관리하여 행사를 성공적으로 마치는 데 기여했습니다. 또한 저는 베이커리점에서 아르바이트를 했을 당시 선입선출을 해야 되는 제품과 후입선출을 해야 되는 제품을 정확히 구분하여 철저한 물류관리를 도맡았습니다. 이러한 저의 철저함과 꼼꼼함을 가지고 이제는 국가를 위해 이바지하고 싶습니다.

면접관 지원동기는 무엇인가요?

응시생 제 주위분들이 자부심을 가지고 국방의 의무를 이행하는 모습을 보며 저도 대한민국의 한 국민으로서 그 의무를 이행하고 싶었습니다. 그래서 어떤 일들이 있는지 알아보기도 하였고 주위에서 군무원에 대해서도 많이 얘기해 주셨습니다. 물류관리를 했던 경험으로 쌓아온 저의 강점이 군수물자를 관리하는 군수업무에 사용될 수 있다고 생각하였고 국가안보에 기여하여 국민의 생명과 안전을 지킬 수 있다는 것이 무엇보다 자부심을 가지고 일할 수 있을 거라 생각해 지원하게 되었습니다.

면접관 초등학생한테 군무원을 소개해보세요.

응시생 제가 조카가 있는데 이름 넣어서 해도 됩니까? (네) ○○이모는 군인 아저씨를 도와주는 사람이야. ○○이 군인 아저씨 알지? 우리나라 지켜주는 사람이지! 이모는 우리 군인아저씨한테 총도 주고 전투복도 주면서 우리나라를 지키는 일을 한단다.

면접관 대학생한테 소개해보세요.

응시생 안녕하십니까. 오늘 군무원에 대해 소개하러 온 ○○○입니다. 군무원은 군인과 함께 일하는 국가 특정직 공무원으로서 군사적 임무수행 역량과 직무분야 전문성을 겸비하여 국가방위와 공공의 이익을 실현하는 공직자입니다. ("순발력 좋네요. 준비 많이 해오셨네요." 해주셨습니다.)

면접관 역사적 원가가 무엇인줄 아나요?

응시생 처음 들어본 것 같습니다.

면접관 취득원가가 무엇이죠?

응시생 취득할 때 소요되는 비용이라고 알고 있습니다.

면접관 취득원가에 뭘 적용할 수 있는지 알고 있습니까?

응시생 유형자산의 가치감소 현상이 발생하는 감가상각법이 적용됩니다.

면접관 감가상각법에 대해 설명하고 무엇이 있는지 답변해주세요.

응시생 감가상각이란 유형자산의 가치감소 현상을 반영한 것으로 취득원가를 일정한 기간을 거쳐 배분하여 매해 일정한 비용을 인식하는 것입니다. 상각법에는 정액법, 정률법, 이중체감법, 연수합계법, 생산량비례법이 있습니다.

면접관 기판력과 기속력에 대해 설명해주세요.

응시생 기판력이란 확정판결에서 판단된 내용과 동일한 사항이 나중에 문제되었을 때 당사자는 이에 반하여 다시 다툴 수 없고 어떠한 법원도 이에 모순·저촉되는 판단을 할 수 없는 힘을 말합니다. 기속력이란 법원이 행한 재판을 자유로이 취소하거나 변경하는 것은 허용되지 않으며 그 재판의 내용에 구속되는 힘을 말합니다.

면접관 부작위 위법확인소송은 무엇인가요?

응시생 해야 되는데 하지 않은… (막힘) 긴장이 되어서 기억이 잘 나지 않습니다. 숙지하겠습니다.

면접관 상사와 동료와 갈등이 발생할 경우 어떻게 할 것인가요?

응시생 상사님께서는 저보다 해당분야에 경험과 경력이 많으시기 때문에 1차적으로 상사님의 의견을 존중하겠습니다. 개인적으로 제 의견에 대해 생각해보겠습니다. 제 의견이 충분히 좋은 의견이라고 판단이 든다면 상사님께 적극적으로 어필하여 논의하면서 상사님과 제 의견이 절충되는 의견을 제시하겠습니다. 동료와의 갈등에서는 먼저 저의 의견을 너무 강요하지는 않았는지 생각해보겠습니다. 후에 무슨 오해가 있었는지 왜 갈등이 있는지 대화를 나눠보겠습니다. 만약 양극 간의 의견이 절충되지 않는다면 감정적인 문제로 이어질 수 있기에 서로 의견에 대해 근거를 찾아 다시 회의하자고 제안하겠습니다.

면접관 친구와 약속이 있는데 상사가 지시를 내릴 경우 어떻게 할 것인가요?

응시생 공익과 사익이 충돌된다면 저는 공익을 택하겠습니다. 공직자는 공익이 우선시 되어야 합니다. 군 조직의 특성상 비상상황이 발생할 수 있습니다. 하지만 이럴 때 마다 사익이 우선시 된다면 조직은 무너집니다. 국가를 위해 일하는 직업인만큼 사명감을 가져야 합니다. 물론 사적인 약속도 중요합니다. 만약 정말 부득이한 경우라면 상사님께 보고드려 승인받고 동료 대리인에게 부탁 후 사적인 약속을 조속히 끝내고 업무에 복귀하겠습니다.

면접관 친구가 사정사정하면 어떻게 하시겠습니까?

응시생 친구와의 약속은 제 선에서 처리해야 한다고 생각합니다. 제가 말씀드린 부득이한 경우는 가정사를 말씀드린 것이기 때문에 친구와의 약속은 업무에는 지장을 주면 안 된다고 생각합니다.

면접관 마지막 할 말이 있으면 해주세요.

응시생 제가 오늘 긴장이 되어서 미처 말씀드리지 못한 것은 제가 꼭 숙지 후 만약 뵙게 된다면 말씀드리겠습니다. 저의 긴 이야기 들어주셔서 감사합니다.

면접관 자기소개 해보세요.

응시생 안녕하십니까. 준비된 인재, 경력직 신입, 육군 행정 9급 지원자 ○○○입니다. 저는 존경하는 아버지의 뒤를 이어 직업군인의 길을 선택하였습니다. 2010년 육군 보병 소위로 임관하여 소대장, 연대 군수장교, 연대 교육장교, 사단 훈련지원장교, 대대 화기중대장, 경비단 소총중대장을 수행하였으며 근무 중 무사고 간부에게 주어지는 육군헌신상을 받고 명예롭게 전역하였습니다. 전역 후 재취업을 위하여 군무원 시험을 2번 쳤으나 낙방하였고 경제적 어려움으로 인하여 정부대전청사 청원경찰로 취업하여 현재 근무 중입니다. 근무한 군대보다 더 보수적인 공무원 사회, 대원들의 개인주의에 실망하였고 끈끈한 전우애가 그리워 직장을 병행하여 도전한 결과 필기에 합격하였고 현재 이 자리에 올 수 있었습니다. 이상입니다.

면접관 왜 장교를 계속 하지 않고 군무원을 지원하였습니까?

응시생 교육기관에서 무박 2일 100km 행군을 실시하였던 것이 원인이 되어 군수장교 때 우측 무릎 반월상 연골판 봉합수술을 하였습니다. 2년 후 재활 도중 다시 우측 햄스트링이 파열되었으며 그로부터 3년 후 재활 도중 우측 발목 인대가 파열되어 현역으로 더 군에 복무하기 힘들 것 같다고 판단하였습니다. 그러나 다시 저희 아버지처럼 국가와 국민에 헌신을 하고 싶어서 지원하였습니다.

면접관 장기자였습니까?

응시생 장기는 아니었지만 복무연장으로 10년을 꽉 채웠습니다.

면접관 장기가 아닌데 10년 근무가 가능해요?

응시생 네, 저는 의무복무기간 6년에 군장학금 2년 그리고 복무연장을 2년 하여 10년을 만기로 전역할 수 있었습니다.

면접관 군무원은 체력측정 있는 거 아시죠?

응시생 네, 알고 있습니다.

면접관 뛰는 데는 무리 없어요?

응시생 네, 지난 4월부터 9월까지 5개월 간 꾸준히 달리기를 하였으며 그 기간 동안 1km에서 2km까지 달릴 수 있게 준비하였습니다. 이번 9월부터 임용된 12월까지 그리고 다음 년도 측정까지 1km를 더 늘려서 3km를 뛸 수 있게 준비하겠습니다. 현재 팔굽혀펴기와 윗몸 일으키기는 24세 기준으로도 특급을 달성하였습니다.

면접관 혹시 군무원하고 같이 근무한 적은 있습니까?

응시생 네, 사단하고 연대급 참모를 하였을 때 같이 근무한 적이 있습니다.

면접관 그 때 그 분들의 모습이 어떠하였나요?

응시생 제가 무언가 도움을 요청할 때 항상 긍정적으로 도와주시고 적극적으로 자료를 제공해주셔서 저에겐 너무 좋은 기억으로 남아있습니다.

면접관 네, 알겠습니다. 혹시 군무원에 임용이 되었을 때 내가 원하지 않는 보직에 임용이 된다면 어떻게 하시겠어요?

응시생 우선 군무원은 순환근무제를 돌고 있습니다. 이에 따라 2~3년 후 보직이 변경되는데 만약 제가 원하지 않는 보직을 맡게 되었다고 하더라고 2~3년 후 제 보직은 변경이 될 것입니다. 차후 다른 보직을 가더라도 제가 맡았던 보직에 대해서 전문가가 되어 있을 것이고 다른 자리에 가게 되면 전에 맡았던 보직에 대한 전문성을 바탕으로 효율적인 업무 협조가 될 것이고 이러한 것들이 쌓이게 되면 제 스스로의 역량을 발전시키는데 도움이 되고 저의 시야가 커지고 넓어져 성장하게 됨이 틀림없다고 믿어 의심치 않습니다.

면접관 네, 알겠습니다.

면접관 소송의 종류에는 무엇이 있나요?

응시생 (너무 기초적인 것이라 조금 당황해서 답변이 15초 정도 늦었습니다.) 네, 취소소송, 당사자소송, 기관소송, 민중소송이 있습니다.

면접관 네, 그렇게 4가지 소송이 있죠?

응시생 네, 그렇습니다.

면접관 다음 질문할게요. 내가 군무원 시험을 치고 결과가 나왔는데 한 문제 차이로 떨어졌어요. 너무 아쉬워하고 있는데 뭔가 행동을 취하면 복수정답 같은 것이 되어서 뭔가 될 것 같은데 어떻게 하시겠습니까?

응시생 (정확히 공통인지, 전공인지, 이의제기인지, 소송을 물어보는 건지 등 어떤 질문인지 조금 애매해서 구체적으로 끌어내려고 한 답변입니다.) 작년 제 상황하고 너무 비슷한데 저는 문제 출제자의 의도를 제가 파악하지 못한 것으로 보고 다시 공부를 시작하였습니다.

면접관 지금 인성질문을 하는 게 아니에요. 다시 한 번 말씀드릴테니 답변해주세요. 시험을 치고 한 문제 차이로 떨어졌는데 복수정답으로 된다면 지금 면접자가 합격을 할 수 있을 것 같아요. 그럼 여기서 어떤 소송을 제기하겠습니까?

응시생 잠시 기다려주십시오. (20초 정도 뒤) 답변드리겠습니다. 저는 취소소송을 제기할 것입니다.

면접관 취소소송은 무엇에 대해 제기하는 거죠?

응시생 예, 처분입니다.

면접관 그럼 무슨 소송을 제기하겠습니까?

응시생 국방부의 처분에 대해 취소소송을 제기하겠습니다.

면접관 국방부가 한 처분이 뭐죠?

응시생 네, 군무원 시험 불합격 통보입니다.

면접관 그럼 어떤 소송을 제기하겠습니까?

응시생 국방부의 불합격 통보에 대한 취소소송을 제기하겠습니다.

면접관 그렇죠?

응시생 네.

면접관 자, 그럼 다음 질문을 하겠습니다. 본인이 군무원으로 보직되어 근무하다가 정년이 도래하게 된 걸 알게 됩니다. 그런데 본인 생일이 잘못 기입되어 후반기에 퇴직해야 할 것이 전반기에 퇴직이 되어버린 거에요. 이때에는 무슨 소송을 제기하겠습니까?

응시생 (15초 정도 생각 후) 우선 이런 비슷한 판례가 있긴 하지만 그 때는 퇴직 전이었고 현재는 미리 수정을 하지 못하여 퇴직이 되어버린 경우이기에 당사자 소송을 제기하겠습니다.

면접관 이게 당사자 소송이라구요? 어째서죠?

응시생 우선 당연퇴직은 처분이 아니고 금전적인 부분이 관련된 것이기에 당사자소송이라 생각합니다.

면접관 그래요? 그렇단 말이에요?

응시생 (5초 정도 생각하다가) 다시 답변드리겠습니다. 취소소송을 제기하는 것으로 정정하겠습니다.

면접관 왜 취소소송이죠?

응시생 우선 제 생일에 맞는 당연퇴직이 아니고 구체적인 강제성을 띄고 있기에 처분이라 판단하여 취소소송을 제기하겠습니다.

면접관 네, 알겠습니다. 마지막으로 할 말씀 있으면 해주세요.

응시생 네, 저는 10년 간 군복무를 마치고 다시 군무원을 하기 위해 2번을 도전하였으나 낙방하였고 가족을 먹여 살리기 위해 우선은 재취업에 성공하였습니다. 그러나 앞서 말씀드렸듯이 보수적인 공무원 문화와 끈끈한 전우애가 없다는 것과 현재 제가 근무하고 있는 청원경찰은 2호봉만 인정이 되어 4인 가족이 생활하기에는 너무 부족한 봉급을 받고 있습니다. 정말 이번에 뽑아주신다면 최선을 다해서 복무하겠습니다. 이상입니다.

면접관 잠시만요. 제가 갑자기 면접자에게 궁금한 점이 생겨서 질문 하나만 할게요.

응시생 네, 알겠습니다.

면접관 청원경찰인데 호봉 인정을 못 받고 있나요?

응시생 네, 행정안전부 소속의 청원경찰로 근무 중인데 행안부 소속의 청원경찰은 경채로 뽑으면서도 경력을 2호봉만 인정하고 있습니다. 원래는 12호봉으로 시작하여야 하나 현재 3호봉으로 근무 중이며 매일 야근을 하고 있습니다. 지난 7월에 정근 수당이 나왔는데 187,000원을 받았습니다.

면접관 아니, 군인도 엄연히 공무원인데 그걸 인정 안 해준다고요? 이게 무슨 상황인지 참… 네, 알겠습니다. 수고 많으셨고요. 좋은 결과 기대하겠습니다.

면접관 (아이스 브레이킹) 식사는 하셨나요?

응시생 아니요. 제가 긴장을 하는 편이라 먹지 않고 왔습니다. 대신 면접 잘 끝내고 맛있는 밥 먹겠습니다.

면접관 아침, 점심 두 그릇 먹으세요. ㅎㅎ 그럼 자기소개 해보세요.

응시생 안녕하십니까. 조직을 위한 헌신과 책임감으로 육군에 기여하고 싶은 지원자 ○○○입니다. 저는 학과 조교로 근무한 경험이 있습니다. 코로나로 인해 수업이 비대면으로 바뀌는 상황 속에서도 조교는 업무를 위해 등교해야 했습니다. 이에 기숙사에 입사하여 제가 맡은 업무를 끝까지 책임졌고 그 결과 잡음 없이 학기를 마무리 할 수 있었습니다. 그리고 저는 헝가리에서 인턴을 한 경험이 있습니다. 제가 근무한 곳은 인프라 부서로 전기, 공조 등 사내 전반적인 것들을 관리하며 서포트하는 곳이었습니다. 저는 행정이라는 업무도 육군 구성원들이 더 편안한 환경에서 근무할 수 있도록 지원하는 직무라고 생각합니다. 이러한 저의 경험을 바탕으로 육군 구성원들을 위해 노력하는 군무원이 되겠습니다.

면접관 본인은 10년 후 어떤 모습일 거 같으세요?

응시생 저는 10년 후에 중간관리자로서 후배들에게는 언제든지 물어보고 또 상담할 수 있는 선배로, 상관님들에게는 일을 믿고 맡길 수 있는 후배일 것 같습니다. 제가 헝가리에서 인턴을 하던 당시 제 선배는 먼저 제게 어떤지 물어봐주시고 또 제가 고민이 있거나 할 때 이를 들어주시곤 했습니다. 그래서 제가 힘든 일이 있을 때에도 잘 극복할 수 있었습니다. 그래서 저도 '나도 이런 사람처럼 되고 싶다'라는 생각을 하게 되었습니다. 그리고 그 때쯤이면 제 분야 전문 능력도 어느 정도 갖춘 상태일 것이기에 상관님께는 일을 믿고 맡길 수 있는 그런 사람일 것 같습니다.

면접관 그럼 전공질문을 할게요. 소급효금지의 원칙이 있어요. 여기에는 진정소급금지, 부진정소급금지가 있죠. 각각의 개념이나 그런 거에 대해 설명해보실래요? (전공 질문을 되게 자세히 설명해 주셨어요.)

응시생 진정소급금지는 법률이 시행되기 전 이미 완료된 사항에 대해서는 소급해서 영향을 미치지 않는다는 원칙입니다. 그렇기에 일반적으로 장래효를 가지지만 예외가 있다고 알고 있습니다. 부진정소급효는 과거에서부터 계속되는 사실에 대해서는 소급해서 효력을 미칠 수 있는 것으로 알고 있습니다.

면접관 그렇죠. 면접자분이 지금 진정소급에 예외가 있다고 말씀하셨는데 그 진정소급의 예외에 뭐가 있을까요?

응시생 우선 공익성이 큰 경우에 소급이 가능하다고 알고 있습니다. 전자발찌와 같은 것들이 이에 해당합니다. (이 이후에 무언가 더 말하려고 했었는데 교수님께서 미안하지만 시간이 부족하니 예시 말고 다른 것 없냐고 물어보셔서 뒷이야기만 했습니다. 타이르는 느낌은 아니었고 시계를 가리키시면서 미안한데~ 이렇게 말하셨어요) 그리고 위헌법률심판에서 그 법률이 위헌이 되게 한 경우가 된 당해사건과 그 당시 진행중인 사건에 대해서도 소급이 가능한 것으로 알고 있습니다.

면접관 그럼 전공 질문 하나만 더 물어볼게요. 공무원 징계에 대해 아는 대로 말해볼래요?

응시생 네, 공무원 징계에는 파면, 해임, 강등, 정직, 감봉, 견책이 있습니다. 감봉과 견책은 경징계, 파면, 해임, 강등, 정직은 중징계입니다. 특히 파면과 해임의 경우 공무원직을 내려놓게 된다는 것이 특징이고 파면은 5년 동안 해임은 3년 동안 재임용이 불가능합니다. 그리고 파면은 연금을 감하지만 해임은 원칙적으로는 연금을 감하지 않고 단, 금품수수 등으로 인해 해임된 경우에는 연금을 감합니다.

면접관 끝인가요?

응시생 (뭔가 더 이야기하길 바라는 느낌이 있었어요) 그리고 감봉의 경우 본봉의 1/3을 감하고 강등과 정직의 경우 18개월 동안 승급이 불가능하다는 특징이 있습니다.

면접관 네, 그러면 가벼운 징계 순서대로 말해볼래요?

응시생 견책 – 감봉 – 정직 – 강등 – 해임 – 파면 순입니다. (여태 중징계 순으로 외워서 순간 약간 버벅거렸습니다. ㅠㅠ)

면접관 본인의 장점과 단점은 무엇이며 그리고 이를 업무에 어떻게 활용할 것인가요?

응시생 저의 장점은 창의성입니다. 저는 학과 조교 시절 비대면 학술제를 기획한 적이 있습니다. 당시 비대면으로 진행할 때 문제가 되었던 것이 발표자의 목소리가 송출이 되지 않는다는 것이었습니다. 그래서 저는 이 문제를 해결하기 위해 교수님께 무선 마이크를 건의드렸고 제가 기능과 가격을 비교해 정리해서 전달드렸습니다. 덕분에 비대면 학술제를 무사히 마칠 수 있었습니다. 저는 이러한 저의 창의성을 저는 적극행정에 이용하고 싶습니다. 최근 제가 본 뉴스 중에 육군에서 행정시스템을 통합하고 또 재정시스템을 개혁했다는 것을 본 적이 있습니다. 특히 이전까지는 개별적으로 업로드 해야 했는데 이를 결제시 바로 연동되도록 바꾸어 행정의 효율을 증가시켰다는 뉴스였습니다. 저도 저의 창의성을 바탕으로 행정의 효율을 높일 수 있는 수단을 적극적으로 모색하겠습니다.

그리고 제 단점은 걱정이 많다는 것입니다. 걱정이 많아서 면접 전 며칠 동안 잠도 설쳤습니다. 저는 조교 업무를 할 때에도 이러한 부분이 영향을 미쳤습니다. 일처리를 다 했음에도 걱정을 한다던지 하는 경우가 많아지자 저는 저만의 방법을 만들어야겠다 생각해 to do리스트를 작성했습니다. 조교 업무는 급하게 해야 하는 업무, 매일 해야 하는 업무, 주별로, 월별로 해야 하는 업무들이 있는데 이를 모두 적어 체크를 하며 걱정을 줄일 수 있었습니다. 이러한 방식을 제가 공직에 들어가서도 활용하여 꼼꼼히 업무처리를 하겠습니다.

면접관 조교가 행정실 조교인가요?

응시생 아니요. 학과 조교로 교수님과 학과 구성원 사이에서 업무를 했습니다.

면접관 학생 조교는 아닌가요?

응시생 학생 조교가 맞습니다.

면접관 수험기간은 얼마인가요?

응시생 총 11개월 정도 공부했습니다.

면접관 졸업은 했나요?

응시생 올해 졸업했습니다.

`면접관` 최근 MZ세대가 이슈입니다. 지금 보니 본인의 나이가 딱 MZ세대인 것 같은데 (이때 제가 조금 더 웃으며 고개를 끄덕거렸습니다.) MZ세대들은 본인의 성과를 중요시하고… (몇 가지 MZ세대들의 특징에 대해 말씀하셨어요). 본인은 상사가 본인을 어떻게 대해주기를 바라나요?

`응시생` 제 입장에서는 상관님이 저를 믿어주시면 좋겠습니다. 저는 이전에 헝가리에서 인턴으로 근무하던 시절, 제 상관님께서 비록 제가 인턴이었지만 저를 믿어주시고 또 제게 늘 할 수 있다고 말씀해주셨습니다. 그래서 저는 제 업무에 있어 더 책임감 있게 임하고 또 해낼 수 있었습니다. 공직에 들어가서도 비록 신입이지만 상관님께서 일을 믿고 맡겨 주신다면 책임감을 가지고 적극적으로 수행하겠습니다. (면접관님께서 여쭤보신 게 제 느낌에는 MZ는 제 나이가 어려보여 말씀하신 거 같고 결국 제 가치관을 물으시는 느낌이 강하게 들어서 이렇게 대답했습니다.)

`면접관` 마지막 할 말 있으면 해보세요.

`응시생` 저는 신뢰를 가장 중요하게 생각하는 사람입니다. 사람과 사람 사이에서 그리고 조직에 있어서도 신뢰가 가장 바탕이 된다고 생각합니다. 제가 공직에서 일하게 된다면 후에 누군가가 다른 사람에게 저에 대해 물었을 때 '그 친구 참 믿을만 하지!'라는 말을 들을 수 있도록 제 자리에서 최선을 다하는 사람이 되겠습니다. 감사합니다.
(처음 들어갈 때와 문 닫을 때, 면접 끝나고 나가기 전에 꾸벅하고 인사드리고 나왔습니다. 개인적인 느낌으로는 특히 전공 여쭤보신 교수님께서는 더 들으려고 하시고 또 답으로 이끌어주시려는 느낌을 많이 받았습니다. 나머지 답변들은 거의 다 모의면접에서 준비한 것들이라 부담 없이 하고 온 것 같습니다. 물론 상사가 저를 어떻게 대해주면 좋겠냐는 질문은 약간 당황했습니다. ㅎㅎ 총 13분 정도 본 것 같습니다. 정확히는 모르지만 10분은 확실히 넘었고 13~14분 내외였던 것 같습니다. 제 앞사람도 그 정도였습니다.)

CHAPTER
03 해군·해병대

CASE 01 해군 군수 9급(2023)

면접관 (아이스 브레이킹) 점심 드시고 오셨어요?

응시생 네, 대전역에서 김밥 먹고 왔습니다.

면접관 아 김밥은 좀 그런데… 이따가 저녁에는 맛있는 거 사드세요!

응시생 네, 감사합니다!

면접관 공적업무와 사적업무가 충돌했을 때 어떻게 할 것인가요?

응시생 우선 공적업무를 먼저 수행해야 한다고 생각합니다. 군무원은 국가안보를 직접적으로 책임지는 만큼 주어진 업무를 책임감을 가지고 수행해야 합니다. 따라서 업무 지침 등을 살펴 신속하고 정확하게 공적 업무를 수행하고 이후 사적업무는 점심시간이나 근무 외 시간에 수행하며 책임지고 업무를 완수하겠습니다.

면접관 군무원으로서 업무를 수행할 때 필요한 자세가 무엇인가요? (질문이 자세하게 기억나지 않는데 군무원 덕목 중 골라서 대답하는 느낌은 아니었어요.)

응시생 성실한 자세가 중요하다고 생각합니다. 성실하게 주어진 업무를 책임지고 수행해야 합니다. 또한 업무 전문성을 확보하여 성실한 자세로 책임감 있게 업무를 수행하는 군무원이 되겠습니다.

면접관 성실, 전문성 확보 그것 말고 다른 거는 없어요?

응시생 군무원으로서 청렴한 자세가 중요하다고 생각합니다. 특히 군수직 군무원은 군수품을 다루는 만큼 오차 없이 정확하게 업무를 수행해야 합니다. 따라서 항상 청렴한 마음가짐으로 조직의 규칙을 준수하며 책임감 있고 성실하게 근무하겠습니다. (청렴 나오자마자 질문주신 면접관님께서 고개 끄덕이심)

면접관 후쿠시마 오염수 방류에 대한 본인의 생각은 어떤가요?

응시생 현재 오염수 방류에 대해 국민들의 많은 반대가 있는 걸로 압니다. 그래서 국민들과 더 많은 논의 후에 결정하면 좋지 않았을까 생각이 듭니다. 그렇지만 정부는 국가적 차원의 여러 논의 끝에 결정한 것이 었을 것이기 때문에 국민으로서는 장기적인 방향으로 국가를 믿고 따라야한다고 생각합니다.

면접관 군수직 군무원으로서 전문성을 키우기 위해 하고 있는 것은 무엇인가요? (질문이 정확하지 않음)

응시생 저는 국방일보 읽으면서 인상 깊은 기사를 스크랩하며 군수직 그리고 군무원이 어떤 일을 하는지 파악했습니다. 그를 통해 유통관리사와 물류관리사 자격증이 업무에 도움이 된다는 것을 알게 되어 내년에 있을 시험을 목표로 공부하고 있습니다. 또한 4차 산업혁명시대에 맞춰 그와 관련된 지식을 습득할 기회가 생긴다면 지체 없이 습득하는 자세를 통해 업무를 잘 수행하는 사람이 되겠습니다.

면접관 군수품 10종에 대해 답변해주세요.

응시생 순서대로 말씀드리겠습니다. 식량류, 일반물자류, 유류품, 건축자재류, 탄약류, 복지매장판매품, 장비류, 의무장비, 수리부속, 대민지원물자나 기타물자류가 있습니다.

면접관 남북이 통일해야 한다고 생각하나요?

응시생 네. 우리 헌법 3조에 보면 우리나라는 한반도 전체이기 때문에 북한은 현재 미수복지역입니다. 따라서 북한 주민과 우리는 한민족이므로 통일을 해야 합니다. 또한 북한과 통일하면 경제적 이점도 있는 것으로 압니다. 육로를 통한 수출을 할 수 있어서 경제적으로 더욱 발전할 수 있습니다. 따라서 북한과 통일해야 한다고 생각합니다.

면접관 그럼 통일 방안은 어떤 것이 있을까요?

응시생 문화적인 간극을 좁혀야 합니다. SNS나 유튜브를 통해 남북 간 정서적 문화적 차이를 알려 국민들이 서로의 문화에 대한 이해도를 높이는 것이 필요합니다.

면접관 정부적 차원의 방안은요?

응시생 남북한 각자의 상황을 정확하게 파악하여 이점을 살려야 합니다. 남한의 부족한 점이 있을 수 있고 북한의 좋은 점이 있을 수 있는 만큼 서로의 장단점을 명확하게 판단하여 더욱더 발전할 수 있는 방안을 찾아 통일해야 합니다.

면접관 차분하게 논리적으로 본인의 생각을 잘 말씀해주셨는데 마지막으로 자기소개나 지원동기 하시고 나가시면 됩니다.

응시생 적극적인 군수 지원을 통해 군의 전투력 향상에 기여하고 싶은 군수직 군무원 지원자 ○○○입니다. 저는 학창시절 학생회장으로서 학생들의 편의를 위해 노력한 경험이 있습니다. 당시 각 학급별 청소용품이 잘 관리가 되지 않아 학생들이 불편함을 느끼고 있다는 것을 알게 되어 청소용품관리표를 제작하였습니다. 엑셀파일을 통해 각 학급별 청소용품의 개수와 상태를 주기적으로 기록하여 실시간으로 파악하였고 그로인해 무분별하게 낭비되던 청소용품을 보다 효율적으로 관리할 수 있었습니다. 이외에도 기숙사생활, 동아리활동, 봉사활동 등 다양한 조직에 적극적으로 참여하며 책임감, 봉사정신, 팀워크에 대해 배울 수 있었습니다. 이러한 경험을 발판삼아 더 나아가 국가와 국민에게 도움이 되는 사람이 되고자 군무원에 지원하였습니다. 앞으로도 업무 효율을 높일 수 있는 방안을 주도적으로 연구하고 실천하여 조직에 기여하는 적극적인 군수직 군무원이 되겠습니다. 감사합니다.

면접관 (아이스 브레이킹) 몇 시에 도착했나요?

응시생 면접장에 1시 30분(1시간 전)에 도착했습니다.

면접관 사적 약속과 공적 약속이 겹치면 어떻게 하겠나요?

응시생 일을 하다보면 사적 약속과 공적 약속이 겹칠 수 있다고 생각합니다. 우선 일의 중요도와 긴급성을 따져보겠습니다. 하지만 저는 국가 안보와 국민의 안정적인 생활이라는 공익을 기여하는 군무원이므로 공적 업무를 선택할 것입니다. 대신 사적 약속 대상에게 약속에 가지 못하는 이유를 설명하고 양해를 구하겠습니다. 또한 일이 끝난 후 덕분에 일을 잘 해결할 수 있었다고 고맙다고 할 것입니다.

면접관 [꼬리질문] 그럼 사적 업무는 중요하지 않나요? (긴장해서 질문을 제대로 듣진 못했어요.)

응시생 대신 공적 업무를 빠르게 처리한 후 사적 업무도 수행할 수 있도록 하겠습니다.

면접관 군수품 10종에 대해 답변해주세요.

응시생 1종은 식량류입니다. 예로는 1일 일정하게 소요되는 품목이 있습니다. 2종은 일반물자류입니다. 예로는 피복류, 개인장구류, 행정보급품 등이 있습니다. 3종은 유류입니다. 예로는 석유 등이 있습니다. 4종은 탄약류입니다. (여기부터 갑자기 헷갈림) 어… 죄송합니다. 4종은 탄약류가 아니고 건축자재류입니다. 5종은 탄약류입니다. 예로는 화학탄 등이 있습니다. 6종은 px와 같은 복지매장판매품입니다. 7종은 장비류입니다. 총기와 차량 등이 있습니다. 8종은 의무관리/물자류입니다. (여기도 잠깐 헷갈림) 예로는 어… 의약품과 위생 소모품 등이 있습니다. 9종은 수리부속/공구류입니다. 예로는 수리할 때 사용하는 정비 킷트가 있습니다. 10종은 1종에서 9종까지 포함되지 않는 군수품입니다. 예로는 대민 지원 물자 등이 있습니다.

면접관 북한과의 통일이 되어야 한다고 생각하나요?

응시생 전 세계에 아직 통일이 되지 못한 국가는 우리나라와 북한으로 저는 하루 빨리 평화롭게 통일이 되어야 한다고 생각합니다. 물론 비용 문제가 있을 수 있고 오랜 분단 기간으로 인한 서로 다른 문화를 이해하기 어려울 수 있고 북한의 계속되는 도발로 인해 통일을 반대하는 사람도 있습니다. 하지만 우리는 5천년 역사를 함께한 한민족이고 이산가족의 아픔이 크며 북한의 지하자원, 광물자원과 우리나라의 우수한 인적자원과 기술력이 합쳐진다면 전 세계에서 큰 시너지 효과를 낼 수 있다고 생각합니다. 시너지 효과의 예로는 미래 산업에 필요한 원자재 등이 북한의 지하자원과 광물자원이 해당하는 것으로 알 수 있습니다. 따라서 이를 이용한다면 우리나라의 발전에 도움이 될 것이라 생각합니다.

면접관 [꼬리질문] 통일을 하기 위해선 어떻게 해야 하나요?

응시생 (진짜 너무 당황했어요.) 어… 통일을 하기 위해선… (3초 정적) 대화를 해야 한다고 생각합니다.

면접관 [꼬리질문] 대화는 어떻게 해야하나요?

응시생 대화를 하다 보면 해결책이 마련될 것이라 생각합니다. (이 질문 때문에 지금까지도 계속 신경이 쓰입니다. 대신 '북한의 도발이 계속되고 있는 것으로 아는데 이에 대해서는 강력하게 대응해야 한다고 생각합니다'를 추가로 말했어야 했는데 너무 긴장돼서 못했네요.)

면접관 군무원에게 가장 중요한 자질은 무엇인가요?

응시생 군무원에게 가장 중요한 자질은 성실함이라고 생각합니다. 저는 대학 시절 전공 공부를 열심히 하여 4.26점이라는 학점으로 졸업을 했고 전문성을 기르기 위해 물류관리사와 유통관리사 자격증을 취득했고 3년 2개월 간 편의점 아르바이트를 하며 재고관리, 발주관리, 매장관리 등을 통해 관련 경험을 쌓고자 노력했습니다. 앞으로도 꾸준히 자기계발하는 군무원이 되도록 하겠습니다.
(면접관님들 대학시절 부분 얘기할 때 갑자기 뭐지하는 표정을 지으셨습니다. 너무 긴장해서 자기소개, 지원동기를 말 안했다보니 어떻게든 어필하고자 넣으려고 했던 게 이렇게 됐네요. 성실함이 왜 중요한지도 말 못하고 자기 자랑으로 끝내 버렸어요. 대신 자격증 언급할 때는 교수님께서 고개 드시면서 궁금한 표정으로 바뀌긴 하셨어요.)

면접관 [꼬리질문] 물류관리사, 유통관리사는 언제 취득했나요?

응시생 물류관리사는 2021년 8월, 유통관리사는 2021년 9월에 취득했습니다.

면접관 후쿠시마 오염수 방류에 대해 어떻게 생각하나요?

응시생 어… 후쿠시마 오염수 방류에 대해 뉴스에서 본 적이 있습니다. 후쿠시마 오염수 방류에 대해 찬성하는 입장은 IAEA라는 공적 기관에서 안전하다는 발표를 했기 때문이고 반대하는 입장은 장기적으로 봤을 때 국민들이 피해를 받을 수 있기 때문입니다. 하지만 이미 방류를 했기 때문에 어쩔 수 없다고 생각하고 대신 방류에 문제가 생기면 즉각 중지해야 한다고 생각합니다. 또한 다음에는 여론을 듣고 결정하면 좋겠다고 생각했습니다.

면접관 마지막으로 할 말 있으면 해주세요.

응시생 1년 6개월간 짧게는 5시간 길게는 9시간 동안 공부를 하며 열심히 노력했기 때문에 이 자리까지 올 수 있었던 것 같습니다. 독서실에 가기 싫은 날에는 미래 군무원이 된 제 모습을 상상하며 마음을 다시 잡곤 했습니다. 초심 잃지 않고 더욱더 노력하는 군무원이 되도록 하겠습니다.

CASE 03 해군 행정 9급(2022)

면접관 아침 식사했나요?

응시생 네, 든든하게 먹고 왔습니다.

면접관 긴장 풀고 편안하게 이야기 나눠봅시다. (격려 후 젠더갈등 질문)

응시생 (제대로 답변을 못하는 것 같아서 마지막에 죄송합니다 말씀드렸습니다.;;)

면접관 직위분류제에 관해 설명해보세요.

응시생 직무의 종류, 곤란도, 책임도에 따라 분류한 공직분류체계입니다. 종류로는 직위, 직급, 등급, 직류, 직렬, 직군이 있습니다.

면접관 그럼 책임도가 가장 필요한 분야는 무엇이라고 생각하나요?

응시생 업무의 경중은 없지만 하나를 말씀드리면 예산관련부서라고 생각합니다.

면접관 군내 성관련 범죄 재발방지 방안은 무엇이 있을까요?

응시생 남성여성 모두 성인지감수성 교육을 실시해야 하고… 본인의 마음가짐과 자세가 가장 중요하다고…

면접관 피해자에게 원인이 있을 수도 있다는 의견에는 어떻게 생각하나요?

응시생 (질문이 너무 당황스러워서 피해자를 무조건 보호해야한다는 느낌으로 말씀드렸어요. 떠오르는 생각이 없어서 새로 개정된 국방부 부대관리 훈령 성범죄를 인지했을 때에 관한 훈령을 통째로 읊었습니다. 원칙대로 양성평등계선에 보고하고 피해자를 보호할 수 있는 최대한의 노력을 하겠다고 했습니다.)

면접관 BTS에 대한 병역특례와 관련해서는 어떻게 생각하나요?

응시생 BTS 병역특례는 국가의 위상을 높인 것은 맞지만 사익을 추구하다가 생긴 결과이고 현역복무자와의 형평성을 고려하면 병역면제의 기준의 제도적 보완이 필요하다고 생각합니다.

면접관 그럼 손흥민은요?

응시생 네, 맞습니다. (당황) 체육특기자 또한 모두 포함하여 현역복무자와의 형평성에 대한 부분에서 신중히 고려해야 합니다.

면접관 희망업무를 못하면 어떻게 할 것인가요?

응시생 희망업무를 하지 못하더라도 제 역량을 키울 수 있는 기회라고 생각하고 열심히 근무해서 경력을 쌓은 뒤 나중에 기회가 되면 다시 도전하겠습니다.

면접관 사회생활하면서 어떻게 갈등을 해결했나요?

응시생 상사와의 갈등을 예로 들어서… 우선 업무에 지장이 없도록 업무를 수행한 후에 차후에 저의 문제점에 대해 생각해보고 해결해보도록 노력하겠습니다. 상사의 업무지시에 완벽한 임무수행을 통해 상사께 신뢰와 인정을 받는 후임이 되어 갈등의 원인을 줄여나가겠습니다. (그리고 갈등경험을 물으셨는데 머릿속이 하얘져서 더듬거리니 바로 질문하신 면접관님이 괜찮다고 다음 질문을 바로 해주셨습니다. 그래서 죄송하다고 말씀드렸습니다.)

면접관 동료가 실수로 업무하다가 큰 손실을 끼쳤을 때 본인의 생각은 어떤가요?

응시생 저는 부정이 아니라 실수라는 말에 초점을 잡고 같은 팀의 동료이기 때문에 제가 해결책을 찾을 수 있도록 최대한 돕겠습니다.

1. 면접분위기

면접관은 4분(남자 3명, 여자 1명) 계셨습니다. 그리고 진행요원 한 분까지 포함해서 저 포함 6명이 면접장에 들어갔습니다. 다 사복을 입으셔서 제 느낌상으로는 4분 다 외부 교수님 같아보였습니다. (군인분은 확실히 안계셨습니다.)

2. 질의응답

면접관 자기소개 해보세요.

응시생 안녕하십니까. 해군 수사직에 지원한 이름마저 해군에 적합한 ○○○입니다. 저는 꼼꼼하고 성실한 사람입니다. 저는 군 복무시절 인사행정처에서 인사계원으로 복무한 적이 있습니다. 당시 업무량이 많다보니 저는 항상 메모장에 오늘 할 일을 작성하여 점검하고 지키고자 노력한 결과 담당관님께서 성실하다고 칭찬을 해주신 적이 있습니다. 또 저는 경찰행정학과를 졸업하여 수사론과 범죄심리학 등의 수업을 들은 적이 있어 전문성을 갖추는데 도움이 될 것입니다. 저의 이런 경험을 살려 군무원 수사직에 입직하게 된다면 전문성을 갖추기 위해 대학교 2학년 때 컴퓨터공학과에서 경찰행정학과로 전과한 경험을 살려 디지털포렌식 자격증을 취득하고 싶으며 사소한 부분까지 꼼꼼하게 살펴 피해자의 억울함을 풀어주는 수사관이 되고 싶습니다.

면접관 (전공질문) 수사의 단서에 대해 답변해주세요.

응시생 (기억이 나지 않아 "죄송합니다. 그 부분은 미처 준비를 하지 못한 거 같습니다."라고 대답했습니다.)

면접관 (전공질문) 미란다 원칙이 무엇인가요?

응시생 수사기관이 범죄용의자를 체포할 때 범죄사실의 요지, 체포구속의 이유, 변호인의 도움을 받을 수 있는 권리, 변명의 기회, 진술거부권(시행령)을 알려줘야 한다는 원칙을 말하며 이와 같은 절차를 밟지 아니하면 위법한 공무집행이 됩니다. (대답하니 고개를 끄덕여주셨음)

면접관 전공자시니깐 전문성은 있을 것 같습니다. 군무원이 되면 자기계발 어떤 것을 할 것인가요?

응시생 저는 수사관은 체포현장에도 나가야 하는 만큼 체력적인 부분도 중요할 것 같습니다. 저는 수험기간 동안 매일 집에서 팔굽혀펴기와 아령 등으로 체력운동을 해왔습니다. 군무원이 되어서도 체력을 기르기 위해 노력하겠습니다. 아까 자기소개에서 말씀드린 것처럼 컴퓨터공학과에서 경찰행정학과로 전과한 경험을 살려 디지털포렌식 자격증 등을 취득하고 싶습니다. (그러자 "지금은 없고 따고 싶다는 말씀이죠?"라고 되물으셔서 "네"라고 대답했음)

면접관 수사직이라도 컴퓨터 다루는 능력은 중요할 것 같은데 어떻게 활용할 것인가요?

응시생 저는 1학년 마치고 전과를 해서 깊이 수업을 받지는 않았지만 배우고 싶으며 다른 사람들 보다 배우는 속도가 빠를 것이기 때문에 입직하여서 배우고 싶습니다. (질문과 대답을 이런 방향으로 하긴 했는데 확실히 기억이 나지는 않습니다.ㅠㅠ)

면접관 사회생활 경험이 있나요?

응시생 없습니다.

면접관 조직생활에 무엇이 가장 중요한 것 같은가요?

응시생 저는 조직생활에서는 의사소통능력이 가장 중요할 것 같습니다. 저의 의사소통경험을 말씀드리자면 저는 대학생 시절 형과 친구사이의 생활비 문제의 갈등을 중재한 경험이 있습니다. 당시 갈등의 주원인은 각자의 사정을 몰라 서로에 대한 오해였습니다. 그래서 저는 각각 찾아가 각자의 사정을 듣고 서로에게 이해시키며 직접 서로의 갈등을 해소해준 적이 있습니다. 저의 의사소통 경험을 활용해 군무원의 입직하게 되어서도 군인분들과 잘 지내는 군무원이 되겠습니다.

면접관 컴퓨터 자격증은 가지고 있는 것이 있나요?

응시생 저는 워드프로세스 한 가지를 취득하였습니다.

면접관 왜 전과를 하였나요?

응시생 솔직히 사이버경찰을 꿈꾸고 컴퓨터공학과를 진학하였지만 사이버경찰은 대학원을 나와야 했고 현실적으로 그럴 여건이 되지 않아 경찰행정학과로 전과하였습니다.

면접관 창의성이 왜 중요한가요?

응시생 예를 들어 코로나 사태처럼 법과 원칙만으로 해결하기 힘든 시대가 빠르게 변화하기 때문에 새로운 대안이나 빠르게 해결하기 위해 창의성이 중요합니다. 제가 창의성을 발휘한 경험을 말씀드리겠습니다. 저는 군 복무시절 잘못된 관습을 개선한 경험이 있습니다. 점오시간을 활용해 후임들에게 먼저 불편사항에 대해 물어보고 후임들이 일과시간 후에도 생활관에 대기하여야 한다는 관습을 생활관 위치이동판을 활용해 본인 위치를 밝혀 놓고 정해진 청소시간까지 체력단련 등을 할 수 있도록 관습을 개선한 적이 있습니다. 군무원이 되어서도 창의성을 발휘하도록 노력하겠습니다.

면접관 코로나 사태로 많은 일상생활이 바뀌었는데 어떤 것이 바뀌었나요?

응시생 일단 대학교 대면강의의 수업이 대부분 비대면으로 전환되었고 식당 등에서 점원과 대면하여 주문하였는데 요즘은 키오스크를 활용하여 주문하며 4차 산업혁명이 더 빠르게 진행되고 있습니다.

면접관 마지막 할 말이 있으면 해주세요.

응시생 제가 면접 준비를 하면서 "가장 사소한 단서가 가장 중요한 증거가 되는 법"이라는 셜록홈즈의 말을 본적이 있습니다. 이 말을 보면서 저는 수사할 때 꼼꼼함이 정말 중요하다는 생각을 다시 한 번 하게 되었습니다. 그래서 제가 군무원 수사직에 입직하게 된다면 저의 강점인 꼼꼼함을 살려 사소한 단서라도 잘 살펴서 어느 누구도 억울함을 느끼지 않게 하는 군무원 수사관이 되고 싶습니다.
(대부분 대답에 끄덕여 주셨으며 꼬리질문은 거의 없었던 것 같습니다. 시간은 10분 내외였던 것 같습니다. 질문순서는 확실치 않습니다. 그리고 제가 컴퓨터공학과에서 경찰행정학과로 전과한 것에 대해 관심이 많아 보이셨습니다. 또 저는 경찰이야기를 너무 많이 한 것은 아닌지 우려가 됩니다.;;)

1. 면접분위기

대기실에 12명이 있었고 저는 7번째 순서였습니다. 코로나 19로 인하여 마스크를 착용 후 면접을 진행하였고 인사법은 따로 없었습니다. 면접실 들어가기 전 문 앞에서 간단히 목례를 하고 의자 옆으로 가서 인사를 했더니 면접관님께서 마스크를 잠깐 내려보라고 하셨고 마스크를 다시 착용한 뒤 의자에 앉아서 면접을 진행하였습니다. 면접관님들과 면접자 사이의 간격이 생각보다 멀었으며 조용한 분위기였습니다.

가장 나이가 있어 보이신 면접관님께서 지원자분들이 너무 긴장해서 말을 잘 못하는 거 같다고 편안한 마음 먹고 면접에 임해줬으면 한다고 말씀해 주셔서 긴장을 어느 정도 풀 수 있었습니다. 함정기관 직렬은 자기소개 없이 바로 질문에 들어갔습니다.

2. 질의응답

면접관 본인이 생각하는 군무원 자질이 무엇이며 포부랑 엮어서 답변해보세요.

응시생 저는 책임감과 사명감이라고 생각합니다. 저는 상선과 경비함정에서 근무한 경험이 있습니다. 저는 제가 맡은 일은 반드시 해내는 직원이라는 평을 들을 수 있는 군무원이 되고 싶고 나중에는 경험과 노하우를 전수해 줄 수 있는 선배 그리고 후배들에게 귀감이 되는 선배가 되고 싶습니다.

면접관 (전공질문) 흑색 배기가스의 원인은 무엇인가요?

응시생 불완전연소, 공기량 대비 연료량이 많을 경우, 과부하 운전, 연소실 내부로 누유하는 연료가 있을 경우 등이 있습니다. (아는 내용을 더 말하려다가 여기까지만 했습니다.)

면접관 크랭크축의 구성요소는요?

응시생 크랭크축의 구성요소는 크랭크 축, 크랭크 핀, 크랭크 암 그리고 평형추로 구성되어 있습니다. (부가 설명은 하지 않았으며 "부족한 부분이 있으면 면접 끝나고 숙지하겠습니다." 그랬더니 면접관님께서 웃으시면서 "네, 감사합니다."하고 답변해주셨네요. ㅎㅎ)

면접관 배려와 특혜의 차이가 무엇인가요?

응시생 (이 질문에서 살짝 멘탈이 깨졌습니다;;ㅎㅎ 그래서 제가 다시 면접관님께 질문을 되물었습니다.) 배려는 남을 생각하는 우러나오는 마음이 행동으로 표출되는 것을 배려라고 하며, 특혜는 공정한 기회를 부여할 수 있도록 특정 누군가에게 혜택을 주는 것을 특혜라고 합니다.

면접관 청해부대에 대해서 아나요? 청해부대가 파병을 나가 있는 이유는 무엇인가요?

응시생 청해부대는 소말리아 해적으로부터 보호하고 우리나라 자국민의 선박뿐만 아니라 세계의 평화 유지에 기여하기 위해 파병을 나가 있는 것으로 알고 있습니다. (질문이 좀 어려웠어요;;)

면접관 전 직장이 어떻게 되나요? (경비함정에 근무했다고만 말씀드렸더니 궁금하셔서 물어보신 것 같아요.)

응시생 해양경찰 기관부 함정요원으로 2년 정도 승함근무를 했었습니다.

면접관 군무원에 지원한 동기가 무엇인가요?

응시생 해경 생활을 하면서 진해 해군 정비창에 출장 근무를 온 적이 있는 현직 해군군무원분들과 함께 땀 흘리고 같이 일했던 좋은 기억이 군무원으로의 도전으로 이끌어 주었습니다. (제가 준비한 답변을 하기 위해 경비함정 근무만 말씀드리면서 지원동기 질문을 유도했었는데 운 좋게 물어봐 주셨습니다.)

면접관 수험생활 기간은 어떻게 되고 수험생활 중 가장 힘들었던 점은 무엇인가요?

응시생 정말 하고 싶은 일이지만 전 직장까지 그만두면서 준비했던 점 그리고 준비를 하더라도 합격할 수 있을 거라는 확신이 없었다는 것이 가장 힘들었습니다. 현직 군무원 대학동기의 많은 도움과 위로가 필기를 합격하고 면접이라는 자리까지 올 수 있게 해 준 원동력이 되어주었습니다.

면접관 적성에 안 맞는 일을 한다면 어떻게 할 것인가요?

응시생 적성에 맞지 않는다는 것은 반대로 새로운 일을 배울 수 있는 기회가 될 수 있다고 생각합니다. 업무에 있어 하고 싶은 일만 할 수는 없으니 적성에 맞지 않는 일을 하면서 오히려 제 스스로 더욱 발전할 수 있는 계기로 생각하겠습니다.

면접관 조직생활에서 필요한 것은 무엇이라고 생각하나요?

응시생 저는 대화와 소통이라고 생각합니다. 개인과 조직 간의 갈등을 해결하고 더 나은 방향으로 갈 수 있는 방법은 대화와 소통에서 나오는 것 같습니다.

면접관 마지막 하고 싶은 말 있으신가요?

응시생 합격하게 되어 해군 정비창이라는 무대에 서게 된다면 조연에서 전문가라는 주연이 되기까지 초심을 잃지 않고 항상 감사하는 마음으로 일하겠습니다.

3. 면접후기

면접이 끝나고 의자 옆에 서서 인사드리고 문을 나가기 전에 목례를 하고 나왔습니다. 분위기도 나쁘지 않았고 제가 준비한 답변을 다 하고 나와서 후회 없었습니다. 너무 튀는 행동이나 너무 준비가 되지 않은 경우를 제외하고는 면접에서는 크게 변별력이 없을 거라고 생각했는데 이번에 필기가 반영이 되어도 면접 점수로 합격여부가 뒤집어지는 경우를 보았습니다. 오히려 면접이 더 중요하다고 생각이 듭니다.

전 해경 때 스피치 학원을 다닌 경험이 있어서 주변 사람들과 면접 스터디를 했습니다. 학원은 안가시더라도 면접 스터디는 꼭 하셔야 됩니다. 면접 스터디를 2팀을 병행했는데 같이 했던 조원들 7명 모두 합격했습니다. 마지막 말은 짧고 임팩트 있게 하는 것이 좋을 것 같습니다. 생각보다 면접은 금방 끝난 느낌이었습니다.

CHAPTER 04 공 군

CASE 01 공군 군수직 9급(2023)

(아이스 브레이킹으로 "무엇을 타고 왔는지, 식사는 했는지" 물어보시고 시작했습니다.)

면접관 자기소개랑 왜 공군에 지원하게 되었는지 말씀해주세요.

응시생 네, 저는 공군 특수비행팀 블랙이글스의 에어쇼를 관람하고 공군에 관심을 갖게 되었습니다. 공군에 관심을 갖고 홈페이지를 검색하면서 군수직 군무원에 대해 알게 되었습니다. 저는 지난 사기업 재직 당시 공유자재요청표를 만들어 현장에 배치함으로써 불필요한 복수자재요청을 획기적으로 줄여 전년 대비 자재비용을 약 5% 가량 절약할 수 있었습니다. 또한 구매자재부서에서 근무하면서 전산과 현물을 주기적으로 비교대조하면서 재고를 정확하게 파악하여 생산계획에 차질이 없도록 관리하였습니다. 군수직 군무원은 자재의 정확한 파악과 필요물량의 과부족을 방지하는 것이 중요한 역량입니다. 이러한 역량을 가진 지원자로서 소속부대 전투력 유지를 위한 보급계획을 주도적으로 세우는 업무역량을 확보하겠습니다. 또한 공군은 현재 스페이스 오디세이2050을 발표하며 우주력 발전을 위하여 나아가고 있습니다. 이러한 공군에서 함께 발전하는 지원자가 되겠습니다.

면접관 재고부서에서 전산과 현물을 관리하셨다고 하셨는데 그럼 현장에서 근무하셨나요?

응시생 네, 저는 처음 입사하였을 당시 현장에서 일을 하다가 부서를 이동하여 자재팀에서 근무하였습니다. 현장팀과의 의사소통을 원활하게 하며 자재부서에 가서도 현장에 제 자리를 확보하여 현장에서 근무를 하였습니다.

면접관 스페이스 오디세이2050을 말씀해주셨는데 스페이스 오디세이2050과 4차 산업혁명은 무슨 관련이 있죠?

응시생 스페이스 오디세이2050은 총 3단계로 구성되어있으며 대우주작전수행을 목표로 하고 있습니다. 공군은 현재 4차 산업혁명 선두주자로써 제20전투비행단에서 전투기와 저피탐 무인편대기의 통합운용의 가능성을 확인하는 등 유무인 복합전투체계를 완성해 나아가고 있으며 우주력 발전을 위하여 발전 중입니다. 또한 4차 산업혁명은 기계, 생명 등의 융합으로 AI ,3D프린팅, 빅데이터 등 다양한 기술이 있습니다. 또한 공군의 3D프린팅 기술을 활용한 뉴스를 보았습니다. 160만원의 비용과 2개월이라는 소요시간이 걸리는 공기 계통의 부품을 3D프린팅으로 12만원의 비용과 3시간만에 조달하였다는 기사를 보았습니다. (이 뉴스 사례 말하니까 현직분이 "저보다 더 잘 알고 계시는데요?" 하시면서 웃으셨습니다. ㅎㅎ)

면접관 4차 산업혁명의 일상적인 사례를 말씀해 보시겠어요?

응시생 네, 개인의 관심사를 인터넷에 검색을 하면 SNS 피드에 내 관심사들이 뜨게 됩니다. 이것이 4차 산업혁명 빅데이터 기술입니다.

면접관 그건 10년 전 20년 전에도 있지 않았나요?

응시생 그 당시는 3차 산업혁명시대로 정보화시대입니다. 컴퓨터의 가정보급은 이루어졌지만 그 기술까지는 미치지 못한 것으로 알고 있습니다.

면접관 수요예측에 대해서 말씀해보세요.

응시생 수요예측은 보급관리를 위해서 반드시 거쳐야 하는 중요한 과정입니다. 수요예측은 정성적방법과 정량적방법이 있으며 정성적방법에는 시장조사법, 판매원조사법, 경영자판단법, 델파이법이 있으며 정량적방법에는 시계열분석과 인과형 분석이 있습니다. 시계열 분석에는 인과형과 (잘못 말했습니다.;;) 지수평활법이 있으며 인과형 방법에는 판별분석이 있습니다.
(현직분이 "제가 묻는 것보다 더 말하고 계시네요. 맞습니다. 다양한 방법들이 있지만 현재는 잘 쓰이지 않아요. 하지만 잘 알고 계시네요." 해주셨습니다.)

면접관 PBL에 대해서 아시나요?

응시생 네, 저도 사실 이 부분을 공부할 때 어려워서 주변에 도움을 청하여 알게 되었습니다. PBL는 성과기반군수로 특정 중요부품을 전문업체에 공급을 맡김으로써 성과 달성 지표에 따라 달성시 성과금을 미달성시 패널티를 부여하여 관리하고 있으며 이를 통하여 효율적인 보급관리와 비용을 절감할 수 있다는 장점이 있습니다.
(현직분이 "정확하게 알고 계시네요. 맞습니다." 하시면서 웃어주셨습니다.)

면접관 내가 한 만큼 주변에 인정받지 못한다면 어떻게 하겠나요?

응시생 물론 그런 상황이 온다면 심적으로는 무척 속상할 거 같습니다. 하지만 전 저를 발전할 수 있는 계기로 삼을 거 같습니다. 제 스스로 느끼기에는 열심히 했다고 느꼈을지 몰라도 타인이 보았을 때 많은 부족한 부분이 있을 것이라고 생각합니다. 그렇기에 대화를 통하여 그런 부분을 듣고 저를 더욱 발전시키도록 하겠습니다.

면접관 갈등을 겪으면 어떻게 하겠습니까?

응시생 저는 사적인 갈등과 업무적인 갈등을 나누어 해결할 것 같습니다. 저도 자재팀에서 현장팀과의 갈등을 겪은 적이 있습니다. 당시 느낀 것은 업무적인 갈등은 업무 이해도가 달라서 갈등이 발생한다는 것을 느꼈고 대화를 통하여 서로의 업무적 이해도를 높인다면 갈등을 해결할 수 있습니다. 또한 사적인 갈등이라면 전 먼저 개인의 기분을 풀어야한다 생각합니다. 감정적으로 다가가면 갈등의 골이 깊어지기에 업무 외적인 시간을 마련하여 대화를 통해 해결하겠습니다.

면접관 그럼 타인의 갈등은 어떻게 해결하시겠어요?

응시생 전 중재자로서 갈등대상자들을 따로 만나보도록 하겠습니다. 같은 장소에서 만난다면 서로의 소리가 커져 갈등은 해결될 수 없습니다. 그렇기에 따로 만나 현실적으로 들어보고 해결하도록 하겠습니다.

면접관 마지막 말을 30초 정도 해주세요.

응시생 저는 약 1년 반이라는 시간동안 공군 군수직 군무원 하나만 바라보며 공부를 하였습니다. 그 결과 필기를 합격할 수 있었고 이 자리까지 오게 되었습니다. 앞으로도 유통관리사, 물류관리사를 취득하며 업무역량을 높이겠습니다. 또한 공군과 함께 발전하는 지원자가 되겠습니다. 감사합니다.

(노크 후 입장/문 앞에서 인사/의자 옆에 가서 지원직렬, 이름 말하고 인사/앉으라고 하셔서 "감사합니다."하고 앉았습니다.)

1. 질의응답

면접관 (아이스 브레이킹) 멀리서 오셨나요?

응시생 제가 남부지방에 살아서 조금 멀리서 왔습니다.

면접관 멀리서 오는 수험생들 대부분이 전날에 와서 숙박을 하고 오시던데 그러셨나요?

응시생 아닙니다. 저는 아침 일찍 일어나서 아침 KTX를 타고 왔습니다.

면접관 그렇군요. 식사는 하셨나요?

응시생 면접 전이라 너무 긴장이 돼서 배가 고프지 않았습니다. 그래서 면접을 보고 난 뒤 먹을 생각입니다.

면접관 밥을 잘 드셔야 돼요. 마치고 무조건 드세요. (일동 웃음)

응시생 네, 알겠습니다. (웃음)

면접관 그럼 시작하겠습니다. 자기소개 및 지원동기 1분 정도 해주세요. (핸드폰으로 시간 재심)

응시생 안녕하십니까. 정보직 지원자 ○○○입니다. 저는 성실함을 인생의 이정표라 생각해 왔습니다. 3D프린터업체에 근무하던 시절 해결하기 어려운 문제를 저희 팀이 맡은 적이 있습니다. 그때 저희 팀원 모두가 힘들다고 포기하지 않고 야근을 불사하며 약 한 달간 성실히 그 업무에 임한 결과 그 문제를 해결했을 뿐만 아니라 저희 팀의 아이디어로 관련 특허를 출원하는 성과도 거둘 수 있었습니다. 이렇 듯 사기업에서 다양한 경험을 하고 성과도 거둘 수 있었지만 제가 군에 있을 때 제 부대 바로 옆 부대 가 공군 기상전대 부대였습니다. 그래서 기상전대에 견학을 가 기상전대 군무원분들의 업무 환경이나 전문성 및 팀워크를 발휘하셔서 업무를 처리하시는 모습들을 볼 기회가 많았고 그 모습을 보고 저도 저렇게 전문성을 발휘하여 업무를 훌륭히 처리하는 군무원이 되고 싶다고 생각하였습니다. 그리하여 공군 군무원의 다양한 직렬을 찾아본 후 북한 및 주변국의 군사정보 수집 분석 배포 및 군의 전반적인 보안업무를 맡는 군사정보직에 대해 알게 되었고 제가 공군 군사정보직 군무원이 된다면 더 큰 보람과 자부심을 갖고 업무를 할 수 있겠다는 확신이 들어 지원하게 되었습니다.

면접관 그럼 국가정보학 공부를 열심히 하셨나요?

응시생 네, 열심히 하였고 다회독을 하여 공부하였습니다.

면접관 몇 회독하셨나요?

응시생 6회독 정도 하였습니다.

면접관 많이 하셨네요. 그럼 질문하겠습니다. 위성으로 영상정보를 수집시 발생하는 장단점에 대해 말씀해주세요.

응시생 먼저 장점으로는 한 번의 촬영으로 많은 정보를 얻을 수 있습니다. 또 영상정보는 정보성 첩보이기 때문에 고해상도로 촬영시 전문가의 분석 없이 바로 정보로 활용할 수 있습니다. 단점으로는 상대적으 로 고비용이 들고 또 기만에 취약한 점이 있습니다.

면접관 기만에 어떻게 취약하다는 거죠?

응시생 모조품을 위장하여 설치하여 정찰을 실시하는 정보기관에 혼선을 주는 기만이 있다고 기사에서 본 기억이 있습니다.

면접관 근데 말씀해 주신 게 영상정보의 장단점 아닌가요?

응시생 네, 맞습니다.

면접관 그럼 비행기를 활용하여 영상정보를 수집시 발생하는 장단점에는 무엇이 있을까요?

응시생 (약 10초 동안 생각함) 죄송합니다. 제가 너무 긴장이 되어 답변이 생각나지 않습니다. 면접이 끝난 후 반드시 숙지하여 군무원 업무를 하는 데 있어 영향이 없도록 하겠습니다.

면접관 아, 네. 답변 못해도 괜찮습니다. (미소)

응시생 (멋쩍은 미소)

면접관 자기소개에 야근을 불사하고 업무에 임했다고 하셨는데 야근을 몇 시까지 하셨나요?

응시생 특허 낼 때는 정말 바빴기 때문에 새벽 2시 정도까지 했던 것으로 기억합니다. (세 분 다 놀라심)

면접관 그럼 엄청 힘드시지 않으셨나요?

응시생 물론 힘들었습니다. 하지만 야근을 하며 업무에 임했기 때문에 특허라는 좋은 성과를 거둘 수 있었다고 생각합니다. 또 야근을 하며 많은 경험을 쌓았기 때문에 추후에 다른 업무를 처리하는 데 있어서 많은 도움이 되었고 팀원 4명 모두 성실히 업무에 임했기 때문에 팀워크도 더욱 돈독해질 수 있었습니다.

면접관 그럼 야근하면서 스트레스를 많이 받으셨을 건데 어떻게 푸셨나요?

응시생 업무가 끝나고 영화를 보거나 바다를 보러 가거나 노래를 부르면서 스트레스를 풀었습니다. 이렇게 재충전 시간을 가졌기 때문에 그 외의 다른 업무에서도 지장이 없이 잘 수행할 수 있었다고 생각합니다.

면접관 새벽 2시에 퇴근하는데 그럴 시간이 있었나요?

응시생 아, 그 업무를 완전히 끝내고 특허를 낸 뒤에 재충전 시간을 가졌습니다.

면접관 네, 그런데 자기소개를 들어보니 군생활을 한 뒤 사회생활을 얼마 안 한 거 같은데 맞나요?

응시생 아닙니다. 저는 선박도장업체의 기술자분들을 관리하는 관리자로 3년을 근무하였고 또 3D프린터업체의 개발연구원으로 3년을 근무하였습니다.

면접관 아, 그럼 꽤 오래 하신건데 왜 그만두시게 된 거죠?

응시생 먼저 선박도장업체를 그만 둔 이유는 우리나라 조선업이 어려워지면서 덩달아 회사도 어려워졌습니다. 그래서 자연스레 나오게 되었고 3D프린터 업체를 그만 둔 이유는 앞서 말씀드렸듯이 제가 군생활을 하던 시절부터 해보고 싶었던 꿈이 군무원이었고 평소에 저의 상사이셨던 부장님께도 이 사실을 말씀드려왔고 또 올해가 제가 군무원이 될 수 있는 적기라고 생각하여 부장님께 "꿈이었던 군무원을 하기 위해 퇴사하겠습니다."라고 보고를 드렸고 부장님도 저의 꿈을 응원해 주셨습니다. 그리고 인수인계를 확실히 하고 나왔기 때문에 회사에도 피해를 끼치지 않고 나오게 되었습니다.

면접관 그렇군요. 근데 연구직이라는 직무가 보통 평생직장인데 이걸 포기하면서까지 결심하기가 힘드시지 않았나요?

응시생 네, 회사 사장님께서도 3D프린터의 비전을 말씀하시면서 연구직이 좋다는 걸 평소에도 말씀해 주셨습니다. 하지만 저는 옛날부터 꿈꾸어 왔던 군무원의 꿈을 이루고 싶은 소망이 컸고 또 더 큰 자부심과 더 큰 보람을 느끼고 싶었고 그리고 지금이 제가 군무원이 될 아주 좋은 타이밍이라 생각했기 때문에 연구직을 포기하고 제가 하고 싶었던 군무원 시험에 지원하게 되었습니다.

면접관 알겠습니다. 본인의 강점 있으시면 말씀해주세요.

응시생 저는 커뮤니케이션에 강점이 있습니다. 사기업에 근무하던 시절 이 커뮤니케이션 능력을 바탕으로 팀워크를 더욱 증진할 수 있었고 그러므로 저의 능력보다 더 많은 것을 팀원과 함께 이룰 수 있었다고 생각합니다. 제가 군무원이 된다면 이 강점을 잘 활용하여 팀워크를 더욱 증진하고 그리하여 업무를 원활히 수행할 수 있도록 하겠습니다.

면접관 제가 커뮤니케이션을 잘 못하는데 좀 가르쳐주실 수 있나요?

응시생 대학시절 교양과목으로 커뮤니케이션을 들었습니다. 그때 교수님께서 알려주신 방법이 많지만 가장 기억에 남는 게 기브 앤 테이크를 잘 활용하라였습니다. 주고받는 걸 잘해야 원활한 소통이 이루어진다고 하셨습니다. 그래서 저는 이 방법을 잘 애용하여 커뮤니케이션을 하는 편입니다.

면접관 그렇게 했는데도 소통이 잘 안 되면 어떻게 하죠?

응시생 저는 유머감각이 있는 편입니다. 그렇기 때문에 기브 앤 테이크 방법을 사용했는데도 커뮤니케이션이 잘 되지 않으면 유머를 사용해 분위기를 풀고 다시 한 번 더 기브 앤 테이크 방법을 사용하면 잘 먹혔습니다. (세분 다 웃음)

면접관 그럼 혹시 공적인 스트레스 말고 다른 부분에서 스트레스를 받은 적이 있으신가요?

응시생 네, 물론 있습니다. 다른 부분에서 스트레스를 받은 경우가 인간관계에 있어 스트레스를 받은 적이 있습니다. 사람은 다 다르기 때문에 그에 따른 트러블이 생길 수 있고 그 트러블로 인해 스트레스를 받았습니다. 하지만 저의 강점인 커뮤니케이션을 통해 트러블이 생겼을 때 당사자에게 대화를 요청하여 오해를 풀고 트러블을 해결하여 스트레스를 해소하였고 인간관계도 잘 유지하였습니다.

면접관 제가 보니까 아마 나이가 30대 초반이신 거 같아요. 맞나요?

응시생 네, 맞습니다. 30대 초반입니다.

면접관 역시 그렇군요. 연구원을 하다 군무원을 한다고 하니 부모님께서 반대하진 않으시던가요?

응시생 아닙니다. 저희 부모님 두 분 모두 공직자이시기 때문에 한 번 모든 걸 걸고 해보라고 적극적으로 응원을 해주셨습니다.

면접관 그렇군요. 멀리서 오셨다했는데 어디서 오셨나요?

응시생 (블라인드에 걸릴까 봐 돌려서 말함) 남부지방에서 왔습니다.

면접관 정확히 지역이 어디죠?

응시생 울산에서 왔습니다.

면접관 멀리서 오셨네요. 네, 그럼 이건 점수 반영 안 되는데 특허 낼 때 이름이 올라가 있나요?

응시생 아닙니다. 그래서 저희 팀원들이 부장님께 왜 저희 이름은 안 올라가 있냐고 여쭈어봤는데 원래 회사에서 발명한 특허는 회사이름으로 올라간다고 하셔서 그런가 보다 했습니다.

면접관 회사이름도 올라가긴 할 건데 아마 발명자 이름도 올라갈 건데요?

응시생 (기억이 잘 안 나서 5초간 생각 후) 아! 저희 부장님 이름이 올라가 있습니다. (왼쪽분 웃음)

면접관 그리고 아까 기브 앤 테이크 방법을 쓰신다 하셨는데 보통 몇을 주고 몇을 받나요?

응시생 교수님께서 말씀하시길 1을 받았으면 1은 무조건 줘야 한다고 하셨고 하지만 가능하면 1.5에서 2를 주면 더 좋다고 말씀하셔서 그렇게 하고 있습니다.

면접관 그렇군요. 자기소개에서 공군 나오셨다 했는데 어디 나오셨나요?

응시생 공군 의장대 나왔습니다.

면접관 의장대도 여러 부대가 있는데 정확히 어느 부대 나오셨나요?

응시생 본부 의장대 나왔습니다.

면접관 보직이 뭐였죠?

응시생 동작조였습니다.

면접관 네, 그럼 가정을 해보겠습니다. 정보직 군무원에 합격한 후 항공 작전을 통해 첩보를 얻었습니다. 이 첩보를 본인이 분석해서 결과물을 냈는데 두 명은 분석을 잘했다 하고 세 명은 분석을 못했더라고 하면 본인은 어떻게 하시겠습니까?

응시생 먼저 제가 분석을 했기 때문에 그에 따른 객관적인 데이터가 있을 것이라 생각합니다. 그 데이터를 기반으로 세 분께 어떤 부분이 잘못되었는지 여쭤어 볼 것 같습니다. 그리하여 문제점을 지적해 주시면 개선하도록 하겠습니다. 하지만 지적해 주신 부분이 제가 생각했을 때 문제가 되지 않는 것 같으면 그 분야에 경험이 많으신 다른 상사님께 조언을 구하고 그 상사님께서 조언해주시는 방법대로 개선을 할 것 같습니다.

면접관 혹시 문과 나오셨나요? 아니면 이과 나오셨나요?

응시생 고등학교 때 말씀하시는 거면 이과 나왔습니다.

면접관 네, 고생하셨습니다. 마지막 할 말 짧게 10초 정도 해주세요.

응시생 제가 너무 긴장이 되어 대답이 원활하지 않아 마음에 드시지 않으셨을 수 있습니다. 하지만 저를 뽑아주신다면 "저 친구 내가 뽑았어."라고 주변에 자랑하실 수 있으실 만큼 성실히 그리고 또 훌륭히 군무원 업무를 수행하도록 하겠습니다. 감사합니다.

면접관 고생하셨습니다.

응시생 (의자에서 일어나서 의자를 넣고 "감사합니다."라고 인사 후 문 앞에서 인사 한 번 더 하고 퇴장하였습니다.)

2. 면접소감

전반적인 분위기는 좋았고 그냥 대화하는 것 같았습니다. 또 자세와 마지막까지 인사부분을 유심히 보시는 것 같아서 신경써서 자세유지를 하고 인사를 하였습니다. 그런데 제 사적인 질문을 많이 하셔서 '블라인드인데 이런 질문도 하나?'라고 생각했고 특히 왼쪽분께서는 계속 흐뭇하게 끄덕거리시면서 저에게서 눈을 떼지 않으시고 정확한 지역이라던지 저의 부대가 어떤 지역에 있었는지 또 제 나이까지 궁금해하시는 게 조금 의문이었습니다. 그리고 대학교 교양과목에서 커뮤니케이션을 들었다고 말씀을 드렸는데도 갑자기 고등학교 문이과를 물어보신 것도 조금 의문입니다. ㅎㅎ 하지만 전반적으로 일반적인 대화하는 느낌이었기 때문에 마치고 든 생각은 '왜 이렇게 빨리 끝났지?'라고 생각했고 나와서 시간을 확인해 보니 실제로는 빨리 끝난 것은 아니었고 '그만큼 내가 몰입을 했었구나'라고 생각이 드는 면접이었습니다.

CASE 03 공군 행정직 7급(2023)

1. 면접상황

대전에 있는 KT 인재개발원에서 봤고 오룡역에서 버스 타고 갔습니다.

1층 라운지에서 자유롭게 기다릴 수 있었고 면접 등록·진행은 2층에서 진행됐습니다.

행정, 군수, 군사정보 직렬 응시자만 다 같이 모은 통합대기실로 가서 연습하며 기다리다가 면접관계관님이 OT 해주시고 수험번호 부르면 면접실 앞 의자로 이동했습니다. (대기실 재입장 불가)

육군과 달리 벨, 타이머 없었고 다른 관계관님이 신원확인 1번 더 한 뒤 앞 면접자님 나오고 좀 기다리다가 들어갔습니다.

들어가서 맞은편에 면접관 3분이 앉아계셨습니다.

[A(왼쪽): 남자 교수님으로 추정/B(가운데): 남자 군인 출신 군무원님으로 추정/C(오른쪽): 여자 행정학 교수님으로 추정]

면접장은 보통 사무실 크기였고 책상과 의자 1개씩(대기실 가구와 같았습니다) 있었습니다.

거리는 아주 멀진 않았고 약 2~2.5m 정도 되었습니다.

들어갈 때 약간 미소를 띠면서 걸어갔는데 B면접관님이 유독 저를 계속 보면서 웃고 계셨습니다. 입장부터 OT 때 하라는 대로 하고 착석 허가 후 앉았습니다.

2. 질의응답

면접관 (아이스 브레이킹) (명부 넘기시며) 면접자는 ○○○씨 맞으시죠?

응시생 네, 그렇습니다.

면접관 웃으면서 들어오시는데 인상이 되게 좋으시네요.

응시생 감사합니다!

면접관 식사는 하고 오셨나요?

응시생 면접이라는 중요한 일을 앞두고 긴장이 되어 식사는 하지 못하였습니다. 면접이 끝나고 식사를 할 예정입니다.

면접관 (웃으시며) 면접자분들 레퍼토리가 다 똑같은 것 같네요. 짜고 오신 건가요? (웃음)

응시생 (약간 웃음)

면접관 그럼 제일 먹고 싶은 음식은 어떤 거예요?

응시생 피자를 먹은 지가 오래되어서 저는 피자를 제일 먹고 싶습니다.

면접관 (웃으시며) 그렇군요. 면접 끝나고 맛있는 식사하시길 바라고요. 그러면 이제 면접을 본격적으로 시작하도록 하겠습니다. 자기소개부터 해주시고 그와 함께 지원하시게 된 동기도 같이 설명을 부탁드립니다.

응시생 안녕하십니까? 미래에 공군본부에서 근무하게 될 2023년도 새내기 주무관 ○○○입니다. 1분 자기소개로 제가 군무원을 어떻게 지원하게 되었는지 말씀드리겠습니다. 저는 군 업무와 상관없는 디자인을 전공하였습니다. 당시에는 그 전공이 제가 잘할 수 있는 일이라고 생각했기 때문입니다. 도중에 공군에 입대하였고 저는 그곳에서 디자인 업무보다는 행정 업무에 적합한 사람임을 깨닫게 되었습니다. 저와 동료들은 근무하면서 업무 규정들이 자주 바뀌는 것에 피곤함을 느끼게 되었습니다. 하지만 저는 더 나은 방향으로 세상이 개선되어가는 규정들의 작은 차이를 발견하며 흥미를 느끼게 되었습니다. 군무원은 군에서 교육, 행정, 군수 등 비전투업무를 주로 맡는 특정직 국가공무원으로 알고 있습니다. 제가 임용이 된다면 이러한 작은 차이를 행정 업무에 섬세하게 적용해 나갈 수 있는 군무원이 되겠습니다. 감사합니다.

면접관 공군본부 있잖아요, 옥상에 되게 좋고 잘해놨어요. 나중에 꼭 한번 가보세요.

응시생 감사합니다.
(이 뒤에 말씀을 좀 더 해주셨는데 그건 기억이 안 납니다. 자기소개 멘트는 공군 입대라고 더 밝혀서 말했습니다.)

면접관 네, 그러면 이제 전공 질문 몇 가지 드리겠습니다. 최근에 새로운 국정운영 방식으로 거버넌스가 대두되고 있는데요. 거버넌스의 정의에 대해서 설명해주시겠어요?

응시생 거버넌스란 정부의 정책 수립, 예산 편성 등 의사결정 과정에 민간인이나 단체가 정부와 함께 참여하는 조직…(약간 더듬음)이나 공동체를 의미합니다. 감사합니다.

면접관 그럼 이러한 거버넌스 조직을 우리 군에 적용해 볼 방안이 있을까요?

응시생 저는 민-군 합동 거버넌스를 제안하고 싶습니다. 예를 들면 센터를 설립하여서 훈련시에는 과학화 훈련장으로 군 병력이 이용할 수 있도록 하고 그 외 평시에는 문화센터를 운영하여 주민들이 이용할 수 있게 하는 방안을 제시하고 싶습니다. 감사합니다.

면접관 네, 그런데 민간이 특수성을 띤 군 조직과 함께 거버넌스에 참여하는 것에 대해서 부정적으로 생각하는 여론도 일부 있습니다. 이에 대해서는 어떻게 생각하시나요?

응시생 (약간 당황했지만 2초쯤 지나고 답변) 우리 군 조직은 민간의 통제를 어느 정도 받아야 한다고 생각합니다. 우리나라는 민주주의 국가로서 문민 통제 원칙을 지키고 있습니다. 제가 속할 군 조직이 장기적으로 발전·운영되려면 어느 정도 민간과의 협력이나 견제를 받아야 더욱 성장해 나갈 수 있다고 생각합니다. 감사합니다.

면접관 네, 그러면 파생적 외부효과에 대해서 질문하겠습니다. 정의를 말씀해주시겠어요?

응시생 조금만 시간을 주시면 정리해서 답변드리겠습니다.

면접관 네, 그렇게 하세요.

응시생 (생각이 잘 안 나서 약간 더듬음) 파생적 외부효과란 정부 실패…의 한 현상으로서 정부에서 의도치 않은 결과로 나타나는 것들을…

면접관 그런 것들을 의미하는 거죠?

응시생 네, 그렇습니다.

면접관 그럼 파생적 외부효과에 대한 예시가 있을까요?

응시생 (순간 약간 당황하는 표정을 지었고 1~2초 고민하는 와중에 질문을 바꿔 던져주셨습니다.)

면접관 아니면 해결할 방안이라든가 그런 것들이 있으면 말씀해 보세요.

응시생 (두문자 외운 게 기억이 남) 어… 규제를 강화하고 보완책을 마련하여야 합니다. 감사합니다. (보조금 삭감이 생각 안 나서 순간 대체함)

면접관 규제를 강화해야 할까요?

응시생 아, 아닙니다. 규제를 완화(이게 정답)하여야 합니다. 감사합니다.
(여론 관련 질문은 순간 생각해내서 말하느라 갑자기 문민 통제를 말하는 등 두서가 없었는데 다행인지는 몰라도 C면접관님이 고개 끄덕이시며 반응해주셔서 당시에는 안도했습니다. 하지만 파생적 외부효과는 예상치 못해서 많이 긴장해서 말도 좀 더듬고 그랬어요. 꼬리 질문은 안 하셨습니다.)

면접관 본인이 생각하는 군무원으로서 가져야 할 가치관은 무엇이라고 생각하십니까?

응시생 적극성이 중요하다고 생각합니다. 또한 적극성은 신뢰성을 만든다고 생각합니다. 적극 행정에 관련하여 기사를 2가지 찾아보았습니다. 하나는 국군외상센터를 민간에게 개방하여 경기남동부지역의 의료 부재 상황이 완화되어 주민들의 호응을 받았다는 것이었고 또 하나는 공군 군수사령부에서 국방방사선안전체계를 확립하여 국민을 방사선 위협과 사회적 재난으로부터 효과적으로 보호하게 되었다는 기사였습니다. 저는 이러한 사례를 통해 국민과 협력하며 적극 행정을 펼치는 군무원이 되고 싶습니다. 감사합니다.
(무난하게 넘어간 분위기였고 다들 잘 들어주셨어요. 공군군수사령부 얘기를 할 때 가운데 면접관님이 중간에 고개를 드셨고 저를 보면서 답변을 들어주셨어요.)

면접관 이제 상황 사례를 하나 들어드리겠습니다. 본인이 부서 내에서 어떤 성과를 달성하였는데 상관은 동료의 성과로 착각하고 동료에게 보상을 주려고 하는 상황입니다. 이러한 상황이라면 어떻게 대처하시겠습니까?

응시생 우선 개인적으로는 그러한 일들이 억울하다고 느낄 수도 있을 것 같습니다. 상관께 따로 별도 장소로 면담을 요청드려서 잘못 알고 계신 것에 대해서 솔직히 말씀드릴 것 같습니다. 다만 하급자로서 상관 께 의견 전달을 드리는 것이기 때문에 심기가 불편하지 않으시도록 조심스럽게 말씀드릴 것 같습니다. 감사합니다.

면접관 그런데 바로 상관께 말하면 동료가 무안해하지 않을까요?

응시생 아, 그 과정에서 동료가 무안해하지 않도록 동료와도 면밀한 대화를 통해 상황을 설명하고 오해를 풀려고 시도할 것 같습니다. 감사합니다.

면접관 그럼 순서를 어떻게 해야 할까요? 동료 아니면 상관?

응시생 (이쯤부터 가운데 면접관님이 소리 없이 계속 웃으시면서 절 보고 계셨어요.) 우선 동료에게 대화를 요청한 뒤에 상황을 설명하고 제 의견을 전달한 후 상관께 가서 앞서 말씀드렸던 대로 면담 요청을 드리겠습니다. 감사합니다.

면접관 그냥 참고 넘어갈 수도 있지 않을까요?

응시생 네, 면접관님께서 말씀해주신 대로 제가 억울하더라도 지나친 정도가 아니라면 용인할 수 있을 정도라 면 조직의 원활한 운영과 발전을 위해서 넘어가는 방법도 좋다고 생각합니다. 감사합니다. (이 답변 후에 오른쪽 면접관님도 웃으셨어요.)

면접관 그런데 이제 뒤에 '감사합니다.'는 안 붙이셔도 돼요.

응시생 네, 알겠습니다.
(엄청나게 실수했다고 생각되는 파트였어요. 조금만 더 생각해서 재치있게 답변하고 넘어갔을 수도 있었던 거 같은데 당시에 상관과 동료라는 둘의 관계를 잘 생각하지 못하고 상관과의 관계부터 생각해 내느라 두서없이 말한 거 같습니다. 답변할 때는 심각하게 표정을 짓거나 하시지는 않았습니다.)

면접관 (약간 웃으시며) 네, 그리고 계속 답변하실 때 긴장을 하셔서 그런지 중간에 '아, 어' 이런 추임새를 넣으시는데요. 점수에는 안 들어갑니다. 안 들어가는데 발언하실 때 그런 부분에 대해서는 주의를 해주셨으면 좋겠습니다.

응시생 네, 주의하도록 하겠습니다.

면접관 근데 자기소개 할 때 공군본부에서 일하고 싶다고 하셨잖아요? 그러면 임용되고 나서 바로 가고 싶으세요 아니면 다른 데에서 일하다가 나중에 공군본부로 가고 싶으세요?

응시생 저는 조금 나중에 가고 싶습니다.

면접관 이유가 있나요?

응시생 저는 공군 병 소속으로 2년간 급양 관리병으로 일했습니다. 대대급에서 일을 하였는데 제가 군무원이 라는 신분으로 다시 공군에 소속된다면 좀 더 큰물로 나아가서 다양한 사람들과 다양한 업무를 해보고 싶은 마음에 그렇게 말씀드렸습니다. 감사합….

면접관 (웃으시며) 아까 하지 말라고….

응시생 죄송합니다.

면접관 아뇨. 죄송이라고 할 것도 없고요. 아닙니다. 근데 공군 어느 부대에서 일했어요?

응시생 부대 이름을 말씀드려도 되겠습니까?

면접관 그럼요, 네네.

응시생 강릉에 있는 제18전투비행단에서 복무하였습니다.

면접관 아, 그래요? 간부식당? (웃음) 사실은 제가 17비 복지대장 출신이라 잘 알거든요.

응시생 (놀라면서) 아, 그렇습니까? (웃음)

(처음에 간다고 했으면 좀 더 포부를 말할 수 있었을 텐데 왠지 모르게 순간 쫄아서 나중이라고 말한 게 아쉬운 부분입니다. 그리고 지적을 연달아 받아서 완전히 망했다고 생각했었는데 뒤에서 좀 풀어주시더라고요. 생각했던 부분들을 밀어 넣기 해서 끼워 맞췄습니다. 생각보다는 무난하게 넘어가는 분위기였습니다.)

면접관 네, 그러면 본인의 단점을 조직에 어떻게 개선하여 적용해볼 수 있을지 말씀해주시겠습니까?

응시생 우선 저의 단점은 지나치게 반복을 한다는 것입니다. 예를 들면 친구들이 하는 말을 따라 하거나 친구들이 던져주는 정보들을 속으로 곱씹어보는 것이 있습니다. 하지만 이러한 단점을 업무를 함에 있어서는 세부적인 사항까지 잘 파악하며 행정절차를 진행함에 있어서 오류가 나지 않게끔 신중하게 절차를 밟아 나가는 군무원이 되도록 하겠습니다.

('많이' 반복한다고 해야 했는데 '지나치게'라고 순간 말해버려서 당황하기는 했지만 계속 말했습니다. 장단점을 같이 준비했는데 실전에는 단점만 나와서 나름대로 말은 했는데 복기해 보니까 제 답변이 약간은 아쉽긴 합니다. 그래도 후회는 없어요. 이 당시에는 면접관 세 분이 모두 저를 보면서 답변을 진지한 표정으로 들어주셨어요.)

면접관 수험 기간은 얼마나 되세요?

응시생 총 1년 6개월입니다.

면접관 아, 그렇군요. 그러면 수험 기간에 힘든 점도 많았을 텐데 스트레스는 어떻게 푸셨나요?

응시생 저는 사람을 만나면 에너지를 얻는 편이라 스스로를 스터디카페에 고립시키고 공부를 해나가는 것이 매우 힘들고 스트레스도 많이 받았습니다. 스트레스를 해소하고자 매주 일요일을 쉬는 날로 정해서 규칙적으로 쉬도록 노력하였습니다. 또, 13년 지기 친구가 저보다 먼저 일반직 공무원에 재직 중입니다. 쉴 때 시간을 내어 이 친구에게 공무원이 될 수 있는 노하우나 가져야 할 자세 등을 물으면서 얘기도 많이 해나갔고 그러면서 스트레스를 해소했던 것 같습니다.

(저에 대해서 솔직하게 말했습니다. 그 부분을 제일 많이 활용했던 거 같아요. 면접관 세 분도 저를 보면서 경청해주셨어요.)

면접관 그럼 마지막으로 하시고 싶은 말 있으면 해주시기 바랍니다.

응시생 군무원 면접 준비를 하면서 스터디를 진행했습니다. 스터디원은 자연스럽게 남자 구성원이 많았습니다. 몇몇은 군시절이 좋았다고 말해준 반면 몇몇은 힘들고 안 좋은 기억들도 있었다고 말했습니다. 이런저런 얘기들을 듣고 보니 드는 생각이 저는 군 조직에 대해서 좋은 감정이 더 많다는 것을 깨달을 수 있었습니다. (여기서 가운데, 오른쪽 면접관님이 고개를 약간 끄덕이셨어요.) 병사 시절 군 복무를 하며 나라를 지킨다는 묘한 사명감도 있었고 규칙적인 업무를 수행하면서 뿌듯함을 느끼기도 하였습니다. 제 앞에 계신 면접관분들께서는 군 조직을 저보다 더 좋아하는 마음이 크시기에 제 앞에 계실 수 있다고 생각합니다. 군조직과 군무원에 대한 저의 마음이 면접관님들께 전달되었기를 바라며 마지막 말을 마무리하도록 하겠습니다. 감사합니다.

면접관 (웃으시며) 이제 면접 끝났으니까 얼른 나가셔서 피자 드셔야죠? 얼른 가보세요. (손을 휘저으심)

응시생 (인사하며) 감사합니다!

면접관 수고하셨어요.

CASE 04 ‒ 공군 군수 9급(2022)

1. 면접분위기

분위기는 전반적으로 좋았습니다. 원래 목례하고 의자 옆에서 "군수9급 응시자 수험번호○○−○○○○ 홍길동" 말해야 한다고 면접교육 받았는데 목례만 받으시고는 웃으시면서 "그냥 앉으시면 됩니다" 하셨습니다. 면접관은 세 분이었고 두 분은 사복차림이어서 군무원님인 것 같고 1분은 외부 교수님 같았고 각자 2개씩 질문한 거 같습니다.
면접시간은 체감상 7~10분 정도인 것 같았습니다.

2. 질의응답

면접관 (아이스 브레이킹) 밥은 먹고 오셨나요?

응시생 네, 친구집에서 닭가슴살 볶음밥 먹고 왔습니다. (면접관 3분 모두 웃으셨고 한분이 "면접인데 퍽퍽한 닭가슴살 괜찮으시겠어요?" 농담을 던지셨습니다.)

면접관 자기소개 및 지원동기 간략하게 말씀해주세요.

응시생 안녕하십니까. 공군 군수직 군무원 지원자 ○○○입니다.
저는 공군 병사와 부사관을 모두 경험해 보았습니다. (이말 끝나자마자 면접관 3분이 고개를 드시면서 관심을 가지셨습니다.) 급양병 업무를 하면서 비상급식훈련을 통해 전시상황시 전투분야 뿐만 아니라 지원업무도 중요하다는 것을 알게 되었고 또한 체계적인 시스템으로 운영되는 군 조직은 계획적이고 절차를 중시하는 저의 성향과 잘 맞다고 생각하여 부사관으로 재입대를 하였습니다. 부사관으로 격오지 부대에 근무를 하며 부서원의 전투장구류 관리와 군수통합정보체계 자산일치화와 같은 군수분야 업무를 접하면서 군수품관리의 중요성을 깨닫게 되었고 위 경험들을 통해 군수직 군무원에 지원하게 되어 오늘 이 자리까지 올 수 있었습니다. 제가 군수직 군무원이 된다면 이 경험을 절대 잊지 않으며 군수품에 대해 애정을 갖고 업무에 임할 것입니다. 감사합니다.

면접관 요즘 4차 산업혁명인데 아직 실무전이라 세세한 거는 모르겠지만 AI기술이나 빅데이터 등이 있는데 군수 직렬에는 어떻게 적용해야 좀 더 군수업무에 발전이 있을까요?

응시생 네. 저는 AI기술과 VR기술을 생각해 보았습니다. 저는 병사시절 전투복 측정을 사람이 측정을 하여 시간이 오래 걸렸으며 저의 사이즈보다 더 큰 사이즈를 보급받았습니다. 이 경험을 통해 AI와 VR기술을 접목시켜 AI기술로 사이즈 측정의 정확성과 시간 효율성을 높이고, VR을 통해 보급받기 전 착용을 해보는 것에 자원의 효율성을 향상시킬 수 있다고 생각합니다. (끄덕끄덕 후 바로 다음 질문으로 넘어 갔습니다.)

면접관 상사가 지시를 내리는데 기한엄수도 중요하고 내용이 정확한 것도 중요해요. 그런데 3일 만에 끝낼 수 있는 업무를 1일 만에 끝내라고 한다면 어떻게 하실 건가요?

응시생 네, 저는 먼저 제가 수행할 수 있는 범위까지는 해볼 것입니다. 그리고 만약 제가 수행할 수 있는 범위가 밖인 경우 상사님께 가서 "제가 할 수 있는 데 까지는 해보았는데 아직 많이 부족한 거 같습니다"라고 말씀드리겠습니다. (이어서 말하려니까 면접관님이 답변 끝난줄 아시고;;)

면접관 그럼 이 업무는 펑크가 나고 포기하신다는 말씀인건가요?

응시생 아닙니다. 그 후 주위 동료들에게 도움을 요청해서 최대한 지시하신 업무를 1일 만에 하도록 하겠습니다. 그리고 이 업무를 통해 저의 전문성을 좀 더 키워 다음에 이와 같은 지시가 있을시 꼭 수행할 수 있도록 노력하겠습니다. (질문하신 면접관님이 끄덕끄덕 하시면서 "저는 끝났습니다."하고 바로 다음 면접관님으로 넘어갔습니다.)

면접관 병사 때 특기가 뭐였죠?

응시생 급양특기입니다.

면접관 부사관은 무슨 특기였죠?

응시생 항공기상 특기입니다.

면접관 항공기상이랑 군수랑 어떤 관련이 있나요?

응시생 (스티마 선생님이랑 줌코칭 할 때 나온 질문이라서 준비를 했었는데 긴장이 되어서인지 어디에 홀렸는지 기억이 안 나고 다른 답변을 했습니다.ㅠㅠ) 저는 병사 전역 전 군수업무를 더 배우고 싶어서 전문하사를 신청하였었는데 T/O가 없다고 하여 병사로 전역을 할 수 밖에 없었고 이후 부사관에 지원을 하였습니다. 하지만 특기배정에서 1지망 보급특기가 아닌 2지망 항공기상특기를 받았으며 항공기상특기도 공군에서 중요한 업무인 만큼 책임감을 갖고 업무를 하였습니다. 격오지 부대에서 기본적인 군수업무를 하면서 보급특기에 대한 아쉬움이 계속 남아 전역을 하게 되었고 군수직 군무원에 지원을 하였습니다. (면접 끝나고 나왔을 때 '내가 왜 이 답변을 한거지' 생각하며 후회했습니다.ㅠㅠ)

면접관 태풍이 왔을 때 군수품 안전조치를 어떻게 해야 하죠?

응시생 (이거는 생각지도 못한 질문이라 고민 좀 하다가 최대한 부사관시절 안전순찰 경험과 급양병때 경험을 생각나는 대로 좀 짧게 애기했습니다.) 먼저 유류통 결박이 잘 되어있는지 확인하고 식당 같은 경우는 바람 때문에 문이 부서질 수도 있으니 문 관건을 철저히 해야 합니다.

면접관 그거 말고 다른 거 부대장이 지시한 거 없었나요?

응시생 (생각하다가) 식당은 아무래도 위험한 기구들이 많으니까 전기랑 가스를 차단해야 합니다.

면접관 식당 같은 경우는 취사병이 해야 하는 일이고 병사 때 보급계원으로 일을 하였는데 부대장이 뭐하라고 지시를 내리지 않았나요? 취사트레일러 결박 확인해야 하는 거 아닌가요?

응시생 (여기서 제가 봤을 때 제가 알기로는 육군에서는 취사병이라고 하고 공군에서는 급양병이라고 해서 둘 다 같은 의미로 부대원의 식사를 만드는 일을 하는데 용어가 달라서 그런지 급양병을 보급병이라고 아신 거 같았습니다) 제가 급양병으로 업무를 할 때 한반도에 영향을 주는 태풍의 경험이 없어서 잘 몰랐던 거 같습니다. 죄송합니다. (솔직하게 애기를 했습니다.)

면접관 (약간 당황하시면서) 아, 그 뜻이 아니고요. 원래는 군수 1종~10종을 물어 보려고 했는데 부사관을 해봤다고 하니까 어차피 알거 같아서 질문을 좀 변형해 본 거에요. (다른 면접관들 보시면서 웃으셨고 다른 면접관들도 웃었습니다.) 군수 10종 아시잖아요?

응시생 네, 알고 있습니다. 말씀드려도 될까요?

면접관 (웃으시면서) 아니요, 괜찮습니다. 마지막으로 할 말 있으시면 하시겠어요?

응시생 네, 코로나로 인해 마스크를 쓰고 면접을 진행하는 일에 힘듦에도 불구하고 끝까지 저의 답변을 들어주신 면접관분들께 진심으로 감사드립니다. 저는 공군의 일원으로서의 생활은 저를 더 성숙하게 성장하여 지금의 저를 만들어 준 경험이라고 생각합니다. 다시 한 번 공군의 일원이 되어 국가 안보에 큰 보탬이 되고 싶습니다. 감사합니다.
(이후 면접관 한 분이 수고했다고 하시고 저는 일어서서 목례 후 의자 정리하고 나왔습니다.)

1. 질의응답

면접관 안녕하세요. 간략하게 자기소개와 지원동기 말해볼까요?

응시생 (심호흡 후) 안녕하십니까. 군복을 입었던 여군에서 민방위복을 입고 매순간 최선을 다할 미래의 군수인 ○○○입니다. 저는 군수품 7종과 9종을 다뤄본 경험이 있습니다. 4년간 항공기부품정비사로서 정비업무와 더불어 정비계획, 물자, 자재담당을 하였습니다. 해당 직무를 책임감 있게 수행하기 위해 관련자격증을 취득하였고 군수 IM분과 협업을 통해 항공기불가동상태를 예방한 경험이 있습니다. 더불어 부대개방행사와 서울아덱스 행사에 VIP의전지원 활동을 함으로써 국가와 공군에 보탬이 되었다는 자부심을 느꼈고 공군우수장병으로 선발되어 참모총장상을 수상한 경험이 있습니다. 그리고 저는 사회구성원으로서 제가 가진 능력을 사회에 환원하는 것이 사회구성원의 역할이라 생각하였기에 여가시간을 활용하여 지역아동센터에서 교육봉사, 지체장애인 보조자 활동 등 꾸준히 봉사활동을 해왔습니다. 제가 가진 군경험과 역량들을 바탕으로 대한민국의 가장 높은 힘, 공군에 보탬이 되는 인재가 되겠습니다. 감사합니다.

면접관 군생활을 몇 년동안 하셨나요?

응시생 항공기부품정비사로 4년 복무하였습니다.

면접관 장기선택을 안 한건가요? 장기에서 떨어진 건가요?

응시생 장기에서 떨어진 것은 아니고 장기복무 선택할 당시에 전역을 선택했습니다. 다양한 사회경험을 통해 조금 더 성장하고 싶다는 욕심이 있었던 거 같습니다. 그래서 전역을 하였습니다. (대비한 질문인데 너무 긴장해서 말이 ㅜㅜ 더 준비한 내용이 있었는데 말하지 못했습니다.)

면접관 군생활을 해봐서 잘 알테지만 군대는 상하복종이에요. 물론 군무원은 군인과 복종관계는 아니지만 그래도 업무를 하다 보면 지시를 받을 일이 있어요. 만약 군인상사가 본인에게 3일에 걸쳐 일처리를 해야 하는 업무를 하루 만에 완벽하게 끝내라고 지시한다면 어떻게 대처할 것인가요? 군경험도 좋으니까 경험이 있으면 같이 말해보세요.

응시생 우선 상사님께서 저에게 그런 업무를 지시하신 것은 제가 충분히 그것을 할 수 있을거라 믿고 지시했을거라 생각합니다. 최선을 다해 업무이행을 하겠습니다. 하지만 3일에 걸쳐 해야 하는 업무라면 혼자서 하는 것보다 동료의 도움을 받아 업무를 분장해서 함께 일을 한다면 3일에 걸쳐 끝내야하는 업무라도 하루 만에 끝낼 수 있고 업무의 완벽도도 높을 거 같습니다. 동료와 함께 업무를 하겠습니다. (경험을 말못함;;)

면접관 4차 산업혁명이 무엇인지 본인이 생각하는 정의를 말해도 좋고 뭔지 말해도 좋아요. 4차 산업혁명에 대해 이야기 해보고 군업무를 해봤으니 어디에 어떻게 활용되면 좋을 거 같은지 본인이 7종과 9종을 다뤄봤다 했으니 관련 경험과 함께 얘기해보세요.

응시생 (정신차리고) 3차 산업혁명이 인터넷과 컴퓨터의 대중화 보급화라면 4차 산업혁명은 인터넷을 이용한 초지능, 초연결로 정의를 할 수 있고 핵심기술로는 빅데이터, 인공지능, AI 등이 있습니다. (순간적으로 말하다보니 인공지능=AI인데 이렇게 말했어요.;;) 그중 빅데이터 기술을 활용하여 군수품의 수요와 소요파악을 정확히 할 수 있다면 재고가 부족해서 생길 수 있는 항공기불가동과 같은 상황을 예방할 수 있고 또한 안전재고량을 적게 유지함으로써 재고관리비용을 절감할 수 있습니다. 제가 정비사로 있는 동안 항공기부품을 수리할 수 있는 장비에 결함이 났었는데 그 결함이 자주 있던 결함이 아니었습니다. 보급대에 청구를 했으나 자주 발생한 결함이 아니라 재고를 보유하고 있지 않았고 항공기불가동상태가 될 뻔한 적이 있었습니다. 만약 3D프린팅기술이 그때 있었더라면 재고가 없어서 재고조달기간낭비를 막고 업무를 수행함에 차질이 없었을 것 같습니다. 필요한 부품을 즉각에서 프린팅하여 사용할 수 있기 때문에 원활한 업무 수행이 가능했을 것 같습니다. 이러한 기술들이 앞으로 군수에서 활용될 것이라 기대합니다. (자격증을 취득할 계획을 덧붙이려고 준비했는데 또 못함;;)

면접관 항공기정비사였어요? 항공기 무엇이었나요?

응시생 부품정비사였습니다.

면접관 관련자격증은 무엇을 취득했나요?

응시생 전산관련 부품정비사였기에 정보처리산업기사, 정보기기운용기능사, 정보처리기사를 취득하였습니다.

면접관 그럼 관련 부품에 수리부속품이 몇 개인가요?

응시생 음… 잘 모르겠습니다.

면접관 대략 몇 개일 거 같아요? 천단위? 만단위?

응시생 천단위일 거 같습니다. ㅎㅎ

면접관 좋아요. 1,000단위라 합시다. 그럼 보급대에서 1,000개의 수리부속품에 대해 재고를 얼만큼 가지고 있어야 하나요?

응시생 1,000개를 가지고 있어야 합니다.

면접관 아니, 1,000개 수리부속품인데 1,000개를 가지고 있어야 해요?

응시생 네. 왜냐하면 하나라도 부족… (대답을 중단시키시고 다시 질문)

면접관 그럼 10,000개가 필요하면 10,000개를 갖고 있어야겠네요. 너무 무제한적이지 않나요?

응시생 아, 결함발생률이 많은 것 위주로 갖고 있어야합니다. (이때 면접관님이 "그렇죠."라고 추임새 넣으셨음)

면접관 그러니까 얼만큼의 비율로요?

응시생 결함발생률을 평균을 내서 40% 정도 갖고 있어야 할 것 같습니다.

`면접관` (추가설명을 하심) 책에는 이렇게 되어있어요. 15~20프로 재고보유.

`응시생` (웃으면서) 네, 제가 그 부분까지 숙지하지 못한 것 같습니다. 관련서적과 지식을 쌓아서 업무에 차질이 없도록 하며 그런 지식을 쌓아 성장하는 군무원이 되겠습니다.

`면접관` (웃으며) 그래요. 답변해줘서 고마워요.
(2번 면접관님께서 "저 친구는 정비업무를 했던 정비사였기 때문에 정비사 입장에서는 1,000개가 다 필요하다고 생각하는 거에요."라고 1번 면접관님께 이야기 해주셨습니다.)

`면접관` 마지막 할 말이 있으신가요?

`응시생` (살짝 긴장풀림) 우선 마지막 발언의 기회를 주셔서 감사드립니다. 제가 면접 마지막 날에 거의 마지막 순번이라 면접관님들께서도 많이 지치셨을텐데 그럼에도 불구하고 제가 면접을 편안하게 볼 수 있도록 배려해주셔서 정말 감사합니다. 제가 군수군무원이 된다면 4차 산업혁명시대에 발맞춰 스마트한 군수인이 되기 위해 노력하겠습니다. 그리고 제가 잘하는 부분은 더욱 강점화화여 동료들과 함께 성장하며 부족한 부분은 보완하여 어제보다 오늘 더 나은 군무원이 되겠습니다. 감사합니다. (이 말하면서 정말 책상에 머리 닿을만큼 고개숙이며 인사함;; 그리고 의자를 바짝 땡겨 앉았는데 뒤로 살짝 밀림. ㅜㅜ)

`면접관` 그래요. 수고했어요. 나가보세요.

`응시생` (웃으며) 감사합니다.

2. 면접후기

면접 중 최대한 시선 골고루 하려고 노력했고 계속 웃으면서 대답하려고 노력했고 면접관 1.2.3분 중 2번, 3번님 호응이랑 고개 끄덕끄덕 분위기 좋았습니다. 2번 면접관님은 군수지원자들 모두가 천사면접관이라고 하셨을 정도입니다. 눈 마주침 해주시고 계속 웃어주시면서 면접자들 긴장 풀어주려고 하는 것처럼 보였습니다. 3번 면접관님은 FM스타일인 거 같았으나 제가 한 모든 답변에 대해 끄덕끄덕 해주셨고 질문하실 때도 조금 길게 설명을 하면서 해주셔서 그 시간동안 답변 준비할 수 있어서 감사했습니다. 1번 면접관님은 교수님같았고 근엄한 표정이셨습니다.
전체적으로 분위기는 제가 느낄 때 압박은 아니었습니다. 막상 집에 오니 군무원을 얼만큼 간절히 준비했는지 말씀드리지 못한 거 같아 아쉽습니다.ㅜㅜ

(아이스 브레이킹은 없이 10시에 시작했고 오전조만 9명이라 촉박하게 보시는 게 전체적으로 느껴졌습니다. 자기소개와 지원동기는 중간에 커트당해서 걱정했는데 나중에 다른 분들 후기 들어보니 거의 전원이 자기소개랑 지원동기는 커트당했다고 하더라구요. 그래서 좀 안심했습니다.)

면접관 자기소개와 공군지원동기를 말씀해주세요.

응시생 (너무 긴장해서 목소리가 덜덜 떨리는 게 심했고 중간에 끊으셨습니다.)

면접관 공군지원동기가 무엇인가요?

응시생 (자기소개 때 얘기하라하셨는데 말을 다 못해서 다시 말하라 하셨습니다. 공군부대 근처에서 나고 자랐다 하자마자 답변 중단시키셨습니다. 그리고는 어디 지역에서 왔냐고 하셔서 지역명 얘기했습니다.)

면접관 그럼 ○○부대 가고 싶겠네요?

응시생 (아이스 브레이킹의 일환이었던 거 같기도 합니다. 염소소리 엄청내서 "네, 그렇습니다."라고 답변했습니다.)

면접관 왜 정보직렬에 지원했습니까?

응시생 어려서부터 역사와 전쟁이야기에 관심이 많았고 그를 통해 정보의 중요성을 알게 되어… (횡설수설)

면접관 요즘 성범죄같은 안타까운 일들이 많이 일어나고 있습니다. 군내 성인지가 일반사회와 어떻게 다르다고 생각하는지 말해보세요.

응시생 군이라고 더 성인지가 낮지는 않다고 생각합니다. 군조직 특성상 공개되지 않는 부분이 있어 하나씩 터졌을 때 크게 문제가 되는 것 같다고 생각합니다.

면접관 그럼 그런 인식을 어떻게 바꿔야 하겠나요?

응시생 군조직도 양성평등관 제도를 운영하고 있고 성인지 교육을 시키고 있는 것으로 알고 있습니다. 이에 홍보가 필요할 것 같습니다. 군이라는 조직 특성상 일반에 모든 것을 공개할 수는 없을 것입니다. 그러나 민간에 이런 부분들을 이야기하면 그런 인식을 줄일 수 있을 것으로 생각합니다.

면접관 4차 산업혁명을 군에 어떻게 접목시킬 수 있겠나요?

응시생 4차 산업혁명의 발전으로 인공지능 AI의 활용이 확대되고 있습니다. 저는 특히 감시정찰분야에서의 활용성을 주목하고 싶습니다. AI의 발전으로 그 안전성이 입증된다면 우리 군은 상시감시체계를 구축하여 전 방위 안보위협에 주도적 대응이 가능해질 것입니다. (이런 식으로 얘기했습니다. 이것보단 좀 더 길게 했는데 잘 기억이ㅠㅠ)

면접관 이런 걸 어디서 알고 준비했나요?

응시생 면접 준비를 열심히 하면서 국방일보도 보고 국방혁신 4.0 문서도 꼼꼼히 읽어봤습니다.

면접관 인간관계에서 실패해 본 경험이 있나요?

응시생 (우선 실패해본 경험을 따로 준비를 안 했어서 당황했습니다. 그래서 그냥 갈등경험 소재를 끌어와서 이야기했습니다. 갈등경험 이야기 – 해결 이야기 – 처음부터 더 잘 조율했으면 좋았을 텐데 그 부분이 아쉬웠다고 했습니다. 실패경험이 도저히 생각이 안나서 이렇게 이야기 했는데 너무 아쉽습니다.)

면접관 근무를 할 때 상사가 업무를 부여하는데 기한을 촉박하게 준다면 어떻게 처리할 것인가요?

응시생 (빈출인데 갑자기 생각이 안 나더라구요.ㅠㅠ) 저는 기한의 적시성이 가장 중요하다고 생각합니다. 따라서 최대한 기한에 맞추어 야근을 해서라도 하겠습니다. 그러나 만약 객관적으로 봤을 때 기한 내에 그 양을 처리하는 게 불가능하다고 판단이 되는 경우 주변 동료들에게 도움을 구하겠습니다. 평소 대학과 아르바이트에서도 그랬지만 주변 동료들과 항상 도움을 많이 주고받았기 때문에 충분히 이번 역시 평소에 도움을 줬을 것이고 도움을 받을 수 있을 것입니다.

면접관 같이 일하는 동료가 없다면 어떻게 할 것인가요? 혼자 근무하게 될 수도 있는데요?

응시생 (당황) 다른 부대에 같은 보직에 있는 분께 조언을 구하고자 합니다.

면접관 아예 혼자서만 해야 한다면요? 주변에 도움을 구할 사람이 아예 없을 경우에요.

응시생 (당황) 객관적으로 그 양이 너무 많다면 상사분 아니 상사님께 솔직히 말씀드리고 기한을 늘린다거나 그럴 수 없다면 다른 분들께 업무를 나눠주십사 요청드릴 것 같습니다.

면접관 그러다 상사가 오해할 수도 있을 것 같은데요.

응시생 (당황) 아마 저는 평소에 성실하게 일하는 스타일… 타입이기 때문에 아마 충분히 알아주실 거라 생각합니다.

면접관 그래도 오해한다면요.

응시생 (당황) 그때는 따뜻한 눈빛과 간절한 목소리로… 요청드릴 것 같습니다. 그러면 제 진심을 알아주실 거라 생각합니다. (면접관님들 전원 웃으셨고 저도 그냥 같이 웃었습니다.ㅠㅎㅎ)

면접관 시간이 얼마 안 남았으니 전공 1개만 빨리 물어볼게요. 첩보와 정보의 차이를 알고 있습니까?

응시생 첩보와 정보는 일반사회에서는 특별히 구분해서 이야기하지 않으나 군에서는 구분해서 사용합니다. 첩보는 아직 평가되지 않은 정보인데 특정 목적을 갖고 수집되어진 그런 것이고 정보는 평가가 이미 이루어진 것을 의미합니다.

면접관 네, 고생하셨습니다. 나가보세요.

응시생 (마지막 할 말이 회심의 카드였는데 오래 한 거 같기도 했고 시간 얼마 안 남았다고 후다닥 하신 거 같아서 그냥 인사하고 나왔습니다.)

면접시 궁금한 사항

◎ 스티마 카카오톡 플러스친구를 통해 면접관련 궁금한 사항을 문의해 주시면 됩니다.
   링크 http://pf.kakao.com/_xnrRxgxb

◎ 2024 군무원 면접정보를 제공하기 위해 오픈 채팅방을 개설하였습니다.
   ① 카카오톡을 통해 '스티마'를 검색 후 입실하시면 됩니다. 비번은 없습니다.
   ② 링크 http://open.kakao.com/o/gkOhkHBg

면접후기 평가 및 상담

제 메일 stima_gongdangi@naver.com으로 보내주시면 됩니다.
보내주신 후기는 면접을 잘 보았는지에 대하여 평가를 해 드리겠습니다(합격가능성 여부 판단).

MEMO